森岡清美 著

真宗大谷派の革新運動

―白川党・井上豊忠のライフヒストリー―

吉川弘文館

井上豊忠（京都で）

白川党六人衆（明治 30 年）

前列中央が清沢満之，後列右端が井上豊忠.

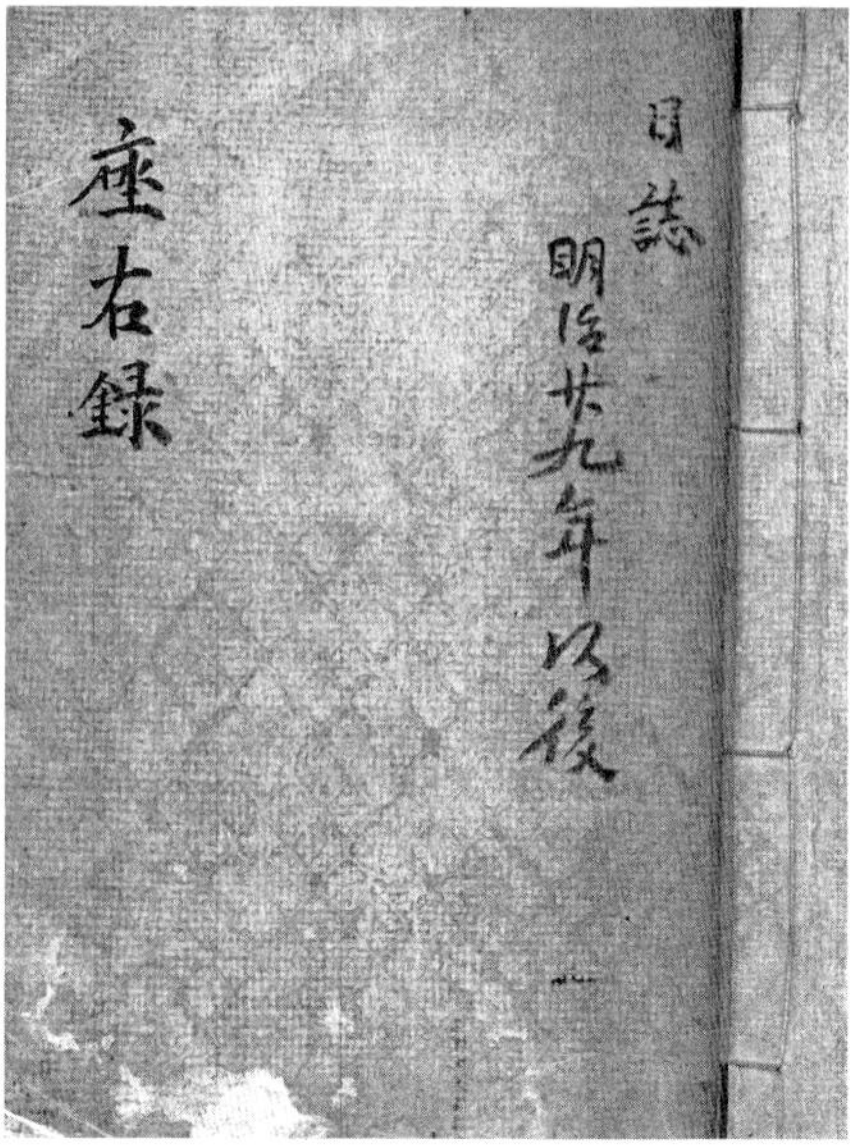

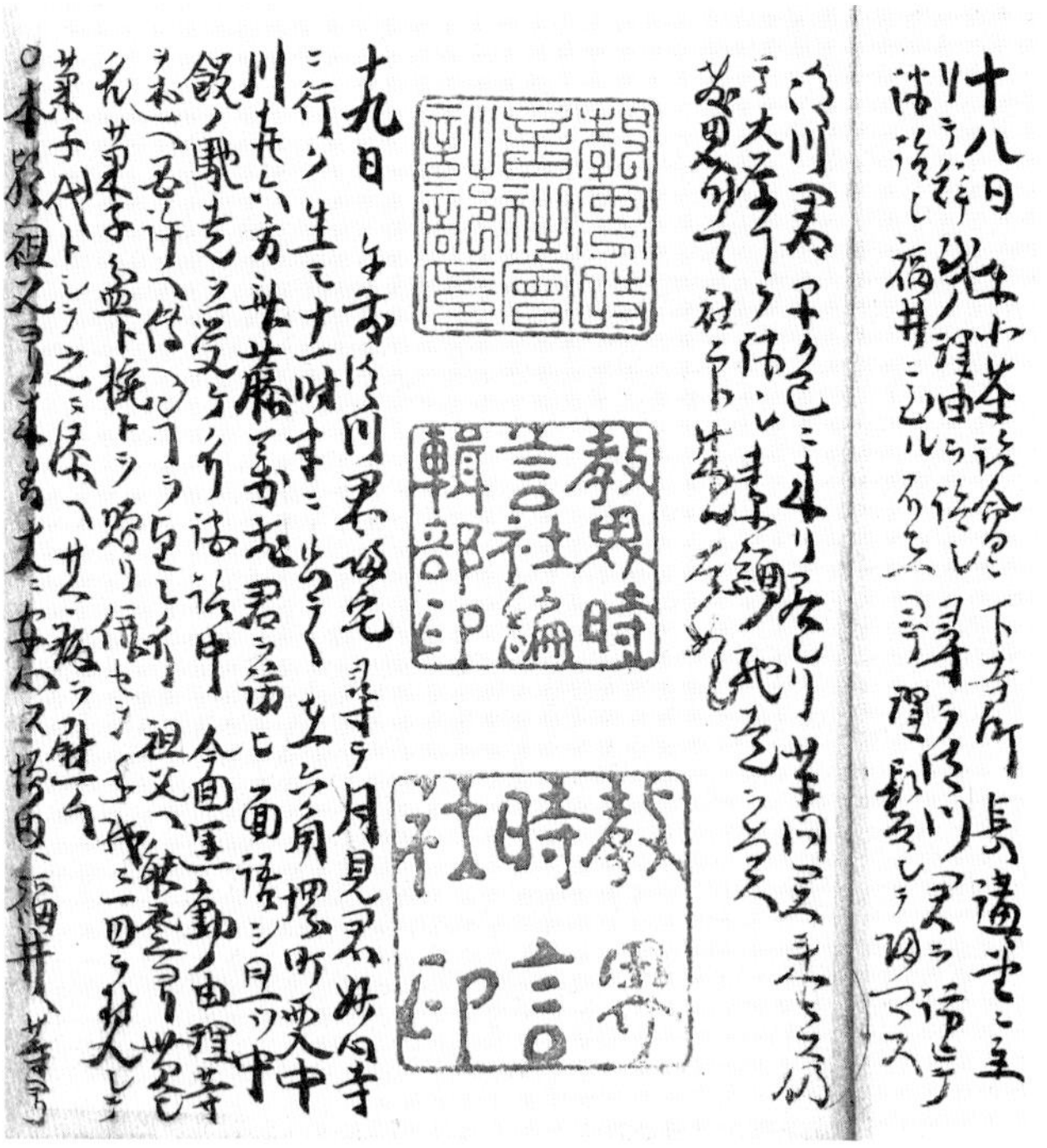

井上日誌（明治 29 年 10 月 18〜19 日）

はしがき

日本仏教を代表する巨大教団、真宗大谷派は明治初期、維新政府の宗教政策への対応、キリスト教対策、新しい時代の宗政を担いうる人材の育成といった他宗派と共通する一般的問題の外に、負債償却と両堂再建という特殊な大問題を抱えていた。負債は新政府への忠誠を示すために求められたたびたびの献金でふくれ上がった莫大なものであり、両堂再建は、幕末に兵燹のため焼け落ちた御影堂と阿弥陀堂の再建が祖師にたいする大師号宣下を機として緊急課題となったもの、どちらにも巨額の資金調達が必要不可欠であった。

末寺僧侶と門徒の信施だけでは全く不十分なので、宗政当路者はあの手この手の半強制的な募財と、寺格や各種の資格の売官的免許にたいする礼金収入の道を広げて、明治二七年（一八九四）負債を完済し、翌二八年両堂を落成させた。このような資金調達の強行は門末の信仰心を蝕み、教団の基礎を腐蝕する。しかし、僧侶大衆は時流に身を委ねて、あるいは寺格や資格の買官的陞階や取得を競い、あるいは甍巍々たる両堂の落成に随喜の涙を流すに止まっていた。

教団の生命は勧学と布教であるのに、教学面が多年にわたりはなはだしく軽視され、宗政は非教学的な箱物主義の、金集め一点張りの方針で運営されてきた。この事態の深刻な問題性を黙止するに忍びず、明治二九年、教学本位の精神的革新を叫び、寺務改革の運動を起こした有志の一団があった。

それは、おおむね本山の東京留学生出身で帝国大学を卒業した三〇歳台前半の少壮僧侶たちであった。哲学者として今日も著名な清沢満之、彼の刎頸の友稲葉昌丸・今川覚神・井上豊忠・清川円誠・月見覚了が首唱者となって、洛北白川村に拠点を置いたところから、白川党と呼ばれる。六人衆の中核は清沢、東京専門学校（早稲田）で政治科を履修した井上を軍師とみることができよう。

白川党六人衆は、明治二九年一〇月末機関誌『教界時言』創刊号に革新運動蹶起の檄を載せ、全国の有志に呼びかけた。これに呼応する声が燎原の火のようにたちまち各地に広がり、宗政の首班、積年の問題に重責のある執事渥美契縁を差免に追い込んだ。三〇年一月以降法主への請願運動が連日展開され、請願書が山と積まれた。二月には事務革新全国同盟会が結成され、請願の一部が聴許されたが、首唱者六人は宗規違反の罪名で除名、僧籍剝奪となった。それでも同盟会は毫も屈することなく活動し、大谷派議制局議員の三分の二を占める勢力となるが、渥美に代わって宗政の首班となった石川舜台の策謀により、同年一一月同盟会は解散を余儀なくされ、運動目標の末寺会議および門徒会議の設置とその法制化は幻に終わった。白川党の蹶起によって起きたこの一年ほどの騒動を白川党事件と呼ぶ。

以後、六人衆は自坊あるいは勤務先に散ったが、白川会を結成して同志の交流を保ち、清沢を中心に一派の教育機関に深くかかわってゆく。彼が明治三六年に歿した後、遺された同志たちは分散しつつも交流をつづけ、ともに寺務革新を戦った清沢の同志らしい生き方を貫いた。

私は新発掘の三〇余年にわたる詳細な井上豊忠日誌を根本資料として、彼の生涯にわたる出来事を軸に、近代真宗大谷派の革新運動を考察した。そのさい白川党六人衆を人生のみちづれ（コンボイ）と捉え、各人の経歴、相互の協働と交流に注目することで、白川党事件の具体相を克明に描き出している。また、一派の精神的革新を目指す志による結束と活動に注目するとともに、とくに六人衆の合意の流儀である熟議が培う平等な関係の形成によって、タテ社会に同朋のヨコ関係が育ってゆく契機を探った。かくて、初め「家」制度の視点から捉えた真宗教団に新たな視角から接近して、近代真宗史の理解をより豊潤なものにしたいと願うものである。

本書の内容は、本邦近代において教団革新運動に挺身し、太平洋戦争後の大谷派同朋会運動の源流となった志士たちの、生涯にわたる友情物語ともいえよう。ご披見いただければ幸甚である。

用語解説

安居（あんご）
一定の期間、僧侶を集めて宗余乗の講学をする伝統的行事。大谷派では寛文年間（一六六一～七三）に学寮を設けてから、夏安居の制が確立した（『真宗新辞典』一〇～一一頁）。

帰敬式（ききょうしき）
在俗の男女が真宗に帰依したことを証するために行われる剃髪の儀式。俗に「おかみそり」ともいう。受式者を祖影前に坐らせて、剃髪の印を行った上で法名を下付する。法主自ら行うが、法嗣または連枝が代行することもある（『真宗新辞典』九三頁）。

寺格（じかく）
寺院の格式。本山の御堂に出仕する時の着座の席次。本願寺九世の実如の時、一家・一門の制を定めて、本願寺の一族と一般末寺とを区別し、一一世の顕如が門跡に列せられた時、院家・一家・内陣・南座・坊主の制を設けたのに始まる。以後しだいに細分化した。元来一代限りのものであったが、世襲されて寺格となり、献金・礼金によっても昇進できるようになった（『真宗新辞典』二〇〇・三七三頁）。

時斎（じさい）
月命日の供養。

寺族（じぞく）
寺院住職の家族。

衆徒（しゅうと）
寺院所属の住職以外の僧侶。

酬徳会（しゅうとくえ）
大谷派において、朝廷・国家の恩を謝するため催した法要。明治二五年（一八九二）五月から始まり、四四年からは春期彼岸に行うことに改められた。歴代天皇の尊儀を開扉し、法主の出仕のもとに三部経を読誦した（『真宗新辞典』二三九頁）。俗諦を表とする春の酬徳会は、真諦を主とする秋の報恩講に対応する。

上局（じょうきょく＝内局）
一国の内閣に相当する一派政務の最高機関。

消息（しょうそく）
法義を説き信心を勧める門末に宛てた法主の手紙。

所化（しょけ）
寺で修行中の僧侶。多くは若い僧侶で、宗門立学校の所化とは生徒のこと。

世話方（せわかた）
総代を補佐して寺院経営の世話をする檀徒。

堂班（どうはん）
　御堂出仕の席次。寺格や年功・勲功（献金・礼金を含む）を基準とする僧侶一代限りの等級。階層の刻みは寺格と同じ。寺格を寺付堂班と呼ぶことがある。

取越（とりこし）
　在家で修する報恩講。

伴僧（ばんそう）
　寺院住職の助手を務める僧侶。

報恩講（ほうおんこう）
　祖師の忌日に報恩のために行われる法会。親鸞の没後、このような集会が親鸞の忌日にも行われるようになり、本願寺三世覚如が報恩講式を著してから形式が整い、大谷の廟堂では御報恩念仏会と称して忌日までの七日間行われた。後、勤式作法が定められて、御正忌・報恩講として末寺にも普及した。大谷派などでは一一月二一日から二八日まで営まれている。末寺では本山よりも前に予修し、これを引上会・御取越などと呼ぶ（『真宗新辞典』四四〇頁）。

坊守（ぼうもり）
　真宗寺院の住職の妻、またはその主婦的役割を果たす女性寺族。

猶子（ゆうし）
　法主が自らの名の一字を与えて子に準じた待遇をするエリート僧。

連枝（れんし）
　法主一族の男子の尊称。法主あるいは前法主、法主後継者の男子を直連枝、直連枝の子孫など、連枝に准じるべき者を准連枝と呼ぶ。

目次

序論——本書の課題・視点・意義

1 白川党の軍師井上豊忠

明治二九年から三〇年（一八九六〜九七）にかけて、白川党事件として知られる真宗大谷派寺務革新運動が展開された。大谷派講師の宗学者寺川俊昭（一九二八― ）は、「これはおそらく東西分派以後の大谷派教団における、最大規模の革新運動であろう」〔寺川 一九七一：一七四頁〕と述べている。真宗内外の仏教史家も、この意見に異論はないのではないだろうか。

白川党の革新運動はその指導者清沢満之（一八六三―一九〇三）を中心に語られてきた。清沢は同志六人の精神的中核として運動を主導したばかりでなく、この運動に参加した全国の有志からみても彼は運動の原点に位置し、かつ現にその中心にあった。しかし、彼にリーダーシップが集中していたのではなかった。彼の信仰・思想・行動を語る資料が熱心に発掘され、全集として四度公刊されたが、他の同志たちの行実を窺うに足る資料はほとんど公にされることがなかったために、白川党といえば清沢中心に語られるだけであることを誰も怪しまなかったのである。

清沢に関する伝記は数点を数える。いずれも捨てがたい特色をもつ力作であるが、そのうち西村見暁（一九一五―二〇〇三）の『清沢満之先生』〔一九五一〕は、関係資料の広範な発掘に基づいて書かれたもので、清沢以外の有志の遺文にも注目しており、とくに同志の一人井上豊忠（一八六三―一九二三）の「座右録」の記事を再三にわたって引用している。しかし、彼は入手した井上遺文のごく一部しか利用していないように見受けられた。そこで私は、これを本格的に発掘し直して白川党運動を再考してはどうか、と思いたったのである。

革新運動当時のメディアや後の公的文献（例、大谷派宗史編修所　一九三五：五五頁）は、清沢一人だけの名を挙げて白川党の活動を報道しあるいは記録することが少なくなかったが、しばしば清沢・井上両名でこの一党を代表させる記事も残している（例、読売　一八九六・一二・三）。白川党運動の同調者であった南条文雄（一八四九―一九二七）は、「今回の首唱者たるや即ち嘗て事務に参与したる井上氏の如き学寮の教官たりし清沢氏の如き人ありて其人物の点よりいふも」（明教新誌　一八九六・一二・一二）と語り、また白川党支援者であった本山の東京留学生秦敏之は、「月見井上両氏は軍隊なら総参謀と云ふ所」（浩々洞　一九一五：四〇七頁）と見ていた。月見と井上はともに一時白川党の本拠に居住して悉皆取り仕切っていたから秦にはそう見えたのであろうが、凝視すれば井上が総参謀で一歳下の月見覚了（一八六四―一九二八）は総参謀補佐というところである。さらに、明治二九年一一月に東本願寺寺務所に入り、後年大谷派の寺務総長まで勤めた阿部恵水（一八七〇―一九四五）は、回顧録のなかで「白川村では井上法忠《（ママ）》を中心として改革派が活躍をなしていた」と、白川党の中心が井上であったかのように語っている（北西　一九八六：一一三頁）。寺務所勤めをした唯一の白川党同志で、実務的に手強い井上が、新米寺務所員には改革派の中心的な交渉相手として印象づけられたのであろう。これらからみても、井上は同志六人のうち、清沢に次いで名を挙げるに足る人物であったようである。

白川党の五人まで、東本願寺留学生として帝国大学に学び、なかに理科大学の動物学科や物理学科を卒業した者もいたが、他は清沢を始めとして文科大学の哲学科などを卒業している。ところが井上だけは本山留学生でなく、しかも東京専門学校（後の早稲田大学）の政治科卒業であった。それに先の五人とも東本願寺の第一中学寮教授や大学寮教授の職を経験したか、現にその職にあった。井上も大学寮で教授補として教鞭をとったが、本務は本山寺務所勤務であり、宗政の実態を直接経験する立場にあった。

この経歴差から推測できるように、清沢は状況を大局的に捉えて進むべき道を指し示す総師としての能力を具有していたが（例えば明治二九年六月一二日付け今川・稲葉・井上・清川宛書簡〔大谷大学 二〇〇三b：一二八〜一二九頁〕）、寺務所に対抗して改革を天下に訴える戦術、さらに全国的な大運動にまで展開した活動を結集し、一つの目標に向けて動員する戦術にも長じていたとは言えない。清沢は外面の印象とは違って実務処理の能力をもっていたと彼に長年親近した月見が語っているし〔浩々洞 一九一五：三一四頁〕、同志に宛てて頻繁に書いた彼の書簡を読んでも同様の印象を受ける。しかし、実務能力に加えて戦略を練り戦術を編み出す能力が必要である。ここに、井上の活躍の舞台があり、他の同志の誰も代わりえない不可欠の役割があった。清沢を「随分策もあり略もある人」と評した例があるというが〔寺川 二〇〇四：二九五頁〕、それでもなお井上の補佐は必要だったと考えられる。清沢を総師とすれば彼は軍師であった。同い年の総師と軍師が一体となり、残りの四人がこれを佐けて白川党の改革運動が展開されたのである。

井上遺文の存在を世に報じたのは、先述のように西村見暁である。私はこれを根本資料として考察することを企てた。豊忠の曾孫に当たる井上道弥氏の格別のご厚意によって、三〇余年にわたる詳細な日誌（一八八三年、一八九一〜一九二三年）と関連遺文を拝見する幸運に恵まれ、そのお蔭でこの企図に挑戦することができた。これまでの白川党運動の研究は清沢中心の視点だけから組み立てられており、資料の関係でそれは已むをえないことであった。これにたいして本書は、井上からみた白川党運動の考察、その意味で白川党運動再考となるだろう。また、白川党運動で鍛えられた井上が地元に帰った後、末寺住職としてどのような布教活動を展開したかを含めて、ライフヒストリーの視点から考察し、軍師井上豊忠の「生涯」を辿ることになるだろう。

2　コンボイのライフヒストリー

私は上記のような社会史的な課題を考察しようとして、考察の視点から対象に接近するにふさわしい資料を選んだのであるが、資料はみな過去資料であって追加不能のため、視点は逆に資料によって基本的に規定され、修正されさえする。

私の根本資料は先に紹介したように井上日誌である。詳細な日誌であるけれど、記述された情報よりも多量の（われわれにとって）意味ある情報が省かれたり、書き落とされたりしているだろう。加えて、自己の行動を正当化合理化したり、また自己を場面の中心人物であるかのように記録しているかもしれない（井上にはこの自己壮美化性向が認められる）。こうした疑いのある記録を基本資料として使用するには幾重もの細心の注意が必要である。

事実を正しく行文から読み取るために、補助的な資料が必要不可欠であることはいうまでもない。まず、日誌以外の井上遺文とくに自伝的文書がこのために有用であるが、上記のような自己壮美化性向には格別の警戒が求められる。彼が同志に宛てた書簡は、清沢の場合のように収集されていないので、その内容は日誌の記事から推測するしかない。つぎに清沢関係の資料では、彼は条理を尽くした懇切な手紙を書く人で、その書簡〔大谷大学 二〇〇三b〕はきわめて有用であり、また清沢の日誌〔大谷大学 二〇〇三a〕は記述が簡潔であるが役に立つ。

井上日誌や清沢書簡のように、相互行為や個人的態度（意見および情緒的反応）が表出されている個人的記録 personal documents の資料的価値は、長く歴史家の認めるところでなかったが〔大浜喜寿記念 二〇一四：三三一頁〕、人間行動を研究対象とする学界では周知のこととなって久しい〔森岡 一九五四：一九～五一頁〕。私は、日誌等個人的記録に残された「語り」について、そのライフヒストリー的情報を利用しようとするもの、といってよいだろう。

個人的記録をライフヒストリーに即して有効に活用するために、この場合は白川党の機関誌の閲読は必須であり、大谷派の公的なＰＲ誌、宗報の類も時代環境を客観的に設定する手がかりとしてきわめて有益である。さらに、当時の仏教専門誌はもちろん一般の新聞雑誌も可能な限り捜索しなければならない。

井上日誌には白川党同志の行動や態度が克明に記述されているし、同志に宛てた清沢書簡にも同志との相互作用や感情交流が細やかに描かれている。しかもこれらの記録は経時的に行動や態度を露わにする。そこに変化あるいは展開をみることができるだろう。したがって、これらの記録は個々人のライフヒストリーだけでなく、集合ライフヒストリー collective life history とでも呼ぶべきものを映し出している。私は井上個人のライフヒストリーと併せて、彼と清沢を焦点とする楕円のなかに同志を定位して、白川党同志の集合ライフヒストリーを明らかにしたい。これが私の視点である。プラース〔Plath, David W., 1930–　〕が用いたコンボイ convoy〔Plath 1980〕なる概念を借用するなら、コンボイのライフヒストリーに迫りたいのである。それは、コンボイのなかでの相互作用による人格発達の軌跡をも探ることを可能にするだろう。

コンボイ

白川党は広くは革新派と呼ばれるから、一つの派閥をなしたかというと、そうではない。「派閥」は、外に対しては排他的で閉鎖性が強く、内においてはしばしば親分子分関係で結ばれた集団をさすが、白川党はそうした性格をもたないからである。また、公式組織の内部に何らかの私的な属性あるいは関係に基づいて成立した非公式な下位集団をクリーク clique と呼ぶ。白川党は一種のクリークであるが、ふつうクリークについて注目される時間の幅は短期であるのに対して、私は白川党を一〇年あるいはもっと長い期間にわたって観察したい。そこで、長期の道づれ、護送船団を意味するコンボイの語を用いる。

プラースは描写語としてコンボイの語を使用しただけで、定義めいた立言をしていないが、私の考察ではこれが基本用語の一つとなるので、社会学的な定義を施しておかなければならない。私は取りあえず、コンボイとは、ライフヒストリー的考察に耐えるほどの期間、人生行路を同行する自発的集団 voluntary group と規定しておきたい。

自発的集団とは、人々が自由意思によって任意に結成した集団で、不文の社会慣行によるあるいは政治権力などが制定した規則による制度的集団の対立語である。制度的集団では成員資格が決まっていて、集団内外を区別する壁が存在し、出入りには社会的に認められた一定の要件を充足しなければならない。他方、自発的集団では、公然と結盟するのでないかぎり、成員資格は暗黙の了解で決まっているだけで、内外を区別する壁は通常低く、出入りしやすい。自発的集団は制度的集団の外にも内にも登場して、制度的集団に活力を与える一方、その批判対抗勢力となることがある。

制度的集団（しばしば家を単位とする）はおおむね長期的存続を保証されているが、自発的集団（常に個人を単位とする）は成員の自由意思に依存するので長期にわたって存続する保証がない。プラースのコンボイ概念は、制度的集団と自発的集団の区別が曖昧で、その中間形態に多くの関心を注いでいるようにみえる。また、プラースは人生行路における同行という外面を注視するが、コンボイを自発的集団と規定する私の場合、継続的同行を可能にしかつ支える目的あるいは志（行動志向の価値体系）の共有という内面にも注目し、とくに考察の対象が革新の志を共有するコンボイであることから、白川党に革新コンボイの語を用いる。

なお、自発的集団はその主な機能によって手段的 instrumental なものと表出的 expressive なものに大別される。前者は対外的な目標志向活動、あるいは対内的な互助活動をし、後者は主に対内的自己充足的な活動をする。自発的集団が一定期間以上存続した場合、主な機能に変化が生じうる〔佐藤 一九九三〕。いうまでもなく、このことはコンボイにあてはまる。

集合ライフヒストリー

私は井上の壮年期三〇年にわたるコンボイの形成と変化、それを規定した大谷派の変化、それらに規定されて展開した彼の宗教活動の推移を問う。本研究は、井上の生涯を軸とする、白川党と呼ばれた革新コンボイのライフヒストリー、集合ライフヒストリー研究である。井上日誌・清沢書簡・白川党機関誌を中心に関連資料を駆使すれば、この課題に接近することができるだろう。それをもし一種の社会史の試みと称するなら、マクロヒストリーではなく小さい集団に注目するミクロヒストリーであって、個人の人格発達をも探ることに関心がある。ただし生活史というより生涯史と呼ぶのがふさわしいだろう。かっこうの基礎資料が発掘されたからこそ実施可能になった試みであることはいうまでもない〔池上 二〇一六：三六頁〕。

3 白川党研究の意義

戦後の教団改革の源流

昭和四四年（一九六九）「開申」問題で事件化し、一〇年余にわたった法主派と改革派との熾烈な抗争のさなか、五三年一月法主大谷光暢（一九〇三―九三）が東本願寺を真宗大谷派から離脱させるとの声明を発表した。その理由の一つとして、宗政権を掌握した改革派の教義や信仰は、清沢満之の流れを汲むものであって、本願寺伝統の教義・信仰とは異質のものであることを強調し、東本願寺を真宗大谷派から救出する護法の活動であると主張したという〔梅原一九七九：九九〜一〇〇頁〕。他方、法主派の企ては大谷家による本願寺と宗祖の教えの私物化にほかならないとみなす改革派は、清沢の思想の末流を汲むものと自認している。

戦後の改革派は清沢の思想と信仰の末流に連なるだけでなく、彼の宗門改革の志と白川運動が掲げた願いを継承するものであることは、五六年の新宗憲で達成された重要案件を点検すれば明らかである。白川党の運動は戦後の教団改革運動の源流といってさしつかえない。

清沢の思想と信仰は白川党の運動および白川会（事件後の形態）と密接な関係をもつはずであるから、清沢の思想と信仰の理解のためにこれらの研究は必要であるが、同時に、戦後の教団改革の理解のためにその源流としての白川党運動および白川会の考察は不可欠といわねばならない。しかし、清沢の思想と信仰の研究が多くの学徒によって進められてきたわりには、白川党運動と白川会の研究はめったに学徒の関心を惹かないように見受けられる。おろらく史料が少なかったためであろう。私のささやかな研究はこの欠を補おうと志すものである。

教団史研究の展開

以上は本研究のいわば公共的意義であるが、それに関連して私的な個人的意義が大きいと信じるので、あえて附言しておきたい。顧みれば、真宗教団の社会史的考察は私の最初の研究課題であった。半世紀前、同族団の視点から教団組織を分析して『真宗教団と「家」制度』〔一九六二、一九七八〕をまとめたときには、近世に構築された組織の構造と機能を明らかにしようとした。そこでは、個人は組織体の規範にしたがって行動する習俗的な役割人間であった。後続の研究論文を収録した『真宗教団における家の構造』〔一九七八、二〇〇五〕でもほぼ同様であった。それらには、幕藩体制下で成立した真宗教団の構造が近代天皇制への変革のなかでどう改革されたか、という構造の歴史的変化を問う視点は鮮明であったが、例えばその後の教団の近代的展開を解明しようとする視点も方法論も欠けていた。

当時の真宗諸教団では、布教対象を家から個人に転じる努力を重ねていた。そのような時代環境のなかで、旧著の弱点は明らかであった。すなわち教団の制度と組織に関心を集中し、真宗門徒の行動と思想は一定の習俗レベルでしか捉えていないことである〔児玉 一九七六：八〜一〇頁〕。奥能登と口能登で中学生に「私のお寺」という題で手次寺について作文を書いてもらい、二つの地域を比較することで、寺にたいする伝統的意識の溶解の様相を捉えることを試みた。すでに個人的記録の資料的価値について学んでいたのに、この作業を完成できないでいる。また、報恩講満座の前日から手次寺の本堂で法座に集まって徹夜する門徒の多様な行動を長時間観察しながら、その活力あふれる情報を檀家組織の考察に生かせなかった。「家」制度の封鎖回路にはまり込んでいたのである。

その後、文化変容の視点からキリスト教会の調査を重ね〔森岡 二〇〇五〕、またライフサイクルの視点から新宗教運動を観察したりした〔森岡 一九八九〕。寺とか教会といった構成体は始めのうちは手がかりになるが、枠をはめたところにやがて限界が生じる。そこで、所属教団を代表する地位に上った大正期生まれの宗教指導者六名に面接して、ライフヒストリー調査を試みたが、新しい分野を展望できるような成果を挙げるに至らなかった〔森岡 一九九二〕。近年では、構成体のないところで、あるいは構成体を超えたところで、思想的情緒的な絆で結ばれた運動体に関心をもち、コンボイの視点から明治期キリスト教の母胎の一つ、熊本バンドなどの調査を行った〔森岡 二〇一五〕。しかし、先人が集めた資料ばかりで新味が乏しく、自ら発掘した資料がないことに行き詰まりを痛感していた。そこに偶然、井上豊忠遺文というこれまで本格的に活用されたことのない大量の生の資料に出会ったのである。

一介の僧侶の日誌でも、詳細な記述であれば、彼個人および彼の生活圏内の社会事象を描き出してくれるが、井上遺文の場合、白川党事件という真宗史上語り継がれる出来事の軍師的立場の人物の手記であるから、宗門改革を目指して活動する彼のコンボイを描き出すばかりでなく、その時代の大谷派を映し出し、しかも、彼らの脱習俗的意識とコンボイ内外の相互作用および感情交流まで明らかにしてくれる。かくて、私の従来の制度論・組織論本位の真宗教団研究の弱点を乗りこえ、「コンボイのライフヒストリー」の視点から、何らかの新たな展開を探りうる機会が到来したのである。今は、井上日誌に巣くう虫となって調査目的の達成を期したいと願うばかりである。

I　白川党結成への道

一　第一の出会いと最初の岐路

1　井上豊忠の略歴

まず主人公井上豊忠の略歴を紹介しておかねばならない。豊忠は文久三年（一八六三）三月二三日、羽前（山形県）東置賜郡米沢町長命寺第一五世井上玄然の四男、第五子として生まれた。長じて不忘と号す。長命寺はもと越後にあったが、領主上杉家の会津転封に伴って会津に移り、再度の転封にも藩主に従って米沢に移転したという、米沢の真宗大谷派では格別の由緒をもつ寺である。豊忠は数えの六歳から、漢学・習字・数学・句読・経史・宗余乗をつぎつぎと諸師の学塾で学んだ。明治一五年（一八八二）五月上洛して宗門の京都教校に学んだ頃には、兵役を免れるため米沢士族青木貞吉の養嗣子ついで青木家戸主となっていたが（『法讃寺記録』巻二）、学資は生家の実兄が工面したようである。京都教校は紛争のために一年で退学し、京都二条竹屋町の坂上漢籍塾に学び、大きな感化を受けた。その後松木琢宗に従って諸国を遊歴し、越後北魚沼郡広神村中島なる師僧の寺万行寺で一年間宗乗を学んだ。井上は成童期に経史を学んだ宇津江清次と青年期に随従した松木琢宗を生涯恩師と仰いだ（井上日誌　一八九四・六・一〇）。

明治一八年越後からの帰途、西置賜郡長井町小出の真宗大谷派法讃寺に一泊したのがこの寺との最初の関わりであった。法讃寺は越後高田の真宗本誓寺の門徒浄西なる僧が、領主上杉氏の米沢入府の頃、当地に来たって開基したとの伝承をもち、近世には一貫して本誓寺を中本寺とした（『法讃寺記録』巻一）。

　さて法讃寺では、九世法潤（一八一三—九八）の長女ちゑのの婿養子で、越後蒲原郡岡山村超倫寺から入った一一世の証法が、明治二一年七月には重病の床にあったため、養女いま（妻ちゑのの妹しげのの娘）の婿養子たるべき青年僧を求めていた。ここに、法讃寺の有力檀家佐藤医師の世話で、豊忠に白羽の矢がたった。内部紛争が起きていた長命寺では、米沢から遠からぬ小出に豊忠が止まって長命寺の藩屏となることを歓迎し、縁談はまとまった。この折衝に当たって、法讃寺無二の檀頭、自作の大豆を用いた味噌醤油醸造で産をなした山一斉藤弥助の妻で、篤信家として知られたつぎが、手次寺の興隆のため是非とも豊忠を貰い受けるよう蔭から尽力したことが効を奏し、明治二一年証法没後間もなく、豊忠は元住職法潤養孫として法讃寺井上家に入る。山一のつぎは終生母のように豊忠を庇い護ってくれた。

図1　米沢・長命寺（正門から．平成27年）

　豊忠は翌二二年東京（早稲田）専門学校邦語政治科第二学年に編入された。法讃寺・長命寺に加えて法讃寺檀頭一〇軒ほどから学資援助を受け、二四年七月二〇日卒業して直ちに帰寺した。在学中に豊忠は、内部紛争中の実家長命寺の住職を本山から特命されており、他方、青木氏から長命寺井上氏に復帰することを紛争の相手方から妨げられたため、豊忠は青木姓のまま長命寺住職の任にあった。このように豊忠は戸籍上寺籍上、法讃寺井上家と関係がないため、長命寺檀頭から法讃寺宛時限付き住職借用の契約書を呈し、法讃寺では寺檀の共通理解として、豊忠を元住職井上法潤養孫と位置づけていたのである。

豊忠は法讃寺に帰着した三日後の二四年八月三日、三年前に他界した前住職証法の養女、数えて一七歳（二歳年下）の許嫁いま子と結婚した。しかし、明治二七年七月まで法讃寺井上家への入籍ができず、いま子とは内縁関係であった。その間青木姓を保持したが、本書では混乱を避けるために井上姓で統一することとする。

井上は東京専門学校を卒業して小出に帰ったとき、すでに本山東本願寺執事（寺務所長）渥美契縁（一八四〇―一九〇六）の知遇をえて、寺務所職員として採用されることになっていた。そこで早くも二四年の末に新婚三ヵ月の新妻を養家に残して上洛し、翌二五年一月本山寺務所に典例調査の本局用掛として採用されるとともに、大学寮講習科教授補として法律政治学関係の講義を担当することとなった。寺務所では二七年から教学部録事として縦横の活躍をしたが、清沢たちと主義・行動をともにしたため、保護者であった渥美から疎んじられ、翌二八年文書科宗制寺法取調専務に左遷される。同年、清沢ほか大谷派の有識者一二名連署して寺務改革関連の建言書を渥美執事に呈する運動に加わり、ついに翌二九年一〇月辞職して、清沢ら同志六人で各地の関係者に檄を飛ばし、本山の外部から大谷派寺務革新運動の狼煙を揚げた。彼らは主張を広く天下に訴えるために『教界時言』なるニュースレター的雑誌を発行し、その本拠を洛外白川村に置いたことから、世に白川党事件として知られている。

寺務改革を訴える彼らの檄は、たちまち全国各地の大谷派門末を振るい起たせ、その勢いに圧されて年末には渥美政権が瓦解した。翌三〇年一月から二月にかけて事務革新全国同盟会の組織化が成る一方で、二月には首唱者六名は除名処分を受ける。除名とは大谷派僧侶としての資格をことごとく剝奪する厳罰である。渥美に代わって宗務の実権を掌握した石川舜台（一八四二―一九三一）は、老練な宗政家で、巧みに改革派を懐柔しながら、結局は大打撃を下して年末には全国同盟会を解散に追い込んだ。同盟会の筆頭幹事まで勤めた井上であるが、宗政への思いを断って明治三〇年一二月自坊に帰り、自坊の経営と地方教化へと活動の方向を転じた。

以上、井上の全体像を理解するための見取図として、彼の前半生を中心に梗概を素描した。ここで注目したいことは、彼にはいくつかの岐路があり、またそこに導く出会いがあったことである。以下、岐路に着目して彼の経歴を辿ってみたい（井上日誌からの引用は、理解の便のために句読点および濁点を付し、明らかな誤字は訂正し、文意を損しない省略は……で示した）。

2 渥美契縁との出会い

明治二四年春、山形県酒田の大谷派寺院出身で東京専門学校同窓の鈴木義応が在京の井上を訪ねて来て伝える。曰く、東京出張中の渥美執事に面会する機会をえたので、本山寺務所は新しい高等教育を受けた人材を採用するべきであると説いて貴君の名を挙げたところ、青木のことは聞いている、是非会いたいと言っていた、と。米沢長命寺の内部紛争につき井上が書いた長文の陳情書をみて、彼に住職を特命した渥美が、羽前に人ありと井上を記憶に止めたのであろう。さっそく二人して渥美を訪い、多事多難な今日、閣下は大谷派だけでなく仏教界全般にたいして責任を負い、また期待を寄せられているが、大業を果たすに必要な有能な補佐役がいないように思われる、閣下自身どうお考えかと問いかけた。執事は「貴評ノ如ク実ニ困却ナリ。……若シ君等両人ニシテ篤志アラバ本山ヲ扶ケラレンコトヲ願フ」と応じ、再会を約した。

たまたま同年晩春、法讃寺の養母と山一の妻つぎら檀頭の妻女三人を案内して本山参詣かたがた大旅行に出た機会に、井上は本山寺務所に渥美を訪ねた。渥美は井上の抱負や考え方を探るために、いくつかの質問を投げかける。第一問は、宗門にも国会のような民意を問う機関を設置することの可否であった。

……上ニ明法主、下ニ賢執事アリ。熱心ニ弘教護法セラル、ニオイテハ、素ヨリ国会ノ必要ナキノミナラズ、反テ無キヲ善シトスベシ。然レドモ、明主賢執事ハ百代ニ一二代ヲ期シ難シトスレバ、国会様ノ一機関ヲ設クルハ実ニ切要ナルベキナリ。然ラバ国会ヲ今日ニ設クベキカ。生ハ早シ早シト云ハンノミ。凡ソ国会ヲ起スニ必要ナル事情多シ。就中最モ欠クベカラザルハ上下ノ二事情ナリ。上ニアリテハ一派ノ整理成リテ容易ニ乱レザルコト、下ニアリテハ代議員ノ智徳上達能ク其職ヲ失ハザルニ足ルベキコト是レナリ。今ヤ本山ノ政綱乱レ土崩瓦解ノ傾キアリ。末徒ハ頑暗智ナク徳ナシ。若シ此人ヲ以テ此本山ヲ議シ、多数ニヨリテ決スルコトトセバ、其間奸物ノ乗ズルコトアラバ、此レ実ニ藪ヲ打テ蛇ヲ出スノ諺ニ漏レザルベキカ。……故ニ生ハ、尚早シ、少クトモ一山ノ整理ヲナシ末徒ノ智徳ヲ進ムルニ非ザレバ、不可ナリ云々。又曰ク、政界ノ国会ハ権義ノ干係ニシテ、教界ノ国会ハ徳義ノ干係ナリ。其性天淵ノ差アリ云々。執事大ニ感ジ且ツ驚嘆ス。（井上日誌　一八九一）

その外いくつかの設問があったが、答弁は渥美を驚嘆させたと井上は記しているのは、例の自己壮美化性向のゆえかもしれない。彼が机上の議論ではなく実地について考えたいといったのにたいし、渥美はさもあるべしと賛意を表して、大学寮では政治法律の講義をし、寺務所では時事問題について意見を述べ、かつ一派施政の調査をすること、とくに施政調査に力を注いでほしい、と切り出した。こうして採用に決し、愉快な談話で夜一二時に至った。

後日、執事が東上したとき、向島須崎町植半に鈴木とともに招かれた。浴衣のまま三人鼎座して、酌婦を退け、痛快な談話に五時間余を過ごした。渥美は、私の欠点は率直に忠告してもらいたい、家内はこういう女だなどとプライベートな話をし、先に施政調査と言ったのは宗制寺法改正の準備作業のことで、寺務所での身分はかくかくと語った。

そして私は本願寺一山の総理たること前後二〇年、髪は白くなり余命はいくばくもない。一大事業を果たして西方浄土の宗祖にお目にかかるのが今生の願いである。どうぞ力を添えられよ、と言ってはらはらと落涙した。これには井上たちも感激して、精一杯協力いたします、と声を揃えた。以上が本山に奉職するに至った経緯の大略であると、井上は日誌に書き留めている。

井上は早くも結婚後三、四日で、身近な人たちに上洛の了解をえるための説得を開始する。法讃寺の家族は養祖父、養母（妻の養母）、叔母（妻の実母）、妻の四人だった。彼はまず養祖父に話し、その翌夜檀頭二氏に話す。そのとき彼はつぎのように宿志を語った。

方今教界多事極マレリ。教界ニ居ル者何ゾ奮ハザランヤ。生、教界ニ尽スニ説教演説ヲ以テセズ。講義著述ヲ以テセズ。願クハ一宗派一宗教ノ内ニ於テ政綱ヲ握リ、鞠躬尽力倒レテ後止ムニ在リ。此レ独歩シテ政治学ヲ修メタル所以ナリ。此生ガ宿志ナリ。（井上日誌　一八九一）

説教師としてでなく、学僧としてでもなく、宗政家として教界に尽くすのが宿志であり、これがためにふつう寺の若者が専攻しない政治学を修めた。宗政家として立つこと、これこそがわが宿志であると井上は説いたのである。たまたま卒業直前に本山執事に面談する機会をえて、宿志実現の道が開けたので、法讃寺を後にして上洛しようとする。そのような井上に対し、東京遊学のために多額の学資金を出してくれた檀頭は詐欺だと怒り、新妻の嘆きに断腸の思いであったが、なんとしてもこの予期せぬ幸運をものにしなければならない。

3　宗政への関心とその原体験

原体験――京都教校の紛擾

大谷派寺院の多い愛知・岐阜・滋賀・石川・富山・新潟などの諸県あるいは京都界隈の青年僧なら、宗政家志望は考えうることであるが、東北地方のように大谷派寺院が比較的少なく、明治一九年八月には新布教地に指定された〔大谷派　一九三五：四五頁〕僻遠の地方からの宗政家志望というのは、おそらく稀なことであろう。才能のある若者が現れたとしても、著名な説教師か高位の学僧になりたいぐらいのことではないかと思われるからである。どうして、井上においてこの稀なことが起きたのだろうか。

井上は白川党の運動が頓挫した後も、宗政参加を熱烈に要請されたことがある。迷いつつも結局自坊の経営に身を捧げる決意をして、明治三四年五月四日清沢満之に長文の書簡を送った。そのなかにこの「なぜ」を解く情報が露頭している。

回顧スレバ、小生ノ初メテ宗政ニ関心セシハ明治十五年小教校紛擾ノ時ニ有之候。爾後宗教ヲ学バスシテ政法ヲ習ヒ、文字ヲ読マズシテ人情ヲ観ジ……。〔井上日誌　一九〇一・五・三〕

とあって、明治一五年（一八八二）の小教校紛擾の時に宗政に関心をもち始めたという。維新期から大谷派宗政を担った石川舜台も、明治十四、五年の頃本山では物議を生じた、と回想している〔行信の道編輯所　一九七五：八二頁〕。では、明治一五年の小教校紛擾とはどのようなものであったのか。また、井上はどのようにこれを体験したがゆえに、宗政家志望の原体験となったのであろうか。明治二三年以前としてはただ一冊残っている明治一六年の日誌と、井上の明治三三年までの閲歴を彼自身が綴った『法讃寺記録』巻二が、この手がかりを提供してくれる。

井上は明治一五年五月上洛して京都の小教校すなわち京都教校に学んだ（京都にだけその上に上等教校、さらに貫練教校〔後、大学寮と改称〕の二教校あり）。小教校は住職たるに必要最低限の教育を施したものと考えられる。生徒は十二、三歳から二〇歳の末寺子弟一〇〇余人を算した（小教校の学齢は一一歳から七〇歳まで〔開導新聞 三四八号〕）。ここで井上は一級の首席を占め、将来講者（本山任命の宗学者）になることを理想とした。しかし、教校の弊害を改めようとして職員と衝突し、さらに本山の勧学関係の役員と衝突する事態となって、本山内部の腐敗を目撃し、宗政改革への志が芽生える。その過程はつぎのようなものであった。

教校の経費はもともと本山もち、全寮制で生徒の負担は食費だけであったところ、本山が財政困難のため経費の半ばは自費となり、さらに悉皆自費に改められるという評判が立って、寮生の間に不安が高まった。教校の生徒取締はもとより教員も寺務所教育課勧学掛の職員であったが、圧制的かつ不親切で、寮生の反撥を買った。

明治一六年二月一二日、ついに寮生は寮外で集会を開いて二一ヵ条の要望を決議し、「此圧制的教育ヲ不受、必ズ将来ノ為ニ此弊ヲ除カンコトヲ血ヲススリテ誓ヒタリ」〔井上日誌 一八八三・二・二五〕という。この決議上申によって生徒取締は解職となったが、騒ぎを起こした生徒を処分しなければ均衡がとれぬとして、三月には生徒総代一三人が「生徒不似合非常ノ挙動ニ付退校申付候事」〔同 一八八三・三・一九〕と退校処分になった。井上は総代の一人であったばかりでなく、そのうちの交渉委員二人のうちの一人であった。

さっそく処分の理由を寺務所に詰問したが要領をえない。そのため「一般百数十人ノ生徒ハ本課役僧ノ不都合、処置ノ不当、待遇ノ無道ナルヲ大ニ憤テ、本日中退校ノ命取消ニナラザル已上ハ一同退校セン」〔同 一八八三・三・二四〕と決議した。先の上申書提出の段階で、生徒は寮を出て下宿に移っていたが、連袂退校を辞さないという強硬な姿勢を示したから、事態は緊迫した。生徒の全員が退寮するばかりか退校すれば、教校は廃校同然となって、寺務所の勧学掛長たち関係者の責任は免れない。

紛擾過程でえたもの

以上が井上の言う小教校の紛擾である。これは単独に起きた事件ではなかった。明治一五年四月発足の渥美契縁・長円立（一八三七―八五）・鈴木慧淳の三執事体制が分裂し、寺務改正の名のもとに役員相互に不正や不都合な処置を暴きあって抗争がつづいた。退陣を余儀なくされた旧役員のなかには、隣山の集会開設（一四年一〇月）に刺激され総会議設置請願を主張して結党の動きを見せる者があった一方、新法主（大谷光瑩）や直連枝を担いで勢力を伸ばそうとする者があり、また有力門徒の介入も加わって、紛議は深刻化する。関係の政府高官がこの紛議に介入し、法主派は「門末アルカ故ニ始テ善知識アルニ非ス……法主ノ化導ヲ本トスルモノナレハ殊更ニ議会ヲ開キ公議輿論ヲ取ヘキモノニ非ス」（大谷派本願寺事情聞書　二七葉）との論理を振りかざして、総会議設置を拒否した。こうして紛議はこじれ、容易に収まりそうにもなかった。

党争果てない「明治十五年の紛議」（大谷大学　二〇〇一：八九頁）を背景に小教校生徒の不平不満が爆発して紛擾となったが、教校は若干の是正の上改めて開校され、六月一五日退学処分が解除されて、井上は復学を命じられた。しかし、紛擾の間に本山内部の腐敗を幾度も見たことで復校の志を挫かれ、六月一八日京都二条竹屋町の坂上漢籍塾に入った。彼は眼疾に悩みながら熱心に経史を学んだ。塾長の坂上忠介（一八一八―九〇）はもと長州の人、門人前原一誠（一八三四―七六）の挙兵に関連して嫌疑を受け、京都の獄に繋がれたが、特赦により出獄して開塾した老儒であった。「慷慨ノ風、往々学徒ヲシテ感泣セシム。豊忠ハ大ニ其感化ヲ受ケタリ」と井上は述懐している〔『法讃寺記録』

巻二、一～二葉〕。

小教校の紛擾により井上は寺院子弟にふさわしい最初の教育を受ける機会を失った。その代わり坂上漢籍塾で気骨ある老儒の謦咳に接することができたほか、この間数々の新しい体験を重ねることができた。まず、紛擾の節目節目での寺務所員との折衝、否衝突経験は、生徒総代たる井上の宗政への関心を養い、自らに宗政関与の能力があることを気づかせるとともに、不条理なことには体を張って抵抗する態度を培ったのではないだろうか。井上の場合、宗政への関心が立身出世主義と結合しただけでなく、上位者の不条理な行動には反抗する姿勢に裏打ちされていた点が重要であって、このとき反抗の仕方も学習したのであろう。

井上は同時に、宗政が重視しなければならないのに蔑ろにしている教学の現実、そして生徒たちの低い学力、したがって現状が孕む教学問題に目が開かれた。末寺子弟の教育が時代遅れで、到底檀信徒を教導する任に耐えないと感じて、ここに一派の危機をみ、一派教学の革新が急務であることを痛感したのである。

宗政に関心をもつうえで、一派知名人の人物評も有益であったに違いない。例えば一六年四月八日の日曜日、友人を訪ねて三人で一つの炬燵を囲みながら、紛争の間に名を馳せた人物を片端から論評して、夜の一二時近くまで時の経つのを忘れて語りあった。結局「真宗大谷派ニ人ナキヲ慨」し、「どいつもこいつもだめだ」ということに落ち着いた〔井上日誌 一八八三・四・六、八〕。学友と意見を交換して複眼的に見るなかで、人物観が深まっていったことは争えないであろう。

寺務所教育課の不適切な対応に加えて、本山の資金を遊興に濫費する寺務所員の横行、そして寺務所内の派閥争いなど、本山内部の腐敗を目の当たりにした。以上みな宗政改革に収斂する問題であった。井上は憤激して、他日身をもって改新の任に当たることを誓った。

法主権力の強化

一五年の紛議を契機として法主権力が強化された。このことはここでは余談であるが、本書にとっては重要な情報であるので、その経緯を付記しておこう。

一六年六月二三日、岩倉具視（一八二五―八三）の意を承けた井上馨（一八三五―一九一五）の斡旋で、帝国政府の要人、東本願寺の法主・新法主・連枝、および新旧役員三十余名が別邸枳殻邸に集まって、和解の手打式が行われた〔読売　一八八三・七・一〕。同日、井上は新旧役員のなかから、法主党の渥美と平野履信、総会議設置の請願を主張した反渥美の長・足立法鼓・橘智隆、そして京都府知事北垣国道（一八三六―一九一六）が東本願寺の「元老柱石」とみた執事の阿部慧行（一八二〇―八八）の六名を、本山整理委員に選び、新法主および直弟の大谷勝縁（一八五六―一九二四）とともに、「法主内規」を作成するよう指示した。そして、①大谷家の父子兄弟は親睦を深め骨肉の情を尽くし、法主は何事も連枝に内談する旨、内規に記載するべきこと、②渥美ら六名は一致協力して法主らを補佐し、家族仲を保たせ、本山の基礎を確立する柱石たるべきこと、を要請した。

井上馨らは、今回の紛議は法主と直連枝との不仲が一派要人たちの対立に利用されたことで深刻化したとみ、法主が連枝に内談しておれば不仲は回避できたのではないか、したがって、要人たちの一致協力の誓約に加えて、内談の合意が紛争の収束につながる、とみたようである。井上は西派の宗政関係者の対立除去を目指す「真宗本願寺法」の制定（明治一四年六月）に関わった経験者であるから〔明如上人　一九二七：四四九～四五三頁、平野一九八八：五七～八三頁〕、法主に関する規定の制定は宗門の匡正に有用だと考え、東本願寺にこれを促したのであろう。

七月九日、井上の指示で北垣知事が東本願寺を訪ね、法主・新法主・連枝および本山整理委員らと会談した。法主に意見を求めたところ、「法主が何事も連枝に内談する」という一条に違和感を表明した。北垣は政府の要人として、国会開設運動に繋がる総会議設置の説には反対であったから、法主の言葉に共感したようで、内規の草案は東本願寺として自前で作成し、井上のもとに届けるよう指示した〔谷川 二〇〇八：三七三頁〕。

こうして九月一二日、「大谷派寺法」が制定された〔配紙(二) 四一九頁〕。指示をした井上の同意をえたはずであるが、「連枝との内談」は盛り込まれていないのみか、法主の大権が規定されて一派の絶対者ともいうべき地位が確立されている。これは天皇制政府当路者にとっては歓迎するべきことであったのだろう。執行〔執事〕・集会〔宗会〕・法度・財務と、宗政全般にわたる西派の規則に「寺法」の名はふさわしいが、西派に倣って「寺法」と称する東派の規則は、法主の大権に関する規定のみといってもよい。それでも、ことは一派の体制に関わるので「寺法」の称は見当違いとはいえない。

井上馨は、大谷家の父子兄弟間の軋轢を内談、すなわち「水平な対話」による相互理解で克服できないかと考えたようであるが、法主側は法主大権の確立により、有無を言わさず従わせる「垂直な関係」を選んだ〔谷川 二〇〇八：三七三頁〕。上記の人々の会議で、法主裁定のもと、法主党が反渥美派、総会議派に勝ったのである。明治九年の真宗四派の「宗規綱領」で得度と影像下付の法主特権、寺号授与と宗義決判の本山特権が規定されていた。五年新設の教導職管長の職を真宗教団では一〇年に各派の法主が兼摂したことで、法主が一派行政の最高権力者であることが鮮明になった。こうした基礎のうえに、「明治十五年の紛議」で大谷派が獲得したものは法主権力の強化、あえていえば現法主が遺言で「議会の性質は我宗門の大体に合せざるを以て縦令如何なる場合あるも永世決して之を開設せしむべからず」〔西島 一八九八：五八頁〕と断定する法主専制の体制であり、法主を輔弼する宗門官僚による宗政の時代、渥美時代の幕開けであった。

東京専門学校政治科に学ぶ

井上豊忠は明治十五、六年の教校紛擾によって一派宗政への関心が芽生え、他日宗政に関与するために政治法律経済等を学ぶ必要を痛感した。二一年法讃寺元住職の養孫、そして寺付娘の婿予定者となって学費のメドがついたので、二〇年制定の「校外生規則」により東京専門学校の政治科講義録を購読し、二二年編入試験を受けて邦語政治科の二年級に編入され、二年後同校を卒業したことは、すでに述べたとおりである。

井上の在学中に、創立者の外務大臣大隈重信（一八三八―一九二二）が条約改正問題にからみ爆弾を投げつけられて重傷を負う事件があり、また大日本帝国憲法が発布され、第一回総選挙で早稲田関係の人々が多数立候補して、当選者一〇人のなかに政治科の二年先輩もいるという、生々しい現実政治にふれる位置にあった。しかし、彼の関心は大谷派の宗政にあり、卒業直前の渥美執事との会見によって、そこに参入する道が開かれたのである。

青木豊忠
右本校政治全科ヲ修メ考試登第ス仍テ其得業ヲ證ス
磯部四郎　石塚英藏　鳩山和夫　織田一　添田壽一　宇川盛三郎　松崎藏之助　江木衷　有賀長雄　天野喜之助　三宅雄二郎　本野一郎
家永豊吉　井上辰九郎　濱田健次郎　高田早苗　坪内雄藏　呉文聰　松室致　天野爲之　有賀長文　澤柳政太郎　下山寛一郎　關直彦
明治廿四年七月二十日
東京専門學校長　鳩山和夫

図２　東京専門学校政治全科得業証書（明治24年7月）

井上の後年述べるところによれば、彼が法政学を修めた目的は、俗界に立って行政や立法の局に当たったり、学理の講説あるいは新聞記事の執筆に従うことではなく、教界の刷新、とくに一派改革の参考に供するためであったという。当時派内に法政学の専攻者は一、二名いたが、彼らの法政学は宗教のためのものでなかった。宗教のために法政学を修めた者は同窓の鈴木義応と井上だけで、彼の専門知識は渥美の歓迎するところであった『法讃寺記録』巻二。

4　最初の岐路

井上は明治二四年晩春、自坊と檀頭の老女四人を案内して本山参詣旅行をする頃まで、東京専門学校卒業後は法讃寺に止まってこの地方のために尽力する、と周囲の人々に語っていた。本山の現政府（渥美政権）は信用できないから、これを覆して新政権を組織せねばならないが、その準備として卒業後三年くらいはこの地で基礎を固めるつもりであったという。ところがその後当の渥美と会談してこれが一転し、早々上洛して渥美の下で働く決意を固めた。渥美政権を倒すという目標は、例の自己壮美化性向によるものかもしれない。

希望の人生行路に乗り出すためには、寺族だけでなく、檀頭など関係者をも説得して、同意をえなければならない。これが寺院経営の基礎を檀徒の志納に置く真宗寺院の通則である。そのうえに東京専門学校の学費の大部分を檀頭に依存した井上の場合、このことはいっそう重大な条件であって、これを解決せずして上洛することは許されなかった。先述したように、井上の寺籍は長命寺住職、戸籍は青木家戸主で、ともに公的には法讃寺井上家とは直接の関わりがない。しかも、豊忠は法讃寺に満足していないとの風評があったから、直ちに上京出仕の話を出したなら檀頭の誤解を招き、予想外の結果を引き出す懼れがある。そこで豊忠は二四年七月末帰国するや、直ちに結婚式を挙げて法讃寺に止まる決意を表明し、寺檀の安心を買う工作をした。帰着三日後の挙式にはこういう下心があったのである。

結婚後三、四日たって養祖父と養母に本山就職の予定を話した。一派の執事の知遇をえたことを喜びはしたものの、上洛の決意に驚き、これで安心と思った矢先のことであるから、養祖父は大いに悲しんで落涙した。その翌夜、話しやすい檀頭二人に己の宿志とことの次第を説明したところ、やはり「大ニ驚キ且ツ喜ビ且悲ム」で他日回答しましょうとのこと。この話を伝聞した最有力檀頭山一の妻女つぎは寺に来て、上洛は是非思い止まっていただきたい、と泣きながら訴える。山一へ行くと、当主は大いに怒り、ろくに説明も聞かないで反対だというばかり。井上は、あなたの言うことに従うつもりだが、私の話も聞いてほしい、私は法讃寺から脱走するつもりではありません、と訴えたが、とりあってくれない。

翌日山一の妻女が来て、昨夜亭主は酒を飲んで大いに怒り、あれは詐欺師だ、もう寺には出入りせぬ、と言っているから、上京だけは止められよと忠告してくれた。井上の東京就学中の学費は檀頭たちとくに山一がそのほぼ三分の一を負担したのだが、それも養子に入った豊忠が学校卒業後法讃寺の住職になってくれるとの期待ゆえであったから、帰郷早々本山の寺務所に勤めるために上洛すると言えば、詐欺師だと非難するのは無理のないことであった。しかし、他日必ず法讃寺のためにに尽くそうと決意している井上にとって、この非難は聞き捨てならず、反撥した。ことの成り行きに驚いた山一の妻女や法讃寺の養母が奔走してくれたお蔭で、山一とも笑って話すことができたが、話の要件は聞いてくれなかった。

二旬も時をへた八月二八日、かねがね相談をしていた養祖父、檀頭の佐藤医師、遠藤、そして山一新家が集まって、上洛の件について協議した。結論は出なかったが、井上は「好機十分」との感触をえ、「頗ル安堵ノ思イヲナス」と日誌に記している。山一本家はわざと欠席したが、これは自分が出て反対すれば話は壊れると予想したからであろう。

一〇月の末、本山から届いた召喚状を手に重立った檀頭八人の集会に臨んだ。山一本家は相変わらず反対だが、本山の召喚に応ずることが承認された。そして一一月上旬、市中および在方の檀頭総会議で議した結果、上京のことが可決される。八〇歳近い老僧が、これまでのように何とか寺役を処理してくれるだろう。折角の召喚だから、若い住職に機会を与えてはどうか、という意見が大勢を制したと推測される。井上は都合よく運んだことを、「大賀々々」と喜んだ。

一一月一八日、出発の前夜、上洛のため明日出発すると妻に言い聞かせると、すでに懐妊していた若い新妻は泣き悲しんで止まず、井上は断腸の思いに堪えなかった。あえて小出を発し米沢の生家に立ち寄って上洛の途に就く。米沢あたりで書いた日誌に「嗚呼彼ヲ思ヒ此ヲ思ヒ、考レバ恩愛ノ涙袖ヲ潤ス矣」「特ニ祖父ヲ思ヒ、又妻子ヲ思フテ措カズ、妻ニ与フルノ書ヲ認ム」などと切ない感懐を吐露している。去る七月三一日、小出に帰着したときには、「家中ノ喜悦極レリ」という有様だっただけに、僅か四ヵ月足らずでの旅立は、残る家族をいかほど嘆き悲しませたか、思い半ばに過ぎるものがあろう。

自らに課された責務である法讃寺の運営と家族の保護、井上はこれを放棄して本山寺務所勤務に向かおうとする。責務遂行を当然のこととする家族および檀徒は彼に強く反対した。その反対を押し切って宿志達成の道につき進むことができたのは、つまるところ、養祖父が高齢ながら伴僧の補佐により寺役を何とか遂行できたからであろう。井上は檀頭や米沢の兄妹から餞別を貰って上洛の途に就いた。本格的な降雪期の直前、福島を目指して奥羽山脈の難関栗子峠（万世大路の隧道は標高九〇〇㍍、長さ八七〇㍍）を越える。ここに彼は最初の大きな分岐点を越えたのである。

二　第二の出会いと同志六人

1　清沢満之との出会い

渥美家初訪問と初就職

明治二四年（一八九一）一二月八日着京した井上は、即日学友鈴木義応とともに執事を訪ねた。執事は不在であったが、東京向島の料亭で会ったとき話に出た執事夫人に面会することができた。その折のことは、「細君生等両人ヲ待ツ。最モ切ニシテ上段ニテ酒宴ヲ開キ、心腹ヲ談ゼラル。其機敏其雄抜、実ニ丈夫ヲ凌グ。生等亦心志ヲ談ズ。細君生等ニ曰ク、其冒頭ニ渥美東京ヨリ帰リ、妾ニ云テ曰ク、汝ガ良子両人ヲ得来ル。曰ク青木豊忠、曰ク鈴木義応ナリト。仍テ其事実ヲ詳話セラル。妾大ニ喜ビ、一日千秋実ニ子ノ如ク思フテ待ツ。今夕相会シ愉快極リナシ云々。生等其赤心ニ感ズ。頗ル酔フ」（井上日誌 一八九一・一二・八）と、幸いな初対面であった。

三日後の一一日午後、執事を訪い、二時から点灯の時刻に至った。細君は、渥美が東京から帰宅してお前の子どもを二人見つけてきた、と告げたという話を繰り返し、「願クハ助ケラレヨ云々。感心ス」。一五、一六日も執事を訪うて談話し、さらに一八日夜執事を訪うた。「快談密話大ニ喜ブ。執事夫妻ト生等二人トハ其懇話ノ有様殆ド親子ノ如ク然リ」。井上は親子のような懇話に感激したが、この関係は何時までも保たれうるものではなかった。

一二月三一日、執事から手当として金九円をもらった。井上はすでに一通の建言書を渥美に提出していたが、これは自分勝手にしたことだったので、「実ニ感謝ニ不堪。何トナレバ未ダ公然事ヲ取ラザレバナリ。感謝」「月俸等ノ報酬ヲ受ケシモ実ニ第一回ナリ」と喜んでいる。井上は気分よくスタート台に立つことができたのである。

翌二五年一月一二日、井上は先輩から借りた白羽二重の法衣を着、鈴木は洋服で寺務所に出頭して、「典例調査係申付候事　身分取扱稟授ニ准ス」との辞令を受けた。稟授とは官庁の奏任官に相当するもので、准稟授はそれに准ずる最下級の幹部職員、法主親諭の席に連なることができる「御目見」身分の最低位、ともかく専門学校卒としてキャリア組の待遇を受けたわけである。翌日出勤して、鈴木と共に渥美から、「国家宗門ノ異同等ノ点ニ付、我派ノ帝国ノ編成ニ倣フノ可不」について調査するよう命じられた。前年の晩春、上洛した機会に渥美を訪ねて問われた第一問である。ついで二月五日、かねて指示されていたように、井上だけ「大学寮講習科教授補申付候事」との辞令を受け、学寮の嘱託教員として帝国憲法の講義を担当することとなった〔井上日誌〕。寺務所と大学寮の勤務で当分月俸二〇円という。

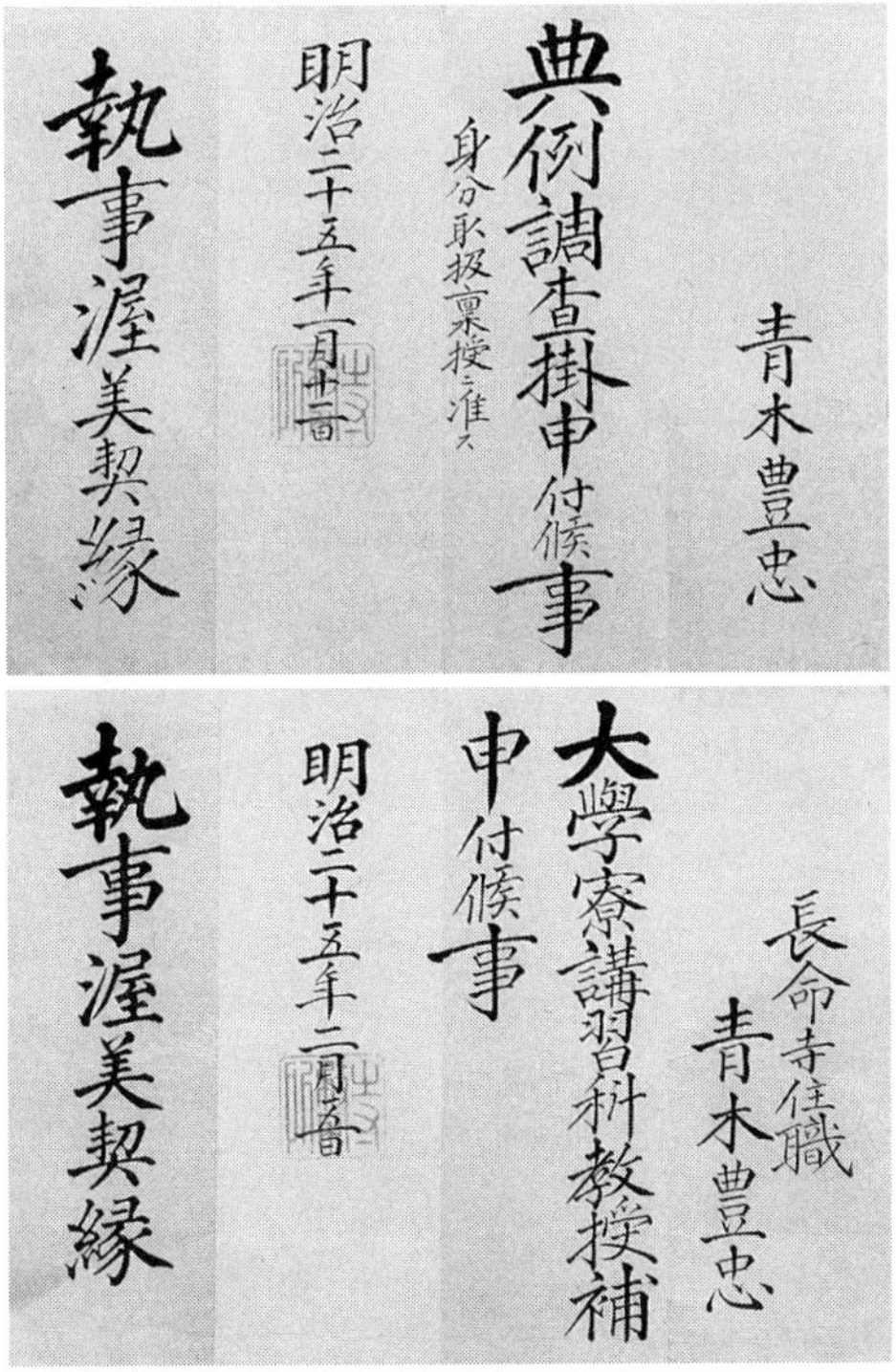

図3　本山寺務所での初任辞令（明治25年1月）

清沢との初対面

翌々七日の日曜日、大学寮出講時間の打ち合わせをしようと、大学寮副監の教学部録事太田祐慶をその自宅に訪ねた。そして偶然居合わせた清沢満之と出会ったのである。その様子は当日の日誌よりも、井上が清沢没後間もなく書き、『精神界』に連載された「我清沢師」なる追悼記に詳しい。以下そのうち「二、情交一班」から引用する〔井上一九〇三b〕。文中徳永はもちろん「先師」も清沢のことである。

私が先師に初めて御目にかゝったのは、実に明治二十五年二月七日であった。私は当時の大谷派本山執事渥美契縁氏と激しく宗政に関する意見を闘はした末、遂に本山内部より一派の天職を尽すに足るべき大革新を為すの目的を以て京都に出でゝ、宗務の調査と、真宗大学寮講習科の授業とを兼ぬることゝなり、即ち二月七日、学寮授業時間打合の為めに、副監太田祐慶氏を、其私宅に訪ひ、案内に任せて二階座敷に進むと、其席に、木綿の白衣に粗末な麻の衣袈裟ヲ着用した小く且つ痩せた色の黒い所化が座って居られた。此時、主人の太田氏は、此方は大中学教授徳永満之氏、此方は今度新に来任せられた青木（其頃の私の姓）豊忠君で、と双方に紹介して呉れられたので、互に初めて相知るやうになつた。其時、私は曾て南条文雄氏と一派の時事を談話した時、氏が徳永稲葉両君が、新法主の御教養を担任して居らるゝことは、何よりの美事で、暗夜の燈炬である、といはれたことを思ひ出して、其骨折を感謝した処、先師は初めは頻りに謙遜して居られたが、話鋒漸く鋭くなり来って、終には、自己の修養も足らさる癖に、法主の為めとか、教法の為めとか云ふて居る者は、悉く名利の醜徒である、とまで私に向って暗撃を試みて来られた。私はとてもたまらぬ。黙って居れぬ。茲に端なく衝突を惹起した。

此時先師は猛烈な制慾によって修養をやって居らるゝ最中で、已に京都尋常中学校の校長を辞し、将に教職をも辞して、専ら声聞主義の修行に全力を注がうとして、其準備中であるのに、私は宗のためには身命をも惜まず、猛進する決心で、新に宗政の職に就き、他年将に大に為す所あらんとして、専ら其準備に汲々として居るといふ時であつて、状態も境遇も殆ど正反対であつた故、両方の衝突は容易に納まらぬ、納まらぬどころではない、却て一語は一語よりも激しく、互に口角沫を飛ばして、午前九時より午後一時まで、凡そ三四時間に亙る大論争を続けた。此論争中、終始傍を離れず、黙聴して居られた太田氏は、機を見て、午餐を出されたので、議論は中止となり、主客三人共に打解けて快く会食を致した。

食事は終つた。けれども之で袂を分つはどうも残り多いやうな気がする。極めて激烈な論争であつたにも拘はらず、両方共に真面目になつて議論したこと故、何となう両方の胸に一種の感応があつて、限りない趣味が津々として湧いて来るやうである。そこで先師は更に私の僑居を訪はうとて差支はないかと尋ねられた。其折、何も差支はなかつた故、喜んで直に手を携へて私の僑居なる魚棚東洞院西入友近方に帰つた。そこで話頭一転、互に経歴を談じ、感慨を話し、抱負を述ぶるに、着々符節を合すが如く、先きの衝突は真の衝突でなくして、自己修養は師の表面であつて私の裏面であり、護法愛山は私の表面であつて師の裏面であり、其他の衝突も唯経歴境遇の為めに、其形式を異にしたので、真の衝突でなかつたのを知り、清話高談、ますます佳境に入り、午後九時過ぎ迄、話し続けたが、其感応、其趣味、何とも云ふべからざることであつた。其時、先師のいはるゝには、入京以来こゝに四ヶ年になるが、まだ今日のやうに長話したこともなく、又実に今日のやうに愉快に胸襟を開いたこともないと申された。又予は人を使ふものでない、人に使はるゝ者である故、唯能く使ふ人に使はれやうといはれた。私之に答へて、さらば生能く君を使はうと戯れ、

図4　清沢満之

互に相笑うて分れた。此日談話十二時間、互いに相得がたきの知己を得たことを喜んだこと非常であつた。
而して先師は此夜拙寓より直に一里程もある親友稲葉昌丸氏の門を叩き、私と初対面の顚末を談話し、深更に至つて帰宅せられたとのことを、後に聞いて、更に深く感したことであつた。

当時、本山は両堂再建と負債償却のため渥美執事の指揮の下「愛山護法」のスローガン一色に塗りつぶされ、教学は顧みられなかったこと〔森 一九七五：解説二七頁〕を深く遺憾としていた清沢は、井上が愛山護法を唱えることに反撥したのかもしれない。始めは意見が大きく異なると思い込んで激論を戦わしたが、そのうちに清沢の表は井上の裏、井上の表は清沢の裏であることが判明して、心の底から感応する愉快この上もない会談となった。互いに経歴を語り合うなかで、清沢は、京都府尋常中学校への本山からの資金がしばしば遅滞するので、稲葉昌丸〔一八六五—一九四四〕と二人で教学資金の募集を寺務所に願い出、折衝数回に及んでも許可されなかったため、二五年二月稲葉は校長を辞めて教諭専務となった〔日下 一九四八：三九頁〕最近の窮状を語ったであろうし、井上は一〇年ほど前の京都教校時代の経験を想起して、寺務所の教学軽視、生徒への抑圧的態度などを語って、清沢と憤激慨嘆の思いをともにしたことであろう。

井上は同い年の清沢との劇的な出会いを以上のように述べ、つづいて渥美との関係に言及している。以下の引用は当時の井上の立ち位置を明らかにするだけでなく、清沢の感化を受けつつ渥美夫妻の正体を知ることで、彼らとの関係がどう変化してゆくかをも暗示するものといえよう。

当時渥美執事は内外多事の局に当り、一派の人物を駆使して居られたが、唯先師のみを、名利を以ても使ふことのできぬ、権勢を以ても駆ることのできぬ、隠然たる一敵国として扱つて居られた。然るに其執事と親子の如き関係にて、新たに来京した一書生の私に対して、一見、如上の情交、如上の随喜あるのは、実に先師が宗門あるを知って、其他を問はれない至誠の護法者である故である。私は此時已に先師の知遇に感じ、至誠に動かされて了ったのである〔井上 一九〇三b〕。

宗政の全権を掌握していた渥美は自分の意に靡かない清沢が嫌いであり、至誠一筋の清沢は渥美を好かなかった。井上は渥美から親子のような親しさで遇されていることを正直に語ったが、清沢もまた渥美の小松本覚寺の衆徒の名分で三河西方寺に入寺した渥美との個人的な因縁〔清沢 二〇〇三：四頁〕を告げたことであろう。井上が渥美と親しいことなど意に介しない清沢の視線の高さに、彼は深い感銘を覚えた。

当日の日誌の記載は後年の「我清沢師」ほど詳しくないが、井上の下宿での話し合いを終えて別れるとき交わした、「将来互ニ力ヲ協セ、大ニ為スアルヲ約ス」という語句が、追想記になくて日誌のほうに記されている。この約束通りの協働が、井上のその後の活動に輝きを与えることになるのである。

2　同志六人の登場

白川党の中心清沢と井上の出会いにつづいて、他の四人、稲葉・今川・清川・月見がどのようにこの二人の前に登場して、「兄弟団」ともいうべきコンボイを組むことになったかみておこう。

清沢満之はこの頃まだ生家の徳永姓を称していたが、本書では明治二一年八月に婿養子入りした三河大浜の大坊西方寺の姓清沢で通す。西方寺では、女子ばかりなので養子を一人欲しい。将来宗門を背負って立つような英才をもらいうけたいというので、東本願寺の経営となった京都府尋常中学校校長に就任したばかりの徳永満之が迎えられ、前記のように小松本覚寺の衆徒として入寺したのである。清沢は帝国大学卒業の翌二一年七月、本山の招請により中学校校長として来任したが、二二年八月、教諭として迎えたばかりの親友稲葉昌丸に校長の職を託して、真宗僧侶には稀な禁欲主義の生活に入った。二一年から係員になっていた岡崎学館（新法主大谷光演の学問所）の改革建議に加わり、二四年四月その主任となるが、禁欲は厳しさの度を加え、行者のような生活を送っていた〔脇本 一九八二：二三七〜二三八頁〕。当時の彼の風貌は、「粗末な衣袈裟を着た小さく痩せた色黒の所化」という、初対面の井上が受けた印象に窺うことができる。

上記の引用などに出てきた稲葉昌丸、および京都府尋常中学校校長候補に擬された今川覚神（一八六〇―一九三六）とは、少年時代から清沢の学友であった。清沢は尾張の下級藩士の長子として名古屋に生まれ、東本願寺の育英教校入学の資格をえるため、近所の大谷派末寺覚音寺の衆徒となって僧籍に入った。稲葉は大阪市北区相生町徳龍寺の次男、今川は加賀能美郡今江村願勝寺の三男と、生地は離れているが、いずれも大谷派の地盤とされた地域の出身である。

維新期の大谷派学制改革によって、明治八年七月本山に八歳から一七歳以下の俊英抜群なる者を選抜教育する育英教校と、中小教校の教師養成の教師学校（一八〜三五歳）が開設されたとき、稲葉は育英教校の一期生として入校し、今川は明治一〇年開設の教師教校仏学科にその一期生として入学した。清沢・井上初対面の場を提供した太田祐慶は同年に教師教校英学科に入学した人物である。清沢は稲葉より二歳年長であったが、後れて明治一一年育英教校に入学した。両教校の生徒は月額五円の給費生〔森 一九七五：二六頁〕（東本願寺改正係の要職にある石川舜台でも月給五円の時代）で、それぞれ二五人以下と人数が少なく、しかもともに全寮制で、同じ校地にあったり合併したりで、育英・教師の別にかかわらず生徒はみな少なくとも顔見知りであった。

両教校の生徒のなかでとくに嘱望された逸材は、東京留学を命ぜられた。明治一四年、今川・清沢・稲葉の三人はともに東京留学生となり、今川は小石川同人社に、清沢と稲葉は明治一五年に東京大学予備門に入る。そして、明治二〇年、清沢は帝国大学文科大学哲学科卒業、今川は同理科大学物理学科の専科を卒業し、稲葉は二二年同理科大学動物学科を卒業した。清沢は一六年四月、東京留学生の会、樹心会で今川に会っているし、また当時の清沢の住所録には今川と稲葉の帰省先が登載されている〔大谷大学 二〇〇三a：九、三三頁〕。したがってこの三人は明治一〇年頃から二〇年頃まで、京都では月五円の本山給費生、東京では本山留学生、ともに同じ身分の若者として交流したのである。なかでも育英教校同窓の清沢と稲葉はとくに親しく、前記のように清沢が校長をしていた京都府尋常中学校に帝国大学新卒の稲葉を教員として迎え、間もなく稲葉に校長の職務を託している。そもそも稲葉が大学で進化論を中心に動物学を専攻することになったのは、清沢から「耶蘇教はどうにかして潰さねばならぬ、潰すには進化論を以てするのが一番早い、進化論を究めるには動物学を究めねばならぬ故、君は是非動物学を修めよ」と勧告されたからであるという〔浩々洞 一九一五：四〇二～四〇三頁〕。井上と一二時間も談合して大いに意気投合した悦びを語るべく、すぐその足で約一里も離れた稲葉を訪ねたところにも、並々ならぬ友情の篤さが窺われる。

図5　今川覚神

今川は卒業直後の一年間、清沢とともに第一高等中学校の講師を勤め、石川県出身であるためか、明治二一年第四高等中学校講師、兼新設の金沢（石川県と東本願寺の）共立尋常中学校校長になった。二六年金沢の中学校が石川県立に改編されるのを受けて、その大谷派僧侶養成部門が京都府尋常中学校の改編で設立された大谷尋常中学校に吸収され、今川は数十人の生徒を引率して上洛した〔今川・稲葉 一九二八：一五八～一五九頁〕。こうして清沢らとの密接な交流が再開された。明治一〇年代の本山給費生・東京留学生はほかに何人もいたのに、そのなかでこの三人が運命をかけた同志的結合をするに至ったのには、経歴の共通性に加えて、志に共感できる強い何ものかがあったからであろう。

明治一四年頃を最後に東京留学生の新採用は途絶えていたが、京都府尋常中学校校長清沢の建議により二二年に再開され、まず清川円誠（一八六三―一九四七）と月見覚了がその選に入った（今川・稲葉 一九二八：一四七〜一五六頁）。ともに帝国大学に学んで清沢たちの後輩となったが、七年ほど東京留学生が途切れたため直接の接触はなく、明治二五年四月上旬初めて清沢の面識をえたのは、井上の紹介によるものであった（井上日誌 一八九五・四・一一、清川 一九二八：二七八頁）。月見も同様だった（浩々洞 一九一五：三二一頁）。

清川（旧姓村手）は新潟県中蒲原郡沢海村光円寺の四男、月見は滋賀県坂田郡長浜町勝福寺の長男、ともに大谷派の拠点圏域の出身である。両人は明治一八年ともに東京の大谷教校普通高等科の生徒であった時分、イギリス留学より帰朝早々の南条文雄から梵語と英語を教わった学友である（南条 一九二四：五二頁）。井上が勉学のため明治二二年に上京したとき、「先ヅ旧同窓清川円誠君月見覚了君等ヲ浅草報恩寺内林光寺ノ寓ニ訪ヒテコレヨリ暫時此寺ニ居」たという（『法讃寺記録』巻二）。井上は明治一〇年代後半から二〇年代初めの一時、京都・東京の学舎で清川・月見とともに学んで旧識の関係にあったのである。

東京専門学校卒業直前の井上が、法讃寺関係の老女四人を伴って本山参詣の旅をした明治二四年春、往路東京での宿は月見の紹介によるもので、井上は日誌に「此夜氏ト慷慨談話時ヲ移ス」と記録している。また、同年一一〜一二月、寺務所就職のための上洛の途次、東京で一週間ほど滞在したときには、まず「清川月見ヲ訪ヒ……昼食ハ清川方ニ於テス」、ついで「清川君来訪二回、生終ニ会フコトヲ得ズ。依テ夜ニ入リ其寓ヲ訪フ。時ニ秦、伊藤、近角三氏（いずれも東京留学生）モ其寓ニアリ。談話久シ。生ハ終ニ一泊ス。清川君生ノ財政ノ不足ヲ察シ、金六円ヲ貸与セラル。厚情ト云フベシ」、さらに「清川月見古田三氏来訪ス」（井上日誌 一八九一・一一・二九〜一二・五）とあって、親交が察せられる。

翌明治二五年一月九日の日誌に、「清川月見両氏ヨリ来簡、其親切懇到誠ニ言論ノ外ニアリ」との文言につづいて、つぎのような熱い言葉で良き友をもつ幸せを綴っている。郷里に止まっていたのでは、このような友人に恵まれることはなかったであろう。

嗚呼生ハ仕合ナリ。清川月見ト云ヘバ一万末寺中第一流ノ学生ナリ。而シテ生ト情交兄弟ニ啻ナラズ。而シテ望ヲ生ニ属スル太ダ広漠ナリ。徳永（清沢）ハ末寺僧侶一二ヲ争フ文学士ナリ。而シテ一見旧識ノ如シ。

先に見たように、一方で徳永・稲葉・今川の友人関係があり、他方、井上・清川・月見の友人関係があった。そして今、清沢と井上が「一見旧識」のような関係になったことで、この六名に繋がりができた。もちろん、この繋がりと交錯する友人関係はさまざまあったと推測されるが、白川党同志の原型がここに出現したことを認めるなら、井上と清沢の偶然の出会いが、白川党の成立に大きな意義を担ったということができよう。

京都で清川に再会した明治二七年八月二〇日の日誌に、「本日午前十一時半、清川円誠君来着ス。曾テ洛陽ニ交ヲ結ヒ互ニ胸襟ヲ開キ、憂楽ヲ同フセシヨリ東京ニ同遊三年、而シテ氏ハ堅忍不抜、非常ノ難苦ヲ経テ（帝国）大学（文科大学哲学）選科ヲ卒業シ、今ヤ本山ノ為ニ大中学寮ノ教授トシテ来任シ、再ヒ此地ニ会セルナリ。愉快何ヲ加ヘン」と記している。他方、月見は明治二八年帝国大学文科大学漢文専科を卒業して、同年九月真宗第二中学寮教授となり、二九年夏上洛する。

六名の生年を見ると、最年長の今川は一八六〇年生まれ、最年少の稲葉は一八六五年生まれで五歳しか違わず、しかも清沢を含む三名が一八六三年に集中して、まさに同一コーホートのコンボイをなす。相識の契機は、同じ一八六三年生まれの清沢と井上の間を除いて学校関係であった。近代の正規の学校は年齢統制的であるため、学校教育が同一コーホート内でのコンボイ形成を容易にしたのである。

このコンボイは一種の同志的盟約集団である。熊本バンドも、また無教会キリスト教の信徒集団も一種の同志的盟約集団であるが、ともに「先生」を頂点とする立体的構成であるのにたいし（大濱喜寿 二〇一四：三八四頁、森岡 二〇一五）、白川党コンボイは清沢を核とするどちらかといえば水平的構成をなした。熊本バンドもジェーンズ先生が帰米してからは水平的構成となった。オヤコ型に擬しうる立体的構成よりも、官僚制の筋金が入らぬナカマ型の集団のほうが弱いと予想されるのに、熊本バンドが強力であったのは、日本組合基督教会という制度的集団になったからであろう。自発的集団に止まった白川党が、どうして以下観察するような旺盛な活力をもちえたのか、探求するべき問題の一つがここにある。

3　仕事始め、そして友情の深まり

辞令を渡された明治二五年一月一二日の翌日、典例調査係のとりあえずの業務として、井上は先述のように「国家宗門ノ異同等ノ点ニ付、我派ノ帝国ノ編成ニ倣フノ可不」の調査を命ぜられた。平たくいえば、国家に議会があるのに倣って大谷派に末寺会議のようなものを編成することの是非、という課題である。

初期の会議制度

明治十五、六年の騒擾のさい、総会議開設の請願にたいし、宗政当局は初めこれを「本山ノ主義ニ悖リ法主ノ尊慮ニ背」く心得違いとしていったん却下したが、一月ほどで、総会議は開かず、別に諮問会を設ける、と方針を修正した。これによって総会議派の攻撃をかわし、九ヵ月をへてようやく一五年一一月一六日に提示されたのが待問所の設置である。その主な所管事項は、「制度条例の創立より変更改正、また八本局より附する処の議案を議定し、且つ門末の諸建白を受理し意見を具へて本局へ上申する」ことに限定され、正に名のとおり待問所にすぎず、「その用掛ハ布教上に於て特別功労のある者、学識ありて品行端正なる者、徳望ありて事理に通暁する者」が選ばれる、と規定されたところに、諮問会の片鱗が宿るのみであった〔開導新聞　三三八号、配紙(二)　三八三頁〕。

党争を重ねた末辿りついた新旧重職の一六年六月の和議は、待問所を廃止して諮詢所を置く同年八月三〇日の改正と、九月一二日の「大谷派寺法」の制定を導いた。「寺法」は西派の「本願寺寺法」に照応する構成をとっているが、先述のように、内容は法主大権に関する規定のみで、第二条の「本山ハ法主ノ専領」など、隣派と異なる自派の特質を打ち出している。「寺法」の制定で法主の権力を強化したにもかかわらず、「従来ノ慣例ニヨリ」としているのは、本願寺派のように維新以来の変動に流されず、伝統に忠実であることを揚言して、末徒の宗務容喙を許さない強硬な姿勢を示すものであった〔配紙(二)　四一九頁〕。

諮詢所は、定員も任期も規定されていない待問所の用掛を改めて、定員二二名、任期三年の法主特選の賛衆を置くと規定され、また待問所ではどのように用掛の意見をまとめるかについて白紙であったところ、年一回二〇日以内の賛衆の衆議によって決すると明確化されて、衆議機関らしい外貌が現れたのは一歩前進であった〔柏原　一九八六：一一七頁〕。しかし、諮詢所のことは「寺法」第一三条で、「制度条例ノ創定若クハ変更ハ法主賛衆ヲシテ評議セシムルコトアルベシ」と規定されただけで、門末の意向を反映する衆議性は乏しく、法主の諮詢機関としてすらきわめて不充分なものであった。法主専制下で、総会議派対策として策定されたとしか言いようがない。

それから三年をへた明治一九年九月一二日、「大谷派寺法」を改正整備した「真宗大谷派宗制寺法」が発布されたが、骨子は異ならないのみか、諮詢関連の条項は削除されてしまった（本山報告㈠一五〜一七号）。

明治一五年諮問会設置の親諭が出て以来、門末の期待が大きかったが、一六年の諮詢所の設置ではこの熱い期待は充足されず、さらに「寺法」「宗制寺法」では泡となって消えた。しかし、隣山の集会の制度は整備され、実効を挙げて行く。そして国政では帝国議会が開設されるという展開に対応して、大谷派の宗政当局者は、国家における議会のような立法機関を宗門では必要としない理由づけが欲しかった。立憲改進党の盟主として国会開設を推進した大隈、その大隈が創立した東京専門学校で政治学行政学を専攻した井上こそ、この重要問題を調査させる適任者であった。

仕事始め

井上は早速調査に着手して、明治二五年一月二五日には一五行罫紙三一枚の報告を書き上げた。試みに、井上と同窓同県出身で同日に寺務所に採用された鈴木義応に見せたところ、「一見大ニ驚キ感ジ悔ヒタル様子」があった。わずか二週間足らずでこれだけのまとまった報告を書き上げたことに驚くと同時に、自らを省みて「悔ヒタ」のであろう。井上は翌日この報告書を執事に提出した。それはつぎのような総会議無用の論であった。井上は国家の本義と宗門の本義を対比するところから論を進める。

国家の本義は封土内一同の利益を計ることにあるから、行政を少数者の専断に任せず、一同の意思を確定して法律とし、この法律によって行政に当たらせるのが順理であって、議会は一同の意思を確定するために不可欠の機関である。これにたいして宗門の本義は、如来の代官である善知識が群生を教化したもう大悲利他にあるから、教化を受ける所化者が能化者の教化に嘴を差し挟むことはもちろん、教化についての事務にも干渉すべきでない。この本義からして、総会議開設などわが宗門においては夢想だにしえない論である。

しかるに、大谷派において総会議の説が四方に発して勢いをもってきたのは何故か。それには内因と外縁がある、と井上は論を進める。

内因とは大谷派にその原因があるものであって、要するに宗門の本義が発揚されていないことであるが、㈠宗門本来の能化所化の徳義的関係が治者被治者の権義的関係に傾きつつあること、㈡宗門収入が信施の性質を失い租税の性質を帯びつつあること、㈢本山寺務員・地方出張員の人望が高くないこと、を原因として挙げることができるだろう。外縁としては、㈠国家が君主専制主義を取れば宗門においても管長専制主義を唱えやすいが、今やわが帝国は立憲政治となったので、末寺僧侶もその影響を受けざるをえないこと、㈡祖師と血統とを同じくする本願寺派が主権在末寺僧侶ともいうべき議院政治を実行しているので、大谷派の僧侶もその影響を受けざるをえないこと、の二つを挙げることができる。

わが宗門の原理は総会議開設を禁ずるにもかかわらず、方今の状勢はこれを許すがごとく動いている。ために総会議の請願はいよいよ力を加えることであろう。総会議説と非総会議説はそれぞれ一理あるものの、一面に僻する弊があるとして、井上は総会議を禁ずる一方、一条の言路を開くことを提唱する。すなわち、宗制寺法でなく臨時の達令で諮詢会のような機関を設け、もって下意上達、上意下達を図ることを提案したのである。

諮詢所を設置している大谷派にたいし、井上の報告書は諮詢所の改革を促すものとなるべきところ、井上は「諮詢会ノ組織、分際、期日及ヒ其準備ノ如キハ又大ニ議スベキトコロ、生ノ空論スベキ限リニ非ラザルナリ」として改革案に踏み込んでいない。

現状追認のこの報告書に渥美がどのような反応をしたか、井上の日誌には痕跡が残されていない。「寺法」第二条の立場から反総会議説に立つ渥美は、おそらく反総会議説を相対化した点と諮詢所改革の具体案を提示していない点に、不満を感じたのではないだろうか。

ともあれ、報告書提出一一日後の清沢との初会談では、総会議是非の問題も話題に上り、清沢に新しい知見を提供することになったに違いない。この報告書の内容を一々説明し、質問に答え、意見を交換するだけでも数時間を要したことであろう。

井上遺文のなかに、明治二五年二月九日稿の「宗制寺法修正ニ付」と題する草稿がある。これによって、渥美執事は明治一九年制定の現行「真宗大谷派宗制寺法」の修正を検討するよう下命したことが判明し、ひいてはかの総会議開設是非の井上報告に十分満足せずとも、少なくともその内容を評価したと推定される。

当時の宗制寺法は倉皇の間に作成されたらしく、その改正が課題となっていた。井上は修正作業に着手する手続き、考慮するべき要件を周到にまとめて、報告書とした。今回も提出に先だって鈴木に示したところ、「大ニ喜ビ驚キタルモノノ如シ」という。二日前の清沢との会談では、この報告内容も必ずや話題になったことであろう。先に述べた一二時間に及んだという長談議は誇張ではなく、仕事始めの井上手持ちの如上の材料について議論するだけでも、これだけの時間が流れたと思われるのである。

友情深まる

井上は清沢との会談七日後、稲葉に会うことができた。すなわち「十四日午前九時、腕車ヲ飛バシ雨ヲ侵シテ徳永満之君ヲ訪フ。氏大ニ喜ビ、直ニ使ヲ理学士稲葉昌丸君ニ遣ハシ之ヲ招ク。氏乃チ至ル。三人依テ談話シ午後四時ニ至リテ尚ホ止マズ。蓋シ慷慨悲憤、本山ノ為ニ真宗大谷派ヲ憂へ、仏教ヲ憂フルノコトナラザルハナシ」。この後二人あるいは三人できわめて頻繁に会談するばかりか、誰かが難問を抱えて苦悩している様子を察すると、散歩や遠足に誘って気分転換をさせる、爽やかでしかも熱い友情が育っていった。清沢が処女作『宗教哲学骸骨』〔一八九二〕を出版するや、その翌日井上に新著を手渡した。井上は即日「一読大ニ感ジ大ニ悟リ大ニ得タリ。其快楽ヲ謝スルニ直ニ葉書ヲ以テス」〔井上日誌 一八九二・七・二八〕という、打てば響くような関係が築かれていったのである。

井上にとって、とくに清沢との会談はいつもすこぶる愉快であった。例えば同二五年一一月一六日、「午後二時徳永氏ヲ訪ヒ、午後十時マデ談話ス。愉快極マレリ。而シテ其談高尚其話純潔、実ニ俗塵ヲ忘ル、ニ至ル。而シテ宗制上大ニ議論ス。要ハ同一主義ナリ」。談話のなかに井上の専門である宗制上の議論も登場して考察が深められ、両者同一主義であることが確認できたことは、井上を嬉しがらせたに違いない。

井上は宗制寺法関連の資料を大谷派内はもちろん他宗門および海外にまで求め、その調査に基づいて二五年九月にはほぼ素案を作成し、『真宗大谷派宗門時言』なる大著〔一九〇〇〕に至る一歩を大きく踏み出すこととなる。

4 渥美執事との対話随問

井上は宗制寺法に関する報告書の作成に備えて、維新期から大谷派宗政の枢機に関わった寺務経験豊かな渥美執事に、宗制寺法の重要事項について講説を乞うこととした。渥美またこれを快諾したようで、明治二五年七月一二日から八月一七日まで六回、井上提示の調査項目の順序に従って蘊蓄を傾けた。井上は質問にたいする渥美の回答を詳細に記録し、「対話随録」なるノートを遺しているが、会談のあったことが日誌に記されているのは初回だけである。このときの調査項目は明治二八年六月脱稿の前記『真宗大谷派宗門時言』目次の前半と重なっていて、目次後半にかんするノートが欠けているが、ノートのある六回で談話が終わったという証拠がないから、まだ談話はつづいたのかも知れず、少なくとも短い質疑応答なら随時行われたことであろう。

このノートには渥美の講話と井上の理解とが混淆している箇所があると井上は断っている。そこで、両者混淆しているらしい箇所を除き、渥美自身の見解と推測できる箇所について、彼の意見を探ってみよう。それは彼個人の意見であるに止まらず、少なくとも彼が執事の任に在った時代の大谷派の代表的見解を把握する鍵となるに違いない。談話は法主・本山・末寺にかかわる諸問題に広くわたり、広さにおいても深さにおいても井上の知識を遙かに超えるものであった。談話のうちもっとも興味深いのは、大谷家・本廟・本願寺・本末関係についての渥美の見解である。その要点を紹介しよう。

図6　渥美契縁
（『渥美僧正建碑記念帖』所載）

本廟とは祖師親鸞の廟である。本願寺は本廟に名づけられた寺号であるから、本廟即本願寺であって、今の本願寺須彌壇の下には祖師および本願寺歴代の遺骨が納められている。初めのうちは本山ではなかったが、祖師の教えを承けた寺が創起されるにしたがい、本山となった。それは、本願寺が元来祖廟であるうえに、祖師の子孫が代々住持するところであるからである。

明治維新期に華族として称すべき家名を設定することとなり、本願寺住職家は大谷姓を名乗った。大谷家は民法に規定され、本願寺は寺院関係法の下に立つゆえに、元来一体不可分であった本願寺と大谷家とに分別が生じた。しかし本来、本廟は大谷家の祖廟として大谷家のものであり、祖廟即本願寺ゆえ本願寺は大谷家のもの、大谷家戸主が当たる本願寺住職は大谷派法主、また教導職管長として本山を専領する、という。

この見解の理解のために本願寺派との比較が役に立つだろう。大谷派は維新期に生じた大谷家と本願寺の分離を極小化して捉えるのにたいし、本願寺派は分離の面に力点を置く。すなわち、本廟は大谷家の私有であるが、本願寺は大谷家のものでなく一派共有の本山である。しかして、本願寺住職が祖師以来の系統相承の一派法主、法主が一派教導職の管長となる、その本願寺住職に大谷家戸主が当たるとして、大谷家と本願寺を再連結し、本願寺住職は一派共有の本山を管領する、という。

かくて、渥美は東西両派の差異をつぎのように要約する（第三回、七月二一日の談話）。

(1) 西ハ国法ニ重キヲ置キテ歴史的事実ヲ忘ル。東ハ歴史的事実ニ重キヲ置キテ国法ヲ参酌ス。

(2) 西ハ本願寺ト大谷家ヲシテ直接ノ関係ナカラシム。東ハ大体直接ノ関係ヲ主トシテ又間接ニモ関係アラシム。

(3) 西ハ本願寺ヲ本山トスルニ重キヲ置キ、本廟トスルコトヲ忘ル。東ハ大体本廟トスルニ重キヲ置キ、附帯的ニ本山トスルヲ主義トス。

(4) 西ハ法主ヲシテ本願寺ニ部分的比較的ノ関係ヲ持タシメ、東ハ全体的絶対的ノ関係アラシム。

(5) 西ハ門末ヲシテ本願寺ニ直接ニ権義的関係即チ共有タルヲ認メ、東ハ間接ニ徳義的関係ヲ認ムルモ、共有ナル性質ナシトス。

(6) 西ハ法主ノ本山本願寺ニ於ケル関係ハ、他宗ノ管長ノ其本山某寺ニ於ケルト殆ト撰フトコロナキ主義ヲトル。東ハ全然之ニ反ス。

以上の対比をさらに詳しく論じて（第四回、七月二三日の談話）、本山を一派共有とする本願寺派では集会が門末の権利として成立するが、本山を法主の専領とする大谷派では集会は成立せず、法主独裁のもとに行われる寺務処理に門末は容喙できない、と主張する。(1)

渥美の東西両派比較論は、西派では集会を開設して門末に宗政参加の権限をもたせているのに、東派ではこれを認めないのは何故か、という東派有志の問いに答えるために組み立てられた議論と見受けられる。答えは、本山を一派共有とみなす西派にたいし、東派は本山を法主の専領とみるゆえだという。さらに、東派の見解は本願寺の歴史的事実に忠実であり、西派は国法に順い時流に沿うもの、西派は権義的関係として捉えるが、東派は徳義的関係とみなす、とその背景に言及して、仏教宗派としては東派のほうが事理にかなっているとの印象を与えようとしているかに見える。

西派の集会開設は自由民権の国会開設請願運動の影響を受けたと察せられるが、それが成功したのは、宗政担当者の間にこの点について大きな意見の分裂がなかったからであって、東派のように総会議党（集会党）と法主党（非集会党）に分裂して抗争すれば、法主党が勝ちを制し、集会を認めない論拠として、法主による本山専領を本願寺の伝統的観念として主張することだろう。そこでは、法主の認可さえ領すれば、門末の声を聴くことなく、意のままに宗政を左右することができる。法主による本山専領の論理ほど、宗政担当者にとって好都合な論理はなく、大谷派の諸悪はここに淵源するといって過言ではないだろう。では、井上が渥美説に賛同したかどうか。明治二八年脱稿の前出『真宗大谷派宗門時言』において、「吾本山本願寺々務所ハ真宗大谷派法主ノ政教二職ニ於ケル法ヲ立テ法ヲ行フノ機関ナリ」（七〇三頁）と断言するなど、骨子が渥美説と一致していることは、明治二五年初頭の「総会議是非論」レベルの認識であった井上が、渥美の談話を聴講して、彼の説に屈したことを物語るものであろう。

西派の「一派共有」の観念は明治一二～一三年頃明確化したと推測される。これを明文化した明治一四年の「真宗本願寺法」には、「権力を有す」「権あり」の語が頻出し、「義務あり」の語もある（本願寺史料研究所　一九六九：一七八～一八一、一九六～二〇〇頁）。他方、東派の「法主専領」の観念は明治一五～一六年の紛議決着に伴い西派に対抗して明確化したと推測される。これを明文化した明治一六年の「大谷派寺法」には、「権力ヲ有ス」の語が一度しか出ない〔配紙(二) 四一九頁〕。寺法だけを比較すれば、西派は権義的関係、これにたいして東派は徳義的関係との印象は否定できない。しかし、一派共有を前提とした法文は権義的用語を不可欠とするのにたいして、法主専制を前提とする法文はこれを必要としないのではないか。権義的関係則共有、道義的関係則専領というのは、論理を逆転させて東派の「専領」、法主専制をよくみせている。

それに、道義的関係を揚言する東派にしても、徳義だけで七〇〇〇余ヵ寺の一大宗門を統治していけるはずはなく、必ず一定の標準を示してその遵守を求めなければならない。したがって、明文をもってこれを示さねばならず、義務とか権利とかを前提した事態が必ず出現する。万止むをえない場合の一つの手段などといっておれるものではない。『配紙』『本山報告』『本山事務報告』などの大谷派宗報は、この事実を端的に示している。渥美にこの事実が見えなかったはずはない。

本山本願寺の維持は、西派では一派の責任であるから、門末は義務として租税的に資力を持ち寄るのにたいし、東派では法主が直接維持の責任を負っており、門末は徳義上信施として資力を捧げる、と渥美は説く。しかし、明治一八年設立の相続講に見るように、建前としては任意であるが、実際は義務的・強制的ではなかったか。それでも足りないので、売官行為で募財した。買官は任意であるが、虚栄心を刺激して競争させることで、この任意も結果としては手の込んだ強制である。渥美が説く理論とは全く異なる東派の現実をどう見るか。これらの点については章を改めて論じることとしよう。

三　本山の問題状況

1　両堂再建

井上・清沢・稲葉ら共通の第一次的環境は、いうまでもなく大谷派本山東本願寺である。そこで、彼らの運動を理解するためには、明治二〇年代の本山が抱えていた問題を把握しておく必要がある。東本願寺が抱えていた大問題として、教団の近代化とそのための人材育成など宗門にとっての一般的課題に加え、両堂再建と債務償却という切羽詰まった特殊の大問題があった。東本願寺は安政五年（一八五八）五月の京都大火で阿弥陀堂と御影堂ほか数多の堂宇を焼かれ、仮の両堂を建てて間もない元治元年（一八六四）七月、禁門の変の戦火で再び両堂始め主な堂宇が烏有に帰した。当然、再建がさし迫った課題となったが、維新政府の度重なる要求を受けた献金（大谷大学 一九九七：附録二、献金表）によって負債がふくらんだため、再建着手は遅延を重ねた。近代における大師号宣下の魁となった明治九年の宗祖親鸞への大師号下賜、それにつぐ一一年の勅額下賜の内報を契機として、その年五月両堂再建の法主親諭が発せられ、再建事務局が開設されたときには（配紙(二) 六〇〜六三頁）、債務償却も大きな課題となってのしかかっていた。

この両問題のうち両堂再建から取り上げる。両堂再建では、労力・資材面での門末の手伝いと資金調達について説述したい。ただし、資金調達は債務償却と関連するので、門末の再建手伝いからみていこう。

労力・資材面での門徒の再建手伝い

末寺で建築などかなりの労務が必要なときには、職人的技術を要する部門を除いて、門徒が労力を提供するのが真宗に広く見られる慣習である。本山両堂の建築にはその全国版が出現する。加えて、門末所在地域特産の建築用資材も動員された。

この早い事例としては、明治一三年七月発行の『開導新聞』第三号雑報欄が、「別けて北国辺は大張込で此程も加賀能登越中の三箇国より白米を凡そ一万石ほど献納されました」「また江州伊香浅井坂田の三郡にてハ総て両堂の敷石並に礎を献納致し度と願い出られましたが此費用ハ凡そ十四五万円の見込なるよし」と伝えている。その後、大量の木材〔欅・松・杉など〕・玄米・味噌その他雑品が越後・越中・能登・加賀・越前・伊勢などから大阪経由の船便でたびたび送られてきた〔開導新聞 一九七号附録〕。

両堂再建のために明治一九年一年間に本山が使用した職工は各種計一二万工余、これに対して門末の手伝人夫は三万六〇〇〇工余に上った〔本山報告 一九〜二〇号〕。同じ期間に、合計一三〇〇余枚の畳が大阪の八日畳講中と名古屋の三日畳講中から寄進され、瓦は一切三河国の門末から寄進された。最も数が多い平瓦だけで、一枚三貫三〇〇目〔一二・四キロ〕のもの六万二〇〇〇枚近く、二貫五〇〇目〔九・四キロ〕のもの五四〇〇枚余という途方もない分量であった〔本山報告 二三号〕。本山境内外の労務の他、これら畳・瓦・用材・敷石・礎石・玄米など地方からの物品や資材運搬の人夫も、手伝人夫として計上されたのであろう。

手伝人夫の数は農業の繁閑に左右された。例えば明治二二年四月は九四〇〇余人、五月は五四〇〇余人、六月は二八〇〇余人と大きく変動したが、三ヵ月で計一万七七〇〇余人、一月平均五九〇〇余人、一日平均二百数十人という多数に上った〔本山報告　四九号〕。

巨木の伐採運搬には危険がつきものである。用材の伐採あるいは運搬のさい事故で死亡した人数は、両堂再建の法主親諭が発せられた明治一二年から一八年に至る七年間に計八三人、目立って多いのは越後・近江・加賀で、負傷者は計一四二人、年平均死者一二人、負傷者二〇人を数えた〔本山報告　六号〕。死者の献身は無上の仏恩報謝と意義づけられて、葬資金と法主染筆の法名が下付され、大谷別院での永代祥月経修行の対象となり、さらに時を定めて法主の読経による手厚い法要が営まれた〔開導新聞　三九四号〕。懇ろな点で靖国神社における戦死者祭祀に劣らない。

再建のために門徒は莫大な量の労務と資材を献進し、稀ではあるが上掲のように生命を捧げた者さえあった。巨木や石材の運搬のために堅牢な綱が必要だと伝えられるや、老若の婦女喜んでその頭髪を断ち、毛髪の大綱五三房が献納された。とくに多かったのは越中・越後・羽後の三ヵ国からで計四一房を数えた。明治三〇年段階で残っていた二四房のうち、最も大きいものは長さ三六丈（一〇九㍍）、回り一尺三寸（〇・四㍍）、重さ二八〇貫目（一〇五〇㌔）もあったという〔本山報告　四九号、常葉　四号〕。貧者でも髪を切って献納し、再建お手伝いに参加することができたのである。

こうした門末の労務提供を含めて、明治二八年四月の両堂落慶までに要した工数は約一八五万工、工費だけで六〇万円を超え、買い付けた木材代金約五八万円、さらに奉仕者への手当などを加算すれば、途方もない巨額の支出が負債整理と並行してなされていたのである〔谷川　二〇〇八：三八六頁〕。しかし両堂再建のために門末が真に苦しんだのは、労務奉仕や資材提供ではなく、資金調達であり、これが問題状況をつくり出した。つぎに資金調達を点検しなければならない。

相続講

本山では早くも明治一四年半ば頃から再建資金の不足に直面することになった〔太多 二〇〇六：一六四頁〕。十五、六年、京都教校に在学していた井上たちが本山からの資金削減のために窮していた頃、本山は「近来世上一般ノ不景気ヨリ地場幷ニ再建ノ収納モ大ニ減却シ且近来引続キ非常ノ費用等相嵩ミ目下財務困難ノ極度ニ達シ殆ト御教導ニモ差支候景況」〔「相続講趣意書」本山報告 六号附録〕で、一六年末には負債は三〇〇万円を超えていた〔柏原 一九八六：二七五～二七八頁〕。一八年頃には深刻な財政難に陥り、再建工事が遅滞した〔名畑 二〇〇三：三一五頁〕。そこで本山は、明治一八年一一月「相続講」なる名の新しい募金を開始する。その趣旨は、本山からはもっぱら法義の相続を勧奨し、講員が報恩の志をもって納めた講金を積み立てて、再建の費用とするとともに負債の償却に充て、再建成就・負債償却の暁には悉皆布教の費用に備え、永世法義相続の資本とする、というものであった〔「相続講趣意書」〕。

「相続講規約」は講員の資格と特典を規定している。講金〔男子二円以上、女子金一円以上〕を納付することで相続講に加入する。講員は所定の日に本山に参詣して法主および法主夫人〔ただし女子のみ〕の謁見を許され、完納して死亡すれば本山で法名を記して毎年両度読経してもらえる特典の外に、納付講金額の大きい講員には金額に応じて賞品が下付される。これに一等褒賞から五等褒賞まであり、例えば一等褒賞は法主〔光勝〕筆紺紙金泥六字〔南無阿弥陀仏名号〕、新法主〔光瑩〕筆紺紙金泥十字〔南無尽十方無碍光如来〕名号、新々法主〔光演〕筆紺色金泥九字〔南無不可思議光如来〕名号の三折合装紅地金襴、末尾の五等褒賞は法主筆白紙墨字六字名号の大和錦表装というように、下付名号の数、用紙〔紺色か白紙か〕、字〔金泥か墨か〕、表装の種類により五等に区別され、講金額の多少に対応する〔本山報告一〇、一三号〕。また、講員は手次寺の異同にかかわらず最寄りで小会〔部落門徒団〕を結んで月並みの示談会を催すにつき、相続講消息〔法義を説き信心を勧める門末に宛てた法主の手紙〕が下付され、広域の小会連合の講会〔広域門徒団〕

には法主の寿像が下付されて（本山報告　六号付録、二六号）、本山から法義相続を勧める仕組みになっている。相続講は、門末の自主的参加による信仰集団を本山が育成するという麗々しい衣をまとって、募財の表舞台に躍り出たのである。

当時、田舎住まいの門末にとって現金収入の道は限られていた。そこへ現金支出を伴う相続講への加入が求められたのである。すでに再建資金の募財があって、門末はおおむね疲弊していたから、名目を換えて勧奨しても、本山が予定していたほど講員は集まらない。そこで末端では割り当てのようにして講員をかき集めねばならず、任意加入の形の勧誘にもかかわらず、加入は半ば強制的となっていた。

井上の法讃寺から「相続講員人名取消願」なるものが提出されている。明治二五年五月、法主代理の直連枝霊寿院（大谷勝縁）が米沢に巡化したとき、法讃寺門徒二九名の相続講新加入を届けたが、これは住職に代わって出席した門徒がそのときのやり取りで止むを得ずしたこと、ことごとく虚名を記載したものなので取り消してほしい、との願書である。添付の請書には窮状を述べていう。先年住職死亡以来内外の困難がつづき、とくに当年は現本堂庫裏敷地の公争等非常な困難が生じたうえに、当地は無法義にて動もすれば相続講勧誘を離檀の口実にする者多々あり、少しく法義ある門徒はすでにことごとく加入し終わっているので、もはや一人も新たに加入できにくい実情を憫察願いたい。ついては、今年一二月一〇日限りの再建志金一〇円は遅滞なく山形相続講事務所へ郵送するが、もし別紙の願いが聴許されないときは、この金額は上納しがたいとの、強請のような請書であった（井上日誌　一八九二末尾ノート）。[2]

この願書の前年すなわち二四年の晩春、井上が養母と法讃寺檀頭の妻女たちを伴って本山参詣を果たしたとき、講金全額を直納していた老女たちは、相続講の票章によって宗祖真影を拝礼することができた（法讃寺史料、井上日誌一八九一）。こうした講員特典が半強制的加入と表裏していた。

相続講では末寺を介して門末に加入を勧奨し、また前記の例のように要請したが、そのさい個々の末寺とは直接関係のない小会に同一地域の門徒を束ねるという本山直轄方式を採った。これは末寺から門徒を奪う側面もあるが、明治五年書上げの東本願寺明細帳には、

一、檀家　当国並諸国掛所且末寺江附属

とあって、本山の檀家を末寺に附属させているという。末寺の檀家は本山の檀家を配与したもの、「末寺に在て御預りの御門徒」〈清沢　一九〇一、のち一九七五：一〇八頁〉、「末寺ノ直檀ト云ヘトモ本山ノ御預リ門徒ニシテ末寺ハ手続キ寺」〈井上遺文「対話随録」〉という観念からすれば、相続講で本山が末寺の門徒を直接掌握することは、末寺の門徒掌握権を侵害するものでなく、本来の形を一部露にしただけのことである。この本山側の観念を支えるものは、門徒の帰敬式〈略式の得度、通称お剃刀〉を執行できるのは法主だけ〈連枝が臨時に代理を勤めることはある〉で末寺の僧侶には許されない、という法主特権であり〈宗制寺法三五条〉、したがって門徒を法主の准弟子とみる観念である。再建工事のため門徒から各種の必要資材や手伝人夫を提供させるにもこの観念が働き、他方、旦那寺を手次寺、すなわち本山から門末へ法義を手次ぎする寺と呼ぶ慣行に伴う観念が、門末に再建手伝いへの参加を光栄ある責務と感じさせたのであろう。

本山総収入内訳の推移

相続講収入は本山の総収入にどれほど貢献したのであろうか。井上豊忠によれば、相続講設立の明治一九年から負債償却の二六年まで八年間の収入内訳は表1の通りであった〈単位円〉。

明治一九年春約一ヵ月半法主大谷光勝（一八一七―九四）と新々法主光演（一八七五―一九四三）らが大谷派の金城湯

表1　本山総収入内訳の推移　〔井上 1900：652～659頁〕

年　次	地場収入	再建収入	相続講収入(%)	整理及特許礼金(%)	計
明治19年	76, 525	54, 608	41, 623(24. 1)	―	172, 756
20年	82, 126	52, 373	258, 760(65. 8)	―	393, 260
21年	87, 600	54, 327	311, 569(68. 7)	―	453, 497
22年	98, 913	129, 642	244, 105(51. 6)	―	472, 661
23年	98, 173	96, 956	141, 948(42. 1)	―	337, 078
24年	89, 749	134, 041	83, 534(27. 2)	0	307, 326
25年	121, 741	174, 474	125, 091(24. 2)	95, 572(18. 5)	516, 879
26年	93, 672	29, 174	52, 113(3. 1)	1, 494, 626(89. 5)	1, 669, 587

註　単位＝円.

池北陸を巡化して相続講を奨励したので、同年末には講員二一万九四三人、申し込み講金八五万七九〇三円余に達した〔本山報告　一九号〕。これを受けて相続講収入は急増し、二〇年から二年ほどは総収入の約三分の二を占める成果を挙げたが、二三年には限界に達したのか実収高が急激に低下し始めた。本山では他の方策を講じる必要に迫られ、末寺僧侶を対象に、二四年九月、財務整理につき篤志をもって寄付をする者に堂班身分にかかわる褒賞を行う整理寄付の制度を創り〔宗報　七五号〕、ついで、寺格堂班の陞階・未満継席・准級などを特別に免許して、礼金を上納させる特許礼金の制度を導入した。懇志にたいする褒賞としての堂班身分の陞階から、特別の免許を目当てにその礼金を上納させる制度を展開させた。こうして露骨で組織的な売爵制度を完成させたのである。その効果は早くも二五年に現れ、二六年には後述の特別待遇免許の礼金を含め、整理寄付分〔決算額不詳、予算五万円〕を差し引いて、約一四五万円の巨額に達し、総収入の九割近くを占めた。他方、相続講収入は予算の八万円にも届かず、実収は総収入のわずか三％に止まった。

褒賞制度①　寺格堂班の陞階

整理寄付の先行形態は冥加金であろう。冥加金にたいする賞典として、堂班の陞階が許されることがあった。その早い例はすでに明治一二年に見ることができる。

○布教用費之為献金之輩ヘ左之通賞与施行

一金二十円進納ニ付　石川県（中略）神島村円光寺衆徒　平僧　近藤是秀

其身一代脇間出仕

一金百円進納ニ付　熊本県（中略）植木町金蓮庵住職　脇間　蓮田慈弁

其身一代余間出仕

一金七十五円進納ニ付　三重県（中略）四日市八幡町蓮生寺住職　余間　本田恵澄

其身一代内陣列座

一金百五十円進納ニ付　三重県（中略）下鴨河原町盛願寺住職　内陣列座　加藤含城

其身一代内陣本座

（以下略）　（配紙(二)　四三頁）

従来の賞典、すなわち「教校建築ノ義ニ付格別尽力」とか「夙年奉職甚功不尠」の理由で、「黒紹衣地壱疋」とか「三折本尊」の賞が下付された賞典の例（開導新聞　二〇八、二六四号）を、このような献金に対する褒賞としての堂班の陞階が事例数のうえで圧倒してゆく。

堂班の陞階など褒賞としてはおそらく少数であった段階（冥加金）から、前述のように、陞階が献金の褒賞としてふつうに観念される段階に移り（整理寄付）、さらに陞階目当ての献金（特許礼金）へともう一段の進化がみられた。特許礼金の新設は、従来の暗黙の理解を公然の、分かりやすいものにしたのにすぎないとしても、実は、献金観念の最後の飛躍を実現させた事件として注目するべきではないだろうか。

さて、上記でしばしば用いた「堂班」の語について、「御堂出仕ノ座次」（井上遺文「対話随録」第六回、一八九二）、

「派内法会式ノ座班、法衣ノ色章等ニ於ケル僧侶ノ等級」（井上　一九〇〇：三七七頁）などと説かれるその意味を解説しておかなければならない。明治九年本願寺派・大谷派・高田派・木辺派の真宗四派連合で制定した「宗規綱領」第七編において、従来の寺格を改めて堂班と名づけると規定されて以来、堂班の語は寺格に代わる正式用語として用いられるようになったのである。

この改称でその意味も広がった。寺格は御堂出仕の座次を規定するものであって、住職は自坊の寺格相応の座に就いた。寺格即堂班であった。変動ミニマム社会ではこれでよかったが、変動社会では住職の個人的業績を座次に反映させることが必要である。この必要に対応するには累代世襲の地位を示すだけでなく、個人的業績をも反映できる用語を新しく採用しなければならない。こうした要請に応じて堂班の語が登場して、寺格以上にその寺の住職の座班を陞階する可能性が制度化された。僧侶を必ずしも寺院の附属とはみず、寺院から切り離して捉える維新以来の新制が、この動きの背景にあったに違いない。

こうして堂班に寺付き堂班と身付き堂班の区別が出現した。寺付き堂班は寺格に当たるのにたいし、身付き堂班は所属寺院の寺格を基礎に僧侶個人の年功・勲功（献金を含む）を加味して決まる僧侶個々の「其身一代」限りの座次である。身付き堂班の設定は堂班を献金の褒賞として使いやすくするための方策であった（明教新誌　一八九六・一二・二）。呼称の変更によって外延を拡大させ、本山財務の要請を実現しやすい体制を整えたということができよう。ただし、寺付き堂班を指すために寺格の語を保留し、身付き堂班に限って堂班の語を用いる以下のような用法も多用されたことを断っておきたい。

等級の名称は寺格と堂班とで異ならない。明治九年の「宗規綱領」では、内陣上座・内陣本座・内陣列座・余間・脇間・外陣列座・平僧の七階級があった。ただし、当時は最上級の内陣上座は連枝のみ、一般末寺および僧侶は内陣列座以下であった。上記の引用には内陣本座から脇間まで現れている（その身一代とは身付きのこと）。堂班の名称は、座席順にかかわる堂内の中央から周辺への高低差のある間取り――内陣・余間・脇間（飛檐）・外陣――に由来することはいうまでもない。

身付き堂班の陞階が二世代つづいて更新されるとき、寺付き堂班（寺格）の陞階となって超世代的な階級システムに定位される。身付き堂班の設定によって寺格陞階の可能性が目に見える形となった。この点が重要である。陞階によって、寺院数が常により高い寺格を目指してより多く増加する。三等地（院家・内陣・余間）寺院数に関する表2が示す通りである。

上記で挙げた寺格名称とこの表の寺格名称に齟齬があるのは、「宗規綱領」施行以後関係四派それぞれにおいて旧称復活とか高位寺格の再分化などの改正を行ったからである。大谷派では明治一九年八月の「宗制寺法」第五一条で、「寺格（＝堂班）ヲ分テ五等トス　一等　院家、二等　内陣、三等　余間、四等　飛檐、五等　外陣」と定められたのに準拠し、かつ上位三等に限って製表したのが表2である。三等地合計で、文久元年から二四年後の明治一八年には三倍、それから一一年後の明治二九年には四倍と増加している。合わせて三五年間の倍率は余間で二倍、内陣で四倍強、院家で七倍弱と、高い寺格ほどより顕著に高くなっている。表2註の解説をみれば、思い半ばに過ぎるものがあろう。

表2　寺格別寺院数の推移　〔月見 1896〕

寺　格	文久元年(1861)3月	明治18年(1885)5月	明治29年(1896)1月
院　家	313(100)	1,342(428)	2,131(681)
内　陣	395(100)	1,560(395)	1,685(426)
余　間	429(100)	666(155)	887(206)
計	1,137(100)	3,568(313)	4,703(413)

註　文久元年では院家は一般寺院が達しうる最高寺格であった。明治17年に院家（素絹）と別助音の間に助音が新設され、27年には別助音のうえに別格由緒が積み上げられたが、これら三級は院家を分けた寺跡であるため、上表では院家に合算されている。29年でいえばその数1,025、これが通常院家（素絹）の数に合算されて、小計2,131となっている。

冥加金の褒賞としての陞階は先にふれた明治一二年頃から目につき始め、一四、一五年頃堂班の昇進を容易にする改正が行われたから〔井上遺文「対話随録」第六回、一八九二〕、もし明治一二年の寺格別寺院数をこの表に書き入れることができたなら、両堂再建が一派の最重要目標に掲げられたその年から、寺格別末寺数構成に逆地滑り的な大変動が起きたことが明白となることだろう。

上記「宗制寺法」の褒賞例には、第八二条に褒賞六等が規定されている。その一等は「法主特ニ寺格亦ハ寺跡ヲ陞ス」ことであり、二等は「法主特ニ終身堂班ヲ陞ス」ことであった。終身堂班とは身付き堂班のことである。陞階を許すべき根拠を特定しない概括的な規定であるため、冥加金・整理寄付・特許礼金も陞階を許す根拠になりうる。光勝法主は金銭をもって寺格堂班を進級させることに初め強く反対していたが、渥美の度重なる進言と政府筋の説得に屈してこれを裁可したという〔読売　一九〇二・八・一七、六〕。かくて特許礼金制では、どのような条件の僧侶がどの堂班からどの堂班に陞階するには、いくら献金すればよいか。鉄道の旅客運賃表を思わせる売官システム（ただし一度の陞階限度は二階級）が構成されて、献金による寺格堂班の陞階が大谷派褒賞制度の柱となった。

末寺中の最高寺格である五個寺と巡讃は、法主の血族が住職になったか、宗門に特筆大書するべき勲功のある高僧の寺に限られ、一般寺院からの献金による陞階は院家以下にしか認められなかった。本山では献金による陞階の可能性を広げるため、すでにふれたように、院家をいくつかの寺跡に分けてまず別助音そして助音を積み上げ、前記の「宗制寺法」第五二条にいう、「第一　五個寺、第二　巡讃、第三　別助音、第四　助音、第五　素絹」とした。「この際負債償却の手段として、院家地にして一千円以上を納むれバ助音地、千五百円以上を納むれバ別助音とするの特典を設けたり。院家〔素絹〕と別助音との間に、助音と云へる一階級を置きしもこの時新規に定めたるなり」〔読売　一九〇二・八・一七〕という。明治二四年以来、本山は陞階をもって財政整理の方策としたが〔井上　一九〇〇：八五頁〕、院家寺跡の再分化によってこの方策がより効果あるものになった。明治二七年六月、巡讃と別助音の間に別格由緒を新設したのも同じ効果を狙うものであった〔本山事務報告　九号〕。

法会式を行う堂は、本尊からの距離、座敷の床の高低など、参集した僧侶たちの席順が問題となるような構造になっている。本尊の前か横かも、同じ空間内での席の序列を生む。それらに僧侶の堂班が対応するのである。これは参集僧侶の人数が多い本山の巨大な堂だけでなく、地方末寺の小さい堂についても基本的には同様である。

「東京などにてこそ、堂班の高下を云々する者無けれども、地方に至れバ一寸した茶話会にも、寺格堂班の高下を以て席次を定め、献立ハ勿論、膳椀茶台までも夫々身分によりて次第あり」と当時の新聞が報じている〔読売　一九〇二・八・二三〕。このように堂班の高下は法会式での座配を左右するだけでなかった。僧侶が法会に着用する袈裟・衣・袴、手に持つ中啓（末広）そのほか装束一切の等級に結合する。親戚や知人のほかに地域住民も見ている前で、美々しい装束を身につけて高い席に座るか、地味な装束で末席に連なるか。これが、寺院社会という特殊な空間に生きる僧侶たちの自尊心・虚栄心・競争心を刺激してやまない。そうした世俗的関心を超脱した僧侶も、「世間通途の義に順じて」世間の常識に従った姿となる〔森岡　一九九一：二九頁〕。かくて冥加金、さらに献金による堂班陞階競争は必至となる。最寄りの同宗同派寺院に引けを取らない、あるいは地域での相対的評価相応以上の堂班の獲得は、僧侶個人の願望であるばかりでなく、その寺代々の宿願でさえありえよう。

法讃寺の場合

一派挙げての陞階の激流のなかで、井上もこの時流に投じた。自らが住職である米沢長命寺には自分で献金して一代（身付）院家の賞称を副住職である長兄静教に受けさせ、法讃寺には元住職法潤に永代（寺付）内陣の賞称を受け

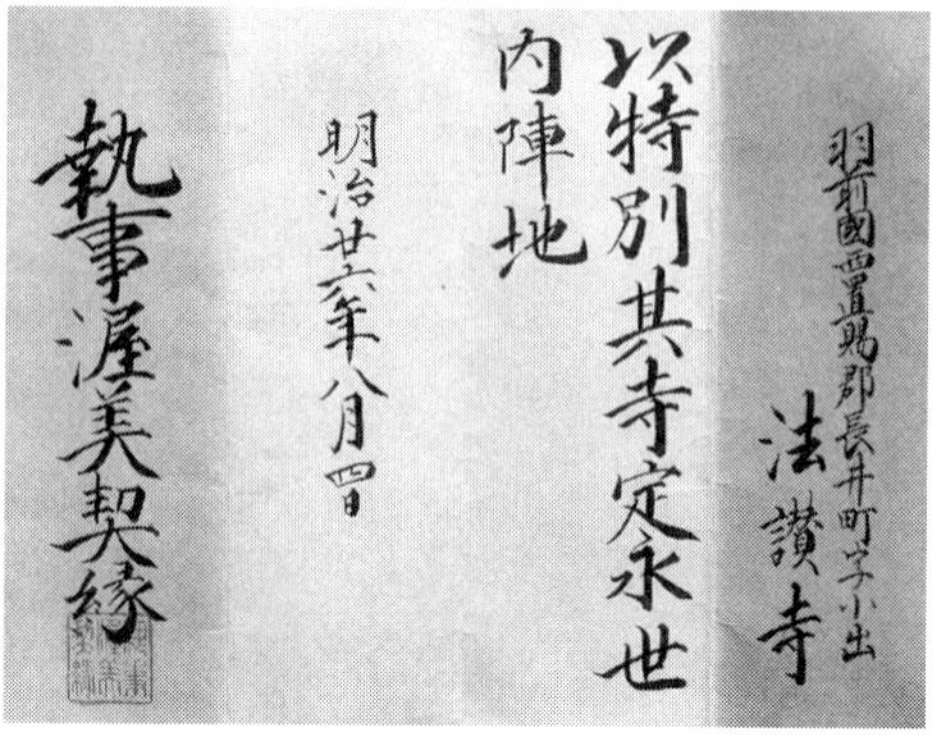
羽前國置賜郡長井町字小出
法讃寺
以特別其寺定永世
内陣地
明治廿六年八月四日
執事渥美契縁

図７　法讃寺内陣許状（明治 26 年 8 月）

させる。法讃寺は六世慧博が正徳年間（一七一一〜一六）に飛檐の寺格を免許されていた。明治二六年五月、実弟義忠の病気見舞いかたがた一年半ぶりに帰省した井上は、二三日檀頭会を開いて、法讃寺の寺格を「宗制寺法」第五一条にいう四級の飛檐から二級の内陣に陞階させることを決めた。三級の余間を飛び越える昇級である。問題はそのための献金をどう調達するかであったが、幸い檀頭山一の妻つぎが宗祖絵伝の下付を願うためにとて、かねて井上に寄託していた一〇〇円が手許にある。寺から一〇〇円（井上が上洛以来手当のなかから積み立てた金に、檀頭の佐藤医師から無利子三年賦で借りた四〇円を加えて）、山一から拠金二五円、その他の檀頭一一人から計六六円、合わせて二九〇円余の金策が一時間足らずでまとまった。井上はたった一回の檀頭会で陞階に必要な献金の調達がすんなりと決まったことを喜んだ（井上日誌　一八九三・五・二三）。

この二級の陞階は飛躍であった。本山の御堂の床作りでは、余間と内陣の間は敷居の高さぐらいの差しかないが、余間と飛檐の間には大きな段差があり、飛檐の間と平僧の間はほとんど同じ高さである。三等地（院家・内陣・余間）はもと法主一族の格で、大きな法会に出仕参列するもの、得度も余間立と呼ばれた。他方、飛檐とその下の平僧は得度でなく坊主剃刀という略式で、得度と呼ばれるようになっても、平僧得度という名の下級の得度でしかなく、本山の法会には柵内拝礼しか認められなかった。このように、飛檐以下と余間以上には単なる階層差ではない、身分差があったのである。法讃寺は今、坊主から僧侶への、いうなれば兵士から士官への、飛躍を遂げようとしている。

井上は寺務所員としての役職による堂班があるので自身陞階の必要はなかったという（長命寺では副住職、法讃寺では元住職に献金の賞称を受けさせたのはこのゆえ）。そのうえ彼は、生得的地位の体系である世襲の寺格は宗門の活気を衰退させるものゆえよろしく全廃し、獲得的地位中心の身付き堂班だけにせよ、という持論であった（井上日誌一八九三末尾ノート「堂班将来」）。しかし、本山の負債償却のために寄付を募集すべしとは井上の主張したところで、執事渥美はこれを採用し（井上の自己壮美化か）、募金の随一の方便に堂班を賞称としてかけることになったため、井上は相応の協力をせねばならぬと考えて献金をし、関係二ヵ寺の堂班陞階を実現したという。募財に応じた献金の賞称として堂班が陞級されるなら、そこで表れる業績とは財力に外ならず、宗教家としての業績と関係がないか、時にはそれに反する面が堂班陞階の基礎となりうるから、宗教家としての業績に基づく堂班制を支持する井上としては、献金による陞階を支持できないはずである。あるべき形についての意見をもちながら、それとは逆の現実的判断をくだして、弁解はしているが、悩んだ跡がみられない。論理的交差圧力を痛切に感じない井上の素顔がここに表れている。

帰洛した井上あて、八月一日法讃寺から二八〇円の送金があったので、渥美執事にこれを託し、特別扱いを依頼した。速やかな免許のための特別扱いであったらしく、同月四日内陣の寺格が免許された。一足早く献金による内陣昇格の手続きをした近傍の有力寺院宮内村正徳寺よりも、二日早い免許であった。即日略衣（七円五〇銭）と紐（四〇銭）を購入して養祖父の着用に備えたところに（井上日誌）、陞階を待望していた井上の心の深層が察せられよう。

後日、在方の檀頭や一般の檀家からも寄付があり、予想外の多額に達した。法讃寺では八〇歳の老僧法潤のために陞階祝賀会を催して寺檀歓を尽くした。寺有財産の乏しい真宗寺院では、特別の出金のためには檀家に依存するほかなく、そのため陞階競争は檀家に負担を強いることになったが、法讃寺のように寺院経営に理解のある裕福な檀頭がいるとは限らず、多くの場合寺格堂班の問題は住職の心労を深めた。堂班陞階のための礼金・冥加金に加えて、陞階相応の装束新調費や増額された本山上納金が、門徒からの資金収奪を強めるからである〔明教新誌　一八九六・一二・六〕。

褒賞制度②　特別待遇の免許

本山は募金のために寺格堂班をかけただけでなく、他にも種々の金策を工夫した。その一つは、本山の公務に従事する者の等級を、一般僧侶で相続講ならびに両堂再建につき功績顕著な者に礼遇として許すことであった。この褒賞には一等恩賞から五等恩賞まであり、格に高下のある金紋呪字袈裟あるいは金紋輪袈裟がそれぞれ相応に授与されるうえに、一等恩賞は終身准親授、二等・三等は終身准稟授、四等・五等は終身准例授の礼遇を受けると、明治二三年九月二四日の特別褒賞例で定めた〔本山報告　六三号〕。本山公務員の等級は政府官吏の等級を模倣したもので、親授は勅任官、稟授は奏任官、例授は判任官に相当する。准級は元来臨時嘱託である用掛にたいして設定されたものであるが、これが財務関係の褒賞として流用されたのである。明治二六年末の調査では、准親授三人、准稟授一三六人〔井上を含む〕、准例授二七一九人、計二八五八人に上った。そのすべてがこの褒賞によって免許されたものではないにしても、大谷派寺院数のほぼ三分の一に当たる人数の多さは注目に値しよう〔井上　一九〇〇：七四四～七四九頁〕。

稟授以上は高等官に相当し、法主拝謁を許されたから、准稟授以上の礼遇とは法主謁見を一つの柱とするものであろう。それに、准級ながら我がもの顔に寺務所に出入りできること、また終身というのも魅力があった。本山公務員の等級はその職務にあるときだけのもので、「待遇如故」といった特別の恩許がないかぎり終身ということはありえない。礼遇に伴うこうした魅力で末寺僧侶の虚栄心に訴えたのである。

当時のメディアの伝えるところによれば、渥美は一部高等寺院の特権を献金により門徒の資産家に許した。例えば、全国の末寺中、熊本延寿寺のみに許された須彌壇収骨を一〇〇〇円以上献金の俗人に許可した。余間以上の住職でなければ付けることができない院号を、同じく一〇〇〇円以上献金の俗人に免許した。また、資産家を講頭・商量員などに任命し、寺格の高い僧侶でなければ許されなかった奥参上、つまり法主の住居での拝謁を許した。これらは何れも財力ある一部の俗人を僧侶多数の上位に置く悪例である、と評された（読売 一九〇二・九・六）。

2 債務償却

負債完済

負債償却について明治二六年一月二二日の井上日誌は、「一時ニ僧俗（本山）寝殿ニ充満ス。コレハコレ大改革発布ノ為ニ諸国ノ国役以下商量員等来参セルナリ。一時過ギ法主大法主等ノ親示アリ。嗚咽感涙……満座皆泣ク。序デ執事渥美氏ノ演説等アリ」と記録している。宗政当局は一派の総力を挙げて負債整理に取り組むことを決心し、その実行のため、地方で志納や募金を集める各地取扱所の責任者とこれを負担する門徒の重立ちの僧俗一一〇〇余人を集めて、現法主と前法主から財務整理を依頼する言葉を述べてもらい、宗政担当の執事がその趣旨を演説したのである。法主親しく「本年中ニハ是非此負債ヲ償却成ル様僧俗共ニ一際尽力ノ程頼ミ入ル」と述べ、「満座皆泣ク」感動の高まりのなかで、渥美執事が演説する。相続講を発足させた時には三〇〇万円もあった負債は、なお一五〇万円残って両堂再建の事業を阻み、「必要ナル僧侶ノ学業ヲ盛ンニスルコトモ出来サセラレヌ。布教ノ為ニ充分ノ尽力スルコトモナラヌ」ゆえ、これを是非今年中に償却したい。「今度ハ思ヒキリテノ御頼ミヂヤ。夫ニ付イテハ第一昨年来御手許始メ非常ノ御改革アラセラレネバ諸国ノ御門末ヘ相済マヌコトユエ、充分ノ御節減ニナリタ上ニ本日ヲ以テ御頼ミアラセラレタコト」、と法主内廷の非常な節約ぶりを披露して、満座の情緒的高揚を煽るとともに、今年は負債という病根を断つために荒療治も厭わないと言明した（本山報告 九一号）。執事はすでに財務整理を任務とする臨時整理局を設置し、そのために役員の更迭を行っていた。

当時、どのような収支状態だったのだろうか。すでにふれたように、本山には諸志納・諸礼金・雑収入を内容とする地場（経常）収入と、相続講金のほかに再建志納金・財政整理寄付金などの名目の募財による臨時収入があった。その実収額は年々上下したが、過去三ヵ年の平均額で計上された明治二六年収入予算では、相続講八万円、再建志納一二万三五〇〇円、整理寄付五万円、臨時収入計二五万三五〇〇円、地場収入は九万六五〇〇円と見積られ、収入予算合計三五万円となる。他方、支出予算では、経常支出は一二万八九五〇円であるが、負債元金償却と利子の支払い（計五八万四六五四円）を合算した合計は七一万三六〇四円に上り、三六万三六〇四円の不足となる（井上遺文『座右録』宗制寺法随筆）。収入額よりも大きい不足額が生ずる予算では、負債が増す一方であろう。

ここをどう凌いで負債償却にこぎつけたのか。すでに述べた各種の売官制度による「荒療治」が功を奏したのである。とくに二六年に挙げた巨額の特許礼金収入によって、年始には一八九万円余あった負債のうち三井銀行からの負債七〇万円余を年末には返済して、前法主光勝を「喜びの身に余るなり春ならで　春のこころの年の暮かな」と悦ばせ、残りも翌二七年四月には完済した（柏原 二〇〇〇：一五五頁）。

「荒療治」は門末の財を収奪し、さらに自発的な信施の志を蝕むものであるから、渥美の募財手法に強く反対する人々がいた。二六年の五月六日、酬徳会（歴朝外護の聖恩と道俗護持の徳に酬いるべく明治二五年創始の法要、秋の報恩講に対応）のために各地から上洛した僧侶に、法主は「負債償却整理方法に就き反対をなす者ハ是法門の破滅を招かんとするものなれバ遠慮なく厳重に処分すべし」と説諭をしたので、「改革党の激昂甚だしきを加へ容易に鎮静すべくも見えず」（読売 一八九三・五・一二）と、メディアが報じている。心ある人士は、渥美の募財手法こそ「法門の破滅を招かんとするもの」と捉えた。井上たちもその一人であった。

負債を完済した後、年々新たな負債が積み重なって、二九年八月末調べで総額六二万二〇〇〇余円にふくらんでいた。きわめて不完全な会計法、不精確な収支予算、不適任な財務部員など、財務の構造的欠陥のためで〔教界時言 一号三二～三三頁〕、その尻ぬぐいに門末の収奪を繰り返してきたのである。多年にわたる財務の構造的欠陥は財務紊乱と結びつき、当路者の役得を支えた。例えば、堂班助音地以上の献金の一部を割いて内事局にとめおいた金で、内事局員も贅沢を始めた、という〔読売 一九〇二・八・一九〕。

重い負担に喘ぐ門末

募財がいかほど門末の財力を収奪しているかを経験的に熟知する井上は、両堂の再建を中止（延期）して、負担に喘ぐ門末を休養させ、教学振興に全力を傾注すべきことを執事に建白した。上洛して執事に対面早々の、まだ辞令が交付されていない明治二四年一二月中旬のことである。彼はつぎのように力説する。一派の課題には重要度の差、緩急の理がある。教学は本であって急を要する事業であるのにたいし、建築は末かつ急を要しない事業である。しかるに今日の状況は、本であり急を要する教学を後にし、末であり急を要しない再建に力を傾注するという本末転倒、緩急逆転の嘆かわしい有様である。先般（明治二四年一〇月二八日）岐阜県本巣郡を震源とするわが国最大級の内陸型地震、いわゆる濃尾大地震が起こり、大谷派の有力な地盤の一つである岐阜・愛知とその隣接諸県に甚大な被害を与えた。一派を挙げて救恤に奔走しているこの時期こそ、大地震対応を理由に再建中止の英断を下す好機であると井上は力説したが〔井上「両堂再建中止ニ付建白」明治二四年一二月一六日稿〕、渥美から「中止ハ到底六ケ敷」と却下される。募財はすでに奔流となっていたのである。ともあれ再建中止あるいは延期の説は、それから五〇日後の清沢との対面で両者が意気投合した教団時事問題の最重要論点であったに違いない。

大谷派の息の根を止めるかと怖れられた負債も、ようやく明治二七年四月には完全に償却され、翌二八年四月には大師堂（高さ三八・二六㍍、畳九二七帖）と本堂（高さ二八・二九㍍、畳四〇一帖）の両巨大建築が落成して、遷仏遷座式が厳修された。この二つの宿題解決のために、本山は十数年にわたって門末から巨万の財を収奪した。太平洋戦争中、公報のみならずメディアも忠君愛国を謳い、国民は自発的に滅私奉公の誠を捧げていると宣伝したように、大谷派の『本山報告』など公報は終始門末の協力の自発性に光を当てているが、実状は収奪の語を裏切らない。純粋の公報誌でなかった『開導新聞』（明治一三〜一六年）は、貧者が一灯を献じた事例をさまざま紹介している〔柏原 二〇〇三：一七頁〕。つぎの『教界時言』第二号の記事は最底辺に注目したものである。

……門末の財力、乏竭せざらんと欲するも其れ得べけんや、而して其困弊の最も甚しきは、特に寺院を然りと為す、田園を売り衣具を典するも、猶未だ債鬼の門に迫るを免るゝ能はず、妻は餓に啼き児は寒に叫ぶも衣食の以て之に給すべきなし、屋は其漏るゝに委し、壁は其落るに任し、軒傾き門頽るゝも、之を修築することを得ず、偶ま檀越中二三有志者の其頽敗を慨くものあるも、曾て皆本山の為に痛く徴発せられ、余財の以て之に及ぼすべきものなきが為に、亦之を奈何ともする能はず、終に看す看す其頽敗に委するに至る、我大谷派の末寺中、此の如き悲惨の境遇に瀕するものを求むれば、其数蓋し少なからざるべし、若し夫れ最愛の子女弟妹、学齢已に達し婚期既に到るも、就学の資なく、帰嫁の財なく、父兄をして涙を呑て徒らに其年齢の長ずるを歎ぜしむるが如きものに至りては、其数の夥多なる、指屈するに遑あらざるなり、況んや、本年の天災地変（六月の三陸地方大津波など）によりて我大谷派門末の困弊は、更に幾層の甚しきを加へ、其悲、其惨、到底筆舌の能く之を名状すべからざるに於てをや、嗚呼我大谷派門末の現状此の如し、我本山当路者の眼底には、此の悲むべく痛むべきの情況は映せざるか。……故に余輩は将に云はんとす、……一派の隆盛を望まば先づ門末の休養を勉めよと。……〔月見 一八九六：一〇〜一一頁〕

全国の門末の描写としては誇張かと思われる箇所もなくはないが、巨額の負債償却と巍巍々たる両堂再建の陰で、募財のために門末が困窮したことは覆いがたい事実であろう。

寺務所役員に対する賞与

では、井上たちが案じた教学は宗政上どう扱われていたか。

この重要問題に入る前に、両堂再建が成ったとき、寺務所役員に与えられた賞与にふれておこう。問題状況の理解を深めうると考えるからである。

遷仏遷座直後の二八年四月一八日付け執事名義の左記のような褒賞記が井上に届いた。

羽前国南置賜郡米沢市北寺町
長命寺住職　井上豊忠

両堂再建財務整理中勤労不尠今般両事業完結候ニ付以特別左之通被成賞称候事
金入輪袈裟　萌黄地平金花唐草
其身一代一般着用

前年三月井上は録事に任じられ稟授四級に列せられていたが、寺務所役員としての井上でなく末寺住職としての井上宛になっているのは、寺格堂班関連のその身一代あるいはその寺永代の資格は、僧侶身分に付くものであるからである。

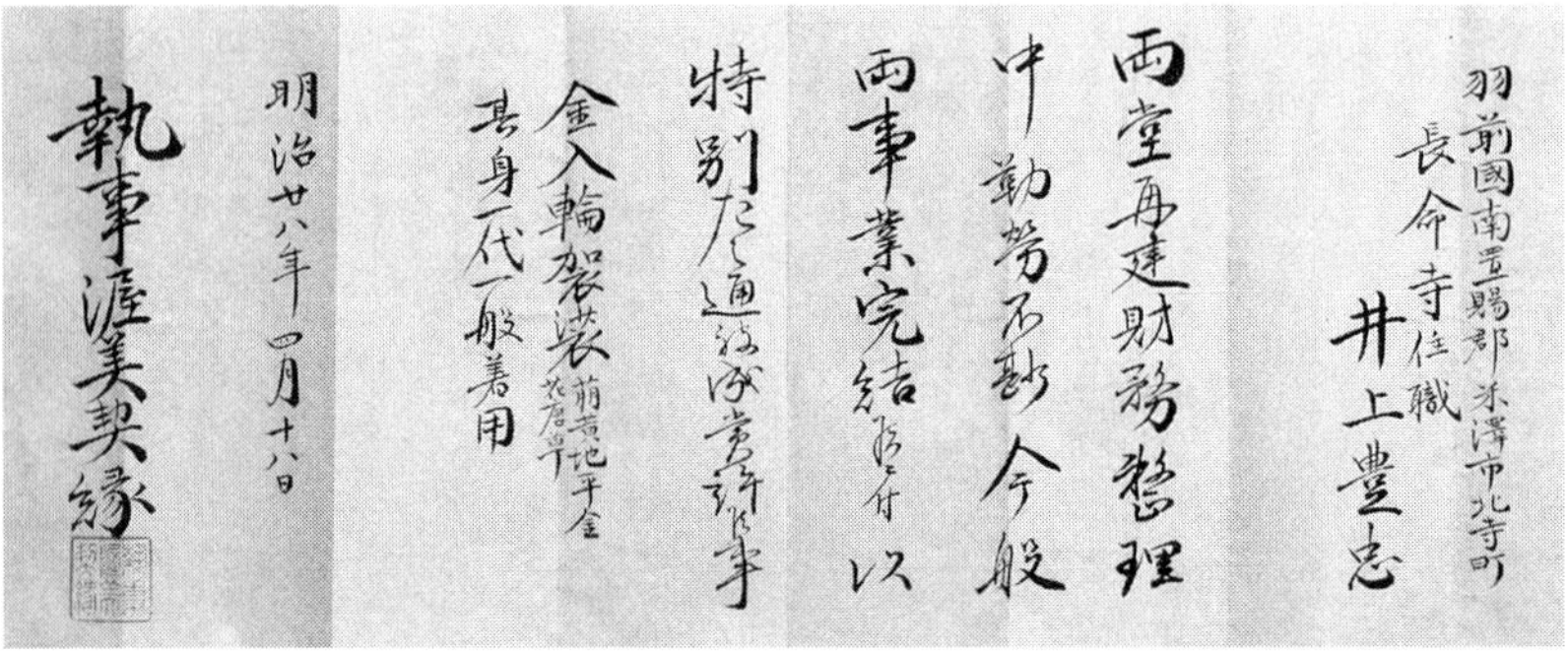

図8　勤務賞許（明治28年4月）

さて、このクラスの輪袈裟を身一代ながら自坊だけでなくどこにても着用することを許されるには、献金の場合どれほどの冥加金が必要であったのか。そのことにふれることなく、功績によって恩許されたことを井上は喜び、つぎのような所感を日誌に書き付けた。

「生亦タ与リテ賞称ヲ与ヘラレタリ。為法宗大賀々々。噫此後ノ精神的大事業ハカ、リテ生等ノ双肩ニ在リ……然レドモ亡父皆得院ヘノ孝道ノ一端トモ云ヒ得ベク、又タ子孫ニ対スル教育ノ資ニ供スルヲ得ベキカ」と〔井上日誌　一八九五・四・二八〕。外形的事業の完結につづくべき精神的大事業に思いを馳せつつ、井上は亡父を想い子孫を思う。身一代の恩許でも、その意味は親から自分、そして子への三代に関わるものだった。

さらに現金の手当を給付されている。すなわち、「四月三十日　本山ヨリ手当トシテ十五円ヲ給セラル」、ついで「五月九日　本山ニ参詣。本日ヨリ前住上人御一周忌法要ナレバナリ。午後一時両堂再建財務整理完結ニ付慰労的手当トシテ左ノ一封ヲ下賜セラル。金五十円。感泣ニ堪ヘザルナリ。先キニ金物ノ恩賞アリ。亦タ十五円ノ恩与アリ。而シテ更ニ五十円ノ御下賜金ハ誠ニ誠ニ感謝々々。帰宅後叔母ニ示ス。叔母モ大ニ感喜ス。寺町及ビ小出ニ書面ヲ認ム」〔同　一八九五・四・三〇、五・九〕。

慰労金なら一括して六五円渡せばよいのに、何故二度に分けて支給したのだろうか。それは根本的な疑問を誘い出す。慰労金の財源は、門末からあの手この手でかき集めた冥加金・礼金のうち、負債償却と両堂再建のために支出した残余金に違いない。その全額を約束通り布教と教学振興に廻すことなく、よし一部にもせよ、なぜ寺務所役員に手当として分与したのか。それは門末の並々ならぬ辛労に痛みを感じることなく、手当を当然の慰労金と理解する当路者の驕りに因るものであろう。井上はこの点にいささかの疑念も漏らすことなく、ひたすら感泣し、滞京中の叔母に見せてともに喜び、生家米沢の長命寺、養家小出の法讃寺にもその喜びを伝えている。

渥美執事は「負債償却を手柄に、法主をせびりて一万円の慰労金を貪」ったと、『読売新聞』は報じた(一九〇二・九・三、四)。桁違いの手当であるが、これが事実だとすれば、寺務所の役員たちは金額の差こそあれ、皆職位に応じた慰労的手当、一種の役得を手にして喜んだに違いない。彼らは清沢等と棲む世界を異にするものであり、この点では井上も同じである。井上は寺務所風に染まったというほかない。募財による門末の疲弊を慮って両堂再建中止を訴えた井上はここにはいない。両堂再建中止の主張は井上の最初の意見であり、他方、慰労金という名の役得をえた喜びは井上の偽りない心情であった。あるべき形を追求する意欲は、現実的な快感の前に消滅してしまっている。井上が後味の悪さを漏らした記事は日誌に見当たらない。このような場面で、強い論理的交差圧力の発生しないのが井上の特性だったようである。

3　教学振興の問題

前節では明治二八年時点まで筆が伸びたが、元にもどって教学振興の問題を考えるために、本山総経費に占める教学費の比率を遡って見ておこう。井上が京都教校に学んだ明治一五年九月からの一ヵ年予算は、寺務所総額一一万九二六〇円、うち布教勧学費四万四〇八二円、全体の三七％であった（開導新聞 三〇四号）。一〇年ほど経た明治二五年頃、大谷派には京都に大学寮と尋常中学校、金沢と名古屋に尋常中学校、東京ほか六ヵ所に中学三年程度の教校があって、一派の教学を担っていた（本山報告 九二号）。先に掲げた明治二六年の支出予算では、教学費は僅か一万九五六八円にすぎず、負債償却以外の支出予算合計の一五・二％と少ないうえに、交付が滞りがちであった。いかに教学が軽視されていたかが諒解されよう。

教学費がきわめて少なくその比率が低いだけでなく、教学への世話が手抜きされていた。寺務所の募金部は強大で他の部局を指揮するような勢力をもっていたのにたいし、教学部ははなはだ弱小であったうえに、学事視察に怠慢であった。渥美執事が教学部長を兼任していたが、在職中部下の学校を視察したことがない。それに倣うように部員は諸学校への巡視を怠る。その結果、教員の欠員が生じても往々放って置かれた。宗教学校に適任でない教員がいても私情のために留任させる。また、教員の技能の適否を考えずに教科を担当させることが往々あった。

さらに、教学部の録事に大中学の主幹を兼任させることがあったが、主幹は頗る枢要な地位で、事務の片手間に職責を果たしうるはずがない。これらはみな学校教育のはなはだしい軽視から生じたことである（清川 一八九六、一八九七）。ハード面で軽視され、ソフト面では無視に近い扱いを受けている教学、一派の盛衰を分かつともいうべき教学の衰頽は明らかであった。これが負債償却と両堂再建に突進した本山のもう一つの問題状況である。

負債償却と両堂再建のためには募財は不可避である。募財も信仰に基づく自発的な志納であれば、むしろ信仰が鍛錬され、布教と教育に直結することだろう。しかし、義務的・強制的な募財、さらに寺格堂班・特別待遇といった一種のモノと引き替えの募財、つまり競争心を煽っての売官は、信仰を蝕み、教学を慕う志を枯らす。相続講の創設にあたり当路者は、負債償却・両堂再建の暁には、布教・教育の費用に備えると約束したが、募財の手法を誤ったために、募財によって布教・教育の志を萎びさせてしまった。教学部の予算が少ないだけでなく、教学を重んずる配慮がないのもこのゆえであった。「形式的大事業」遂行中に、「精神的大事業」の志が息の根を止められていたのである。自制のない募財による形式的大事業の完結後、精神的大事業にとりかかるには愛山護法精神の初期化が不可欠であった。

当路者は愛山護法のスローガンのもと形振りかまわずがむしゃらに募財を推進して、かえって門末大衆の愛山護法の赤誠を涸渇させてしまった。明治二五年二月の井上との初対面の席で清沢が、「自己の修養も足らざる癖に、法主の為めとか、教法の為めとか云ふて居る者は、悉く名利の醜徒である、とまで私に向かつて暗撃を試みて来られた」〔井上 一九〇三〕のは、彼にこのような状況把握があったからに違いない。

清沢は一派の生命は布教と教育にあると見、なかでも教育をもって最緊急のことと考えていたのにたいし〔浩々洞一九一五：三七一〜三七二頁〕、井上は「教学ハ一派命脈ノカカルトコロ、重要コレニ過グルモノナシ。而シテ学ハ教ノ手段ニシテ、教ハ実ニ学ノ目的ナリ。目的ヲ忘レテ手段ニ走ルガ如キハ、識者ノ取ラザルトコロトス。今ヤ教学共ニ独立ノ体面ナク、萎靡振ハスト雖ドモ、特ニ教ハ将ニ地ヲ払ハントス。悲ミ憂ヒザラント欲スルモ得ザルナリ。今ニシテ之ヲ救ハズンバ、臍ヲ噛ムモ及ブナケン。誰カ黙スルヲ得ンヤ」〔明治二五年四月一一日付け覚書〕との現状認識であった。井上のいう教とは布教のこと、学とは教育のことであるから、学業教育に重点を置く清沢と門末布教に重点を置く井上と意見をやや異にしていたように見える。

清沢の教育とは宗教的人格の陶冶であって、精神的革新を目指している。この理念に立てば、大学寮の教育は若い僧侶にたいする宗教的精神の振作〔清沢 一八九七〕、すなわち再布教に他ならず、彼らが現場で布教するための基礎を培うものである。このような大学寮の教育を急務と考える清沢に、井上も同意できたのではないだろうか。他方、相承の宗義を強調する大学寮講者たちの従来の教育では、慣習的布教の便宜となるとしても、精神的革新に繫がらないことは明らかである。

四　教学再興の道

1　辞職か留任か、三氏の去就

清沢・稲葉・井上の三人は、一派教学財政の独立、すなわち本山の財政事情の如何にかかわらず優先的に手当されるような、確固たる基礎をもった教学体制を成立させなければならぬと考えていた（西村 一九五一：一三七頁）。それとともに、一派の教育機関が開国以来の宗教的環境の変化および維新期学制の発展に対応してその場凌ぎの補塡を重ねたため、全く統一性を失っている現状に鑑み、これを一貫性のあるものに改編することによって、宗門教育の質的向上を図ることが急務であるとみた（広瀬 一九五七：二三六頁）。

明治二五年（一八九二）一〇月五日付け西方寺の義父清沢厳照宛て書簡で清沢は、「小生儀今回稲葉学士と共に、本山教学の為め一奮発仕り、一事業に着手仕り候哉も難計候に就き、予め一寸申上候」と前置きして、「畢竟小生共の期望する所は、確然たる基礎を置き教学の独立を遂げんとする事実、（中略）兎に角いよいよ着手之上は充分の奮励を致し、満腔の精神を吐露して、全国有縁の人々に相談仕候心底に有之候」（大谷大学 二〇〇三b：四七〜四八頁）と報じたように、稲葉と連携して教学再興のための活動を開始していた。

他方、井上は渥美を説いて宗門教育の質的向上策を採用させようと努めたが、いつも暖簾に腕押しに終わった。まともに取りあげてもらえない無念の思いが、二五年一〇月の井上日誌に繰り返し記されている。

◎一〇月　生一日ヨリ七日ニ至ルマデ執事ヲ訪フコト毎一日二回三回、然シ面談ハ僅カニ二回ナリ。其間徳永稲葉両氏及ビ不二門氏トハ四五回往復、大ニ改新ノ策ヲ講ジ居リタレバ、執事ヲシテ猛然為ストコロアラシメント期セシニ、二回ノ談話共ニ意ヲ尽ス能ハズ、遺憾。……終ニ忍ブ能ハズ。苦神焦慮寝食殆ド廃ス。

◎同一〇月　十二日十三日ニ至ルモ執事対話ノコトヲ云ヒ来ラズ……乃知ル、対話時期延々セルハ多忙デアリシコトヲ。然レドモ数日来ノ屢々ノ延期ナルヲ以テ、生ハ以テ時間ナシトセズ。寧ロ意思ナキモノトシ、断々乎決スルトコロアラントセリ。只之ニ堪ヘタルハ、大有為ノ時期ノ別ニ来ルコトアランコトヲ知ルニ依レリ。

◎一〇月二一日　午前七時執事ヲ其宅ニ訪ヒ、談話一時間、但シ執事ノ決心ヲ促シタルナリ。而シテ執事ノ決心ナク、只法主々々ト云ヘルヲ以テ、大ニ慷慨シ、最モ激切ナル厳正ナル且ツ誠ニ痛快ナル言語ヲ以テ之ヲ責メタリ。氏頗ル窮スルモノヽ如シ。

井上が渥美と激論して彼をいたく責めたという二一日、清沢が訪ねてきたので、渥美との交渉の始末を報告した。三人で一本の献策というより、井上は別個に働きかけ、相互に密接に連絡しあっていたようである〔大谷大学 二〇〇一：一一二頁〕。

二人の胸にはもうこれ以上渥美や寺務所を当てにするまい、との思いが交錯したらしく、話はこれからの身の振り方、前途のことに移って行く。①辞職して地方の自坊に隠遁するか、②京都に留まって堂々と反対運動を起こすか、③このまま忍耐して時期を待つか。いずれにせよ稲葉を交えて再議することを約して別れた。井上は即日辞職の思いの一方で、渥美にまだ全力を尽くして話をしていないとの思いを懐いていた。目をかけてくれた渥美に諫言する責務のようなものを感じていたからであろう。

一〇月二三日早朝、井上は渥美を訪ねて面会を求めたが、来客があって面談できず、力を落とした。その夜、清沢と稲葉を訪うた。長い粛然黙座の後、善後策について両氏は③を取るという。井上は渥美に今一度もの申し、その景況によってはおそらく自分は①を選ぶだろう、と言って落涙した。少し日を置いて二七日、清沢から手紙をもらったので会いに行ったところ、彼は辞職はいつでもできるのだから当面見物するのが上策だろう、と自説を繰り返した。井上に自分や稲葉と同一歩調でいてもらいたい清沢の思いが、この言葉に滲み出ている。

井上は同月三〇日朝九時頃寺務所に出て渥美を待ち、一一時に渥美に会うことができたが、「雲上如何トモスベカラザルコト、所内改革ノ困難為スベカラザルコト等ヲ云」い、法主は動かず、寺務所内も動かしがたしというのみ。メディアでも「恒に法主を楯とし、……一も尊慮なり、二も台命なりとて、己れ巧みに責任を避け」〔読売 一九〇二・九・五、四〕と評される渥美の応対に、会えばいうつもりだったこともいわずに別れ、清沢と稲葉を訪ねた。午後一時半から夜九時半まで三人で協議した結果、来る二六年三月頃まで馬鹿になって様子を見物することとし、その後は、本山とは独立の学校を設立するため、まず三人手を携えて国内を遊歴偵察しよう、ついてはどのように辞職するか、ということにまで話が及んだ。三人の足並みが揃ったのである。

身の振り方については決したものの、三人会えば話は前途進退の相談に落ちて行く。去る九月五日宗制寺法研究報告の章立てができた後、井上の仕事は順調な進展を見せ、一二月初旬には小冊一二行七七枚の宗門論第一篇緒論が脱稿し、第二篇に移っていた。その月の一二日三人で会ったとき、両人は井上に留まって時期を待てといい、一九日三人で再び会った時には、井上に明年中は留まれという一方、清沢と稲葉は様子見を諦め、辞職の腹づもりになっていた。翌二〇日夜井上は清沢を訪い、自分は留まるつもりなので、君たち二人も私のためにあと一年留まってくれないかと訴えた〔井上日誌 一八九二・一二・二〇〕。

井上の切なる個人的な願いと二氏辞職のマイナス効果にかんする見通しには説得力があった。翌一二月二一日、清沢と稲葉あい携えて井上を訪い、各人の前途を再議した結果、明二六年六、七月頃、三人揃って勇退すること、ただし反対運動等はしないことを申し合わせた。二人は辞職を半年先に延ばし、井上は在勤を半年短縮することで、三人一致の妥協点を見出したのである。勇退後、本山への反対運動よりも他に有意義な活動があると考えたのであろう。

年が明けて二六年一月二一日、法主・前法主の親示と執事の演説があって負債償却の大号令がかかり、そのための機構改革と人事更迭が行われた。この度の改革令とそれにつづく寺務所の動きは井上の決心にも影響を与え、二月一日午後彼は清沢と稲葉に会ってつぎのように話した。

昨冬已ニ袂ヲ連ネテ冠ヲ桂クルヲ約シ、準備進メタリ。然ルニ生熟々思フニ、昨冬決心セシ大理由タル事情ハ、今ヤ皆消滅セルモノ、如クナレリ。財務ノコト、更迭（人事）ノコト、（内延）節約ノコト等当時採用セラレズシテ大ニ慷慨セシモノハ、偶然ニモ実行セラレ、辞任ノ口実ナキニ至レリ……且ツ熟考スルニ、若シ今日ノ大勢ニシテ挫折セザリシナバ、将来大ニ為スコトヲ得ベシ。之ヲモ見捨テ、野ニ退カバ、破壊主義ヲ以テ取リ代ラザル以上ハ、如何トモシ難シ。而シテ此レ甚ダ困難ニシテ喜ブヘキコトニアラズ、忍ビウルトコロニアラズ。故ニ生ハ決心ヲ一転シテ、留任スルヲ適当ト思フガ如何ニ云々。（井上日誌　一八九三・二・一）

以上のように、六、七月頃辞任という決心を改めて、留任が適切と考えるようになった理由を話したところ、清沢・稲葉両人は、私たちもそれが妥当と考え、さきほども貴君に留任するよう忠告しようと二人で話していたのだとのこと。井上は、お二人は今度の改革では満足できぬことと思うが、何とか私と一緒に留任してもらえぬかと訴え、別離するに忍びない個人的な心情と、両人の辞任による中学校や大学寮の学事上の不都合、正義の士を失う不幸などを繰り返し語った。そして、もし留任できぬといわれるなら、その事情も察しうるので、せめて来二七年七月、東京から清川・月見二氏が来るまで辞職を延期してもらえぬか、と懇請した。親友の清川と月見が帝国大学を卒業し、大谷尋常中学校の教員として上洛すれば、井上は清沢ら二人を失う痛手に堪えられるかもしれぬからである。

清沢と稲葉は、負債整理はもとより緊要課題であるが、もしその方法を誤れば、整理の真の目的である教学をかえって阻害することを憂え、現政権既往の施策からみて希望がもてぬとして、改革を冷めた目でみていた。昨二五年一一月二九日の宗門待望の本堂上棟式には、「非常狂騒、十万余人参詣、京都ハ花」とその盛り上がりぶりを描いた井上も、「百感一時ニ至ル、終日門ヲ出ズ、嗚呼」と複雑な思いを日誌に記した。清沢と稲葉は功に驕る宗政当局の態度と行動を見て、愛想が尽きる思いをし、六、七月頃まで在任の心づもりが井上とは逆に早期辞職に急転したのではないだろうか。

井上は、前年三人で建議した案件が今回の改革でほとんど実行されることになったと楽観し、その実現のために協力できることはしたい、という思いをかかえていた。それには井上の業務が順調に進捗していたことに加えて、寺務所内の良好な人脈が関わっていた。とくに執事との関係である。前年の明治二五年一二月二七日夜、井上は執事宅を訪い、執事夫妻と三時間も懇話し、一一・一二月二月分の手当として二〇円受け取り、東西両本願寺の末寺明細録を借用した。井上は執事の秘書のような仕事も随時したので、寺務所の給与のほかにその手当を執事から受領していたのである。井上はこの日の日誌に、「執事ノ懇親誠ニ勇退スルニ忍ビザルノ情ヲ生セシム」と付記し、また、二六年一月二二日、改革に伴う更迭人事がわが意をえたことについて、「大愉快、執事モ亦人物ナル哉」と共感を表明している。親近感をもつ執事が主導する改革であるから、井上はこれに期待して留任の決心がついたのだろう。すでに述べたように清沢は三河西方寺入寺にあたり、加賀小松の大坊本覚寺の衆徒となって、住職の渥美とオヤコ関係を取り結んだことがあったものの、渥美は清沢を忌憚し、清沢は渥美の宗政手法に批判的であったため改革に期待できず、今さら留任など考えられなかったのであろう。

進退についての意見を異にしながらも、三人は相変わらず頻繁に会っていた。井上は三月二日も清沢に会って留任を懇請したが、「氏ノ強硬ナル殆ド動カザルガ如ク」取り付く島もなかった。清沢は自己修養に専念したい思いに駆られていたのである。翌三日、清沢と稲葉が訪ねてきて、今日執事に三月末をもって辞職したいと申し出たところ、執事は辞意の強硬なことに怒って衝突してしまったとのこと。井上は執事の呼び出しにより午後一時寺務所に出て、清沢らに留任を促してくれと頼まれた。二人に辞められたのでは学事上大打撃であるばかりか、財政整理中の一派の信望に関わること小さからず、というのが辞任を拒む執事の理由であった。

両人に留任してもらいたい井上は、その夜二人を訪ねて話しあった。同意してもらえなかったにもかかわらず、「知己ノ情互ニ胸襟ヲ開キ談話更ニ大ニ愉快」、夜も更けたので明夜を約して分かれた。四日夜二人が訪ねて来て曰く、「一旦決神セシコトナレバ、今更明年七月迄留任ノコトハ断ジ難キ事情アリ。而レドモ本山ノ都合モアラバ、一昨朝ノ（執事に申し出た）コトハ一歩デモ譲ラズ強硬ニ決行スルニ忍ヒズ。仍テ一旦此件ハ取消シ、更ニ（二人の）去就ハ臨機応変ニセン云々」。かくて井上は「兎ニ角一先（辞職願）取消ノコトナレバ、将来ノコトハ徐々ニ計画セント思フ。コレニテ集結ス」と安堵に胸をなで下ろした（井上日誌　一八九三・三・二～四）。

2　沢柳政太郎招聘

「去就ハ臨機応変」ということで一応決着したが、清沢は明治二六年七月にはどうあっても辞める決心のようであった。そのことを井上ばかりでなく、教学関係者も大いに憂慮していた。たまたま、清沢の帝国大学以来の親友沢柳政太郎（一八六五―一九二七）が、文部大臣官房図書課長を辞めて地方漫遊の途中四月四日京都に立ち寄るという情報が入った。これを聞きつけた教学部録事の太田祐慶が、中学校校長として沢柳を招聘できれば、清沢を辞職させないですむかもしれぬと考え、まず井上に相談する。井上はもちろんこれに賛成し、清沢を訪うて稲葉同席の座で報告したところ、一も二なく大賛成。両人らとともに沢柳の来着を京都駅に迎えた後、夜に入って井上は太田録事とともに執事を訪い、柳沢を中学校校長に招聘する案を相談したところ、執事も大賛成であった。その足で清沢宅を訪うて沢柳に会い、清沢から来任切望の旨を伝えてもらったが、三年間は謹慎してどこにも就職しない決心でいた沢柳〈沢柳一九三七：九六頁〉は、親友の折角の依頼にも、お話は承るだけにしておきましょう、と答えるに止まった。

ここで沢柳の略歴を紹介しておく。彼は松本藩下級藩士の長男、一一歳で一家とともに上京して東京師範学校下等小学に入り、一四歳でその上等小学を卒業して東京府尋常中学校に入学、二年間在学して一六歳で東京大学予備門に入り、二〇歳で東京大学文科大学哲学科に進学、二四歳で卒業、旧松本藩士でその頃文部次官の任にあった辻新次（一八四二―一九一五）の引きもあって、直ちに文部省に入った。辻および同郷の先輩・太政官権少

図９　清沢・沢柳と帝国大学学生時代の学友

（前列右端が清沢，左端が沢柳．明治20年〈成城学園教育研究所所蔵〉）

書記官青木貞三（一八五八―八九）の援助によって、生家は貧しくとも、才能に恵まれた少年にふさわしいエリートコースを辿った人物である。

沢柳は清沢より二歳下で、同じ文科大学哲学科の一年下級であったが、寄宿舎では清沢と長く同室に居住し、日々直接交わるなかで肝胆相照らす仲となった。ともに議論を好み、清沢が沢柳を負かすことが多かった。ある日、両々相譲らず議論の勝敗が決まらないので、終に腕力で決することとなり、体の小さい清沢が沢柳に組み敷かれてしまったが、彼はなお屈しなかった、という〔沢柳 一九三七：九七頁〕。

清沢の没するや、沢柳がその早世を悼んで記した文章に、清沢は中村敬宇・福沢諭吉・新島襄に匹敵する明治文明史上の偉人であるが、深遠な学問上の基礎を有する点では三偉人も及ばないと評し、「清沢氏は学問の人であると同時に実行の人であつた。言論の人より感化の人であつた」〔同 一九三七：一二四頁〕と清沢の真骨頂を指摘している。その風貌は早くから顕れ、沢柳の共感し敬愛してやまぬところであった。沢柳は青木の紹介で真言宗の律師・釈雲照（一八二七―一九〇九）の感化を受け、「十善会」の重要メンバーに名を連ね〔柏原 二〇〇〇：二五六頁〕、自ら「十善戒」を実行しようとして修行僧のようにその身を律していた。彼の仏教への傾倒は清沢の影響に依ると考える人が多いが、沢柳の嗣子の所見ではむしろ逆であって、清沢が禁煙を断行して剃髪し、紳士の服装を改めて墨染めの衣を纏うようになったのは、主に沢柳の感化に依るという〔沢柳 一九三七：八五～八六頁〕。そのような腹心の友沢柳を本山の学校に招けば、清沢は必ずや決心を改めて留任することだろう。

二六年五月中旬、親友清沢の懇請に動かされた沢柳から、一月ほど考えさせてほしいとの通報があった。本山ではこのさい学制を改革することとなり、六月一日執事の内旨によって井上・清沢・稲葉と教学部太田が作成した原案を、真宗大学寮の宗乗余乗の教授たちと教学部役員が検討を加え、大改革の予備的な成案をえた。そして三日、執事から法主大谷光瑩（一八五二―一九二三）に沢柳招聘を含む改革案を上申して允可をえたので、直ちに清沢ら三人協議して正式の招聘状を沢柳に送った。六月一〇日過ぎに沢柳から清沢あて本山の招聘に応ずる旨の返事が届き、井上たちは宗門のために万歳万歳と大いに喜んだ。そして、執事に報告して、正式の招請のため太田録事が上京することとなる。

次は清沢を留任させることである。沢柳応諾の報に接するや、六月一四日井上はさっそく清沢を訪い、「前途冀望大ニ興ル。正ニ相共ニ提携シテ一致協働スレバ、大ニ驥足ヲ延バシ得ベシ云々」と説いたが、清沢は「一理アリ、然レドモ一旦決意セシコトナレバ」と予想外の返答であった。沢柳が京都に来てくれさえすれば、彼とはいくらも会える、それでよい、と考えていたのかもしれない。予想外の厳しい回答にもかかわらず、一六日に会った時には、「談話六時間、愉快々々、大愉快」と、相変わらずの交流に満悦しているのは、清沢の「一旦決意セシコト」に共感していたからであろう（井上日誌　一八九三・六・一四、一六）。清沢は一途に自己修養の時間が欲しかったのである。

稲葉を交えてに三人で何度も話しあった末、六月二二日に至って、「本山ト生トノ両事情ヲ折衷シテ、一年ノ中半年丈ハ本山ノ用ヲ為シ、半年ハ自遊セン。且ツ一旦解任ノコト、及ビ無等級ノコト」という清沢の妥協案で折り合いがついた。教学上の新思想をもつ派内の人物は皆清沢について来るので、彼の留任は只一人の去就ではなく、有志者全体の去就を左右するといって差し支えない。井上はこれで昨年来の大問題が落着した、宗門のために大慶大慶、と躍り上がって喜んだ（同　一八九三・六・二三、二四）。

太田が東上して沢柳を訪問した後、清沢も七月中下旬の行脚の途次東上して、沢柳と諸般の打ち合わせを行った。沢柳の伝記は、「（東京）加賀町の彼の寓居を訪れた墨染の短布に単身痩軀を包み懐中に薄ぺらな一冊の洋書を入れた外風呂敷包一つ保たぬ三十歳ばかりの僧侶があつた。この貧弱な旅の僧こそ、京都からはるばる上京し来たつた彼の親友清沢満之氏であつた」と伝えている（沢柳　一九三七：九六～九七頁）。清沢はこの機会に清川・月見とも交わりを結んで八月一二日に帰京した〔浩々洞　一九一五：三七七頁、井上日誌　一八九三・八・一三〕。

3　今川の合流、沢柳の着任、清沢の発病

学制改革のために催された会合のうち、同志を巡る動きとして注目したいのは、二六年八月一四日三条蹴上の吉水園で開かれた教育懇談会である。学校側四人と寺務所教学部側四人に井上を加えた九人の会合で、学事の方針、中学高等科の設置などが主な議題であった。学校側として、清沢・稲葉らに加えて元金沢共立尋常中学校校長の今川覚神が加わっている。今川はこの中学校の改編によって廃止された大谷派僧侶養成部門の生徒数十人を引率して、大谷尋常中学校への合併のため上洛し、一四日の懇談会で旧友の清沢と稲葉に再会したのである。井上は「有志者ハ一層精力ヲ増シタ」〔井上日誌〕と喜んだ。

沢柳着任す

九月一四日、待望の沢柳を京都駅に迎えた。沢柳のような当代一流の人物を招聘できたのは、ひとえに帝国大学以来の清沢との親交のおかげであった。彼は直ちに大谷尋常中学校校長（月俸一〇〇円）兼大学寮教授に就任し、教学部顧問を嘱託され、東福寺の退耕庵という無住の塔頭に両親・妻、数えて二歳の長男を連れて入居した。清沢の喜びは譬えようもなかったが、関係者の喜びもたいへんなもので、井上は「大谷ノ為ニ大賀ニ不堪ナリ」と記した。井上の東京専門学校卒業証書には、文学士沢柳政太郎も講師として名を連ねている。しかし、心理学を講じた沢柳と対面して話ができたのは、井上にとっておそらくこれが初めてであったことだろう。

沢柳着任後間もない九月二六日、大学寮の学生処分に抗議して、学生一斉退校という事件が起きた。学生総代のいうには、処分を口頭譴責に留めるなら一応帰寮するが、さもなければ願書を提出して一同退学するとのこと。寺務所教学部の役員や大学寮の宗乗余乗の教員たちは強硬であったが、井上と清沢が百方説得して学生総代と会うこととなり、二七日午前、大学寮講堂に十数人の教員が集まって説諭するとともに、総代の意見を聞いた。「草間、出雲路等ノ説ノ至当ナルハ、其声涙ト共ニ発スルコトニヨリ、教員亦涙ヲ点ズルモノアリ。生其一人ナリ。仍テ大ニ同情ヲ表シ大ニ諭示シ、一応教師ニ信任シテ帰校シ、徐ロニ平和的ニ教員迄デ言上スベキヲ以テス」（井上日誌）。そして、処分された生徒については例外的な措置をとり、一般生徒の退寮は処分の対象とせず、生徒から上申の箇条は追々充分に聞き取ったうえで、出来るだけのことをする旨、教員側は明言し、生徒総代は今明日中に帰寮することを約した。

学生の陳情に最大限応える努力を全うするのに一〇月末までかかったが、そのことで大学寮は一大進歩をしたと、井上は快哉を叫ぶ。大学寮学生の騒動は、教学部役員や教員の眼に捉えられていない問題が大学寮に数多く存在すること（陳情書は二八ヵ条を挙げていた）を、沢柳にアピールする事件でもあった。

大学寮の古参教員のなかに、井上は学生に吹きこまれているから用心したほうがよい、という人もいた。確かに草間仁応（?―一九四三）とは前々から面識があり、信頼関係が築かれていたことは事実であるが（井上日誌　一八九二・一二・一一）、明治十五、六年の紛擾経験によって、井上は学生の立場に身を置いて問題を捉える姿勢を取りえた、と見るのが妥当であろう。このとき学生総代として井上や清沢と折衝した草間・出雲路善祐らは、後年の白川党運動の頃には大学寮研究科の学生になっており、運動の発端から清沢たちに全力で協力する同志となったことは、後段で詳しくふれるだろう。

清沢・稲葉・井上のトリオに沢柳や今川を含めて行動を共にすることが、必ずしも全員参加でないにせよ、井上日誌にしばしば登場するのは予想通りで、会談・訪問・見学・参詣・遠足とさまざまであった。一一月下旬は東本願寺の報恩講（祖師忌）のシーズンで、沢柳もしばしば参詣に加わった。井上日誌はつぎのように伝えている。

◎二三日午後ヨリ徳永（清沢）・沢柳・津田三氏ト共ニ本山参詣シ、夜ニ至リ亦タ三人ニ夕食ヲ饗応シ、共ニ本山ニ参詣ス。

◎二五日徳永・稲葉二氏来訪、共ニ本山参詣シ、且ツ談話、愉快々々。

◎二六日徳永・稲葉・沢柳ノ三学士ト共ニ本山逮夜初夜及ビ総会所ニ参詣ス。但シ本日ノ改悔批判ハ細川嗣講ニシテ、総会説教ハ牧野神爽（勧令使）ナリ。三学士皆終始之ヲ聴ク。

◎二九日午前十時大寝殿ニ於テ当法主ノ御直命、前法主ノ御親言アリ。渥美執事之カ演説ヲ為ス……之ヲ謹聴シ了シテ徳永・稲葉・沢柳ノ三学士ト共ニ中学ニ至リ、愉快ノ談話ヲ為シ、四人机ヲ同フシテ中飯ヲ喫ス。三氏ハ大谷ニ参詣ス。

大谷とは東山の大谷本廟のことである。沢柳が参加観察に加えて説教・法主説諭・執事演説まで聴聞したのは、単なるお付き合いではなく、学制改革の大任を付託された者として、真宗大谷派の実態を少しでも深く理解する必要ありとの彼の職責感から出た行為であろう。報恩講こそこの信仰共同体の実態理解の好機であった。なお、引用最初の行にみえる津田とは、史家として名をなし、文化勲章まで受章した津田左右吉（一八七三―一九六一）その人である。東京専門学校邦語政治科に在学中、講師沢柳の心理学の講義に興味をもった縁で、卒業後沢柳家に書生として寄寓していた。そこで今回随従して上洛したのである（成城学園教育研究所ほか 二〇一五：三六頁）。おそらく秘書のような形で沢柳の学制改革の作業を手伝っていたのであろう。[4] 一〇歳年上の井上とは東京で一年ほど同級生であったけれど、親しいといえる仲ではなかったようである。しかし、以後時折井上を訪ねている。

清沢発病

同志たちが事態の好ましい展開に意を強くしていたとき、予期せぬ事故が起きた。清沢の罹病である。元来蒲柳の質で、体重も井上の半分あるかないかという痩軀の清沢が、普通の人以上の活動をしているにもかかわらず、菜食主義を励行し、一時は火にかけたもの塩気のあるものを避け、そば粉を冷水で溶いて餓えを凌ぐ行者生活の実験までしていた。三年余の禁欲生活で、彼の体力は落ち抵抗力は弱まっていた〔脇本 一九八二：六三頁〕。

明治二七年一月二九日、去る一五日遷化した前法主大谷光勝の葬儀が厳修された。大学・中学の教職員生徒一同午前三時頃から本山境内の指定席に詰め、つぎに内野葬儀場に行き、その後枳穀邸南側に整列して御見立をし、終わって井上が帰宅できたのは午後五時頃であった。感冒流行の折柄、本山でも備えをしていたが〔読売 一八九四・一・二九、三〕、この日は寒さがとくに厳しく、教職員も生徒も剃りたての頭で屋外に立ちどおしであったため、大谷風邪と呼ばれるほど風邪を引いた人が多く、清沢もその一人であった。井上は前法主の遷化直後、深夜弔問のため出歩いて風邪を引いていたから、清沢も会葬した時にはすでに風邪に冒されていたのかもしれない〔井上日誌 一八九四・一・一五～一六、二五～二九、井上 一九〇四、西村 一九五一：一四〇頁〕。

その後、清沢は風邪にもかかわらず勤務に精励したから、容態は悪化の一途を辿った。友人たちが入れ代わり立ち代わり静養を勧めてもがんとして聞き入れない。井上が三月二二日夜訪ねたときも無駄で、倒れて後止むの決心と見受けられた。彼は病のなかでも修行していたのだろう。四月一五日元東京留学生たちの樹心会の後で、稲葉・今川・沢柳が清沢を囲んで欠勤届への捺印を強要し、清沢は友情ゆえに意を枉げて翌一六日から五日間休校することとなった。四日目の一九日、沢柳が清沢を訪い、休業終了の期日が迫ってきたから、医師の診断書を添えてさらに休校し、治療に専念するよう勧めた。清沢はその勧めに従って二〇日府立病院で診察を受けたところ、左肺上葉結核性、数ヵ月の治療を要す、と診断された。二一日、見舞いかたがたさらなる休業を勧めるために訪ねた井上は、この診断書を見せられて驚愕し、そのあまり一言も見舞いの言葉を発し得ず呆然と立ち去るほかなかった。彼は日誌に悲歎の言葉を書き連ねた。

嗚乎此人ニシテ此病アル。……大法ノ為ニ痛恨無限、悲哉。……而シテ和気満面、反テ病患ヲ得タルヲ喜ブモノ、如シ。其決神自若凡ナラズ。此人ハ吾宗門、否全仏教家中、殆ド無二ノ大高僧ナリ。其志行、其学徳、其勇智、実ニ無二ナルノミナラズ、倹徳自ラ奉ズル薄ク、……云ハント欲スルトコロヲ知ラズ。噫悲哉……。

井上はその後の経過を「我清沢師」（一九〇四）のなかで、「諸友は謀りて、医薬治養を勧告した処、今までの徳永は、これで死亡した、此上は此屍骸は諸君の自由に任かしませう、といはれて、之れより医師の言を固く守り、厳整周到、医薬を事とせられた」と記している。井上は、不治の病といわれる肺病に罹患した清沢は死んだも同然と悲しみ歎いたが、清沢も今までの行者的修行者としての自分は死亡したと観念した。自力修行の清沢は死に、人生に関する思想を一変して信仰者としてそのなかから再生したのである（西村　一九五一：一四二頁）。半年は本山のため、あと半年は自遊という昨年六月の相互了解は自然消滅し、以後も病軀ながらひたすら同志とともに歩みつづけることとなる。

井上の「我清沢師」によれば、清沢は医師の言に従って療養に努めたが、日を経ても効験が見えないので、諸友相談の上、転地療養を勧めることとなった。今川と沢柳が五月二四日須磨の明石に行って療養適地を探し、舞子西垂水村米田某の別荘を借用する契約を整えた。当日、井上は悪い風邪のため同行できなかったが、六月三日、彼と稲葉が清沢夫妻と娘を療養先に送り届ける。京都駅では今川始め十数人が別れを惜しんだ。「(中等車に乗ったため) 氏此日ハ病来第一ノ快方ニテ、殆ドツカレモナク、且ツ兄弟同様ノ生ト稲（葉）氏ノ送リナレバ大満足、喜悦満面愉快ヲ顕出セリ。嗚呼若シ此病ニシテ全治セバ、宗門ノ大幸ナリ」〔井上日誌 一八九四・六・三〕。

清沢も後年のメモに、「廿七年四月、結核診断。養痾、法を得たるは沢柳、稲葉、今川、井上等諸氏の恩賜なり。在播州舞子療養は廿七年六月より、廿八年七月に至る」と記した〔大谷大学 二〇〇三a：四四一頁〕。このメモは簡潔ながら出来事の核心を示して遺憾がない。

4 学制改革の歩み

清沢の風邪悪化、結核発病から舞子での療養生活入りに至る同志を震撼させた厳しい出来事の間にも、学制改革は目覚ましい前進を遂げた。

前法主の葬儀後間もない二七年二月一日、井上は教学の方針につき意見を上申するよう執事から指示された。維新後補塡を重ねて統一性を失った一派教学制度の根本的改編は、差し迫った政策課題であったが、二六年八月の教育懇談会では暫定案も決まらなかったようである。井上はさっそく、沢柳・（発病前の）清沢・今川・稲葉の来会をえて九時間近く話し合ったうえで、論じられた事項を踏まえて沢柳と井上とで草案を作成することになった。沢柳は学制改革を念頭において招聘された専門家であり、井上は一派の法制度のなかに教学の新制を据える適任者であった。沢柳自身、真宗大谷派の法制度の全貌を学ぶ必要を感じて、井上が執筆中であった『宗門時言』の草稿を借りて読んだ〔沢柳政太郎私家文書〕。

以来両人は毎日のように学事を議し、二月一〇日夜に至って大綱が成った。そこで、一二日午後二時半から、両人に清沢・稲葉・今川を加へた五人で熱心に甲論乙駁し、大体両人作成の原案通りに決した。修正原案を井上が清書し、井上の意見として執事に提出することを約束して夜九時半に解散、後の処置は井上に任されたのである。

清沢発病の打撃に堪えながら井上は細部の詰めを進め、新学制の根幹である中学寮条例および大学寮条例の草稿がようやく五月二日夜成った。翌日この学寮条例案について寺務所教学部の同僚太田祐慶らと議し、さらに二二日に上司の教学部議事梅原譲（一八五三—一九一四）を加えた三人でこの条例案について意見を交換した。

清沢の転地療養先が決まった後、五月二八日午後、井上宅に教学部の太田・荒木源理の両録事、そして沢柳・今川・稲葉、つまり教学部の学事担当者と大中学寮の幹部教員、計五人が集まって、学寮条例などを長時間論議した。こうして、五月三一日大谷派学事概則の草案が完成し、作業は寺務所教学部に移された。

ついで六月七日朝、教学部の梅原・太田と井上の三人で執事を訪い、教学の方針ならびに調査条項について一々報告した。調査条項は、大谷派学事綱領・大中学寮条例および関連条規、すなわち学階条例・教師補任条例・住職条例・講習会規程・大学寮所化学資給与規程・地方教校規程・請暇規則・大中学寮職員俸給例・勧令使等級等十数件に及ぶ。沢柳と井上で書いた草案が多く、執事は大抵これに同意した。その後、連日のように太田の宅で、あるいは梅原の宿で改正草案を詰め、二一日関連法案を含めて学事諸草案がすべて出来上がった。

かくて六月二二日午後、梅原・太田・沢柳・井上の四人あい携えて執事を訪い、改正草案を説明して熟議すること夜の一一時に及んだ。大抵原案の通りに決し、その実行方法と順序についても協議した。井上は執事から法主に改正の要点を説明するための案文の作成を命じられ、翌二三日その草稿をまとめたが、二四日さらに太田とともにこれを推敲して、紙数一七枚余の改正案説明概要を書き上げた。加えて井上は、諸案の清書三〇枚を完成させた。

ついで六月二六日午後、執事、寺務所の幹部たる議事足立法鼓・同小早川鉄僊・同菊池秀言の三人、それに教学部の議事梅原、録事太田と井上の三人が大寝殿に会合して教学大改正案を議し、異議なく改正原案が成立した。ついで教学部の梅原・太田・井上があい携えて大学寮の嗣講楠潜竜（一八三四―九六）・同細川千巌（一八三四―九七）を訪い、原案を示して意見を求めたところ、大体において異論はないが、若干の再考を要する点も明らかになった。井上はこのように「昼夜ヲ分タズ改正寺務ニ勉励ス」（井上日誌）。その結果、二七日中には何とか最終原案が完成した。

以上、事細かに跡づけたところは、学制大改革の事業は井上が個人的に執事から命じられる形で発足し、清沢・稲葉・今川の支援をえながら沢柳と井上が中心になって初案を作成した。初案完成とともにこの任務は同志の手を離れて教学部の業務となり、そこで作業が完成すると寺務所全体の業務に展開し、最後に大学寮首脳にまで合議の輪を拡げて一派全体の議とする、という手順である。全体をとおして、構想の沢柳、成文化事務の井上の貢献がとくに大きいことはいうまでもない。

ここまで積木細工のように積み上げられてきた新制に生命を与えるため、六月二八日、教学部長（執事兼務）を会長とする学事商議会が設置され、即日開会されて「直ニ改正案ノ討議ヲ大寝殿ニ開ク。破竹ノ勢ヒヲ以テ原案ニ可決ス。愉快々々」と井上は日誌に記した。議員は寺務所六人、大学寮六人、中学寮三人、学師二人と規定されたが、第一回の会議の議員として発令されたのは、これまで学制改革に携わった寺務所の議事三人、録事三人と大学寮の講師・嗣講三人の九人に止まった（本山事務報告 号外 一八九四・七・五）。井上は新参録事として議員の末席にその名を連ね、大中学寮の稲葉と今川は、九月一日それぞれ第一中学寮第二部主幹兼舎監、大学寮第二部主幹兼舎監に任じられたうえで、同月二〇日学事商議員に任命された（本山寺務報告 一三号）。

今回の大改革の核心は、第一に、仏教関係の専門学のほかに一般教養学を重視し、これまでの大学寮の中核をなした安居を一段軽く扱ったこと、第二に、大学寮と中学寮の有機的統合を図ったこと、すなわち大学寮・中学寮ともに一部・二部に分け、大学寮では宗乗余乗の教授を中心とする従来の大学寮専門本科を第一部、宗余乗のほかに外国語によって哲学および現代科学の大綱を教授する中学校の兼学高等科を大学寮第二部、中学寮では従来の大学寮専門別科および附属科をその第一部、従来の大谷尋常中学校を第二部とし、中学寮第一部からの進学者は大学寮第一部へ、中学寮第二部からの進学者は大学寮第二部へと学事系統を秩序あるものにしたことで、両々相まって時代の要請に応じうる人材の育成をより効果的に達成しようとするものであった。

学事商議会でこの改正が承認されたうえで、大中学寮第一部・第二部それぞれの学年別学科目を編成しなければならない。そこで翌六月二九日、大中学寮の代表五人と寺務所教学部の役員三人に沢柳を加えた九人の合議で学科程度が議せられ、井上の案のとおり可決された。これも大学寮条例・中学寮条例に添えて布達されることとなる。

かくて七月二日、諸案みな法主の允可を得、『本山事務報告』号外（一八九四・七・五）をもって派内に布達される。ここに大谷派学制の大改革が実現した。あとは、その実施によって新制所期の成果を挙げることが課題となる。

5　寺務所での井上――得意から失意へ

井上の失意

この教学大改革では井上の意見が多く用いられた。明治二七年七月二日の日誌に「大快愉、真ニ一宗ノ為ニ大杯ヲ挙ケザルベカラズ」と記したように、全力を挙げて取り組んだ改革の実現を心から喜んだことは疑いない。しかし、井上の心境は複雑だったらしい。清沢は垂水の療養先から同志にたびたび手紙を書いたが、井上宛七月三一日付け書簡にその露頭が見られるのである。

（前略）尊兄近時、或は少しく御失意の点無之候哉相伺度候。其の所以は、先に、沢兄より今又稲、今、二兄より聞知致候へば、本山教学部の風雲、或は尊兄の翅翼を左牴右悟するありて、為に尊兄をして壮掃大飛の技能を尽さしむる能はざる哉と存候。是実に意外千万。（中略）希くば尊兄、事の実際を御報あれ。（後略）（法讃寺史料）

右の引用は書簡の要点を抜き書きしたものである。沢柳氏から聞き、さらに今また稲葉・今川両兄の便りで知ったことであるが、近頃の人事異動によって、教学部で十分な活躍ができない地位に貶められ、失意のなかにあるのではないか、実際どうだったのかお知らせあれと述べ、引用を省略した後段では井上を激励している。これを読んだ井上は「氏ハ知己ナル哉……」と感激したが、井上ならずとも読む人を感動させずにおかない友情あふれる書簡である。

先に学制改革案の作成過程を概観したさい奇異に感じられたのは、二月一二日までと五月二日からとは草案作成が急ピッチで進められたにもかかわらず、その中間三ヵ月近く草案作成にかんする記述が井上の日誌から消え、作業が停滞していた感があることである。この間に清沢の発病に加えて、何かが井上の身に起こったのではないだろうか。

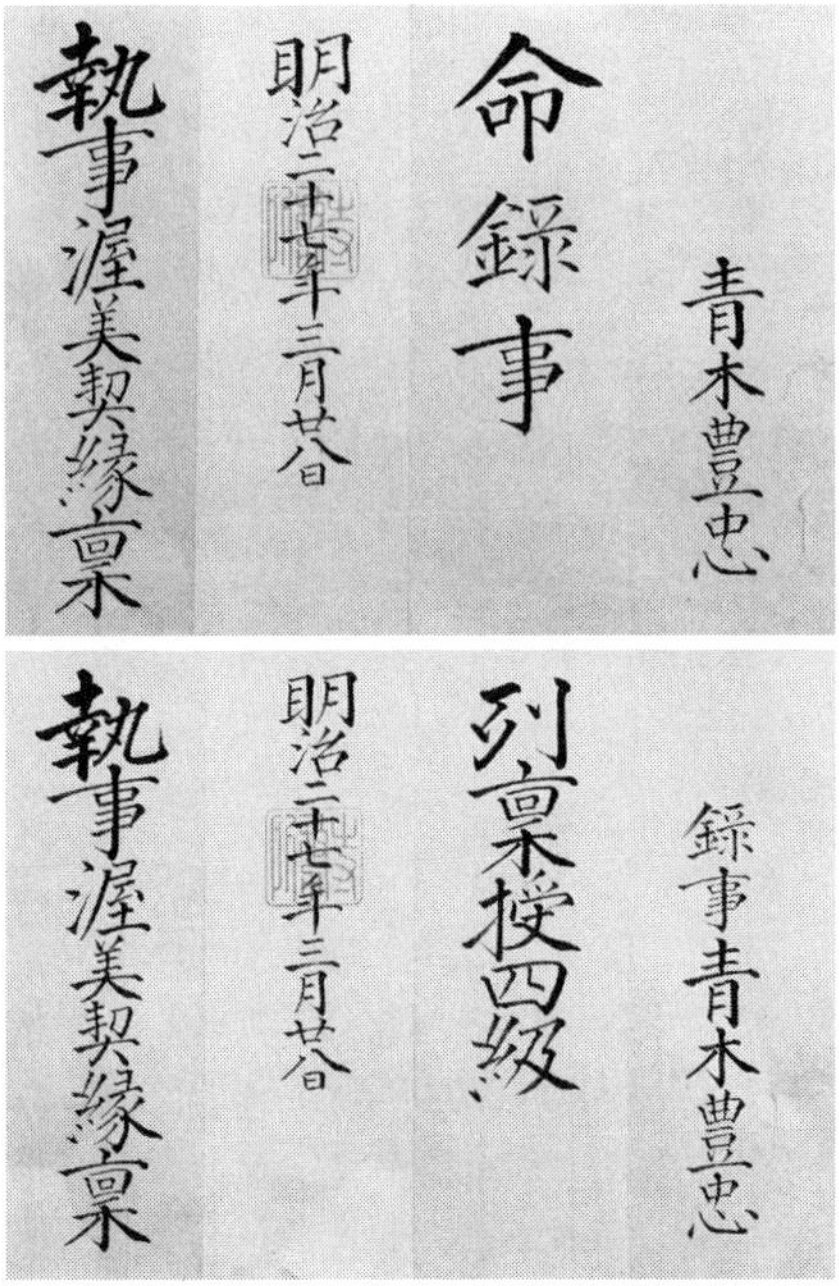

青木豊忠
命録事
明治二十七年三月廿八日
執事渥美契縁稟

録事青木豊忠
列稟授四級
明治二十七年三月廿八日
執事渥美契縁稟

図10　録事・稟授辞令（明治27年3月）

この間の出来事を調べてみると、三月二八日井上は録事に任じられ、教学部配属となり、かつ稟授（奏任官相当）四級に列せられて、以上三通の辞令を受領している。これが不満だったようで、井上はその日の日誌に満腔の不平をぶちまけている。

録事ト云ヒ、特ニ稟授ト云ヒ、共ニ頗ル不快且ツイヤナル名称資格ナルノミナラズ、俗輩ノ同僚等トナルハ実ニ忍ビザルモノナキニ非ズト雖ドモ、徳永稲葉等ノ諸師ノ知遇ノ深キ、実ニ談ズルトコロ無ク、為ニ一己ノ名利等スベテ顧ミズ、犠牲的決心ヲ以テ甘ジテ之ヲ受ケタリ。而シテ属スベカラザルニ属シ、共ニスベカラザルニ共ニシ、反テ之ヲ愛敬シ事ニ従フヲ誓ヒシモノ、只タ知遇ト仏恩ヲ思フノミ、……

清沢が案じた井上失意の種はここにあった。しかし、教学部録事に任じられ、稟授四級に列せられたことが、なぜそれほど不愉快で忍びがたいものだったのだろうか。井上と同じ三月二八日に発令された教学部関係の人事をみると、

陞列親授二級　　議事（教学部長）　梅原譲
陞列稟授一級　　録事　　太田祐慶
陞列稟授三級　　録事　　荒木源理

とあり、教学部の録事のなかでは井上が一番下位の四級である。太田は録事の先輩だからこれは別として、軽く見ていた荒木すら井上の上位に位置している。

井上は明治二五年一月一二日、「典例調査係申付候事、身分取扱稟授ニ准ス」という辞令をもらったが、大谷派の官報である『本山報告』の任免の項にこのことが登載されていない。同年二月五日に「大学寮講習科教授補」を申し付けられたときには、この任命は『本山報告』（八〇号）に掲載されている。しかし、このときの井上の肩書きは典例調査係といった寺務所の地位でなく、長命寺住職（当時、井上はなお実家の米沢長命寺住職であった）である。これらから察するに、井上は寺務所で正規の地位になく、臨時雇員というべき用掛として典例調査係を勤め、稟授に准ずる身分を与えられていたにすぎない（荒木は井上より五年も前に本局用掛准稟授に任じられていた。井上同様に帝国大学卒でなく、傍系の高等教育履修新任者に与えられる職位であったのであろう）。それが三月二八日の人事で、正式に教学部録事に任じ

られ、身分も正式の稟授となったが、その初級の四級とされたのである。これをみるかぎり荒木の下位であることも不当とはいえないのに、井上はなぜ「頗ル不快」と思ったのか。

自分が寺務所の正規の職員でないことを井上が知らなかったとすれば、衝撃の大きさは察することができる。しかし、東京専門学校で政治科を修め、寺務所で典例調査に携わっている井上が、この事実を知らなかったとは考えにくい。ただし、井上が（および僚友たちも）寺務所での彼の地位を客観的に捉えていないところがあったことは、否定できないのではないか。そう考えないと、三月二八日の人事の衝撃、沢柳・稲葉・今川も共感しうる失意は理解できないからである。

自己評価を誤らせたもの

井上に自己評価を誤らせたものは何か。その基礎に井上の優れた業績があるが、加えて優れた業績とそれを産み出す高い能力を認め将来を期待してくれる僚友の判断に過大評価があり、これが井上の自己壮美化性向を強めたと推測される。寺務所の上司・同僚は官僚制組織の前例にこだわったが、清沢・稲葉・今川、それに沢柳は、何よりも井上を高等教育を受けた同憂の士として遇してくれた。これが諸氏の知遇である。かくて井上は寺務所での地位よりも、名望の高い帝国大学卒の文学士・理学士に準じた地位に自らを置いて、思索し行動したのではなかったか。それは知己たちの拠点中学寮・大学寮では通用しても、寺務所向きには通用しない。井上が俗輩などの同僚ではないという過大な自己評価に溺れてゆく過程を日誌によって辿ることができる。沢柳との協同作業で学制改革の大綱が成って間もない二七年二月半ばから三月二七日までのことである。

従来の教学部では教務（布教関係）が学務の蔭に置かれる嫌いがあった。このことを遺憾とした勧令使不二門諦観が、井上の協力をえて教学部のなかに学務科と教務科を別立させることを献策した結果、この新制が四月から実施されることになっていた。そこで、沢柳・清沢・稲葉・今川の四人は、学制改革の案文作成に成果を挙げ、新学制に精通している井上が学務科録事として学寮の世話をしてくれることを切望し、井上に懇望するとともに執事に何度も陳情してその同意をえ、四月上旬に任命するという言質までえた。一方、教務の充実を念願する不二門は、同志井上が教務科で働いてくれることを強く希望し、執事に迫って同意と許可を得た。井上自身は学務科より教務科に自らの使命があると考え、梅原議事と太田録事の学務科、不二門議事と井上録事の教務科という体制のなかで、自分は学務にも配慮することで、何とか清沢らの要望に添えぬかと考えた。

清沢らはこれでは満足できず、学務科への出勤を要請して止まない。井上は窮するとともに知遇の恩に感激して、「では執事の命令があればさよう致しましょう」と答えた。執事の約束を信じる清沢たちは、これで井上の学務科出勤は決まりと考え、清沢は懸案の辞職を思い止まって留任する、とまでいって喜んだ。このような動きのなかで、井上は教学部で教務科を中心に学務科をも覆う活躍ができると思い込んだのであろう。こうした有志切望の流れを断ち切るように、三月二八日「命教学部録事　列稟授四級」の辞令が出た。

去る二月、学制改革の作業が白熱化してから教学部の新しい人員配置の発令に至る四〇日ほどの間、井上が日誌に接触を記録していない教学部の梅原議事、太田・荒木両録事ほか寺務所の幹部たちは、井上をどのような目で見ていたのだろうか。閲歴もないくせに執事の異数の信任を笠に着て、政治学の知識を武器に学士連中と跳ね回っている新参者と、突き離した目で見る同僚もいたかもしれない（『法讃寺記録』巻二）。井上は寺務所の同僚の間では浮き上がった存在であったようである。

明治二四年末、上洛途上の井上の訪問を受けたことのある南条文雄が、井上は今は元気盛んであるが、数ヵ月もたたぬうちに東六条風つまり寺務所風に同化するのでなければ、在職しつづけることができぬだろうと、多分その翌年、井上の僚友清川と月見に語った由、井上は彼らから伝聞した。後年井上はこのことを回想して、寺務地獄・度支地獄道の内幕だけを見聞したのなら、南条師の予言通りになっただろうと思われるが、幸い清沢師の清節高行を見聞していたので、奉職中はなはだしく寺務所風に同化するに至らず、隠棲後の今もはなはだしい失態に陥らずにいる、と述懐している〔井上 一九〇三b〕。彼が寺務所で浮き上がっていたのは、寺務所風に同化されることがなかったということだけではなかったようである。

そこでは、平凡でも真面目にコツコツ精勤している人材を大事にしてほしい、といった要請が執事を取り巻く。業績よりも年功序列がものをいう世界である。執事は、こうした寺務所の雰囲気を無視して井上を抜擢できない、少なくともできないふりをすることができた。

清沢側と不二門側双方の相反する要請に応じた執事の矛盾した態度、これに異常を感じた井上が執事を問い詰めたところ、一方に偏するのはいけないから、学務・教務別立は来年送りにと執事が持ち出した調和策は、人員配置はこれまでの序列によるという教学部内の意向に添う道を固めた。こうして、不二門は教学部に入れず、井上は録事になっても末席という人事が発令され、教学部内では学務でも教務でも井上はその主任担当者にはなれないこととなった。清節高行の清沢を取り巻く同志たちは、教学部内の動きに疎かったというか、旧慣の力と渥美のずるさを過小評価していたというほかない。

井上は清沢ら同志の篤い知遇を思って、失意の痛みに堪えつつ新学制諸条例の策定に従事し、前述のように七月二日の法主允可、同五日の布達に至る。その間に清沢の発病、休業、そして転地療養という出来事が重なって井上を悲しませた。また、学務・教務両科の懇望にどう答えるか、行く手の選択に悩んでいた二月二五日のこと、風邪を引きこんだ清沢を訪うて三時間も談話したが、人事問題は話題とならず、「悉クコレ道話タラザルハナシ。氏ハ真ニ生ノ師ナリ」と記している。同い年の清沢をわが師と仰いで頼りにできた井上は、不遇のなかでその知遇に支えられた。

失意のなかでも悲喜交交に至った。二七年六月の初め、小童期以来の恩師宇津江清次氏の訃報に接して悲しんだが、嬉しいこともあった。一つは七月、法讃寺門徒の同意をえて、青木姓を離れて井上姓に移り、正式に婚姻届を出した結果、二五年五月に生まれた長男の法忠が嫡子となり、不安のない地位を獲得したことである。もう一つは二七年八月、初めは京都でつぎに東京で、憂楽を共にした親友清川円誠が、中学寮・大学寮の教授に着任するために上洛したことである。

6　教学部の職務分担

新制学寮の人事

新制学寮の人事は明治二七年九月一日付けで発令された〔本山寺務報告　一二号〕。大学寮は京都一校、各地の中学寮は京都が第一中学寮、東京は第二中学寮という具合に番号で呼ぶことなり、京都の第一中学寮にのみ第二部が設置された〔本山寺務報告　号外　一八九四・七・五〕。

稲葉昌丸は、第一中学寮教授、同第二部主幹、同舎監、兼大学寮教授

今川覚神は、大学寮教授、同第二部主幹、同舎監、兼第一中学寮教授

清川円誠は、大学寮教授方、同図書主管、兼第一中学寮教授方

藤谷還由は、第一中学寮教授、同第一部主幹

柳　祐信は、第一中学寮教授、同舎監、兼大学寮教授
不二門諦観は、大学寮教授、兼第一中学寮教授

大学寮第一部こそ守旧派の講者たちの縄張りであったが、同志で大中学寮第二部など学寮の要職を押さえた、ということができよう。沢柳は大谷尋常中学校校長の任期が七月で終わった。新制で第一中学寮と改編されたこの学校の寮長に大谷派切っての碩学南条文雄が発令され、沢柳は中学寮長事務加談、そして大学寮嘱託教員となった。井上も大学寮嘱託教員に名を連ねた（本山寺務報告　一二一〜一三号）。

教学部の事務分担

去る七月から清国北洋艦隊と小競り合いをしていた帝国連合艦隊が、黄海で北洋艦隊を撃破し、歓呼の声が京洛の天地を揺るがした九月一七日、教学部の事務分担が発表された。部長梅原議事のもとに、教務係と勧学係を分け、第一教務係荒木、第一勧学係太田、第二勧学係井上と録事が配置された。新学制策定の功労者井上は希望していた教務から外され、勧学も第二という控えの役に廻された。井上に寄り添ってきた人たちは、陋習に囚われて適材適所の通則を無視した不当な人事という印象を強くもった。教務練達の不二門は三月段階で寺務所入りを阻まれ、九月早々大学寮教授に任命されたから、教務係が新設されても圏外にあり、井上の助けにはならない。こうして、清沢の「尊兄をして壮挿大飛の技能を尽さしむる能はざる哉」の憂いがいよいよ現実のものとなったのである。

発令の日井上の憤慨は極点に達し、「此コト不当不穏、頗ル不都合ヲ極ム。……依テ教学部録事及其関係事務ヲスベテ辞任シテ、専ラ力ヲ典例調査ニ尽シ、以テ大改正ノ準備ヲ為スニ決ス。……慷慨山ノ如シ。嗚呼人物少キ哉」（井上日誌　一八九四・九・一七）と嘆き、教学部録事・学事商議員など教学部関係の役職をすべて辞任して、他日の大改

正に備えることを決意した。

そこでこの決心を今川・稲葉・沢柳・清川・藤谷（還由）・不二門・小谷（眞了・勧令使・第一中学寮教授）などの知己に話したところ、皆大いに惜しみ、思い止まることを求めたが、井上の決心は揺るがない。井上は執事に辞任を申し出る前に清沢に話して置かねばと思い、翌一八日舞子の療養先に清沢を訪ねた。

清沢は案じていたより元気そうなので愉快に談合し、やがて辞任の固い決意を告げた。彼は辞任を惜しんで暗涙を催すが、病気のため胸間不穏で思うことも言葉にならない。そこで井上が去った日の翌日、急ぎ手紙を認めた。

拝呈　此の頃は遠路御来訪に預り、陳謝無辞、叩頭の至りに御座候。然るに緊急の一件、何とも慨嘆の極、一承茫然たりし次第、万感胸に集まるも之を伸るの余地無之、唯に命を聞くに止る。断腸此の事に有之候。……兎に角、目前の小関係よりも、他日の大計画が重要に候へば、其の辺ハ御熟考議の上、為法為山御自重専要に存候也。

〔法讃寺史料〕

清沢は徒に留任を求めず、満腔の同情を表するとともに、目前の小関係より他日の大計画が重要と説いて井上の方針を支持するあたり、同志であって師とも仰がれる人傑の面目躍如たるものがある。

清沢方に一泊し、辞職について了解をえたと思って帰洛した井上を、小谷と不二門が訪ねてきた。勧令使として教務に関係の深い二人は、井上の辞任の決意が固いことを知って驚き、執事に会って、このままでは井上は辞めると渥美に訴えたところ、執事は井上を辞めさせてはならぬというので、井上の帰洛を待ち受けて執事の懇命を伝え、辞職を思い止まるよう説得した。井上は両氏の厚情に筆紙に尽くせぬ感謝を覚えた。

翌二〇日夕刻、井上の辞職の決意を伝聞した教学部議事梅原が訪ねてきて、今回の人員配置を失策として詫び、留任を哀願して止まない。井上は辞職の決意を固めるに至った事情を一々説明することで、これに応じた。失策だったと反省するのなら、何故是正の方途を示して留任を懇請しないのか。謝りさえすれば、既定の配置を受け入れて留任するものと思っていたのだろうか。井上に辛抱してもらって丸く収めたいという魂胆かもしれない。井上は今更対応する余地もなく、引き取ってもらった。

三年制の中学寮ともいうべき開導学館（寺院正副住職たるに必要な最低限の資格を与える教育施設）が去る八月末に新設され、教職員五人、生徒三〇人の小規模校であったが、井上はかねてその館主に任ぜられていたので、この日始業式を主宰した。井上は教学部所管のこの任務も辞する腹であったと思われるが、なお典例調査は継続するつもりであったことは、先に引用した通りである。

辞表提出から留任へ

九月二四日朝、井上は出張から帰った執事を訪い、教学部録事辞職を思い立つに至った経過と将来の抱負を述べた。執事は説明に感動し抱負に賛成したようだったが、教学部および寺務所全体への影響を危惧するといって辞職には同意せず、新しい提案をする。今後、これまで通り教学部所属のままで、内局（執事・参務・准参務で構成し一国の内閣に相当する一派政務の最高機関）直属の典例調査に従事し、将来の大改正の構想を練ってほしい。教学部には半日か隔日に出勤し、あとは自宅調査でよい、と。教学部録事は留任の形をとるが、辞職の実質で典例調査をやれ、という提案である。井上はこれまでも拒むことができないと思い、その指示に従うこととした。

渥美は井上を子分に取り込もうとしたのに、彼は渥美の嫌いな清沢の一味に加わってしまったため、冷遇に転じ、役に立つ男だから利用するだけはしよう、という姿勢になったのではないだろうか。井上は寺務所に入れてくれた渥美に負い目を感じていたので、指示を受け入れた。

執事から一件落着の次第を聞いた梅原は、即日井上と太田・荒木の部下三録事を自宅に招いて馳走し、手打ちの座を設けた。井上は「始末ヲ談話シ、且ツ大ニ胸襟ヲ開キ、将来及ビ現在ヲ議ス。雨降リテ地堅マルト云フベシ」（井上日誌）と総括している。これまで担当してきた教学部の業務は、太田と荒木に譲れるものはなるべく譲って少なくし、大きな事項も関与するに止め、典例調査に主力を注ぐこと、午前は典例調査、午後は教学部勤務という諒解も成った。憤慨の極に達した井上としてはさまざまな思いがあったけれど、執事が自分のことも考えてくれていると納得して、他日の大事業こそ重要、目前の小関係にこだわるな、という清沢の垂訓に添った解決となったのではあるまいか。

五　学制改革への反動

1　不平中学寮生徒の騒動

改革は反動を伴う。とくに外部の識者の指導のもとに、高い教育を受けて広い視野をもった一部の具眼の士が主導した急激な改革は、旧慣になじんだ年配者や内向き志向で我が身大切の当局者、とりわけ安居にかかわる講者たちの反撥を免れえない。大谷派の明治二七年（一八九四）学制大改革もこの例に漏れず、反動の気分が動く風聞があった。

新学制が布達されて間もなく、大学寮安居所化（生徒）一〇〇人余から、新制で廃止された得業・擬得業の学階を復活してほしいとの請願があり、不穏な事態となった。新制はこれらは学階の名に値しないとして廃止し、中学校卒業程度の大学寮安居所化が、安居（宗余乗の講学会）を修了したうえで、さらに検定試験を受けて学師補（大学寮本科卒業者に授与される）の学階を授与されると定めた。学制を首尾一貫したものにするために不可避の改革であった。教学部の録事たちは所化代表を呼んで説諭したが納得せず、彼らは充分納得できないまま引き下がったようである。新制によって既得権が不条理に剥奪されたと感じたための復活申し立ては、この一件だけではなかったに違いない。

新学制の学寮が発足して二ヵ月近くたった二七年一〇月末、第一中学寮の不平生徒が騒動を起こした。その萌しは二六日に顕れ、二八日に教員が諭示したところ、かえって彼らを激昂させることとなり、二九日に集団脱校事件という形で暴発したのである。

二九日午前八時前、第一中学寮一部・二部四年級以上の生徒約二〇〇人が突然脱校し、宗祖親鸞の荼毘所跡として知られる東山区今熊野の大谷派延仁寺に集合したことで、事件が表面化した。彼らが盟約書をもって結団した背後に学制改革に不平の教員がいたため、収拾がむずかしく、こじれにこじれて、学制改革の定着を阻むこととなる。その経過を辿ってみることとしよう。

事件が起きた当日、寺務所教学部員と学寮教員とで百方沈静の策を講じたが効果がない。延仁寺の警吏が自己の判断で解散を命じたところ、生徒たちは学校の差し金に違いないと一層激昂する始末であった。

脱校中学寮生たちの要求

同日、脱校生徒団は嘆願書を寺務所に提出したが、教学部では受理するべき限りではないとしてこれを却下した。嘆願の趣は、生徒の新服制を換えて洋服とし、無地衣等を廃止してほしいこと、飲用水に関すること、舎費に関すること、夏期休日に関すること、授業時間に関することなどで、どれ一つとして同情に値する項目はなかった。

嘆願箇条の先頭に掲げられた服制は、大学寮・中学寮所化の制服は麻小衣・黒威儀・麻墨袈裟と、同年八月に制定されたばかりであった〔本山事務報告　一一号〕。中学寮の前身、大谷尋常中学校の時代は洋服を制服としており、新制で中学寮への改編のさい改訂されたものである。修行僧のように自己を律していた沢柳、その影響もあって墨染めの衣を纏う清沢、彼らの同志稲葉・今川・井上にとって、洋服を改めて僧衣を制服とする以外に考えられなかった。

他方、法要以外では僧侶も法衣を着用しない風〔明治五年太政官布告　一三三号〕が文明開化の時代以来京都でも拡がっていた。現に大谷派の第一中学寮に相当する本願寺派の普通学校では洋服を制服としている。しかも、普通学校の生徒は洋服採用を明治一九年のストライキによってかちとったから、集団脱校の挙に出た中学寮所化が同じ要求を掲げたことは、去就を決めかねている所化を結盟に誘いやすかったし、また一般の同情を集めるうえで好都合であった。隣山のストライキは制服一件の外に、日本人教師の英語では不充分であるから、外人教師を雇い入れてほしいとか、寄宿舎の食事を改善して、毎朝食に鶏卵を一箇ずつつけてほしい、といった共感を呼ぶ要求項目を掲げていたが〔杉森 一九七七：一八〜一九頁〕、東派第一中学寮の集団脱校生は前掲のような同情に値しない項目を連ねていたうえに、一部教員の排斥を企む不純なものであった。

彼らは嘆願書のなかで、第一中学寮第二部主幹兼舎監の稲葉、同第一部主幹の藤谷、大学寮第二部主幹兼舎監今川の名を挙げ、言語道断な言葉で攻撃した。生活指導面で日常的に生徒に接する立場の教員を攻撃してきたのである。ここに彼らの隠れた目的が露頭を顕していた。

要求の背後にあるもの

先に述べたように、新制は旧来の大学寮専門別科および附属科を新制の第一中学寮第一部とし、元の尋常中学校を新制の第二部としたが、元の中学校の生徒たちは旧式な大学寮専門別科生らと同じ学校に統合されたことが不満であった。内心合同を歓迎した別科生たちのほうでは、稲葉舎監を始めとする新制学寮指導教員の倫理的厳格主義に不満がたまった。第一中学寮所化たちのこうした新制への不満が、服制改正要求の背後にあったのである。

渥美執事の息子契芳は第一中学寮の生徒で、父の威を頼んで尊大不遜であったが、執事に遠慮して何も言えない教員たちのなかで、今川・稲葉だけは容赦なく彼を叱った。契芳はこれを怨み、母親である渥美夫人も同調し、制服の変更に奔走する生徒を自宅に招いて、制服を変更したければ、これを作った人を攻めればよい、と勧めた。服制を決めたのは沢柳・稲葉・今川・井上の四人だという情報が生徒に行きわたっていたから、寺務所の井上を別として、彼女は暗に他の三人の排斥を唆したといえる〔西村　一九五一：一六三〜一六四頁〕。

暴発の背景はこれだけではなかった。井上はその深層を早くから察知していたと思われるが、背景に立ち入ることなく事態の推移を描写している。今暫くそれに従うことにしよう。

嘆願書を寺務所に提出した二九日の夜、生徒は南条寮長を訪うて書面を呈したが受理されなかったので、翌三〇日、これを書留郵便にして執事に提出するとともに、執事が兼ねる教学部長宛に親展書を呈し、併せて寮長宛にも出した。南条は、寮を脱出したまま不穏な挙動をもって要求するようなことには、嘆願事項の如何にかかわらず応ずることはできないから、一旦帰寮したうえで平穏に申し出よ、と諭して返戻した。寺務所もこれと同様の対応をしたが、善後策を講じようにも妙案がない。一方、渥美は騒動にたいして激昂はなはだしかったが、妻子の側に立つもので、今川・稲葉等の免職も視野の内に置かねばならぬような成り行きであった。

これ以後、井上は中学寮事件のことで連日奔走した。一一月二日、生徒たちが寮から荷物を持ち出そうとしているとの急報が入ったので、南条・沢柳、それに教学部員が現場に駆けつけ、南条と沢柳は懇々と説諭して帰寮を命じたところ、大半は感泣して去りがたい風情であったが、教唆者がいて終に生徒たちを連れ去った。かくて、学寮では教唆者に従って立ち去った所化一七五人を退学処分とした〔井上日誌、今川・稲葉　一九二八：一六六頁〕。

日誌に登場した教唆者とは何者か。これが背景で動いたもう一人の人物、藤井豁爾という体操教師である。大谷尋常中学校の前身、京都尋常中学校時代から監事〔教頭〕として勢力があったが、新学制では学校の枢機は改革派の教員によって占められ、彼は平教員の地位に落ちた。不満やるかたない彼は、執事夫人と親しかった。ここに、契芳・藤井の怨みは夫人の怨みとなって、執事を動かした〔西村　一九五一：一六三〜一六四頁〕。騒動の最大の黒幕は執事というべきかもしれない。事実一一月五日の井上日誌に、「執事ハ元ト其尻押ナリトノ風説アルガ如ク、生徒贔屓シテ教職員ニ酷ナルヲ以テ殆ド当惑ス」という嘆声が漏れている。

ここで二つの疑問が生ずる。第一に、契芳・藤井の怨みは私的な怨みである。渥美がそれに同調したとしても、私的な怨みであることに変わりがない。どうして渥美が私的な怨みを公的な権力で晴らそうとしたのか。そして、その企てが一定の成功を収めえたのは何故か。これは、渥美個人が「功成り名遂げたりと自信し尊大を極めた」〔今川・稲葉 一九二八：一六六頁〕ことに加えて、法主による本山専領という観念に支えられた法主独裁制、法主から委託された寺務処理に門末の容喙を許さぬ当路者の高圧的な姿勢、と考え合わせることで理解できるかもしれない。

もう一つの疑問は、正義の士であるはずの井上が日誌では執事の公私混同、権力濫用を真正面から問題視していないことである。しかし、清沢没後時を経ずして書いた「清沢追悼記」では、「執事兼（教学）部長ハ内ハ妻児ニ蠱惑セラレ外ハ群小ニ詿誤セラレテ、学制改革当時ノ精神ヲ全ク遺却シテ唯悪魔ノ誘フガマヽニ言動セラル、ヲ以テ、殆ンド常識ヲ以テ律スル事ハ出来ヌ」と客観的かつ批判的に描写している。「追悼記」の成稿である「我清沢師」でこの部分が削除されているのは、公然と渥美を非難することを控えた井上の揺れ動く心情を窺わせるものである。思うに、寺務所勤務の当初、井上は渥美を公私両面に亙る庇護者とし、かつ渥美の宗門観に感化されて、渥美と半ば一体化していた。学制改革以降冷遇されたが、なお彼に一種の負い目を感じていたのである。このような渥美との関係を捉え直す契機が、事件の展開のなかで訪れる。その詳細は後段で述べよう。

2　執事と学寮改革派との対立

執事の独断専行

渥美教学部長が二七年一一月六日、中学寮元所化と保証人を大寝殿に集めて、元所化たちの不都合な行為を責め、もし改心して帰寮するなら今回に限り復校を許すと説諭した。かくて、元所化は全員請書を出して退散した。この席に立ち会ったのは教学部員だけであったから、ことの次第を教学部から中学寮に報じたところ、中学寮では稲葉等が大いに憤り、復学を許すかどうかは中学校の職権であって、教学部の関与するべきことではない。万一脱校所化を全員許すようなことになれば、脱校に加担することなく学寮に留まっている所化たちは、今回の処置を理由に皆退寮し、将来の寮管理ができなくなる、と怒った。

学寮の制度的・財務的な基本事務の権限と責任は教学局にあるが、入退学・卒業を始めとする所化の指導は学寮教員団の権限であり責任である。したがって、当面の退寮所化たちへの説諭は学寮寮長あるいは舎監兼務の主幹が担当するもの、というのが今日の常識であるが、この時代の大谷派ではまだ教員団の権限が確立しておらず、教学部の権限がはなはだ大きかった。『本山報告』や『本山事務報告』の任免の項を見ると、教学部録事が学寮の主幹や舎監に任命された例が少なくない。学寮教員団の権限が確立せず、教学部と学寮との所化指導の分担があいまいな時代でも、稲葉ら帝国大学の教育を受けた教員たちは、教学部長が脱校所化の復校を許可するのは不当と判断した。中学寮の一般教員たちの間では教学部長の越権が問題になっていないところをみると、これをとくに不当と思わない教員も少なからずいたのではないかと推測されるが、教員団の権限に目覚めた教員にとって、教学部長の独断的復校許可は到底認めることができない重大な越権行為であった。この怒りを支える論理は教学部員には新しいものであったことだろう。

同日、中学寮側の幹部、南条・沢柳・稲葉・藤谷の四人と教学部役員、渥美・梅原・太田・井上の四人で協議したが、渥美が激昂して議合わず、衝突また衝突、大破裂に至ろうとした。そこで、他の用にかこつけて渥美を中座させ、その隙に学寮側から、復校所化を調査して主犯格の所化には復校を許さない、という案が出た。教学部員はこれに賛成したが、部長の全員復校許可宣言を取り消すわけもゆかず、難航したのに加えて、渥美は、たとえ教学部員が全員辞職することになっても断じて譲ることができない、と一歩も引かない。こうして折角の協議も意見が分裂したまま解散になった。

このままでは中学寮が窮境に陥ることを危惧した教学部は、一一月一三日、無条件復校許可でなく、悔悟状を提出した元所化に限って復校を許可する、ただし渥美宣言の翌日六日以後についての詫状とする、これを提出しなければ復校を許さないことで、学校側と折り合いをつけようとした。全員即時復校許可ではないという点で教学部側が譲歩し、復校許可に当たり反則の程度によって生徒を選別しないという点で学寮側の譲歩を求める妥協案であった。

しかし、悔悟状を持参する者がごく少ない。翌一四日隠れて持参した者から判明したことは、渥美夫人がそんなものは出すな、と言っているらしい。そこで、梅原議事が彼女を説得することになった。井上日誌にはここで始めて渥美夫人の暗躍が記録される。渥美部長の抵抗もあってもたついたが、二五日にはようやく復校所化一同悔悟状を提出した。

残された大きな課題は、この騒動で決定的となった教学部長と学寮教員との溝をどうして埋めるかである。一二月八日、教学部員梅原・太田・井上の斡旋で、執事と、学寮の学監ほか主な教員一二人との懇話会が中村楼で開かれ、和解について話し合うこととなった。今川はとくに強硬であったが、彼は部長の大嫌いな清沢流の麻の衣袈裟着用を遠慮してほしいという井上の依頼を友情ゆえに受け入れ、井上から絽の法衣を借用して出席した。

井上は、部長（執事）、教学部員、学寮教員の三方がおのおの一分の責任を免れないから、三方斉しく責めを負わねばならないが、今回は教学部員と学寮教員で責めを負い、忍耐して事件を収拾するという、三方徳義の説を考えていた（いわゆる「三徳論」とは全く異なるもの）。井上がこの調停案を提出したところ、渥美らは「大谷派特殊ノ道義ニ付テ大ニ感動」したが、「風雲頗ル暗澹」だったという（井上日誌）。「大谷派特殊ノ道義」とは、先に指摘した大谷派法主による本山専領の観念から派生するものであろう。

執事と学寮教員との溝は、直接には騒動の処理を巡って起きたものである。改革派学寮教員にとって、三方徳義の説に立つ井上案は、騒動の処理について権力を濫用した渥美を免罪するものであるばかりか、権利を蹂躙された側にさらなる忍耐を強いるものであって、到底認めうるものではなかった。彼らが三方徳義の説に抗してこの点を主張すればするほど、執事は態度を硬化させ、それが再帰的に教員側の不満を一層募らせた。井上の調停案でかえってこじれ、風雲頗る暗澹となったばかりでなく、沢柳・稲葉・今川らの井上にたいする信頼を失墜させたとみて誤りでないだろう。井上が「我清沢師」のなかで、「席上、百方事情の疎通を計り、調和に手を尽しましたが、どうもうまくゆかず」（井上 一九〇四）と記しているのは、三方徳義の説の不適切さに気づいていない証拠と評されるに違いない。

騒動の発端である制服問題はくすぶりつづけていた。一二月一一日、中学生は運動や体操の時間に限り洋服または羽織袴を着用することができると改めよ、との命令が渥美部長から発せられた。部長からの強圧である。これを伝えられた南条寮長は困却するほかなかったが、結局、中学のために忍び難きを忍んで強権に屈し、服制の一部変更を生徒に周知させることとなる。

翌一二日夜六時、井上は沢柳の訪問を受けた。彼の訪問は本日所化四人に退学を命じたことを伝えるためであった。悔悟書を出して復校した者について、おそらく悔悟の情が全く汲みとれない者四人に退学を命じたのであろう。学寮側は自らに帰属すると信ずる生徒指導権を行使して、部長の攻撃にたいし一矢を報いた、といってよいかもしれない。井上はこのことを「中学ノ失計」と嘆き、「早計」と惜しんだが〔井上日誌〕、それは中学側の行動理念を理解できていないからのことで、彼らとしては当然のことを断行しただけであろう。しかし、断行にあたり部外者である沢柳は辞職の腹を決めたに違いない。清沢同様、元々沢柳は性格的に渥美と融和できるはずはなかったのである〔村上 一九一四：二三四頁〕。

中学寮の寮長に相当する大学寮の職を学監と言い、大谷派の最高学階・講師の職に上った細川千巌と楠潜竜が一年交替でこれを勤めていたが、清沢たちより約三〇歳年長で、新学制になじみがたく懐疑的であった。彼らは旧学制の古い時代から懇意な執事と意を通じていた。

ついに一二月三〇日、執事と両講師が学寮の南条・稲葉・今川・清川らに向かい「残忍暴戻殆ト狂気的言語」をもって、沢柳は解職、稲葉は主幹と舎監を、今川は主幹を解き、稲葉は月五〇円を二三円に、今川も半額に、そして清川は三〇円を一三円に減俸するといって、学制改革をリードした改革派教員を排斥する意思を明らかにした。執事と教学部議事梅原および南条との間に、稲葉・今川らの解任をめぐって激烈なやりとりがあったと、井上は記録している。誠心誠意生徒指導に尽瘁した稲葉・今川らの功績を全く評価せず、かえって集団脱校所化の幼稚な非難のみを取りあげて、解任・減俸などの罰に処することの不当を責めたに違いない。また、教学部員は今回の騒動で改革派学寮幹部とともに苦労しているので、教員を支援することが一再ではなかったが、大学寮学監の講師たちは相談しても「実ニ云フニ足ラザルモノ」であった〔井上日誌 一八九四・一二・二八、三〇〕。

沢柳辞任へ

翌一二月三一日朝、太田と井上が沢柳を訪い、先生、辞表をお出しになったほうがよろしいのではないでしょうかというと、彼は笑って承諾した。沢柳招聘以来の協働、学制改革への彼の顕著な功績、その高潔な人柄を思い、井上は断腸の情にたえない。そのあと清川・今川・稲葉の三人と会い、来年七月迄は留任する、その間言行を慎む、将来の決心はいずれそのうちに、などこれからの心得方を相談していたところへ沢柳も入来し、午後四時過ぎまで七時間ほど話しこんだ。この時沢柳が持参した辞表を、井上が預かって五時頃寺務所に行き、執事に手渡した。井上が同志とこれだけ長時間話し合うのは久し振りであった。三方徳義の説など持ち出して傷ついた友情も、どうにか修復されたのではないだろうか。

沢柳はことの次第を播州垂水の清沢に急報した。清沢は意外の展開に驚いて「何卒事情を承り度、固より病夫のよぼよぼ何の考慮も致候得べきには無之候へ共、セメテは後日の参考之為にも致度、且つ又今回は是非に及ばぬ事にもあれ、他日或いは知己に報するの心備之為、委曲の御様子を承り度」とすぐに（明治二八年一月四日付け）返報した〔大谷大学 二〇〇三b：一〇〇頁〕。

清沢はまた稲葉・今川・井上宛に筆を執った。「沢（柳）氏弥払袖、諸君も甚た面白からぬ事情有之候趣、今朝同氏より来信、喫驚仕候。事体如何の儀に候哉、今日にては到底調停恢復の縁無之候哉。折角今日迄に至りし事、且つは門外漢に対し、昨は大いに奮て之を聘用し、今は即ち忽ち解嘱の止むを得さるに至る。一山の醜を天下に露するものに候はず哉。誠に憤慨の限りに候。……這回の顚末御一報願度懇願切望此事に候」〔稲葉 一九〇四、一号〕。宗門外の人を昨日たって招聘しておきながら、今日は掌を返すように解職するなど、東本願寺一山の恥を天下にさらすもの、まことに憤慨の限り、と抑えきれぬ怒りをぶちまけた。

清沢の「委曲の御様子を承り度」との手紙を受け取った沢柳は、明治二八年一月六日午後垂水に清沢を訪うた。その時清沢が沢柳に語った胸のうちを、翌七日稲葉宛の手紙の冒頭で吐露している。その要旨は、「今日ハ断然ノ御決心ノ時期到来ト存ジ候。或ハ今暫時黙従盲順スルモ一策カトモ有之候ヘ共、コハ却テ彼ノ狂慢ヲ増長セシメ、徒ニ一門ノ教学ヲ汚濁スルノミニテ、何ノ効果モナカルベク、去リトモ目前直ニ暴挙ニ出候如キハ、勿論不可為ニ有之。……而シテスル事ハ何カト云ヘバ、勿論為法為山ノ事業、只本山ト別立シテ洛ノ一隅ニ小舎ヲ開テ、鉄石ノ心腸アル子弟ヲ陶冶スルコト最モ可然歟トノ愚案ニ有之候」（大谷大学 二〇〇三b：一〇二頁）というものであった。

昨二七年の大晦日に清川・今川・稲葉・井上の四人が顔を揃えて相談し、来年七月（学年末）迄はまずまず留任のこと、言行謹慎のこと、将来の決心など申し合わせたが（井上日誌 一八九四・一二・三一）、清沢は書面でいよいよ断然決心するべき時期が到来したという。狂慢な渥美にたいして怒り心頭に発し、絶望の極、何の期待ももてなくなっていたのである。そして、京都のどこか片隅に学舎を開き、もちろん法のため本山のためであるが、本山とは別立して、「鉄石ノ心腸アル」子弟を陶冶することが急務と、沢柳に語ったところを稲葉に伝えた。本山から別立した宗門子弟教育機関の開設は、一派教学の惨状に対応する清沢の持論であった。

稲葉・今川の学寮主幹解任

稲葉は、主幹と舎監解任、減俸となった後、冷遇を忍んで勤務をつづけるべきか否かを清沢に相談したらしく、前記の手紙の後半で彼はこの点にふれている。「此迄ハ余贅ノ給俸等ヲ戴キ居タレドモ、今後ハ相当ノ安価ニテ御奉公可仕ナドト云フコトハ、小生ノ毫モ解スル能ハザル所ニシテ、我輩今日迄ノ奉勤ヲモ濁壊シ去ル言辞ナルノミナラズ、後進ニ対シテ毫モ弁疏ノ道ナキ大不徳ト可相成ト存候。我輩等ノ此迄ニ致セル勤労ハ決シテ〇《ママ》ノ為ノ奉公ニハ無之。

単ニ山下勧学ノ一端ナリトモ賛助致度熱誠ノ労働ニテ有之候モノヲ、今更不都合千万ノ言分ヲ申掛ルトハ、クサリ切タル◯◯《ママ》ノ心中、狂ト云フモ乱ト云フモ尚其実ヲ尽サザル次第ト存候」と、心激して書き、書くにしたがっていっそう激していったと察せられる。

これまでの勤労は決して渥美への奉仕ではなく、一山勧学の一助たらんとするものであった。熱誠あふれる勤労にたいし、解任だ減俸だなど不都合千万のことを申しかける渥美の心中、狂というも乱と云うもまだ足りない。今後は安価でご奉公しますなどいうことは、われわれの今日までの勤労を汚濁し、後進にたいして弁解の余地のない大不徳となる、と清沢は主張し、別立の学校開設に賛同することを期待する。

この一月七日付け書簡は「兎三疋引受申候」の文で始まり、「弥兎ト決定ノ諸君」宛となっている。卯年でもないのに兎を持ち出したのは「狡兎三穴」の諺を念頭に置いたもの、すなわち、狡兎（ずる賢い兎）はいつも三つの穴を用意して困難から免れるが、穴を一つしかもたぬ兎は枕を高くして臥すことができない、という戦国策の有名な文言を念頭に置いた戯言であろう。手紙の末尾に日の丸の旗をもった兎が描かれているのは、日清戦争で日本軍が勝ち進んでいる当時の世相を反映したものに違いない。旗には「グズグズシナイゾ」と書かれ、兎には「腹ノ中ニ鉄ト石アリ」と注釈が付き、兎が銜えた幟には「一疋デモ万斤　況ヤ……」の文字がある。全体として意味するところは、熱誠あふれる勤労にたいし解任とか減俸で酬いられるようでは並みの兎で穴を一つしかもたないが、鉄石の心肝あり、一疋でも鈜万挺の力があって、敏捷に行動する戦士、と同志を励ましたものであろう。「兎三疋」とは、おそらく不当な措置を受けた稲葉・今川・清川三氏を指すもの、「引受申候」とは本山とは別に開設する学校で一緒に働こうという誘いではなかろうか。怒りでキリキリと緊張した手紙であるのに、「狡兎三穴」の諺に引っかけて読者の潜み笑いを誘う才を清沢は持っていた。この手紙の宛名から暗に井上が除かれているが、そのこともこの諧謔ゆえに気にならぬものとなっている。しかし、稲葉君、君が初めに読んでもし文面に不賛成なら、他の人に見せず、すぐ送り返してほしい、と前書きで断っているように、デリケートな内容を含む書簡だった。

稲葉は清沢の提案に対し、今すぐに辞めたのでは減俸のゆえに、つまり金のために辞めたと彼らに言わせることにならぬか、また私立学校開設の件はそんなに簡単に成就するのだろうか、と問う。それに対して清沢は、暫く留任したとしても、あるいはもっと長く留任したとしても、彼らは口実を見つけて非難することだろうと答え、また直ちに堂々たる学林を開設することはわれわれの力の及ばぬことであるが、一宇の陋屋を構えて何人かの有志を陶冶することはできるのではないか。一層の勉励を加えて事に当たれば、われわれの志を望んで就学する者があるだろう、というのが清沢の予測であった〔大谷大学 二〇〇三b：一〇三～一〇五頁〕。

清沢と稲葉たちが手紙のやりとりをしている間に事態は展開していた。一月四日、今川と稲葉は教学部の太田・井上から兼任の主幹および舎監を辞任するよう勧告されたので、翌日辞表を提出して一四日依願解職となり〔今川・稲葉 一九二八：一六六頁〕、同時に、中学寮第一部主幹藤谷還由は主幹を、中学寮舎監柳祐信は舎監を、それぞれ依願解職となった〔本山事務報告 一七号〕。重要なことは詳細に記録するはずの井上日誌にこの一連の解職記事が欠落しているのは、井上自身が解職にかかわったからであろうか。

一月七日、大学寮の所化が「学事上ノ紛々ニ付テ」建白書を教学部長と部員に提出した。学制改革に大きな貢献をした沢柳を解職し、誠実に職務を果たした稲葉と今川に一方的に責任を取らせる形の不公平な措置に抗議したのであろう。さらに九日、集団脱校事件以来休業中の中学寮の所化からも建白書が提出された。事件を起こした不平所化に同調しない所化たちが、行動を開始したのである。かくて同日、教学部の梅原・太田・井上が建白書への対応策を協議して、中学寮事件の教唆者藤井を解任するとともに、沢柳の留任を求める方略を立てた。大学寮学監楠講師の同意をえたので、楠に渥美部長の説得を依頼し、渥美は楠の説得を受け入れた。これがすべて実現すれば。事件は解決に向かうかもしれない。

稲葉・今川に解任辞令が出る直前の一月一二日、広島から帰洛した沢柳は留任要請を断るとともに、二人の減俸を延期するよう要求した。依願解職でも同時に減俸になれば処分を受けたのと同じことになるからであろう。

沢柳辞表提出のニュースは、彼が配布した「卑見」と題する小冊子によって時をへず彼の友人たちの間に広まった。彼のような逸材を浪人させておく手はない。帝国大学法科大学在学時代に沢柳と周知の間柄であった群馬県書記官の武田千代三郎（柳川藩士の子、一八六七—一九三二）の推薦により、沢柳は文部省官吏として群馬県尋常中学校校長に任命されることとなる〔成城学園 一九八〇：五一二頁〕。当時、群馬県は中等教育発展の前夜に在り、その実現のための指導を彼に期待したのである。親友清沢の依頼に全力を尽くして応えたと思う沢柳には、いまさら傲慢な渥美のもとでの留任など考える余地はなかったに違いない。

上記のように、一四日、今川・稲葉・藤谷・柳の主幹・舎監依願解職が発令されたのと同時に、稲葉らの後任も発令された。大学寮はともかく、問題を起こした中学寮には直ちに後任を配置しなければならないからであろう。後任主幹兼舎監は教学部録事の荒木源理であった。人選に困るときには教学部の役員が乗り込む。こういう体制だからこそ、教学部による学寮所化指導権の蹂躙が事もなげに起きたのである。

3　執事渥美夫妻の狂態

夫人の狂暴と執事

去る明治二八年一月七日大学寮の所化、ついで中学寮の所化から提出された学事上の建白書が渥美を怒らせていた。一六日午後晩く、本山白書院で渥美執事（兼教学部長）が細川・楠両講師を左右に控えさせ、教学部の梅原議事、太田・荒木の二録事と井上を呼んで叱りつけた。「過半来忍ビニ忍ビ居リタレドモ、今ハ黙スルヲ得ズシテ改メテ談ズルナリ云々。君等ハ先ヅ余ヲ以テ教学ノ退歩ヲ望ムモノト思フカ如何。徳永・稲葉・今川等ヲ護法善神ト思ヒ、之レナケレバ真宗大谷派ハ教学ヲ起スコト能ハズト思フカ如何。近日来機密漏泄、部員中之ヲ為スモノアリト認ム。君等ハ部長攻撃ノ生徒ノ肩ヲ持ツ。要スルニ部長ト部員ト全ク反対ナリ云々。……ヨテ当然職権ヲ以テ差解クベキナレドモ、此際ノコトナレバ、余ハ部長ヲ辞スルノ決神ヲ以テ之ヲ法主ニ呈セントス云々」（井上日誌）と。怒気満面の執事とこれに抗弁する部員との間でさまざまな応酬があり、「其の談示、余りに感情一辺であつた故、部員一同は望を失つて、袂を連ねて辞職せやうとした」（井上 一九〇四、三号）。しかし、両講師の仲裁もあって、結局、執事には教学部長を辞職させず、部員四人も辞表を提出しないことで問題に一応のけりが付いた。散会した時にはもう夜に入っていた。

そこへ渥美家から急報があり、中学校所化が多数来たので渥美に至急帰宅してもらいたいとのこと。そうこうしているうちに渥美家から再び使者が来て、所化が多数集まっているだけでなく、渥美夫人が「非常ニ荒立チ」て仕方がないから、楠講師には是非来援されよ、との依頼であった。楠は、そういうところへ私は絶対行かぬ、細川さんお出くだされ、と互いに譲り合って行く気配がない。所化のことゆえ教学部員が行って諭してもよいが、来集した所化たちは「藤井派」であるから、我らが行けばかえって不都合だろう、両講師のなかでお出くだされ、とて部員は寺務所を出、太田の宅に屯して、深夜に至り解散した。藤井の言に従って集まってきた所化たちが、彼の教職罷免の話を聞き伝えて、庇護者渥美夫人にことの次第を報じたために、彼女が暴れ出したと推測される。やむをえず楠・細川両講師がしぶしぶ渥美邸に赴いたようである。

翌一七日、前記の教学部員四人は細川講師から昨夜の渥美邸での暴状を聞かされる。「七十余人ノ生徒ノ来リ居ルハ兎モ角モ、妻ハ執事ニ取リテカカリ、讒謗罵詈ヲ極タルノミナラズ、腕力ニテ執事ノ頭ヲ十モ撲打セリ。其他殴打ノミヲ受ケタル者少カラズ。而シテ部員ニ対スル悪口雑言ハ更ナリ。吾等両人ニ向テノ罵詈讒謗実ニ云フニ忍ビズ。特ニ楠ニハ何トモ角トモ云ヒ得ヌ雑言ナリ」（井上日誌）ということだった。

楠によれば、執事はこの日、藤井を解職したからには今川・稲葉も教授職を解かなければ不公平である、このことを教学部員に話して置く、と言明した由。まるで喧嘩両成敗のような措置は、渥美夫人の怒りを静めるための策であろうが、もし二人を解職すれば、両人の主幹・舎監兼務の解任にすら反対していた南条寮長は辞職するに違いない。南条が去れば中学寮は柱を失って廃寮となる、そうなれば大学寮も危ない。学寮が廃墟となれば問題は寺務所に波及し、一派の大事に展開しよう。「生等聞テ呆然憤然云フトコロヲ知ラズ」と井上は日誌に記した。

それればかりでなかった。執事は藤井を辞職に改めよと命じてきた。しかし、藤井は去る一二日、すでに解職の辞令と同時に金一〇〇円（慰労金?）を寺務所から受領しているのである。依願解職と処分としての解職とでは大違いである。井上は「呆レテ云ハレズ。唯命ニ従ヘ其手続ヲ為セリ」と記し、『本山事務報告』第一七号には渥美の指示どおり「二四日依願第一中学寮教授ヲ解ク　藤井豁爾」と公表された。井上はつづいて「而シテ生ハ細川（講師）ノ話ニヨリ大ニ決スルトコロアリ。単独猛然為ストコロアラントセリ」（日誌　一八九五・一・一七）と書いている。いったい何ごとを決心したのであろうか。それを語るまえに渥美夫人とは何者なのか、探りを入れて置かねばならない。

渥美夫人狆の方

渥美契縁は伊勢出身、もと亀山町法因寺住職であった。美濃不破郡平尾の名刹願証寺の住職を翹望して果たさず

〔『大谷派本願寺事情聞書』二〇葉〕、明治一三年（一八八〇）世襲住職の和田家が断絶した加賀小松の大坊本覚寺に門徒の要望を受けて後継住職として入った〔開導新聞 二三号〕。『小松本覚寺史』〔浅香 一九八二：二九〇頁〕は、妻サキ子（幸子）は同じ北伊勢南部の三重郡水沢村の庄屋中川氏の娘で、契縁の宗政を陰に陽に支え女丈夫として知られた、と伝えているが、その実像はどうだったのか。

当時中学寮の上級生で、白川党事件では恩師たちの陣営に加わって活躍することとなる佐々木（旧姓山田）月樵（一八七五―一九二六）は、手記『白川録』のなかで、藤井派所化を指嗾する彼女をつぎのように描いた。反藤井派所化の鋭い眼力が抉り出した夫人像である。

細君人となり、性甚だ猜忌狭慧夫契縁を扶けて陰謀をなさしむに足る。又能く一升の酒を飲み酒乱の癖あり。人称して狆方と言ふ。余其所以を知らず。蓋し其容顔の醜なるによるか。又能く吠ゆるによるか。実に彼れ女性の怨は岩をも通すとか。是によりて彼は夫契縁を指嗾したり。而して時機や業に熟せり。〔西村 一九五一：一六四頁〕

当時の新聞評はどうか。『読売新聞』の「大紛擾中なる東本願寺」と題する連載記事のなかに、その一例を見ることができる。後半は夫契縁評であるが、それはそれとして興味深い。また、雑誌『日本人』の「大谷派本願寺を打撃す」の評も参考になろう。

渥美の妻ハ仲間にての評判高き狆の方にして、利かぬ気の女なれバ、良人の不行状を押へ付けて、女権を拡張し、所謂嬶天下の采配を揮って、己れの姻戚を重要の地位に置かしむ。渥美内局が例も異分子を排斥するハ、此女将軍の力半に居れり。……（渥美は）漸次私党を以て内局を組織し、再び威嚇を擅ままにせんとす。其心事の陋劣最も憎むべき処置にして、一意自家の利害を計較して、本山の盛衰如何は措いて問はざるなり。〔読売 一九〇二・

九・六〕

彼〔渥美〕が妻は彼に勝して一層狡獝なり。女子の性質として険陰《ママ》なる謀略を策して契縁に授く。〔無記名 一八九六a：一一頁〕

彼の妻の如きは蓋し其〔渥美を狡猾ならしむるものの〕主なるものか。彼の妻は能く一升の酒を飲み、能く多数と対談し、且つ能く之を操縦するの略あり。〔無記名 一八九六b：七頁〕

いずれも、一月一六日夜の乱暴狼藉を理解可能なものにする解説といえよう。同時に、尊大で不条理きわまる契縁の言行の背景をも窺わせるものとなっている。それでは、彼女は井上の目にはどう映っていたのだろうか。

井上が最初に渥美夫人に会ったのは、同郷同学の鈴木義応と連れだった上洛し、ともに初めて渥美邸を訪ねた明治二四年一二月八日のことであった。渥美は不在であったが、彼らの来訪を妻に告げてあったらしく、二人は大いに歓待された。「酒宴ヲ開キ、心腹ヲ談ゼラル。其機敏其雄抜、実ニ丈夫ヲ凌グ。生等亦心志ヲ談ズ」〔井上日誌〕。丈夫を凌ぐ女傑と見て感服したのである。

翌二五年、清沢・稲葉とともに改革案を執事に献策しても、渥美は法主の意向などに藉口して実行しない。井上は一〇月二五日執事邸を訪ねて激しい言葉で直言したところ、「奥ヨリ大声一喝、旦那唯今ノ話ハ……ト。蓋シ生ノ語ノ甚ダ激痛ナルヲ怒リタルナリ」。彼は夫人の怒りにふれ、自身も「大事業ニ邪魔ナルヤ少カラザレバ頗ル不愉快ナリ」と、不快感をもった。その後何度か執事邸を訪ねて、夫人にたいする認識を改めたらしく、一一月二日には「嗚呼、細君ハ機敏丈夫ヲ凌グトイヘドモ、実ニ牝鶏朝スルノ嫌ヒアリ」と記している。渥美家では、夫人が渥美を押さえて力を振るうと見えたのである。早朝、牝鶏がときを告げる、つまり女性が男性を凌いで表に立つことは政治の乱れ、家の滅亡につながる、と言われた時代のことである。それにしても、二八年一月一六日夜の狂態は言語を絶するものであった。

先に述べたように、執事が意のままに今川・稲葉を解職するなら、中学寮・大学寮の一大事となり、一派の一大事に発展することは必至だから、決して黙していてはいけない。井上は自分一個の資格で養老説教場に出張中の執事に会い、説いて反省を促そうと決心した。単独猛然の行動というのはこのことであった。

井上単独猛然の行動

明治二八年一月一八日、この計画を教学部員全員に話して諒解をえ、清川円誠から二重マントと旅費三円を借用して、一九日いよいよ決行となる。阿弥陀如来の小型絵像を胸間に抱き、一振りの刀を携えて、渥美の出張先岐阜県養老の布教拠点、養老説教場さして月光を頼りに出立した。井上は日誌に自らを劇中のヒーローのように活き活きと描いている。彼の性癖である。その全文が西村見暁『清沢満之先生』（一六八〜一七一頁）に引用されているので、ここでは引用を重ねることを止め、彼が「別紙考案ノ旨趣ニヨリ」執事に諫言した要点を、その「別紙」について紹介する。明治二八年の日誌の末尾に保存されている「別紙」には、井上が決死の覚悟で敢行した諫言の骨子が記録されていて興味深い。

渥美から殊遇を受けた井上は、執事に仕えることと仏祖に奉仕することは二にして一である、と信じて全力を傾けてきた。これが渥美との「半ば一体化」の論理である。中学寮騒動の陰に渥美家の尻押しがあるとの一般の評判にもかかわらず、夫人はそうでも執事は違うと信じ、執事を信ずるがゆえに、渥美派の私と教学派の公との辻褄合わせ、論理的・人的交差圧力に苦しんだ。――騒動にたいする井上の態度が教学派として首尾一貫せず、中途半端なところがあった理由もこれで釈然とする。

しかし、一六日夜、執事は罵詈雑言して暴力を振るう夫人を制御するどころか、かえってこれに制御され、藤井を処分するなら今川・稲葉両人も処分しなければ片手落ちであるとか、藤井を解職でなく両人と同じ依願解職にせよなどと言って、妻子のために宗門の秩序を蹂躙した。執事の命のままに行えば南条は辞職して大中学寮は廃墟になり、その打撃は一宗の大事件に発展するだろう。そのような行動をとる執事に従って仏祖に背くよりは、仏祖に従って執事に背くほかなし、と自らの取るべき道を宣言する。

そして、不祥事の根源、夫人を離別せよ、と直言する。少なくとも寺務上のことを聞かせてはならず言わせてもならぬ。中学寮所化の息子契芳も同じである、と。他方、教学部の職員を信任せよ、学寮の今川・稲葉らを断じて信任せよ（解職などとんでもないこと）。そして、中学寮騒動の元凶藤井およびその徒党は何百人いても追放し、騒動を中学の一部で食い止めよ。かくて、四月中旬に予定されている両堂落成、遷仏遷座の法要で大事業が完成を告げ、功成った後の大計を建てて終わりを全うされよ、宗門を私事のために犠牲にしたという悪評を土産に往生を遂げるようなことはやめられよ、と忠諫したのである。

言い終わって、妻を離別せよ、とまで言った無礼を詫び、持ってきた太刀を差し出して手打ちになされ、と首を伸べた。渥美は感動して落涙し、この忠告をもっと早く聞けばよかったのにと言い、「大ニ将来ヲ約ス。……依テ宿ニ帰リ愉快措ク能ハズ」。忠諫は成功したのである。もし聞かれなかった時には熱海静養中の法主に謁を乞うて必死の上申を試み、あるいは満天下に訴えて宗門革命の魁たらんと考えていたが、その必要がなかったことを「宗門万歳々々渥美万歳々々而シテ生モ亦タ万歳ナリ」（井上日誌 一八九五・一・一九）と喜んだ。

井上があえて忠諫の挙に出たのは渥美の殊遇に報ぜんがためであった。義理がたい東北人らしい行動である。渥美の公私混同を自らの公私二途の論理で指摘していることで、井上には渥美の公私混同が見えていたことが察知される。

それが中学寮所化の暴発対処のときからか、渥美夫人のあまりの暴状に接したことを契機とするのか、疑問が残るにしても。

一月二四日本山白書院において寺務所役員の会合があった。執事の話の要旨は、「自分ノ過失ヲ弁護シ、他人ノ過失ヲ非難スルニ止マルモノ」〔井上遺文「渥美談話復稿」〕であったから、井上は失望するほかなかった。しかし、執事を中座させて一同議した結果、「私ヲ以テ公ヲ破ルト認メ」「大中学寮ノコトハ学監、寮長、主幹及ビ（教学）部員ニ任スベキコトヲ」執事に言明させた。こうして、今川・稲葉の教授解職の一件は曲がりなりにもようやく局を結ぶこととなった。清沢追想文のなかで両人は、「昨年折角発表せられたる学制改革の事業も茲に頓挫せり。吾等は此際袖を払ふて去るべかりしも、諸友の慰撫と宗門に対する一縷の未練とにより、転回の時機もあらんかと爾後一年有半、忍従自重圧迫の下に教育に従事したり」〔今川・稲葉 一九二八：一六六～一六七頁〕と述べている。「諸友の慰撫」のなかに、今川・稲葉を断じて信任せよと執事に諫言した井上のことも、回想されたのではあるまいか。

4 沢柳離任

この間に沢柳の京都を去る日が近づき、グループごとに送別会が催される。まず一月三〇日、学寮の同志稲葉・今川・清川・藤谷・柳と井上の六人が御幸町コンプラドー店で沢柳を囲む宴会を催し、果てた後、別れを惜しんでともに「京極辺ヲ散策シテ帰ル」。二月四日、教学部の梅原・太田・荒木・井上の四人が江東中村楼で沢柳を囲んで杯を上げ、名残の談話を交わした。

大学寮本科第一部三年の葦原林元が所化惣代として述べた二月七日付け送別の辞の原稿が、成城大学教育研究所に遺されている。その日、河原町共楽館で開かれた大中学寮所化主催の送別会の最後に読み上げられたものであろう。一年余りの懇切な送別の辞は、挫折の思いを噛みしめた沢柳にとって、小さからぬ慰謝となったのではあるまいか。教師としての短い期間であったが、校長・教学顧問・大中学寮教授として所化たちにどのように受け止められていたか、教師として初めて若者の前に立った沢柳の姿を窺わせる貴重な資料である。その全文を註に紹介しておく。(5)

「送別の辞」の文中「先生自ら冊子を頒」ったというのは、沢柳が数百部印刷して知友および派内有志に配与し、辞職の理由を明らかにした前記「卑見」と題する小冊子である〔沢柳 一九三七：一〇二頁〕。所化たちはこれを手にして事すでに決したことを知り、落胆した。日誌によれば、井上はこの冊子の内容にクレームを付けたというが、「我清沢師」では「懇ろな宗門教育上の意見」と評価している〔井上 一九〇四〕。

「送別の辞」はまた、沢柳を辞任に追い詰めたのは誰か分かっているが、これを憎んで行動を起こしたのでは先生に迷惑をかけるので控える、と言う。事実そうした事件が起きたのである。明治十五、六年の紛争以来改革派として知られ〔開導新聞 三五三号〕、二八年にも寺務所などに押しかけた小松凌空〔読売 一八九五・一二・二三、二四〕の寺に、二月五日中学寮所化が集まって教学部長〔渥美〕更迭の企てを相談し、南条寮長を訪ねてこの話をした。居合わせた沢柳が不穏な動きを知り、翌六日井上に告げて早く収拾するよう促したので、事件として表面化する前に収束された。「送別の辞」で述べられた事柄には学寮所化直近の動きや思いが語られていて、聞く人の心を揺さぶったことであろう。

当時、中学寮所化として送別会に列した佐々木〔旧姓山田〕月樵は、沢柳の訣別の挨拶を聞いた感動を日誌『白河録』に左のように記している。

先生、我等に対して懇々教ゆる所があつた。その大意は、「予は京都に来りしより已来僅かに一ヶ年。今日止むを得ず職を辞して去らざるを得ざることゝなつた。されど、予、在職中聊か自信する所ありて大谷派教学の改正に従事し、規則の改正漸く成りて未だ精神的改正をなす能はざりしは遺憾とする所然れども、尚稲葉今川等の先生あるあり、日ならずして精神上の進歩を見るに至らむ。要するに、宗教界の事唯一の信仰に在り故を以て確固たる信仰を得ば大宗教家たるを得べし、故を以て予もまた之を得んと欲して未だ之を得る能はず、然れども幸いにして京都に来り、直ちに諸高徳に接して幾分の信念を養ふことを得たり。これ深く喜悦に堪えざる所也云々」

先生の訣別の辞をきゝて満場水を撒きたる如く、百余りの子弟、涙闌干たり。〔成城学園 一九七九：四二頁〕

二月一二日いよいよ訣別の日が来た。沢柳はその日付けの辞令に随って群馬県前橋に赴任するため、伏見稲荷駅午後二時五〇分発の汽車に乗る。駅頭には、学寮の稲葉・今川・清川・柳ら、教学部の太田・荒木・井上に加えて、大中学寮所化八、九十人が見送りに参集して別れを惜しんだ。見送った井上の胸中を去来した感慨は、多くの人の共有するところであっただろう。曰く、「嗚呼氏吾山門ニ入ルヨリ僅カニ一年余、其間至誠熱心経営スルトコロ至レリ尽セリ。誠ニ千載得難キノ人物ナリ。惜哉、時ニ容レラレズ。遺憾々々限ナシ」〔井上日誌 一八九五・二・一二〕。

沢柳離任の明治二八年初頭には、清沢は播州垂水の療養先にあって京洛に姿を見せていない。稲葉・今川・井上宛の書簡で、宗門外の沢柳を「昨は大いに奮って之を聘用し、今は即ち忽ち解職」したことに「誠に憤慨の限りに候」と怒っている〔稲葉 一九〇四、一号〕。肝胆相照らす彼の親友稲葉昌丸は、「大谷派事務革新の運動は、其原因実に此時に胚胎したるもの」と言い〔浩々洞 一九一五：二七五頁〕、白川党の同志となった村上専精（一八五一―一九二九）も、これが「実に謂ゆる白川党と称するものの起る最近の動機であった」〔村上 一九一四：三三四頁〕と書いている。渥美による沢柳解職への同志の憤激が白川党事件の根であったという指摘に注目しておきたい。

六　「腐木」を彫る

1　学寮所化の執事非難を巡る紛糾

今川・稲葉の降格、沢柳の解職等一連の理不尽な措置にたいし渥美非難の声を揚げた大中学寮所化（生徒）の運動は、柳沢の離任で沈静化するどころか、意気天を衝く勢いであった。これには教学部員も学寮教職員も驚き、「調停」に尽力することとなる。明治二八年（一八九五）二月一四日、教員たちは大学寮で会議を開いて、「第一、学制ヲ変更セザル事、第二、大中学寮ノ職制ニヨリ、其ノ職員ヲシテ十分責任ヲ全フセシムル事、第三、（遷仏遷座の）大典後教学的改正ヲ為ス事、第四、大学寮敷地買収ノ事」の四ヵ条を決め、学監から寺務所に照会して承認をとった。何れも所化が建白書に挙げた要望事項を教員の立場から要約したもので、沢柳らが建てた学制の損なわれゆく状況を憂慮する思いに出るものであろう。ここにおいて、教員たちは進退をかけて所化を説得する意気込みで交渉に当たることとなった（井上日誌　一八九五・二・一四）。

九州出張から帰洛した執事は、二月一八日所員を集め、大いに怒って教学部長を攻撃した大学所化の挙動を不問に付し置いたことを責め、熱海に保養中の法主に閲し直ちに辞職する決意だという。所化の挙動を咎めぬようでは、執事の役務差免を当然と思っているに違いない、それならこちらから辞職してやる、ということであろう。そこで、大学寮の両学監と教学部の幹部らが相談して、所化から詫状を出させて部長を宥め、怒りを和らげようということとなった。

他方、寺務所員と大学寮教職員の合同会議が開かれて、寺務所は教職員提起の要求事項を容れ、教員はそれをもって所化を説諭することが確認されたので、教員会として所化総代に要求が容れられる旨確答するとともに言動を戒めた。これで一件落着と安堵したところへ、仲介する人があって、所化から詫状をとってほしいとの依頼が寺務所から学寮に届いた。もちろん教員側はこれを撥ねつける。窮した仲介者は教員を介さず直接所化から詫状を取り始めたので、事態は解決の見込みがたたない最悪の状況に陥った。

中学寮寮長南条文雄は法主に直接拝謁する奥参上が許されていた。打つ手がなくなったこの問題について南条が法主に内申したところ、両学監および寺務所員に、学校のことは温和主義で対処するようにとの諭示があり、三月九日法主より学監および寮長にたいして、遷仏遷座の大典前であるから、大中学寮従来のことは特赦または不問とし、将来を戒め慎むよう命じられ、鶴の一声で難問解決かにみえた〔井上 一九〇三a〕。

翌一〇日、大中学寮所化数百人を集めて、法主諭示の趣旨を教学部長・両学監・寮長から説諭した。部長の説諭中、「之ヲヒヤカスモアリ。咳大ニ起リ、部長激怒ス。……而シテ受書ヲ出スコトトナル」と井上は日誌に認めている。ふつうなら説諭を聴くだけでよいところ、渥美は自分の話を聞く所化の態度に怒って、おそらく、法主の諭示を拳々服膺しますといった受書を提出させることにしたのであろう。

関係者の態度と意識も、また問題が起きるセットも全く改められないまま、法主の一声で従来のことを不問に附す、水に流すことで一件落着したことにする。このような構造では、若い所化の率直な態度表明が示すように、真の和解が達成されえないこと、また専制主義は一定の機能を担うが、まさに法主専制のゆえに執事が不条理な行動や要求をして事態を解決困難にする面があることを、忘れてはならないだろう。とくに後者は、すでに中学寮所化の騒動でみたところである。

この成り行きでは大典後期待どおりに教学が刷新されそうもない。そこで三月三一日、稲葉・今川・清川の三人が牛肉を携えて井上宅を訪れ、朝九時から午後五時半まで、大いに前途のこと、とくに作戦の将来計画について話あった。そして、寺務所へは協力すべき限り正当に協力するが、万止むをえないときに始めて自らの将来計画を実施することになった。長時間の協議の後、お持たせの牛肉鍋を囲んで、同志四人愉快を極めたと井上は日誌に記している。この時、頻繁に往き来することを暫く控えようと申し合わせた。それは、昨年来の前記の紛争が鎮まったのは表面だけで、「陰雲暗澹頗ル警戒ヲ加ヘテ居ツタ」〔井上　一九〇三a〕からである。

2　寺務改正の建言書

連袂辞職の決心

明治二八年四月一五日、再建成った両堂への遷仏遷座の大典が盛大に厳修された。いよいよ約束の教学大革新がなされる千載一遇の時機が到来したはずである。五月一七日に寺務所職制の改定、寺務役員の任免更迭が発表されたが、その日井上は開導学館に主幹として詰めて居たので、翌一八日寺務所に出て初めて今回の改定と人事異動を知った。

この改定で教学部を二科に分けて学務科と教務科が置かれ、学寮所化から詫状を取るために活躍した議事梅原譲は学務科長、同じく議事和田円什（一八四五―一九三五）は教務科長、渥美の子分録事海野覚夢と同じく佐藤聞龍は学務科に配属となる。また同時に会計部に出納・監査・作事の三科が置かれ、渥美の子分録事桑門志道は作事科に配置となった。教学事務の経験が浅い海野と佐藤の二人が学務科に入って実務を完全に掌握する一方、教学部での活躍を期待された井上は文書科宗制寺法取調専務となる。教学部から排除されたのである。

井上はこの人事異動を知って激しい衝撃を受けた。この日の日誌に「此改正ハ大英断トハ云フベカラザルハ勿論、愛憎以テ宗務ヲ左右スルノ旨趣ニ出ヅ。宗門ノ前途知ルベキノミ。噫事コ、ニ至リテ止ム」と憤激の思いをぶちまける。清沢没して間もなく書いた「我清沢師」には、「此変動は全然、執事の私情に出たもので、一面より云へば殆ど有志者に対する開戦の宣告のやうなものであつて、之がために教学上の革新の見込全く絶えたような有様に陥つた。有志は余りに遠慮に過ぎ、機先を制せられたのを悔いた」と回想している（井上 一九〇四、三号）。執事は法主の仲裁にもかかわらず、部長更迭謀議事件の意趣返しをしてきたのである。

その夜八時、井上は今川・清川とともに稲葉宅に集まった。久しぶりの四者会談である。話題はもっぱら前日発表された人事についてであったことだろう。井上は「慷慨措クトコロヲ知ラズ、更ニ明後々日ヲ約シテ別ル」と記録している。今後の身の振り方について協議しなければならない。井上は辞職して田舎に帰ろうと思ったらしく、ちょうど滞京していた檀頭の家族に会い、帰国の予想を話して楽しい思いをすることができた。

約束の五月二一日、稲葉・今川・清川の三人が井上方に来会して善後策を練った。有志の運動が一歩後れたことを慷慨し、手抜かりなく善後策を立てようと申し合わせる。今回の改正は教学刷新の精神を砕くもので到底望みがないから、これにたいする方策として、公然談判の末、正々堂々現宗政の転覆を計画するか、依然奉職して臥薪嘗胆時機を待つか、あるいは一同連袂辞職して静かに時を待つか、の三案について熟議した。かつて、清沢・稲葉・井上の三人で将来の身の振り方を相談したときと同じ選択肢である。午後一杯七時間以上話しあった結果、第三案に決したが、なお明後日さらに他の人を加えて協議することになった。

二三日は四人の外に、南条（中学寮長）・柳祐信（中学寮兼大学寮教授・元舎監）と藤谷還由（中学寮教授・元第一部主幹）が来会した。中学寮を代表する錚々たる顔ぶれである。二一日の善後策三案について熟議した末、やはり連袂辞職することとし、辞職後の計画についてはさらに相談することとなった。七人会議の決議のことは、清川が村上専精ら東京の有志に、今川は前橋の沢柳に、そして井上と稲葉は須磨の清沢にと、四人で手分けして報告することを約した。

五月二八日、井上は稲葉とともに須磨に清沢を訪ね、案じていたよりも元気な清沢に会って喜び、「宗門未ダ人アリ」の思いを強くする。今回の始末、有志の決議の次第を報告し、善後策を相談して夜一〇時過ぎに至った。「氏ハ辞職ニ賛成シ、唯其後ノ方法トシテ機関雑誌発行ノ事ニ及ブ。其方法主義等ヲ議シ、生ヲ推シ其主任タラシメント欲ス。氏ノ悲壮慷慨ニシテ、不抜ノ卓識及ビ義勇ハ、百万ノ兵ヨリモ強シ。嗚呼人傑ナル哉人傑ナル哉」と井上は日誌に記した。

六月二日、稲葉宅に今川・清川・井上が集まり、先日清沢から勧められた雑誌発行の件を相談した。井上が主筆として京都に留まり、政党の組織化も併せて担当すること、雑誌出版経費および滞在費を年六〇〇円（月五〇円）と見積もり、その金額を稲葉・今川・沢柳ら十数人で負担すること、これらに着手する前にもう一度渥美氏に十分に話すこと、を決めた。午後一杯話し合い、一緒に夕食をとった後、みんなで本圀寺の境内をそぞろ歩きをしているとき、七者会談の同志藤谷に出逢い、その家に寄って談話した。四人で相談した骨子を話したのであろう。

寺務所では、内務省訓令第九号「教規宗制中ニ教師検定条規ヲ定ムル件」（五月三〇日付け）が届いたので、その対策のために一二日午後渥美以下教学関係の役員会議を開催するにつき、教学部から弾き出された井上にも出席を求めた。昨年改正の大谷派学制はまさに訓令の趣旨（教師ハ教義宗旨ニ精通スルノ外尚尋常中学科相当以上ノ学識ヲ具備スル）に合致するものであったから、これを旧に戻そうとした人事異動等昨今の動きに訓令は大打撃を与えることとなろう。

これを知って井上は快哉を叫んだ。会議後、執事は話したいことがあるから明後日来所されよ、とのこと。井上は慰留と察したが、宗制寺法取調の報告書を提出してけりを付けるよい機会だと思って、これを諾した（井上日誌 一八九五・六・一二）。

井上辞表提出

明治二五年初頭以来取り組んできた調査の報告書「真宗大谷派宗門時言」全一〇巻は、六月一三日「凡例」（はしがき）を書き上げて見事に完成する。その夜井上は、渥美とのやりとりをあれこれ思い描いて輾転反側したが、慰留されても断ろうと心に決めてやっと眠れたようである。一四日朝、報告書に上申書一通、併せて辞表、忠諫的陳情書一通を添えて執事に提出した。忠諫的陳情書の要旨はつぎの五ヵ条であった（井上遺文「廿八年及廿九年三十年分草稿類」）。

一、真宗大谷派ノ前途ノ大運命ヲ確認シ、之ニ応ズル一大決神ナルコト。決シテ驕傲懈怠ノ弊ナカランコトヲ要ス。

一、宗制寺法及諸般ノ条例ヲ改正シ、宗門ヲ洗濯シ、本末ノ人心ヲ挙テ教学ニ一転スルコト。

一、寺務所ノ編成等ハ宗制寺法ニヨリテ改正シ、執事及部長ノ責任ヲ昭ニシ、及職制章程等ヲ改正発表スルコト。

一、愛憎ニ拘ラズ、賢ヲ挙ゲ能ヲ用ヒ、深ク信任シ、其成ヲ責メラレ度事。

一、大中学寮ノ職員ハ十分適任者ヲ信任シテ、成績ヲ数年後ニ待ツ事。特ニ南条稲葉今川清川等ハ若シ執事ノ意ニ適セザル事アラバ、十分教諭シ、改良セシメ、決シテ才徳ヲ失フベカラザル事。

已上

そして、これを切々肺腑をえぐるつぎの別れの言葉で締めくくった。

若夫レ諸般ノ事ニ関スル愚見ハ、「時言」十冊ハ即チ一種ノ豊忠ナレバ、熟読ノ上採ルベキハ勇断果決アラン事ヲ望ム。別レニ際シ、百感胸ニ塞リ云フトコロヲ知ラズ。閣下自愛セヨ。豊忠亦何ヲカ云ハン、噫。

井上豊忠

「真宗大谷派宗門時言」は宗制寺法の条規を事項別あるいは時代別に並べた一種の法規コレクションではなく、豊富な情報について広い視野から論理的な考察を施した、一定の主張をもつ宗教法的業績である。実務的にも学術的にも価値が高く、寺務所では明治三三年、渥美は執事の職から去り石川舜台の時代になっていたが、非売品としてこれを上梓した。

さて、執事は報告書の完成を喜んだが、辞表は即座に却下し、慰留せねばならぬと考えて君を呼んだのだという。

聞クトコロニヨレバ辞職スベシト。尤モ昨年来中学ノ件ニテハ不愉快ノ事アルベク、今回ノ更迭ニ付テハ更ニ不平アルベシ。然レドモコレハ思フトコロアリテナリ。勿論昨年ノ学制ヲ大改スルガ如キコトナク、マスマス教学ヲ振起セシムルノ意ナリ。君ヲ文書科ニ移シタルハ宗制寺法ヲ急グガ為ニシテ、閑地為スナキノトコロニ居ラシムル意ニ非ズ。調査後教学部ニ入ルノ見込ナリ。君ノ精神ハ余能ク之ヲ知レリ。願クハ絶望セズ留任アレ云々ト。

〔井上日誌〕

懇切な慰留であったが、井上は一旦決めたことは変えられません、と唯一言返答した。渥美のいうには、明後日北国に出張して来月二日に帰洛するから、そのうえで十分話合おう、辞表のことはそれまで延引されたしとのこと。止むなく七月二日を約して別れた。

対決の構え

六月二二日、今川・清川・稲葉の三人が井上宅に集まった。井上の辞表提出の首尾などを聞いた後、これからどう行動するか相談した。その結果第一に、七月二日の渥美との会談では、最も強硬で威嚇的な態度をとること、第二に、同志および他の名士十数人連署の建白書を予め作成しておき、会談不調のときは直ちにこれを提出して、寺務所を威嚇するとともに天下に訴え、同情を喚起する材料とすること、そのために建白書は寺務所内の人物および大中学寮、ならびに天下の識者に同情を表させるに足る内容を盛り、連署は天下の信用ある有名人をもってすること、第三に、建言書にたいして五日以内に回答しないときは、一大檄文を二〇〇〇部印刷すること、第四に、東京および地方の新聞等に情報を送って、大谷派に近々大転変が起きることを予報させ、当路者を威嚇すること、第五に、大中学寮生徒等に有志退職の理由を演説すること、などを申し合わせた。建言書の草稿は井上が起草することとなり（草稿は井上遺文「廿八年及廿九年三十年草稿類」中に保存）、他の三人は同志への通知を引き受けた。

井上は二三日から三日かけて草稿を作成した後、清川・稲葉・今川らとその修正を重ね、七月二日には須磨から帰洛した清沢を交えて最終稿を練り上げた。「建言書ハ最モ温厚ノ候文ニテ、誰人モ賛成シ得ヘキ公平ニシテ緊要ナル事ヲ認メ、以テ之ヲ巻ケハ退蔵シ、之ヲ放テハ六合ニ亙ル底ノ文字ヲ連ネタリ」と、井上は自信のほどを語っている。先の七者会談の七人に加えて、清沢、東京の村上専精、中学寮の薮姑射貫之と小谷真了、寺務所の太田祐慶の計一二人が署名調印し、七日には建言書提出の準備が整った。署名調印は、今川ら建言書成稿にかかわった五人（白川党の母体）は先頭でほぼ同時に、あとは着到次第に次々と署名調印に加わった。

渥美との会談は都合で七月七日にずれ込んだが、その間先日の渥美宛忠諫的陳情書に即応した動きが全く見られないので、渥美に絶望した井上は清沢とも相談のうえ七日の会見を謝絶し、辞表を出した。ところが執事から、是非会いたい、明八日午前中に寺務所に来てくれないか、との申し入れがあり、井上は止むなくこれに応ずることとした。

会談は当日午前中二時間に及んだ。既往を顧み現在を直視しつつ辞職の理由を語り、遠慮なく渥美に苦言を呈したことは、遺文「執事渥美氏談話ノ復稿」（「廿八年及廿九年三十年分草稿類」）に詳しい。そのなかのいくつかの言辞を抜き書きして、井上から見た中学寮騒動以来の内幕を理解する助けとしよう。

昨年一〇月末に起きた中学寮の騒動について、「先生ニハ何等ノ反省モナク、（教学）部員ノ言葉ヲ用ヒズ、御家族ヤ乱暴生徒ノ言葉ニヨリミダリニ条例ヲ曲ゲ、規則ヲ改メ、教職員等ヲ虐待セラル、コト日々増々甚キヲ以テ、生ガ尽力モ何等ノ功果ヲ奏セズ、反テ御家族及ビ先生ノ怨望ヲカヒ疎害セラル、一原因トナリシコソ、遺憾至極ニ存ジタリ。尤モ当時寺務所内ノ議事録事ハ勿論給仕ニ至ルマデ、先生ノ乱暴御家族ノ狂暴悪マザルナク、亦笑ハザルナシ。寺務所内已ニ如是ナレバ、大中学寮等ハ固ヨリ云マデモナキ事」と旧悪を指摘する。また本年五月の寺務改正については、「機関トイ、職員トイ、、実ニ秩序モナク何等ノ選択モナク、只スベテノ権力ヲ一身ニ集メ、我儘ヲ為スニ都合ヨキ様ニセラレタルガ如キ感アリ。尚ホ亦、是マデ負債ニ再建ニ心ヲ合セ力ヲ合セタル議事録事ニハ、安楽ヲ共ニスベキ秋ニ当リ、其改正ハ一言是等ノ人々ニ相談ハ固ヨリ諮問セラレタル事モナク、只功勲ヲ壟断シテ、ホシイマヽニセラレタルノミナラズ、或点ヨリ云ヘバ、奥サント一二ノ小人トガ参謀タリシガ如キ形跡ヲホフベカラズ」と容赦がない。

井上は行政府が立法も行う現在の体制に反対であったが、いわゆる総会議論にも賛成でなかった。渥美に学んだ「本山は法主の専領」の原則に悖るばかりでなく、「集愚政治」のイメージで総会議を捉えていたかららしい。その井上にしてつぎのように言う。「予ハ固ヨリ総会議政治ヲ嫌イ、法主政治ヲ望ムモノナリ。然レドモ人ハ云フ、法主政治ノ名ニ於テ権門政治ヲ行ハヾ如何。今ノ政治ハ権門政治ニ非ズシテ何ゾヤ……。権門政治尚ホ可ナリ。其閨門政治ニ一転スルニ至リテハ、其利害総会ノ政治ト果シテ如何。昨年来中学争騒ニ見ヨ。亦今回ノ改正ニ見ヨ。亦一婦人ニ媚ヲ呈スレバ、奸邪讒佞法律上ノ罪ヲ犯セルモノモ、意気揚々（寺務）所内ニ猖獗ヲタクマシフシ、而シテ命ヲ宗門ニ献ジ日夜寝食ヲ忘ル、モノモ、一度歓ヲ一婦人ニ失スレバ、無理無体ニ握リ出サル。之レ宗門ヲ以テ一婦人ノ玩弄ニ供スルモノ、今ノ政治ハ閨門ノ政治ニ非ズシテ何ゾヤ。生ハ其言ノ過酷ニ失スルヲ知ルノ外、亦之ヲ弁護スヘキ辞ヲ知ラズ。唯夕生ハ憂フ、早晩革命的変動ノ意外ノ辺ヨリ起リテ、宗門ハ土崩瓦壊ノ惨憺ニ陥ランコトヲ」と。法主政治の名のもとに権門政治が行われてきたが、現在は閨門政治に転落して、宗門政治が一婦人の玩具になっている。これでは早晩革命が起きて一派は瓦解するかもしれない、と警告したのである。

さらに言う。「奸佞媚ヲ呈シ阿諛是レ努ムル小人ハ通人トシテ重ク用ヒラレ、硬骨直言ノ君子ハ皆退ケラル。先生ハ大学出身ノ人ヲ非常ニ御悪ミナサル、モ、別ニ之ト云罪跡ナク唯夕宗門ノ為侃侃諤諤敢テ阿諛セザルノ故ノミ。彼等ノ言動ハ世間ニ信用アル人々ニシテ、見識トイ、学問トイ、、先ヅ上等ノ人ナリ。尚ホ又大学生ハ皆悉ク不都合ナリト云ハ、頗ル人ヲ誣タルノ論トイハザルベカラズ。啻ニ大学生ノミナラズ苟モ少ク気概アリテミダリニ私門ニ伺候セザルモノハ、皆悉ク疎害セラル。……少ハ御反省アリテ可然。他ノ一方ヲ見レバ、言語同断ノ奴輩ガ時ヲ得顔ニ飛鳥ヲ落ス勢ニ横行闊歩スルハ、コレ畢竟人ヲ識別スルノ明ニトモシク、愛憎ニヨリ賢ヲ退ケ不肖ヲ用ルモノトイハザルヲ得ズ。是レ実ニ先生ノ最大欠点ナリ。以上ノ如キ欠点ハ、畢竟希望ノ卑クシテ決心ノ弱キヨリ起ル事トハイ、乍ラ、斯ル欠点ニシテヲキナフトコロナキトキハ、到底前途ニ大運命ヲ有スル本派ノ大事ヲ為スニ足ラズ。之レ実ニ生ノ絶望シタル所以デアル」と、渥美最大の欠点を突き、絶望した理由を述べる。そして、「若シ当局者ニシテミダリニ言動ヲ束縛シ、亦例ノ反対者ヲ遇シタル方法ヲ以テ虐待セラル、ニ於テハ、是レ所謂上ヨリ革命ヲ起スモノ、斯ル時ニハ止ヲ得ズ之ニ応シ、微力ナガラ生一人ニテモ優ニ御相手仕ルベシ」と言い放って、叛旗を翻す姿勢を明らかにした。六月二二日の四者会談で約束したように、強硬かつ威嚇的な態度で弁じたてたのである。

対話中、執事は三百代言的言辞を重ねたが、これを痛罵し、今川・稲葉放逐の件では一瞬顔色を失わしめ、「痛快極リナシ」と井上は日誌に書いている。執事は顔色土の如く、憤然として何れ二、三日熟考のうえ返事すべし、といって立ち去った〔井上日誌　一八九五・七・八〕。

一二人連名の建言書提出

井上は俥を飛ばして帰宅し、対談の顚末を清沢・今川・清川等に報告する。そして、直ちに建言書を出すことに決し、翌七月九日午後、南条と井上の両人でこれを執事に手渡した。

建言書の内容はおおよそつぎのようなものであった〔教界時言　一号三六～三八頁〕。これまで本山寺務の方針は負債償却と両堂再建にあったが、この二大事業が成就した今、教学をもって寺務の方針とし、門末をこの方針に向かわせなければならぬ。ところが多数の僧侶はこのことを知らず、動もすれば座班の高下、法衣の色章等を競って、子弟の教育、門徒の教導を忘れる者が少なくない。これでは一派は衰頽を免れることができない。そこで、当路者たる者一大決心をもって人心を一転する処置を執らなければならない。そのため革新の旨趣を普く諸国門末に訓示するとともに、適当な事務機関を編成し、適当な職員を任用して、その方針に従って着々実行することが肝要である。

適当な機関の編成とは、寺務所内に厳に立法と行政の別を立てること、行政においては各部選任の部長を置き、総務局で諸務を総べ、執事が総務局の責に任ずることである。現在のように執事がいくつもの部長を兼ねるのでは、部長も部員も職責を全うできない。また同一人が立法・行政の二柄を併握するようでは、秩序ある活動を営むことができない。

適当な職員の任用とは、中央と地方を問わず、また事務と教育を問わず、すべての大谷派の機関の職員に、よく人を選んで用い、情実愛憎をもって軽々しく任免更迭しないこと。機関と職員は相まってその用を全うするものである。

以上、一宗教学の根底を強固にするための具体策の提案に力点があり〔脇本 一九八二：七四頁〕、当然現状批判に発するものであって、井上の先の忠諫的陳情五ヵ条と軌を一にするといえよう。温厚な文体に何人も賛成できる穏健な内容を盛った建言書であるが、執事渥美にたいする挑戦状にほかならなかった。これに渥美がどう応ずるか。ボールは渥美側に投げられた。

建言書にたいする回答を催促するためであろう、七月一三日今川・稲葉・清川・井上の四人が寺務所へ行ったところ、渥美に会う前に足立法鼓准参務と和田円什・梅原譲の両議事が四人を呼んで、「君等ハ此ヲ見ザルカ、実ニ言語同断ナリ」といいながら『京都新聞』を広げた。それは建言書の全文と連署氏名を掲げ、その前後に批評を加えた記事である。四人は新聞社に通報していないのでこれを見て驚いた（去る一〇日、今川と稲葉が建言書をこんにゃく版で八〇部作製し、学寮で配ったから、そのとき入手した者が新聞記者に見せたのかもしれない）。三氏が言うのは、要するに、「此度ノ改正固ヨリ法主ノ思召ニ出デタル事ニセザルベカラズ。然ルニ世間ニ流布スル上ハ実ニ行ヒ難キナリ」ということであった。他方、前夜今川が梅原を訪うて談話したなかで、今回の運動は渥美に代えて政敵の石川舜台を引き入れようという意図に出たものではないことを語ったことが、梅原から渥美に通じていて、渥美の疑惑を解いたことは好都合であった。想定外の躓きに遭う一方で、小さな僥倖に恵まれた。

この日法主は南条を召し、建言書に関連して諮問したが、流石のサンスクリット学の権威もこれに詳しく答えることができず、説明員として前記の今川ら四人を推薦したところ、法主は、それに及ばぬ、「建言ノ要旨ハ至極尤モナレドモ、下ヨリ云ヒ出タルガ為ニ行フト云フ事ハ出来ヌ。然シ乍ラ此旨趣ハ可採説ナリ」〔井上日誌 一八九五・七・一三〕とのこと。

七月一八日寺務所に出た今川・稲葉・藤谷・清川・井上の五人は、和田と梅原の両議事から、「法主ニ於カセラレテモ建言書ノ如ク改正アラセラル丶事ヲ上局ニ命ジサセラレタレバ、今ハ何モ六ケ敷事ナシ。唯、諸氏ノ建言ニヨリテ改正トアリテハ一派ノ大法ヲ破ル事ユエ、全ク以テ法主ノ御尊慮ニヨリテ革新セラレタル事ニセザルベカラズ」と聞かされ、二氏去った後、内局の渥美と足立が出て来て曰く、「法主ノ命ニヨリ、至急ニ革新スル事トナリタリ。尤モ諸先生ノ意見ト大同小異ナリ云々ト」（同　一八九五・七・一八）。

建言書の趣旨が採用されて改革が行われることになったが、建言により改革を行うというのでは「法主専制」の大原則に悖るので、あくまでも法主の発意で改革を断行するとし、その内容はたまたま建言書の意見と大同小異である、という説明をつける。法主専制下で門末の意向を宗政に反映させるには、こうした小細工が必要であったが、それでも一二人の建言書が宗政改革に生かされる道が開けた。同志五人は、手分けしてことの次第を他の建言書調印者らに報知し、改革の実施を待つこととなった。

その翌日、井上は建言書調印の仲間、寺務所同僚の太田と相談の上、左記のような断書を執事に提出した。井上は寺務所員としてのけじめを付けるためにこれを書いたのである。

昨日ハ公明ニシテ贄実ナル御諭示ヲ辱フシ、宗門ノ慶事之ニ過ギタルハ無ク、実ニ感喜ノ至リニ堪ヘズ候。初、深遠ナル御考慮アルコトヲ計ラズ、去月ノ御改正ヲ（遷仏遷座の）大礼後ニ於ケル大革新ト速了致シ、猥リニ失望ノ余慷慨措ク能ハズシテ、覚エズ奇矯ノ言動ニ陥リ、特ニ辞表ノ未ダ御聞済ニ不相成ニモ拘ラズ、寺務所外ノ有志ト共ニ建言書ヲ奉呈致候事ノ如キハ、昨年来ノ行掛上事情止ムヲ得ザルニ出ヅト雖ドモ、不文ノ法規ニ背キタルノ罪頗ル軽ラズ。今更悔懼ニ堪ヘズ候。付テハ状情御憫察ノ上、速ニ役務御差免ノ上相当ノ御処分被成下度、此段御断申上候也。（井上遺文「廿八年及廿九年三十年分草稿類」）

太田も建言書に一味したことについて、断書を提出したのであろう。翌日、かねて提出していた辞表は「難聞済」、断書は「不及其儀」の付箋つきで返された。井上らの全面勝利となったわけであるが、前途は容易でないと兜の緒を締める思いであった。

職制改定と人事異動

建言の旨趣に応ずるべき寺務所職制の改定と役員の更迭は、九月二〇日に発令された（本山事務報告二四号）。職制の改定では、本局とは別に議制局が設置されて、一応立法と行政が分けられ、本局に所内百般の寺務を総理する上局（従来の内局に相当する）が置かれ、執事は上局によって寺務を総理し、その責に任ずると規定されたこと、役員更迭では、本局を構成する教務部・学務部・庶務部・地方部の各部に専任の部長が置かれたことは、建言書の旨趣に沿ったものである。しかし、その内容は建言の趣旨が実現されたと言えるものではなかった。

まず議制局は、執事および他の各局部または賛衆提出の、条例の制定改廃に関する法案を議定し、かつ条例の実施を監督する立法機関であって、議制局賛衆つまり議員は二〇名、その半数以内は上局員（執事・参務・准参務）および議事等本局役員をもって充て、他は本山寺務所関係者以外からの法主特選とする。法主特選といっても執事の推薦による者であるから、これでは門末の意向を反映する立法機関にはならない。明治一六年の諮詢所に次いで将来の宗議会制に向かって一歩を進めたもの、と積極的に意義づけることも不可能ではないが（柏原 一九八六：五二頁）、むしろ、立法と行政を分けよとの建言書の趣旨を形だけ採用したにすぎない、と評するべきであろう（朝日 一八九六・一二・一五）。

この改革に当たり、渥美は兼務していた教学部長を降りたが、財務部長を兼務することとなり、財務部（会計部改め）三科のうち会計科（出納科改め）に学務部にいた録事佐藤聞龍を（本局用掛阿部慧水も明治二九年二月に）、監査科に同じく学務部にいた録事海野覚夢を配置し、そして作事科に録事桑門志道を留任させた。この四人は何れも渥美の腹心の子分として知られていたから、渥美は財務部を完全に掌握したことになる。渥美は建言書をなぞって寺務所の形を整える一方、したい放題に財務を左右できる体制を整えたのである。それに彼は内事部長留任となり、法主家の諸務を管領する権限を手離さなかった。有志は小さい満足とともに大きな失望と憂慮の思いをもって新しい機構の成立を眺めた。

教学関係に移すとの渥美の約束にもかかわらず、井上は庶務部文書科留任となった。宗制寺法専務という役務の特定が外されたのは、この任務が完了したからのことである。井上を本人が志望する教学関係から外し、法制面での井上の知識と技能を利用しようという意図が露骨に示されていた。渥美が、自分の忠実な従者でなくなった井上を排除する態度に転じてから年をへた。叛旗を翻す態度を鮮明にした井上には覚悟のうえのことであっただろう。不平不満はあったものの、こうして「一小平和の局を結び、廿九年教学資金発表迄は、先づ小康であつた」〔井上 一九〇四、三号〕。

信心の心情と行動

井上日誌の二八年八〜九月分は遺失したらしく、ついで一〇月から一二月末まで日誌をつけていない。しかし、二九年日誌冒頭のメモ書きからこの間の主な出来事が判明する。九月二〇日、井上は米沢長命寺の実父十七年忌に会するため京都を発ち、途中三河の清沢の寺に立ち寄ったうえで〔大谷大学 二〇〇三b：一二三頁〕、一〇月一日小出法讃寺に帰った。実は、九月九日付けで正式に長命寺住職から法讃寺住職に転じたので、檀中に挨拶のため帰ったのである〔井上日誌 一九〇〇・一一・二二〕。

一〇月一六、一七の両日、自坊で説教したのは、檀中への布教開始の宣言に他ならない。このさい、養祖父は総檀中の所在集落別名簿を作成して豊忠に渡した。それによると、町部の小出に一七一人（戸、以下同じ）、それ以外（おおむね村部）に七一人、計二四二人、加えて常見寺檀中の預かりが一二人あった。小出在住の檀家が断然多く、しかも有力檀中が小出に集中している（法讃寺史料）。法讃寺は小出の寺であった。

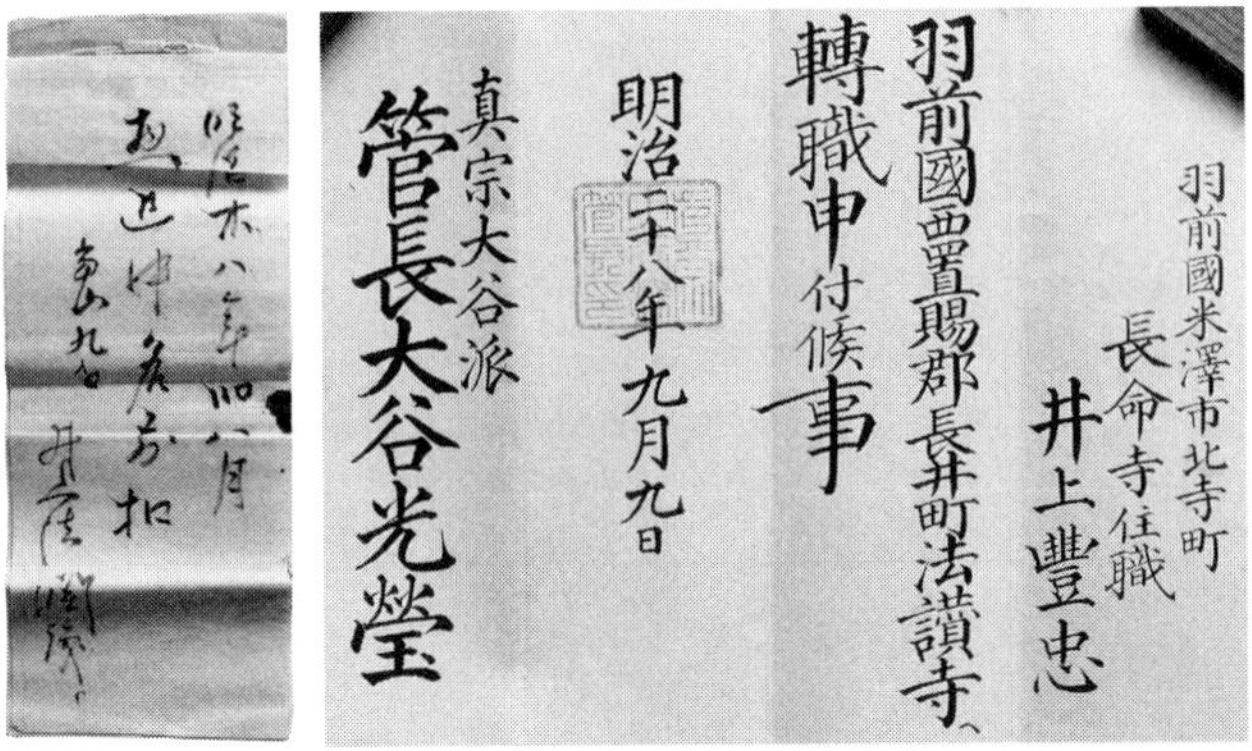
羽前國米澤市北寺町
長命寺住職
井上豊忠
羽前國置賜郡長井町法讃寺、
轉職申付候事
明治二十八年九月九日
真宗大谷派
管長大谷光瑩

図11　法讃寺への転住辞令と総檀中名簿（明治28年9月）

一〇月三〇日小出を発し、米沢の実家に立ち寄った後、一一月三日帰洛の途に就く。万世大路の栗子峠越えで暴風雨に遭い、死ぬ思いをしてようやく福島に辿り着き、そこから汽車に乗って九日京都に戻った。今回は妻いま（今子）同伴であるが、満三歳になった一子法忠は法讃寺井上家に預けてきた。一二月に本山から五〇円、主幹を務めた開導学館から二五円の慰労金を受領したので、井上は家政すこぶる安定したと喜んでいる（井上日誌 一八九六年冒頭の記、および一八九六・一一・三）。

明治二八年年末、多事多難であった一年を回顧して、来年から月に三度自省しようとし、そのために感慨の一端をつぎの七項にまとめて、仏祖の冥助を願った。「一、宿志ヲ堅持シ遠大光明ノ気ヲシテ常ニ旺盛ナラシムルコト、一、三大道徳ノ実践ヲ強行スルコト、一、言行ヲ厳粛ナラシメ、苟モ惰容ヲ為サザルコト、一、知識ヲ拡充スルコト、一、交際ヲ慎ムコト、一、職責ヲ精励スルコト、一、思慮ヲ練習スルコト」以上である。

七項のうち三大道徳とは、『中庸』の智・仁・勇をいうのか、仏に具わる三つの徳をいうのか、明らかでないが、全体の印象として、厳格な生活倫理の実践を目標にしたと見られる。行者的生活を追求した清沢、十善戒を実践道徳の規範として自らを律した沢柳〔沢柳 一九三七：八六頁〕にみるように、井上もまた厳格な生活倫理の実践を志したのである。一派にたいする革新志向は、有志の内面で生活倫理実践志向と呼応していた。これはおそらく白川党有志を特色づける属性であろう。

親鸞の徒でも、「極重の悪人は唯仏を称すべし、我も亦彼が摂取の中に在り」〔正信偈〕の安心に止まれば、因習のなかで善知識（法主）の仰せを戴き、恩徳報謝のために本山と手次寺に懇志を運ぶ伝統教団の模範門徒となる。しかし、もし「如来大悲の恩徳は、身を粉にしても報ずべし。師主知識の恩徳も、骨を砕きても謝すべし」〔三帖和讃〕の和讃が教える粉骨砕身の報謝を体すれば、仏祖の恩徳に報ずるため、必要とあれば、あえて改革運動に挺身する叛徒となることがあろう。白川党有志らは祖師の信心の心情的側面だけでなく、意志的行動的側面を継承し実践しようとした。これまた特筆に値することといわねばならない。

3　教学資金積立法問題

法主の不行跡

明治一九年設立の相続講が負債償却と両堂再建という二大目的達成のために所期の役割を果たし終えた、創始から一〇年を経た時、教学振興を直接の目的とする新たな募財、第二次相続講ともいうべき募財計画が進行していた。二九年一月一九日のことである。当時全国各地に本山事務取扱所が設置されていたが、この日その助勤の会合があり、終わった後九人居残って、法主の不行跡は目に余るものがある、これでは明後日の新たな募財発表も首尾よくゆくか案ぜられる、ついては君側を清くすることが必要だ、という話が出た〔井上日誌 一八九六・一・一九〕。助勤（稟授）は地方取扱所の中核的な職員である。

東京西浅草の大谷派末寺に生まれ、井上円了（一八五八—一九一九）の哲学館に学んだ一九歳の安藤正純（一八七六—一九五五）が、雑誌『日本人』第一二号（一八九五・一二）に「平沼専蔵と本願寺法主」なる論説を投じて、「当時尤も人道に遠かりて而して人間以外に立ちて利を獲る者あり、平山専蔵是也、本願寺法主是也」「貧民よりして法主の名を以て金銭を剝取する勢凄じ」「貴族の如く振舞ひ、生仏の如くに待遇され、自ら怪まず人も亦怪まずして貪婪至らざるなし、必ずや其の仮面を打落として、宗教家ならば非常の劣等なる者にして、人間界の××《ママ》と類を同ふする者なるを明にせざるべからず」と本願寺法主を酷評した。安藤の論説は直接に東本願寺法主の不行跡を論評したものではないが、彼を槍玉に挙げていることは誰の目からみても明らかであった。『日本人』最近号のこの論説は評判になって、読んだ寺務職員は少なくなかったに相違ない。

法主の不行跡は新聞記者の好餌となって、以前から広く世間に吹聴されたため、門末に接する地方の寺務職員は募財など職務の遂行に困難を感じていた。助勤らの意見に議事・録事一同同感で、執事にその旨を訴えたところ、どうせ録事たちが助勤を嗾したのだろうとはなはだ冷淡であった。翌日、それでも議事・録事が連合して上局に事情を訴えて、法主の従者両三輩を解任するよう要望した。上局は同意したが、法主は断然これを拒んだ。「余ニシテ若シ改メザレバ、尚従者ヲ去ルモ不可ナリ。余ニシテ改ムレバ、尚従者傍ニ居ルモ差支ナシ。余ノ今日迄ノ改心ノ行状ヲ見ザルヤ云々。若シ今ニシテ之ヲ退クルガ如キコトアラバ、虚ヲ実ニスルノ嫌ヒアルヲ免レズ。故ニ之ヲ去ル事能ハズ云々……ト」。上局、議事・録事全体、すなわち寺務所の幹部全体で、法主の不行跡を佐ける従者の解任を懇請しても、法主は屁理屈を並べてこれを拒んだ。井上は「宗門ノ大事ヲ控ヘ之ヲ以テ迫ルモ、一従者一邪悪一宮奸佞ヲ退クコト能ハズ。何ト云ハンカ。何ト云ハンカ。一宗前途知ルベキノミ、悲ヒ哉」と慨嘆するほかなかった〔井上日誌　一八九六・一・二〇〕。

法主が初めて紅灯緑酒の巷に出入りしたのは、明治五年ヨーロッパ遊学中のことで、欧米巡歴中の岩倉具視大使の耳に入り、早々帰朝せられよと、追い立てられて帰国したという。帰朝の後、東京在留中に品行上の問題があったので、父の前法主大谷光勝が驚いて呼び返し、以後東上させることはなかった。彼の老衰のため明治二十一、二年頃から現法主が代わって上京したさい、再度いかがわしい風説が伝えられた。前法主は怒って随行長渥美契縁を叱ったが、東京でその手引きをしたのは、累代大谷家の姻戚で世に時めく貴顕であり、契縁の妾（柳橋料亭の女将）もかかわっていたという〔読売　一九〇二・八・一五、一六、井上日誌　一八九七・四・二六、石川舜台からの伝聞〕。前法主没後、親戚の某公爵が京都滞在中、円山の料亭に法主を招き、杯盤の間に芸妓を侍らせたのが京都での遊蕩の始まりだった〔読売　一九〇二・八・一八〕。法主の放蕩歴は多年にわたり、しかも渥美はこれを諫止するどころか、阿諛迎合を事としていた。彼は負債償却と両堂再建の功績に加えて、遊興婬逸の世界でも法主の寵を固めていたのである。法主の不行跡についての寺務所幹部職員の申し入れにたいし、渥美が冷淡であったのも頷けよう。

折しも、貴族富豪の畜妾の風俗に変化が生じていた。維新政府の新律綱領は妻妾をともに夫の二等親と認め、妾の存在を公認していたが、条約改正のために明治一三年の新制刑法は妾を親属と認めず、一四年をもって妾の制度は法律上消滅した。それでも畜妾は貴族富豪の風俗として命脈を保ったが、明治二〇年代の末に皇室の典侍（天皇側室）制度が廃止されたため、風俗としての妻妾制度も急速に崩壊し、個人的に窃かに妾を囲う形に落魄した〔森岡　二〇〇二、第三部〕。

渥美は、大谷家には側室制度が必要とみる立場であった。親鸞正統の血統を継ぐ家として本願寺の法統を継承する大谷家では、法主の実子（男子）が必要不可欠であるからである。渥美は井上に本願寺の伝統を語ってつぎのように説く。「蓋シ教如上人（東西分派第一代）以後代々ノ如キハ過半ハ本腹ニアラズシテ妾腹ナリ。否前代及ビ前々代ノ外ハ皆妾腹ト云フモ可ナリ。之ヲ他ノ貴顕ニ考ルニ、貴顕ノ多クハ妾腹ニシテ其本腹ナルモノハ甚ダ少キハ、今日マデノ実況争フベカラザルトコロ。コレ必ラズ故アリ。本妻ハ深室ニ閑居シ、殆ト監禁セラレタルモノ、如ク、又実ニ牢居ニ異ラザルモノアルガ如ク、心身常ニ健強ナラズ。為ニ子ヲ生スルノ力無キモノ、如シ。コレ少クトモ本腹ニ子ナキ一因ナルベシ。又妻妾已ニ並フ時ハ、妻ハ儀式的ノモノ多キヲ以テ、其容色等意ニ介セザルモノモアルベク、妾ハ全ク自意ニ適スルヲ撰ブノ風アルヲ以テ、其愛ノ厚薄無キ能ハザルベシ。之モ一因ナラン。兎ニ角、妾腹多ク本腹少キハ争フベカラサルトコロ、只近来ハ本腹ヤ、少カラザルニ至レルモノ、如クナリ。要スルニ、血統ノ為一夫一婦ヨリ一夫数婦ヲ以テ勝レリトセザルヲ得ス」（井上遺文『宗制寺法随筆ノ部』対話随録一）。

渥美はこう言ったうえで、「之ヲ以テ云ヘバ、強チ（一夫数婦は）不都合ナリトスベカラズト雖ドモ、今日ノ大勢ヨリ云ヘバ、実ハ一婦ヲ可トスルハ争フベカラザルトコロタリ」とし、「従来ハ兎ニ角ニモ、当新法主（光演）ヨリ後ハ、断然改メテ一婦ノ制トナスヲ宜シトス。コレ世間通途ノ義ニ準ズルノ一タリ……。但シ本系ヲ得ル為ニハ、先ヅ正当ノ裏方（法主夫人）ヲ置キテ数年間出産セザルガ如キ時ニ、次ニ侍女ヲ置キテ若シ妊娠スルアラバ之ヲ初メヨリ本腹ノ子トスルヲ以テ得策ナリトスル……」と立ち入った議論に及んでいる。

時代は貴族についても妻妾制を認めない方向に大きく移っていた。その中で宗教界トップの一人である法主の不行跡はとりわけ目立っていたので、明治二五年清沢と初めて肝胆相照らして間もなく、三月二二日・二三日・二四日・二五日と連日、井上は清沢や稲葉と法主の遊蕩を慨嘆して、「慷慨、悲痛極マリナシ」などと日誌に記している。その頃新聞紙上、法主の醜行が華々しく報じられたのであろうか〔読売 一九〇二・八・一八〕。そして、七月六日には清沢と法主の一夫一婦について論じた。同月一五日の井上にたいする第二回講話で、渥美が妻妾制の積極的機能、そして大谷家の妻妾制の過去と今後の見通しまで詳しく語っているのは、井上の質問に答えたものと推測される。

法主の乱行は、貴族の風習として世人が容認してきた蓄妾の度を過ごしていた。遊里に流連して、好みの芸妓を何人も寺内に引き入れ、須磨・嵐山の別荘や東京の浅草別院、さては枳穀邸に妾を囲う始末、新聞・雑誌がこれを盛んに記事にしても、側近によって法主の目の届かぬところに隠されたから、法主は世の非難に疎かった。法主を神聖視して世俗と接触させない制度や習慣が、側近の迎合的補佐とあいまって、法主の堕落を深めたと当時のメディアはみている〔読売 一九〇二・八・一三、一四、一八〕。

教学資金積立法

さて本論に戻れば、二八年年末の議制局条規の制定により、門末の意向を宗政に反映する道が開かれたことが公示され、同時に大谷派本願寺会計法が発布されて、教学に関する会計が平常収支とは別立てに扱われることが制度化された。このような準備を整えたうえで、いよいよ先に紹介した二九年一月二一日が来た。

当日、諸国から参集した僧侶六、七百人にたいして、法主から教学振起の親示があり、つづいて渥美執事の演説があった。教学拡張のための募財の件は、執事の演説で説かれる。曰く、本山の地場収入は経常入費を賄えるか賄えないかの程度で、到底教学拡張の余裕などないので、教学資金の寄付をお願いしたい。寄付金を本山にまとめ、年々の布教と学事の費用を差し引いた残りを積立金として、利殖倍増の方法で一〇年後には二五〇万円以上の金額を積立て、本山永世の教学の基礎を築くと説いた。同時に発布された本山教学資金積立法には、一〇ヵ年におおよそ三六〇万円

（一口六円として六〇万口）の寄付を募ること、今後相続講金は悉皆この資金に加えることが定められている〔本山事務報告 二八号および附録〕。やはり第二次相続講であった。法主不行跡の問題が懸念されたが、親示と演説の結果は存外の好評で、参詣の僧俗一二〇四人、即日一千余口〔井上 一九〇四、五号〕の出来となり、関係者は胸をなでおろした。同日、教学資金の募集と積立を担当する臨時教学資金事務局の職制と、財務部職制章程が制定された。そして翌々日、事務局総監に執事渥美が任命され、事務局兼財務部会計科に録事海野、同作事科に録事桑門がそれぞれ配置された。いずれも渥美の子分である。

募集とはいいながら内実は賦課であった。その標準は、寺院については寺格によって別助音三〇〇円、助音二四〇円、院家一八〇円、内陣一二〇円、余間九〇円、檀家は一戸につき六円平均を目安とするもので〔朝日 一八九六・一二・一六〕、任意性は乏しかった。

こうして全く渥美の掌握下に発足し運営される本山教学資金は、教学のための資金ではなく、負債償却後新たに生じた負債二〇万円を窃かに処理するために、教学の美名を揚言した募財、いな賦課であることを自ら暴露してゆく〔井上 一九〇四、五号、読売 一九〇二・八・一九〕。有志はこの点について早くから危惧していた。三月一〇日付け三河の自坊からの井上宛清沢書簡にその一端が伺われる。

陳ば兼ねて申立て居候教学資金の儀、名目上は素懐通り発表相成り、為法為山大慶此事に存居候へ共、実際の見込みは如何のものに候哉。積立方法幷びに積資保管上に就いては、未だ詳細なる項条を承知致さず、懸念の至りに不堪候。折角至美の題目を以て大額を募り乍ら、雲散霧消の結果に至り候ひては、一山の恨事不過是哉と存じ候。大体諸奸各位の此に対する御意見は如何に有之候哉。（下略）〔法讃寺史料〕

寺務所有志との連携

二月中旬、この資金と最も関係の深い寺務所の教学関係者が、疑念をもって会合している。一六日、梅原学務部長の茶会に旧教学部員太田・荒木・井上の三録事が集まって大経綸談をし、「現在ノ実況ヲ思フニ宗門ハ早晩改正セザルベカラズ。之ガ主人タラザルベカラス。之ヲ為スニハ教学結束セザルベカラス」〔井上日誌　一八九六・二・一六〕と意気が揚がり、ついては和田教務部長と胸襟を開いて話をし、教学の五人が結束して大改革をしなければならぬ、ということになった。そして、三月一七日寺務所有志が南禅寺門前に会し、所外の有志と連合して大改革をすることを議定したが〔井上　一九〇三a〕、これはその前、三月一〇日に和田の希望で稲葉・今川・清川が井上宅に集まり、教学関係者と学寮有志との連携が始まったことを受けた動きであろう。さらに六月初旬には寺務所の教学関係以外の議事たちも加わって、時弊匡正の動きが広まる。

しかし、井上らが主張する改革、すなわち教学資金積立の中止ならびに渥美内事部長の引責更迭と、寺務所の人たちが主張する改革を摺り合わせることは難しかった。上洛した清沢を迎えて、五月五日、在京の今川・清川・稲葉・井上が集まり、前途について相談を重ねた。還俗して断乎反対しようという意見、僧籍以外の資格や地位はすべて本山に返戻して反抗しようという意見、辞職して（職位のみ返戻）自坊に帰り、時を待とうという意見、留任して（何も返戻せず）勢力を養いつつ時を待とうという意見などなど、諸説紛々であったが、寺務所有志との提携は問題にならなかった。ともかく、夜一時まで話し合ったが決まらない。資金乏しく勢力少数のため、どの意見も行き詰まってしまうのである。

それでも、「時勢如此、今ハ唯断乎死生ヲ犠牲ニシテ（現宗門政府）転覆ノ外ナカルベシ」という点では一致していた。しかし、これこそ寺務所有志と真に連携できない点であった。結局、清沢提案の「寧ロ七月ヲ期シテ一同公明正大ニ辞職シ、両三年時機ヲ待チ、一方ニハ人材ノ輩出ト軍用資金ノ用意ヲ為スニ若カズ」（井上日誌　一八九六・五・七）ということに決した。

学寮有志のこの決意を寺務所有志に通告した。寺務所有志側では所内外合同の活動を持続するのを得策として、六月五日、学寮有志側の主張の一部、すなわち本願寺会計法（一八九五・一二・二八制定）第一条に定められているとおり会計を甲乙二部に分ける（甲部は教学の事業に関する歳入歳出、乙部は地場に属する経常の歳入歳出）、臨時教学資金事務局録事で財務部録事を兼ねている海野と桑門を甲部会計に関与させない、清沢を学務部長に、今川と稲葉を教学顧問とする等を実行させる。その代わり学寮有志側も譲歩して、今川・稲葉に留任してもらいたい、と申し入れてきた。井上が常に熱心に寺務所側と所外との仲介をしているのは、職務上両属しているためであるが、井上としては学寮有志側の真意を寺務所有志に正確に伝えることで、所内に理解者、かくれた同調者、渥美党からの離反者を作ること、少なくともこちらを敵視させせないようにしたい、と意図したからであった（井上遺文「人心収攬ノ件」『二十九年考案録』）。

六月五日の申し入れにたいする回答として七日に学寮有志が示した要望七項のなかに、教学振興のために稲葉・今川を担当の議事（部長クラス）に任ずべしという一項があった。寺務所有志はこれを思いも寄らぬ提案として拒絶した。理由は、議事は親授（勅任官相当）であるが、寺務所に入ってすぐ親授に補せられた例はいまだかってない（要望は寺務職員の現行秩序を破壊するもの）、ということである（井上日誌　一八九六・六・八）。寺務所有志の志す改革の限界が露呈された。

これを知らされた清沢は自坊から同志に宛てた六月九日付け書簡にいう。

昨八日御発の貴書正に拝誦。然るに議事云々の点に就き、遂に談判破綻に相成候趣、此にて彼等の心胆も相分り、今迄提携云々と申し居たるも、那辺の事なりしかも推量せられ、愉快の至りに存候。彼等は到底真に提携の意なきものなり。我が党を瞞化して、一時を彌縫せんとせしものなり。此の如くして、果して遂に正義に敵し得るものなるや。我党の彼の淤泥に汚されざりしこそ、無上の幸祉と云ふ可けん。（下略）〔法讃寺史料〕

清沢は、慣例を理由に適材の登用を拒否するようでは、真の大改革をしようという、そしてそのために提携したいという意思がない証拠と判断した。そして、寺務所側との提携が破談に終わったことで、先方には真の改革をする意思がなく、学寮有志を瞞着して一時を取り繕うとするものであることが判明した、わが党が彼らの汚泥に汚されなかったのは幸いだったとの思いを、同志に伝えた。

断然開戦の道

五月初旬には七月に辞職して両三年時機を待とうといっていた清沢も、六月中旬段階には「断然開戦」の道を選んでいた。「自己目下の考へは如何と云ふに、やはり断然開戦と出かけ」「破壊丈にても沢山なり。今の儘に放置するよりは遙に益なり」と訴え、「決然たる運動」もしないで「諸君の離散は小生の最も遺憾とする所」と、今川・稲葉・井上・清川（連名）宛の六月一二日付け書簡で所信を吐露している〔大谷大学 二〇〇三b：一二八〜一二九頁〕。辞職して両三年時機を待って居る間に、勢力を養うどころか、同志が自坊経営のため、あるいは勤務先の職務のために、離れ離れになってしまう危険性が大きい。それならば、よしんば人材と資金の不足のために改革を達成することができず、現状破壊だけに終わるにしても、そのほうが雲散霧消よりはるかに益である。このことに清沢は気づいた。寺務所側との提携一件にかかわっていた井上たちよりも、三河大浜の自坊に帰って距離をとった清沢のほうが、問題の全体が見えてきたのだろう。こうして、前途の選択肢の一つであった辞職待機の道は消えた。

六月二八日、在京の学寮有志側は寺務所有志との提携にけりを付けるために、①教学資金の中止、②内事部長の更迭、および③教学両部長の学寮有志との進退同盟、の三条件を呑むなら、稲葉と今川を学寮教授として留任させてよい、と迫った。予想どおり寺務所有志側はこれも蹴ったので、学寮有志は独自の道を歩むことを確認する（井上日誌一八九六・六・二八、井上 一九〇四、五号）。清沢に倣っていえば断然開戦の道である。この方針を決めた昨六月二七日は、開戦の第一歩として記念するべき日であった。井上日誌を繙いてみよう。

六月廿七日　此夜五人（清沢が上洛して参加）衆議シテ曰ク、今ハ唯左ノ二策アルノミ。曰ク大ニ譲歩シテ一同コ、ニ止リ、潜勢力ヲ養フ事、曰ク一同辞職断然正義ノ旗ヲ挙グル事、コレナリ。而シテ其議終ニ第二挙旗ニ決ス。而シテ其ノ次第ハ左ノ如シ。

㈠雑誌ヲ発シテ（教学）資金中止ヲ始メ満腔ノ気焔ヲ吐キ、本山改革ヲ計ルコト。

㈡遊説員ヲ派スルコト。

㈢立言ハ決シテ消滅セザル様ニシ、少クトモ三ヶ年位ハ撓マス屈セザルコト、基礎ヲ鞏固ニスルコト。

㈣役割ハ左ノ如シ。

一、今川稲葉二人ハ外ニアリテ資金方トナルコト。即チ二人ニテ雑誌代二十円位及ビ雑誌係二人ノ資金四十円ヲ支給スルコト。

一、清沢満之月見覚了二人ハ京都ニアリテ雑誌及結党ニ従事スルコト。

一、清川井上二人ハ内ニアリテ外部ノ刺撃ヲ利シテ内外相応ノ運動ヲ為スコト。

連袂辞職・雑誌発行・結党・改革運動はすでに何度か有志の話題に上ったことである。それが一挙に実行に移される蹶起に際し、資金方を含む役割を改めて決めた。そこに五人衆に加えて月見の名が出ている。われわれは初めて月見の登場に接するのであるが、二八日の井上日誌は、この日東京から当の月見が重要な使命を帯びて来訪したことを告げる。

東京では、第二中学寮寮長村上専精（一八五一―一九二九）のもとで、東京留学生および大学卒業生の何人かが京都の有志と連絡しあっていた。学寮有志と寺務所有志との提携が破断する直前、和田教務部長が村上を説いた結果、東京の有志もこの度は反抗を止めて調和し、留任して時機を待つことに決したことを、前年帝国大学を卒業して第二中学寮教授となった月見が、京都の有志に報告するために上洛したのである。

ところが、事態は予想外の進展をみせていた。月見は和田ら宗務所有志の運動の実態を聞いて大いに激昂し、京都有志の意見のとおり反抗することに決め、割り振られた役割を承諾した。あわせて井上は、担当者未定であった遊説掛へと、本山関係の情報掛から担当を改めることとなった。「而シテ終ニ、清沢満之・稲葉昌丸・今川覚神・清川円誠・月見覚了・井上豊忠六人ハ、本山ヲ正シ門末ヲ救ヒ教門ノ本旨ヲ回復スルノ義旗ヲ挙グル事トナル。愉快々々」とこの日の出来事を要約している（井上日誌　一八九六・六・二八）。

七月三日早朝、東京留学生近角常観（一八七〇―一九四一）・七里（辰次郎?）・秦敏之が来着した。彼らの意見は月見同様調和の説であった。京都の有志はこれまでの経緯や現状を縷々説明したところ、三氏は全く同情を表するに至ったが、近々村上が上洛するので、それまで態度決定は留保することとなる。彼らは村上の指導下にあったのである。

4　法主親示の衝撃

法主の親示

二九年七月四日夜寺務所から井上宅に急使が来て、明日法主の親示あり、稟授以上の職員は出頭せよとのこと。井上は五日早朝今川宅を訪い、京都有志と村上および東京留学生との会合に顔を出しただけで、すぐ本山の黒書院に駆けつけた。当然出席するはずの渥美執事は欠席で、聞けば欠席は法主の「思召」であるという。常ならぬ雰囲気のなかで始まった親示の要点は、井上日誌によればつぎのようなものであった。

一、教学資金不成績ニ付、一同熱心尽力シ好成績ヲ挙ゲヨ。

年末ニ五十万トナリテハ収支不償、負債モ困難ナレバ一同熱心協力、（負債）整理ノ時ノ如クナルコトヲ望ム。

一、（寺務）所内ハ一致協同シテ外敵ヲ拒ギ、城壁ヲ堅固ニ守ルベキコト。

不和合ノ模様ナルコト。

中学ノ者（中学寮教授）等ヲ入レテハ、事ニ慣レズ、毛色異ルガ故ニ不和ヲ醸スノ恐レアリ。夫ニ付テモ従来ノ人物ノ和合ガ肝要ナリ。

若不和合ナラバ、敵ニ糧ヲ贈ルニ異ラズシテ破裂ノ源ナレバ、十分和合セザルベカラズ。

敵ヲ拒キ、金ヲ募ルガ為ニ、飽迄和合セザルベカラズ。

一、今川等〔顕ニハ云ハズ〕必ズ攻撃ヲ為スベケレバ、十分之ガ備ヲ為シ、防禦セザルベカラス。寺務所ニ反対ノ者ハ断然処分スベシ。

彼等ハ学者ニ似ズ……師弟ノ情義ヲ忘レ、本山教育ノ恩義ヲ忘レテ、暴論ヲ吐露シ、攻撃……。

夫ニ付テハ、愈々所内一致同心スルニアラザレハ不可ナリ。

要点以上ノ三個ニアリト明言セラレ、更ニ語ヲ改メテ序ニトテ法主自身ニ関スルコトヲ云訳セラレタリ。其件々ハ左ノ如シ。

一、伯爵ノコト。

一、舞子別荘ノコト。

コレハ永遠ノ事ヲ思フテ為シタリ。併シ隠居スルト云フニアラズ。頼ムベキ四五人ノ人ニ相談シタル結果ナリ。コレハ当然ノコトニシテ……決シテ贅沢ニアラズ。事情アリテ偽名ニシタルナリ。

寒暑……特ニコレヨリ舞子ノ真面目ヲ顕ス時ナリ……。

一、艶聞ノ件

浮説ニ迷フコト勿レ。例、昨日九条公ヲ訪ヒ、帰途恵姫ト同乗シタルニ、早ヤ悪口セラレタリ。現ニ親子タリ……一笑ニ余リアレドモ大抵ハ如此ノミ……。

右話了リ、曰ク、右ノ次第ニ付キ、所員ニハ素ヨリ十分一致協同執事ヲ補佐シテ尽力セラル、コトト信ズレドモ、尚去就ヲ決定シテ留任シテ同心一致執事ヲ佐クルカ、将夕見込ナキ事ト決シテ断然退去スルカ、執事ニ明言セヨト。

（新法主の親言がこれにつづくが略す）

一同引退茫然自失セザルナシ。

この引用に解説を加えておこう。第一段の冒頭で、教学資金積立の募財は始めから案じられたように成績が悪く、その一因は法主の不行跡であることをおそらく知らずに、熱心に尽力せよという。つぎに、渥美のもとに和合一致協同して外敵を防げとのこと。所内不和合の主な原因は、執事の勢力拡大のための職制改定や好悪の私情による人事異動にあることを法主は知らない。したがって、これらの戒めは職員の心に響くどころか、かえって反撥を招いたのではないだろうか。また、今川・稲葉らは、多年本山の資金援助によって最高の教育を受けることができた。彼らはその恩義を思って派内に止まり、一派教学のために尽瘁したばかりでなく、その本旨を回復するために、あえて執事の宗門運営に異議を申し立てている。しかるに法主は彼らを敵視し、寺務所の幹部職員として入れてはならぬと明言するどころか、寺務所〔渥美〕に反対する者は断然処分する、と宣言する。

つぎに法主自身に関することとして、去る六月九日、明治一七年の華族令により西派大谷家とともに伯爵を授けられたとの報告は、近来の慶事である。しかし、「本願寺法主、天爵の尊きを忘れて人爵に諛る」との非難が高かった問題である〔脇本 一九八二：八一頁〕。明治二二年秋頃から二四年にかけて、法主を継職したばかりの光瑩が、侯爵位を求めて三条実美（一八三七―九一）を始め伊藤博文（一八四一―一九〇九）や爵位局長の岩倉具定（一八五一―一九一〇）らへロビー活動を行ったという〔谷川 二〇〇八：三八五頁〕。この極秘情報が漏れての世評であったのだろう。

つづく話は私行の幼稚な言い訳であった。門末に資金積立を依頼しているのに、舞子に別荘をもつのは贅沢だとの批判があったのであろう。法主は長期的考慮から購入したのだと主張するけれど、それなら何故偽名の所有にしたのか。また、信頼する四、五人に相談したというが、四、五人とは執事に加えて法主の不行跡を陰で支えている例の側近のことであろう。嵐山の別荘に芸妓を連れて出入りしているとか、舞子でも妾を囲っていると新聞で噂されたから〔読売 一九〇二・八・一八〕、どんな言い訳も空しい。

法主は新聞の報ずる艶聞は浮説であるから、そんな噂に迷うなと戒める。その例として、九条公爵家を訪ねた帰途、嫡子夫人恵姫と人力車に同乗したところ、早や悪しざまに報道されたが、彼女は実の娘である。艶聞は大抵こんなところである、と。確かに恵子は法主の長女であって、明治二五年九条家に輿入れするとき、門末の膏血を絞りつつある財政困難ななかで、七五〇〇円もの大金をそのために支出したことに、井上は憤慨していた〔井上日誌 一八九二・

ずである。

九・二六)。法主の娘の輿入れを盛大にすれば、内事部長渥美の功績となり、体面を気にする法主の覚えも目出度いは

この例話を聞いた寺務職員のおそらく大多数は、実の娘と倖に同乗しても艶事と見なされるほどに、法主の放蕩は日常的である証と解し、聞くに堪えぬ言い訳に憤慨したのではないだろうか。

最後に、一致協力して執事を補佐せよというのは、法主が軽薄にも渥美の主張を代弁するものに外ならず、彼を欠席させた法主側の理由が安っぽく透けてみえたことであろう。ついで、留任して執事を補佐するか、それとも退去するか、執事に明言せよと命令するのは、これも執事を代弁しての一種の脅迫であるが、辞職覚悟でなければ執事の意向に反する改革は一切不可能であること、そして寺務所有志と学寮有志との提携を阻んだ壁がそこにあることも、また明らかであろう(さりとて辞職してそのまま日を経れば、生活のために自坊に帰るか他校に転勤せざるをえず、したがって同志の離散に繋がることを、清沢は危惧したのであった)。

親示の衝撃

法主の親示が終わったあと、職員たちはただ呆れて茫然たらざるをえなかった。井上はすぐさま帰宅して親示の要旨をメモし、今川宅を訪うて、清沢ら学寮有志と月見の五人、東京留学生三人、それに村上の計九人の会合に加わった。すでに今川らから従来の成り行きを村上に話し、村上は学寮有志の決したことに賛同するよりほかないとの思いになったようである。そこへ井上が本日法主召集の御用等詳細に報告すると、「慨嘆ニ堪ヘズ。衆皆憤慨血涙ヲ飲ミ、立ロニ反抗運動ニ着手スルヨリ外ナキ事ヲ決ス……嗚呼」、こうして直ちに反抗運動に立ち上がることとなった。法主親示が乾いた藁束に火を投じたのである。

ここで、西京の有志と東京の有志との関係を見ておこう。東京留学生たちは京都の中学寮で、あるいは大学寮との両方で有志たちの薫陶を受けたから、両者はもともと親密であって、京都の有志は彼らを最も頼みとしていた。他方、第二中学寮寮長の村上は、毎月本山から留学生に給付する学資金を取り次ぐとともに彼らを監督する立場にあった。留学生のなかには慎重な人もいたが、近角常観や秦敏之などは改革派に共鳴して、しきりに村上を説いて改革派に引き入れようとした。村上は七月上洛のついでに、前記三人の留学生および第二中学寮教授月見覚了と一緒に、五日の今川宅での有志の会合に出席したのである。その会合のことを村上はつぎのように回顧している。井上日誌の記録と照合して読んでみよう。

会するもの僅に十有余名なりしも、渥美の専横、大谷派本願寺内事の醜聞等につき、慷慨悲憤の禁じ難きものあつて孰れも皆涙を流しつつ、事若し成らずんば、大谷派内には断じて居ぬといふほどの決心であつたといふことを、吾等は明らかに記憶して居る。

……然るに吾等独り改革運動に同意するものゝ、共に運動することは御免と謂って断った。〔村上 一九一四：三三九頁〕

運動に同意だが参加はしない、と言明した村上であるが、その心を動かしたのは学寮有志に加わった月見であったと、村上自身が回想している。月見は「手紙博士」という渾名があるとおり手紙を書くことが至って上手で、懇々数千言に及ぶ長文の手紙を京都からたびたび村上に送って参加を口説いた。これにはさすがの村上も参って、ついに六人衆に一味することとなるのである〔同 三二六〜三二七頁〕。

村上専精は嘉永四年（一八五一）、兵庫県氷上郡の真宗大谷派教覚寺の長男として生まれた。苦学の一〇歳代をへて、明治七年高倉学寮に学んだが、学寮の騒動に遭い、首謀者に名を連ねたため退学処分となる。三河に移り、宝飯郡入覚寺の養嗣子となった後、一三年再び上洛して本山の教師教校に入る。卒業して一七年越中教校校長となって北陸に赴任し、二〇年東京に出て曹洞宗大学林および井上円了の哲学館の講師を勤め、二三年から大谷教校校長、その後身第二中学寮寮長となる一方で、帝国大学文科大学でインド哲学を講じた。第一中学寮寮長南条文雄とともに大谷派出身無双の碩学として知られる人物で、還暦までの事績は自伝『六十一年』に詳しい。

Ⅱ　白川党と寺務革新運動

一　寺務革新運動と『教界時言』

1　軍師井上豊忠の登場

軍師井上豊忠

井上は清沢の「断然開戦」の書状を受け取った翌日から、現状分析とそれに基づく今後の集合行動の策定に精力的に取り組んだ。明治二九年（一八九六）六月一四日に書き始めた「善後策」には、運動の直接の目的は教学資金の積立を中止させ、当年の募集を全廃させることにあり、大目的は寺務の革新にある、と明記したうえで、勝敗が分かれる要因を味方と相手方について子細に分析している〔井上遺文「廿九年考案録」〕。「長短所」は「強みと弱み」と解したほうがよいのかもしれない。

第一　有志者ノ長短所(6)

㈠　長所ハ左ノ如シ。

(1)　正義ニシテ私意ナキコト。

(2)　教学的有志ノ結合ナルコト。

(3)　門末ノ窮苦ヲ救フ義侠的行為ニシテ、一般門末ノ同情ヲ得ル見込アルコト。

(4) 彼寺務所ノ短所ハ有志者ノ乗ズベキ機会ナルコト。
(5) 大中学寮ノ学生又ハ改新主義者又ハ本山ノ施政ヲ喜ハザルモノ、同情ヲ得ルコト、大中学寮ノ活殺ヲ自在ニスルコト。
(6) 喧々諤々ノ人ニシテ社会上ニ信用アルコト。

(二) 短所ハ左ノ如シ。
(1) 少数ナルコト。
(2) 門主（法主）一般ニ重望ナキコト。
(3) 地方ニ同志者又ハ手足ヲ有セザルコト。
(4) 資産家ニアラズシテ、運動費ヲ有セザルコト。
(5) 門信徒特ニ金満家ニ縁故ナキノミナラズ、反テ蛇蝎視セラルヽノ恐レアルコト。
(6) 門末ヲ賞罰スル権力ナキノミナラズ、之ヲ喜憂セシムルニ足ルヘキ威嚇的勢力ヲ有セザルコト。
(7) 門末ニ鞏硬ナル識者少キコト。

第二 寺務所ノ長短所

(一) 長所ハ左ノ如シ。
(1) 法主ヲ戴キ居ルコト。
(2) 治者タルノ位地ニ居リ、賞罰ノ権力ヲ有スルコト。
(3) 天下ノ人物ヲ大抵網羅シ居ルコト。
(4) 地方ニハ扱所アリテ助勤等ヲシテ地方的運動ヲ為シ、本山ニハ寺務所アリテ之ヲ指揮統合スルニ非常ニ機関ノ備ハリ居ルコト。

(5)　門末ニ重望アリ。特ニ講頭商量員等ヲ自在ニ為シ居ルコト。

(6)　金銭ニ自由ナルコト。

(二)　短所ハ左ノ如シ。

(1)　有志又ハ社会全体ヨリ不信任ナルコト。

(2)　攻撃ヲ受クベキ欠点アルコト。

(3)　金員募集ノコト。

(4)　精神家ナキコト。

右ノ原因ニヨテ考ルニ、有志者ハ非常ノ大決神ヲ為スニアラザレバ、到底勝ヲ制スル能ハザルベシ。ヨテ敗ヲ転ジテ勝ト為スニ其緊要ノ点ハ左ノ如シ。

(一)　不惜身命ノ大決神ヲ為スコト。

(二)　大ニ同志者ヲ得ルコト。

(三)　運動費ヲ豊富ニスルコト。

(四)　百戦百敗ストモ、マス、、勇猛ニシテ愈々勢力ヲ増長シ、如何ナル場合ニモ処スル堅忍不抜耐久スルコト。

以上ノ要点ヲ備フルニアラザレバ、断ジテ戦ヲ為サザルノ勝サレルニ若カザルベキカ。

味方の強みだけでなく弱みも、また相手側の弱みだけでなく強みも、物的・精神的・人的・組織的各側面から客観的に把握して総合的に判断し、百戦百敗かも知れぬが、敗を転じて勝とするために何が緊要かを考える。そして、もしそれら緊要の条件が達成できないのなら戦ってはならぬと結論して、同志一同の評議に委ねる。まさに軍師である。

それに、井上は若い頃から声が大きかった。これも軍師たる要件の一つであろう。

法主の親諭で挙旗に弾みがついた後、七月下旬井上は「運動ニ関スル要件」について思い廻らせている。要件とは、六月二七日挙旗と決まった席で役割分担として出た雑誌と遊説、そして結党の問題である。挙旗の理由を説明して理解者・同情者・同調者・参加者を一人でも多く獲得するために、雑誌の編集・発行・配布と、地方に出張して関係者の集会で演説する遊説とについて、詳細に論じている（井上遺文、同）。

雑誌発行と遊説の効果が挙がれば同調者が集まる。これを組織して、有効な活動に繋げなければならない。ここに結党が問題となる。井上は寺務所有志との提携が期待しえた明治二九年二月中旬から結党の問題に関心をもって、同憂会・同志団などの名称で有志を組織することを考え、六月一四日には前記「善後策」の重要項目として学寮有志を核とする政党の組織を構想しているから、結党こそ政治に関心がある井上の根本問題かもしれない。しかし、雑誌の編集と遊説に関する考察が具体的・マニュアル的であるのにたいして、結党の考察は理念的な素描か、漠然たる推測に止まっている。

三月五日にまとめた同志団については、寺務所有志との結盟を念頭に置いたから、目的・方法・組織の各項を具体的に構想することができたが、一派において大政党を組織するとか、雑誌や遊説で同調者を広く糾合するという場合、そうした集合運動の経験なしに組織を描くことは困難だったのであろう。このとき構想したことで、実際に白川党運動で採用されたのは、「本部ニテハ各地方ノ同志ヲ総合統括スルコトヲ勉メ、各地方ニテハ一国々々ニ其重ナル同志者ヲシテ其国中ノ同志ヲ連合セシムル方略ヲ取ルコト」の一項だけである。しかし、これは本山寺務所が各地取扱所（地方教務所）を通して全国の門末を統括する現行の制度を模倣したものにすぎない。

有志は大学寮の学生を運動に引き入れようとしていた。井上の戦術でも、雑誌の編集・発行に関連して、「雑誌等スベテノ運動ニ大学寮ヲ手ニ入レ置クコト肝要ニ付キ、草間ヲ是非々々屈請スルコト」、編集のための情報探訪では、「大中学寮有為ノ所化ヲ利用シ、当局者ニ付探訪セシムルコト」、有志は直接寺務所の動静を探るわけにいかないから、この任務を学生に期待したのである。また、人心収攬については、「大中学寮等ノ人心収攬ノコト」と気を配っている。

文中の草間（関根）仁応は大学寮研究科の学生、早くから清沢や稲葉が注目していた、学生有志の中心人物であった。八月二〇日早朝、井上は彼をその宿に訪ねた。「吾曹ノ決神と方略トヲ開陳シ、賛成同意ヲ求ム。氏之ニ応ジ、勿論可出来丈ノ賛助ヲ為スヲ約ス。氏ハ同志トシテ最モ有望ノ人物ナリ」（井上日誌）と記している。

有志が『教界時言』を発刊し天下に檄文を発表するや、大学寮の所化一〇〇人がこれに呼応して「宣言書」を公表したが、その中心は草間とその仲間であった。彼らは白川党の活動が本格化すると、直ちに大挙して支援に駆けつけ、有志の期待に応えることになる。

井上の立ち位置

先述のように、井上は明治二八年六月報告書『宗門時言』を提出して宗制寺法取調専務の業務が終わった後、同年九月の人事異動でも教学関係に戻れず、録事として庶務部文書科に留まった。文書科の第一の業務は審議会（上局を構成する執事・参務・准参務に、寺務所の部局長である議事を加えた会議体）の議に附すべき事項を調査することであった（本山事務報告 二四号）。彼はこの業務を担う中心的な立場におかれ、同志と挙旗を決した後も業務に励んでいる。

二九年七月五日の親諭の席にいた寺務所の幹部職員は、「皆怒リ反テ機会ノ至ルヲ喜フモノアリ」（准参務足立法鼓の証言、井上日誌 一八九六・七・五）という有様であったが、「執事ヲ補佐シテ尽力セヨ」との親諭にたいし、議事たちは「無条件ニテ御受ケスル」ことに決した。しかし録事たちはこれに承服せず、録事以下で議論した結果、とりあえずお受けするという曖昧なことになったが、これでは辞職のほかないという録事が井上の外に三人ほどいた。井上は意見の近い寺務職員とこまめに意思疎通を図るのはもちろん、辞職の意思を鮮明にしたからといって、寺務所内の交流から遠ざかることはなかった。

挙旗への断乎参加を決しながら、職務続行といいまた所内交流といい、自己分裂のような矛盾した行動をしているように見えるが、井上の思いでは一貫し統一されていた。井上が七月下旬に記録した作戦計画のなかに、「寺務所員中、有志ニ近キ者ヲ説キ、或ハ辞職セシメ、或ハ心ヲ此方ニ寄セシメ、或ハ此方ヲ敵視セシメザルコトニ努ムルコト」、また雑誌編集につき探訪のため「寺務員ニ誰ゾ一人ヲ得度事」とある（井上遺文「廿九年考案録」）。井上はこうした意図を胸に、業務に精励し、所内でのシンパ獲得に努めていたのである。

そのうえ、寺務所に在勤することで、雑誌発行の助けになるような情報を入手することができた。九月七日の日誌に、「本山ヨリ教師国分原簿二冊ヲ持帰リ、権少以上ノ分ヲ転写ス。参考ニ供スルナリ」とある。当時の大谷派は教師に一四の階級を定めていた。教師の所在国別名簿を本山から借用して、一四階級のうち下から三番目の権少助教以上の分を転写したというのである。有志が発行する雑誌の送付先リストを作成する参考として、膨大な原簿を利用しようとしたのであろう。また、九月一四日の日誌には、「本日会計報告財務部ヨリ回移、仍テ其要点ヲ抜書ス。実ニ財政ノ実況ヲ確知スルコトヲ得タリ。而シテ負債ノ種類額面等、従来知ラント欲シテ知リ得ザル分悉ク確知シ得タリ。攻撃ノ非常ノ好材料ナリ。在所ノ功能一段ナリト云フベシ」と喜んでいる。これをみるかぎり、攻撃のための情報の入手は予想以上の成果であったらしい。さらに九月二一日には「廿九年度本山予算書ヲ転写ス」とある。本山とは即大谷派、本山寺務所は即大谷派宗務所であった時代のことである。

元勲網羅策

井上はまた「元勲網羅策」ということを考えていた。同志は少数で資金がないうえに宗政面で高名の人もいなかったから、かつて宗政を担った有名人を陣営に取り込まないと、寺務所を掌握している相手に立ち向かって勝利をえることができないとみたのである。方策として、「石篠等ヲ説キ、名利ヲ以テ之ヲ招キ以テ勢焔ヲ添フル事、石篠等ヲモ入所セシメ以テ大改革ノ端ヲ開ク事、此等関係人ノ心ヲ攬ル事」を挙げた。石とは石川舜台のこと、明治初年若くして本山改革に取り組んだ、渥美契縁に並ぶ大物。篠とは篠原順明（一八三六―一九〇六）のこと、彼も明治初年の宗政を担った、渥・石級の大物である。当時石川は金沢に閑居していたので、井上は京都円覚寺住職の篠原に照準を合わせて草間に探らせた。その草間の探訪談が九月一四日の井上日誌に記録されている。

昨午後二時篠原氏ヲ訪ヒ、二時間ホド談話ス。氏草間ニ云フ、卒業ノ上ハ仏教全体ノ為メニ働クカ、又ハ一派ノ為メニ働クカ。……生ハ寧ロ一派ノ為メニ働クコトノ緊要ニシテ適当ナルコトヲ述ベ、夫レヨリ一派ノ弊害ヲ洗浄セザルベカラザルコトヲ話ス。氏云フ、夫レハ尤モノコトナリ。併シ、一派ハ迚モ改良シ得ベカラザルモノアリ。若シ之ヲ改正セントナラバ、百五十年モ待タザルベカラズ。……ソレヨリ法主内事□中等ノ事ヲ縷述シ、改正ノ不容易ナルコトヲ述ベラレタリ。且ツ氏ハ自身改革ヲ為シタル時ノ往事談ヲ為シ、雄弁喜ブベキモノアリ。而シテ氏ハ到底自分起テ事ヲ起スノ希望ト勇雄ナキガ如シト雖ドモ、又機会アリ、成功ノ見込アラバ何時ニテモ起ツベキ色気アリテ、随分耳目手足トナル者モアルガ如シ。要スルニ、兎ニ角一人物タルコトハ争フベカラザルナリ。尤モ氏ハ未ダ胸襟ヲ開キテ談ゼザルガ如シ。此末幾回モ来談セラレ度事ヲ懇話シタレバ、生モ時々行キテ訪フベシ。然ラバ随分面白キ事アラン……氏ノ精神ノアルトコロ又推測スルニ難カラザルモノアリ。

宗政改革の難しさを体験した人が、当面の改革にどう向き合うか、含蓄のある談話に感銘を受けた。しかし趣旨は賛成でも、簡単に仲間になってくれるような人でないことを、痛感せざるをえなかった。なかに運動に協力してくれる人もいた。井上が辞表を出して解職となった後の一〇月二五日、大分県佐伯市善教寺の小栗憲一（一八三四—一九一五）を京都の寓居に訪問した。彼は明治初年、当時の新法主の訪欧を石川と共に企画して成功させ、宗政で重要な地位を占めたが、早く官界に転じて活躍し、退官後、大谷派議制局の賛衆に撰ばれた人物である。渥美・石川・篠原についで、小栗も同一世代の著名人といってよかった。大谷派の有為な人物はみな革新に心を寄せるようになったので、本山当路者は何とかして名望ある人物を味方に取り込もうとして、小栗に何度も強引に働きかけたが、剛直をもって聞こえる彼は全く応じなかったという（明教新誌　一八九六・一二・一八、二四）。井上日誌に曰く、

小栗憲一氏ヨリ、此回改革ノ事ヲ聞キ大ニ同感ナル旨ヲ述べ、模様ニヨリテハ共同運動ヲ為シ度。……生仍テ従来ノ事歴、目下ノ決神、準備方法等ノ大略ヲ云フ。氏同感ノ旨ヲ述べ、唯云フ、法主ノ金箔ヲハガサザランコトヲ。……生之ニ同ジ。……終ニ氏ハ渥美ノ帰京次第辞職勧告ヲ為スベシ。又云フ、如何ナル方法ニヨルカ。……曰ク、内部ヨリ少数ニテ改正ハダメナレバ、外部ヨリ多数ニテ之ヲ為サザルヲ得ズ。随テ多数ヲ得ル方法手段ハ新聞ニ演説ニ雑誌ニ遊説ニスベテヲ用ユベシ。……氏ハ谷沼二氏ヘモ書面ヲ出シ賛成ヲ求ムベシト云ヘリ。

運動の具体的な方法については井上たちの企画の域を出ないが、場合によっては共同運動をしたいとて、渥美に辞職を勧告し、谷了然・沼賢了にも声をかけてみようと賛意を表してくれたことは、心強かったに違いない。

改革の壁を語るとき篠原は法主内事に言及し、小栗は法主の金箔を剝がさぬよう戒めている。法主内事とは法主の行状を指すのであろうし、法主の行状を責めることはその金箔を剝がす行為であろう。両者ともに法主の不行跡を問題としている。しかし、法主の不行跡を補弼の任にある執事の責任とし、執事がこの責任をまともに果たしていないことを攻撃する、つまり法主の金箔を剝がさないことは、改革派が共有する暗黙の諒解なのである。京都有志の挙旗

の談合に東京留学生とともに参会した村上専精も、談合では「毫も法主を攻撃するといふことは無かつた……。唯渥美を攻むるばかりであつた……」と回想している〔村上 一九一四：三三二頁〕。法主の不行跡について執事の補弼責任を問うて法主を責めない。これは法主無謬論に立つものであって、法主無謬論に止まるかぎり、法主専制を斥けて権門政治を砕く根本的改革には繋がらないのではないだろうか。

まず戦略を構想し、それに基づいて戦術を立てたことは、白川党六人衆のうち井上についてしかこれを確証できない。具体的な戦術は同志の会合で井上から説明され、協議のすえ成案をえたと考えられるが、時には、他人を操縦するような手法にはついていけないと思われる場面があったかもしれない。しかし、他人の操縦まで考えるところにこそ、軍師の面目躍如たるものがあったといえよう。

2　白川党同志の辞職

稲葉と今川の辞職離京

時は少し遡って明治二九年五月九日、今川・稲葉は九月開始の新学年度に大学寮および中学寮の職務を辞することを本山当局者に通告した。現状のままでは本山寺務革新の見込みがないので、執事から辞職を迫られたこともある二人が、辞職によって革新運動の第一歩を踏み出そうとしたのである〔今川・稲葉 一九二八：一六九頁〕。教学部では、慌てて二人に教学顧問として留まってもらいたいなどと〔井上日誌 一八九六・六・五〕、直接にあるいは改革派有志を通して何度も留任を勧告したが、教学資金積立の中止など有志が提示した諸条件を呑まない以上〔同 一八九六・六・二八〕、忍従を余儀なくさせられた二人には応じる余地はなかった。

六月二七日の挙旗の協議で、今川と稲葉が資金方になることが約定されている。肺を病む総師の清沢と軍師兼雑誌編集役の井上は京都に留まらねばならない。新参で教師歴も極めて短い清川・月見よりは、理科系で教師歴が一〇年内外になる今川と稲葉のほうが、地方で教職に就いてより有効に資金方を勤めることができよう。今川と稲葉にはそれぞれ妻子がいて、その生活を守らねばならないが、最初からの同志の二人にこの犠牲的役割を分担してもらうより外に道はない。おそらくこうした考量から資金方二人が決まったのであろう。

井上日誌によると、七月一〇日、今川・稲葉二氏の送別会が共楽館で大中学寮教職員所化一同によって開かれた。満場三〇〇余人、交々立って演説した。井上は「悲壮感涙……、嗟乎此好漢ヲ入ル、能ハザルカ、悲哉」と歎いているが、これはまた会場に漲る雰囲気でもあったことだろう。まだ正式に辞職願を出していないのに早々と送別会が行われたのは、学年末で、この後所化が四散してしまうからと思われる。なお、中学寮教職員有志による両氏の送別会が、同月一六日中村楼で開催された。井上はこれにも出席した〔井上日誌　一八九六・七・一〇、一六〕。

今川と稲葉は大学寮と中学寮の学年末の業務を終えた後、七月二四日、諸役務（大中学寮教授・学寮主幹[7]・学事評議員）の辞職願を出した〔今川・稲葉　一九二八：一七〇頁〕。この頃大雨が振りつづいて各地で洪水があり、井上は慰問のため美濃地方へ派遣されて不在だった。

稲葉は沢柳が校長を勤める群馬県尋常中学校への赴任が決まっていた。もちろん同志沢柳の配慮であろう。七月三〇日、稲葉は妻子を連れて大阪府池田町に移転する。彼は大阪市北区の徳龍寺の次男であったが、生家に妻子を預けるより、京都住まいから池田町に転居させることを選び、自分は前橋で自炊の単身生活をするつもりであった。井上は「嗟乎為法分散」〔日誌　一八九六・七・三〇〕と気の毒がっている。

今川のほうは、清沢の帝国大学哲学科の同級生で文部省の参与官をしていた岡田良平（一八六四―一九三四）より、熊本県尋常中学校済々黌へ七〇円云々の話があった由、今川自身から聞いたと、井上は八月六日の日誌に書き留めている。三日後の九日には、帝国大学理科大学で今川の二年先輩（物理学科に隣接する数学科）、しかも同じ石川県出身で熟知の、時に山口高等学校校長をしていた北条時敬（一八五八―一九二九）から電報で、「熊本島根共ニ八〇円何レヘ行ク」との問い合わせが今川にあり、「熊本ニ願フ」の返電を井上が代わって打った。岡田と北条の斡旋がかちあったが、結局北条の世話で済々黌へ行くことになり、生家の加賀今江願勝寺に妻子を預けて出発する。八月一五日、二人はすべての役務を依願解職となった。

八月一六日沢柳の上洛を迎えて同志七人が顔を揃え、破壊（渥美差免）後の経営について協議した。直ちに申し分のない上局を組織することは困難であるから、取りあえず「元勲網羅」か「第二流人物ノ構成」かの何れかを取らねばならぬ。井上の「元勲網羅策」はこうした事態に備えるものだったのである。議論は決せず、井上などは悪政府を破壊することを眼目とし、あとは時機を見計らって適当の策を講じるべし、という意見であったが、午後一時前に集まったのに決定に至ることなく、情報を交換して分散した時には夜に入っていた。

八月一八日、水害地への義援金のことで臨時審議会が開かれた。その頃には寺務所内の混乱が治まり、渥美を助けて外難を防ぐ態勢に落ち着いていた。審議会閉会後の雑談で先日解職となった今川・稲葉の就職が話題に上った。事務局の一員としてその座にあった井上は、この状景を日誌に描いている。

議了リテ（文書科録事）石川曰ク此方ノ学士達モ腰抜ダ。七十円ヤ八十円ノ月給ノ為メ俗学校ニ奉職スルソフダ。アレホド喧敷云フタ上ハ、余ナラバ砂ヲ噛ミテモ運動スベキ……ト嘲笑一番ス。衆皆曰ク、飯ヲ食ハズニハ居レナイカラナ……（議事、学務部長）梅原曰ク、今川ハ熊本ニ八十円ニテ、稲葉ハ群馬ニ六十五円ニテ行クトノコト、今川ハ文部ノ経歴アルユヘニ学士ノ号ナケレドモ高給ナリト……余ハ石川君ノ云ハル、如ク、月給ノ為ニ腰抜トナルトハ少敷酷ナルベケレドモ、飯ノ食ハレヌ事ニテハ致方ナケレバ奉職シタルナラン云々ト、冷笑一番之ニ答フ。

井上はこの浮評嘲罵にあえて反論することなく、漲る憫笑の思いを日誌にぶちまけた。

何ゾ計ラン、此等ノ人々コソ不惜身命、運動ノ為メニ俗学校ニ身ヲ売リ、今川ハ三十五円、稲葉ハ三十円ヅツ合計六十五円ヅツ贈呈ヲ為シテ、最モ適当有為ナル清沢・月見・井上ノ三人ヲ残シテ運動ニ従事セシメントハ。彼等浅識固ヨリ云フニ足ラズト云ヘドモ、此曹奇策モ亦一応ナラザレハ、常識ニテハカヽル事トハ想像シ得ザルナリ。嗟乎霹靂一閃シテ天地震動スルノ時、石川ハ何顔ゾ、見タクハ思フナリ。

今川は教頭として勤務することもあって〔近 一九四二：一四〇頁〕、高給をもって迎えられたのであろう。ともあれ、寺務所録事の石川が罵倒した公立学校への就職は、同志の運動資金を稼ぐために身を売ったに等しい。そのことは、われらが蹶起して霹靂天地を震動させるとき、彼らにも分かるだろうと、井上は決意を新たにしたに違いない。今川は八〇円の月収から三五円拠出、稲葉は六五円の月収から三〇円の拠出では、手許に残る金額は今川四五円、稲葉三五円と明らかな差があるが、その今川でさえ「未タ里方ノ妻子ヘハ半銭モ補助セス」〔西村 一九五一：二〇九頁〕という状態に入る。いずれにせよ、両人とも月収の四五%前後を拠出することになったわけで、これは尋常のことではなかった。在京の同志とともに寺務革新のために献身しようとするものというほか、この犠牲を受けとめうる言葉を知らない。

八月二五日朝、清沢と稲葉が上り列車で七条駅を後にした。稲葉は群馬に赴任のため、清沢は三河の自坊に帰るついでに途中まで稲葉を送るため、同車したのである。駅には今川・清川・井上のほか学寮所化が数人来て別れを惜しんだ。その翌々日午後、今川が任地熊本に向けて発った。神戸で汽船神戸丸に乗り込む予定である。停車場には柳祐信と清川・井上に加えて、本年帝国大学に入学する今川の末弟（四男）一が見送りに来た。

月見は出張のため在京せず、清沢・稲葉・今川の三人が去って、井上は「寂寥ノ感」に耐えなかった。つぎは彼が辞職する番である。

井上・清川・月見の辞職

六月二七日蹶起が決まると、井上は早速準備を始めた。まず身の回りの整理である。七月四日には妻文江（上洛後井上は今子を文江と呼んだ）を国元に返し、借家していた東福寺の無住塔頭から単身生活のためのこじんまりとした下宿に転居した。このさい持ち物は可能な限り処分して身軽になった。

辞職するからには当然自坊に帰って寺役に当たらねばならないが、蹶起となれば当分京都住まいがつづき、檀家の要望には応えることができない。そのうえ辞職すれば収入がなくなるため、これまでのように家族に送金できず、その分余計な負担を檀家にかけることになるかもしれない。そこで、どうあっても、辞職蹶起について檀頭に諒解をえておかなければならぬ。妻を送り返して自分は帰郷しないことだけでも、その理由を説明しておく必要があった。

井上は七月二〇日、法讃寺檀頭一同にあてて一三行七枚の長い手紙を書いた。曰く、去る一月二一日教学資金積立法が発令されたが、教学のための募金でなく、教学を餌にした募金であるので、これの中止を求めるのが有志第一の主張である。法主の不行跡が問題になっているが、法主をこのような世間の非難に曝した責任を問うて、内事部長渥美の更迭を求めるのが有志第二の主張である。宗教界に冠たるわが真宗大谷派も、大革新を断行して現状を改めるのでなければ、早晩衰亡を免れないだろう。しかし、寺務所内から革新を達成することができないので、辞職して外から革新を図ることとなった。私が、八四歳の祖父と義理ある寺門を顧みず、微力をもって猛然と有志の革新運動に加わろうとするのは、従順な幾百万門末の膏血を虎狼のような本山当路者の餌にするに忍びないからである。微衷お察しのうえ同意願いたい、という意味のものであった（井上遺文「廿九年考案録」）。

八月九日、檀頭の一人から返事が届いた。「佐藤信哉君ヨリ返書。今回ノ決心ハ仏教ノ為ニ大賛成ノ旨ヲ述べ、寺ヤヤマイチへ対スル些々タル事情ハ顧ミズ、勇往スベキ事ヲ注意セラル。大賀々々。小出（法讃寺関連）ノ事、氏及ビ二三ノ人アリ。以テ心ヲ安ズベシ」（日誌）と井上は喜んでいる。有力な檀頭の多くは同意を控えたし、寺族のなかにも同意を渋る人がいたようである。しかし、賛成して激励までしてくれる人もいたことは、井上を力づけた。

七月五日の法主親諭に絶望したのか、井上はその翌日提出するつもりで辞表を書いた。そこには辞職の理由として、「拙寺前々住職井上法潤八十四歳ノ老境ニテ、特ニ春来著ク衰弱致候為メ、寺務ニ差支候ニ付、帰国ノ上寺務ニ従事致度候間」（井上遺文「廿九年考案録」）と書いたように、辞職して帰国し、祖父に代わって寺務に当たることを当面の口実としたようである。にもかかわらず京都に留まる決意を固めた井上は、住職補佐の伴僧を手配して急場を凌ごうとした。辞職してもなお帰郷しないことに難色を示した檀頭は、改革にたいする賛否以前の問題、すなわち老僧では寺務が滞るようになった法讃寺の事情を慮ったのであろう。しかるに、井上の檀頭あて懇書は、改革の大義と同志との連帯を訴えるものでしかなかったのである。

九月一九日妻文江から届いた手紙は、伴僧が暇乞いをしてきたことへの相談であったが、あわせて祖父の容態を知らせてきた。井上は「大ニ苦神、噫乎此一事雄志ヲ悩ス……」と記しているように、祖父が患いのため寺役ができないというのに伴僧が辞めることは、井上の雄志を挫きかねなかった。自坊の寺役責務と同志との連帯という強い交差圧力に、井上は引き裂かれる苦しみを味わっていただけに、前出佐藤の返書は支えになったのである。

井上は辞職する前に、渥美に会って直接、教学資金の中止と執事辞職の二件を勧告しなければならぬと考えていた。

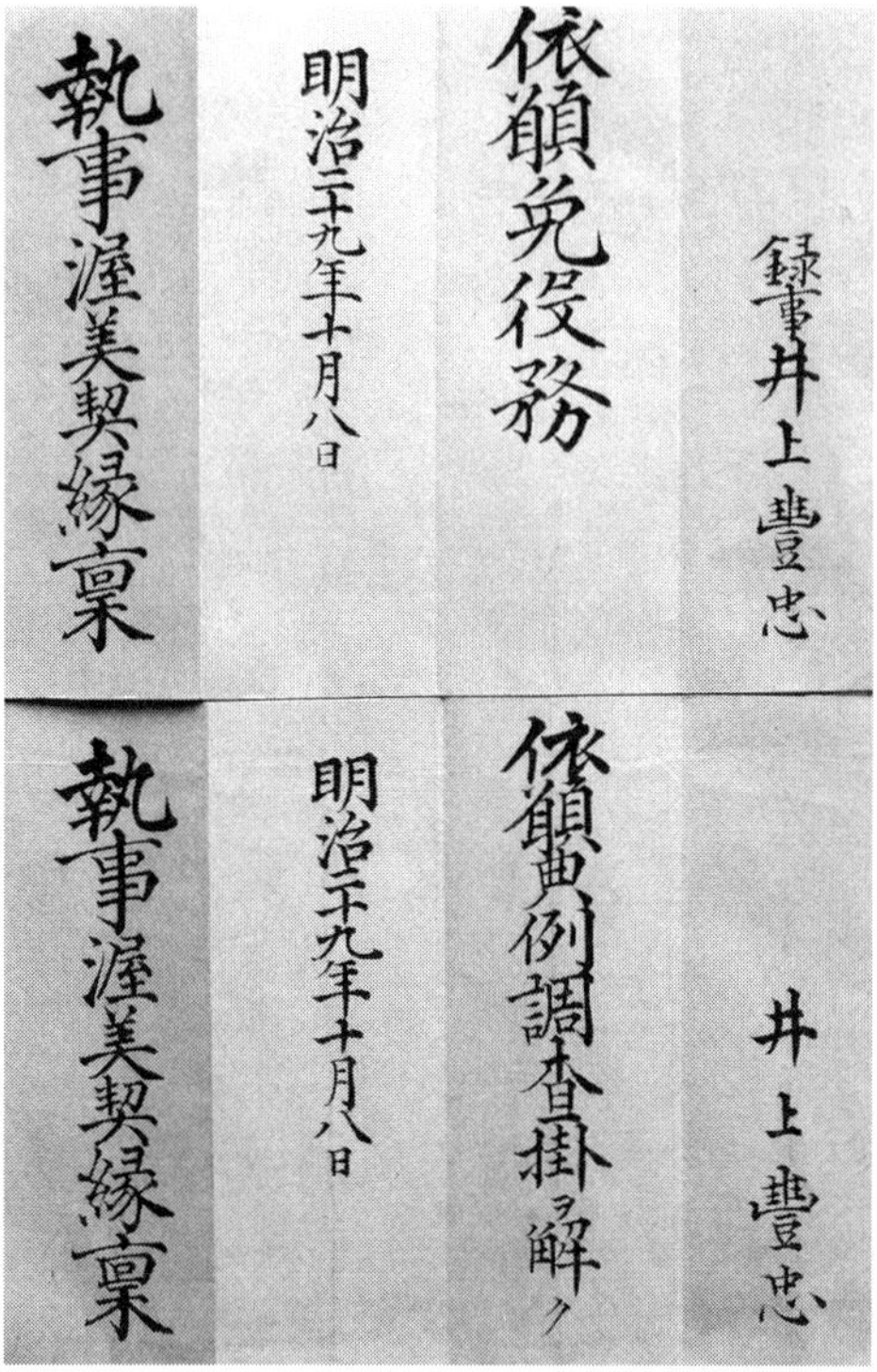

図12　依願免役務の辞令（明治29年10月）

二八年一月一九日養老説教場まで赴いて決死の諫言を試み、同年六月一四日さらに七月七日、辞表に添えて忠諫的陳情書を渥美に呈した井上である。初めは人も許すオヤコ関係にあった渥美に、晩節を汚すことなく引退してほしかった。その思いから諫言を繰り返したのであったが、ここにきて個人的に対面して辞職を勧告せねばならぬと決心した。そして一〇月一日午後寺務所白書院で渥美に面会し、理由を述べて切に辞職を勧告する。「辞職勧告と教学資金中止を申し出で、聞き入れざるを機として、蹶然払袂すると云ふ順序」は、井上が清沢と相談して決めたこと、清沢はこのことを前橋の沢柳・稲葉宛に九月三〇日夜書いた手紙のなかで報告している〔大谷大学 二〇〇三b：一三三頁〕。

井上の辞職勧告にたいして渥美は、「辞職ノ事ハ全ク望ムトコロナレドモ固ヨリ進退共ニ明言スル事ヲ得ズ」〔日誌〕と冷ややかに応じた。渥美に反省の色がないとみた井上は、予定のとおり一〇月七日ついに辞表を提出する。「私儀頃来所感有之、辞任仕度候ニ付至急前顕役義悉皆御差解被成下度此段御願候也」〔日誌〕との文面で、去る七月に準備した辞表のような、自坊の事情への言及のない、きわめて事務的な書面であった。

翌々九日、寺務所から即刻出頭せよとの指令に接したので、井上は白服・墨袈裟という装束で出頭し、願いに依り録事の役務を免じ、典例調査掛および学事商議員を解く、との三通の辞令と慰労金三〇円を受け取った。所員一人一人に挨拶して別れ、宗祖真影に拝礼をして本山を後にする。「宗政上ノ意見ノ為ニ満所心アル人々ノ信ト礼ト敬ト愛トヲ以テ送ラル、コト、而シテ明日ヨリハ正々堂々旗鼓ノ間ニ相見エルニ至ルコト、未タ曾テアラザルナリ」〔井上日誌 一八九六・一〇・九〕と、井上は自らを劇中の主人公に見立てて描写している。翌日朝、九州出張中の渥美の留守宅を暇乞いのために訪問したが、妻女は病と称して会ってくれなかった。

追いかけるように、一〇月一三日清川円誠が真宗大学（大学寮）ならびに真宗京都中学教授を辞職し、二〇日依願解職となった。清川辞職のタイミングは清沢・井上と協議して決めたもので、清沢はこのことも前橋の沢柳と稲葉に知らせた〔大谷大学 二〇〇二b：一三五頁〕。清川は明治二七年に帝国大学文科大学哲学科選科を卒業してから、二年在勤したことになる。月見覚了も職を辞して東京から京都に移転して来た。月見は明治二八年に帝国大学文科大学漢文科を卒業して、真宗東京中学に一年在職しただけで、東西呼応して辞職したのである。かくて内部からの革新に絶望した同志六人すべて辞職した。ここに本山寺務所との正式の関係は全く断絶して、公然と外部から現宗門政府に戦いを挑む宣戦布告にも等しい状況となった。

洛北白川に結集

清沢は京都府愛宕郡白川村に居を定めていた。「此地は比叡の山麓であつて、山高く水清く、樵女一隊、霞を破つて後の岡を昇り降るながめ、農翁二三、歌をうたつて前の圃に耕して居るありさま、常に全く画中の趣である。家は本屋と離家との二棟で、其離家をば、二階造六畳敷の粗末な小室で、之を教界時言社に宛てました。本家は、即ち先師の実父徳永翁が、単身隠棲、風月を楽んで居らるゝ極めて静閑の安宅である」と井上が描写している〔井上 一九〇

四、八号〕。清沢はこの本家で実父と同居していた。一〇月四日、月見が八畳の部屋と六畳の二階座敷がある裏の離家に入居し、寝具は井上が提供した。彼はそこに合流するのである。

解職の辞令を受け取った日の翌一〇日、真宗大学生たちの手伝いによって、井上は荷物を白川に送り、これを解いて整理し、一日で転居を完了することができた。夜、月見と二条まで買物に行って一〇時頃帰宅し、一時すぎまで話し込んだ。白川の生活が始まったのである。それは、井上が九日の日誌に書いたように、改革運動の開幕にほかならなかった。

白川は烏丸東六条の本願寺から大分離れているので、清川が六条付近にあって本山内外に目配りしながら雑多な任務を帯びることとした。こうして同志は、前橋〔稲葉〕・熊本〔今川〕・京白川・京六条〔清川〕と別れ、白川の清沢・井上・月見の三人が革新運動の画策と雑誌関連事務および応接など本部的な要務を担当することとなった。ここに、六人の身上にはなはだしい異動のない限り、たとえ一人の来援者なく、また一金の投資者なくとも、何時までも弛まず屈せず、言いたいことを言い、為さんと欲するところを敢行する態勢ができあがったのである。井上たちは初志の貫徹を誓いあった〔井上 一九〇四、八号〕。

去る七月下旬に稲葉と今川が辞表を出したことを知ったわれわれは、井上たち残りの三人がつづいて辞表を出すものと予想したが、彼等の辞表提出は一〇月に入ってからであった。しかも、井上はその間必ずしも愉快でない寺務所勤めをつづけていた。なぜ彼らの辞表提出が二月も遅れたのだろうか。

井上が自坊の檀頭に辞職と京都滞留とへの同意を懇請する手紙を書いた七月二〇日頃は、同志は来る八月を限りとして辞職する、ただし井上は都合で遅れても一〇月迄に辞職する、という申し合わせであった〔井上遺文「廿九年考案録」〕。ところが稲葉たちの辞表提出は予定より早かった。七月で学年度が終わり、九月に新学年度が始まる当時の学年歴を前提とするとき、八月でなく七月の辞職は、在勤の学校に迷惑をかけず、また転任先に移るにも好都合であった。あと三人のうち井上は予定どおりとはいえ、清川・月見の辞表提出が遅れたのはなぜか。

今川と稲葉は就職早々の九月から醵金を始める予定であった。しかし、今川の移転荷物が神戸で水難事故に遭ったことが判明したので、清沢たちは今川の九月末送金の一〇月分醵金を辞退することとなり、勢い白川方に経費削減の必要が生じたようである〔大谷大学 二〇〇三b：一三六頁〕。加えて、将来のリスクをもこのさい考慮し、かねての申し合わせを修正して、清川・月見二人の辞表提出を井上同様一〇月まで二月遅らせたのではないだろうか。

この間に大谷派学制の改革が行われた。大学寮のうち、宗乗専攻院と僧侶教育の安居を分けて真宗高倉大学寮とし、他の本科・研究科をもって真宗大学とするとともに、中学寮を改めて真宗中学と名づけた〔本山事務報告 三五号〕。二九年九月実施のこの改革は、新旧思想衝突の結果といわれ〔村上 一九一八：七一七〜七一八頁〕、一応の検討に価するが、さきに大学寮所化と呼んだ学生はみな真宗大学生となり、第一中学寮は真宗京都中学、第二中学寮は真宗東京中学と改称されたことを紹介するに止め、本論の展開を追いたい。

さて、井上に解職辞令が出た一〇月九日の早朝、これまで清沢らと一緒に何度も面談したことのある真宗大学第二部の学生南浮智成が井上を訪ねてきて、大学全体を挙げて一つの運動をしようとしているのだが、第一部〔宗余乗中心の学部〕を連合させることがたいへん難しいので、これに刺激を与えるため、井上・清川両先生が辞職されるとき、第一部の学生を教場に集めて辞職蹶起の理由を説明していただけないか、と依頼した。同日夕方には、南浮が同じく第二部の学友蕪城賢順および永井濤江と連れだって訪れ、三人して大学全体の連合運動について説明した。井上はこの依頼に応じて、一二日、嘱託教授の辞表を提出かたがた大学に赴いて同僚教員に訣別し、ついで第一部の三年生に辞職の理由を説明し、一、二年生らへの伝言を託した。

一五日午後、井上と清川の送別会が共楽館で開かれた。発起人は大中学生で、来会は大中学教職員十五、六人、高倉大学寮専攻院二人、並に大学研究科草間等一同、本科第一部・第二部学生等九〇人、中学生二〇〇余人、合計三百四、五十人の多数に上り、たいへんな盛況であった。井上は日誌にその景況を詳述した後、「本日ノ会コソ厳粛、盛大、愉絶快絶、而モ悲壮慷慨、一派ノ浩然ノ気、正大ノ気、皆コヽニアツマレルノ感アリ。嗚呼此男子コソ吾宗門ノ神髄ナリ、棟梁ナリ。而シテ今ヤ公々然本山ニ反対ノ為メニ去ルニ臨ミテ如此送別ヲ受ク。豈ニ快絶ナラザルヲ得ンヤ。天下知己アリ。……両人手ヲ携ヘテ徒歩シ、三条ヨリ車ヲ同フシテ帰白ス。月見君待テリ」と感激を綴っている。寺務所では親しかった者さえも渥美に遠慮して恒例の送別会を開かず、今回も大中学教職員の参加者が多くなかっただけに、大学研究科・本科学生および中学生が発起人になって、心こもる盛大な送別会を開いてくれたことが嬉しかったに違いない。送別は壮行にほかならず、蹶起後、全力で支援してくれたのも彼らであった。白川に帰れば月見が待っていた。彼は東京で送別の会をしてもらったに違いない。こうして、新しい出発の態勢が整った。

先述のように、同志蹶起の趣旨には賛成であるが、行動を共にすることは控えるといった村上専精は、その後どうしたのだろうか。彼は真宗東京中学学長の職務のために行動を留保していたが、渥美執事に辞職を勧告して彼の去就をみた後、自己の進退をきめることを決意して、一〇月一〇日辞職勧告書を送った。その梗概はつぎのとおりであった。内外の識者にして知らぬ者のない本山近来の綱紀紊乱・内事不粛・寺務不正・教育不振・布教不実は、足下がその責任を負わねばならないのに、この重大な責任を少しも顧みないため、あえて引責辞職を勧告する。この頃有志者の蹶起運動があるが、基礎が鞏固であること、主義が公正であること、人物が純潔であることにおいて、これまでの反対運動と大いに異なる正義党に相違ない。このような派内正義党の運動が起こるについても、足下は責任を負ってこれを機に速やかに退隠されよ、と。この勧告書は寺務所から渥美の出張先に回送され、長崎市十善郷の説教場から一〇月三〇日付けの返書が村上の許に届いた。村上は、それを読んで、相変わらず紫衣（法主）の下に隠れて責めを免れようとするものであることに慨嘆していたとき、渥美が帰洛して改革派の真宗大学学生を退学処分にしたとの報に接して憤慨し、このような執事の下では働けない、もはやこれまでと辞職した。彼は有志家と提携して運動しようというわけでなく、ただ、今の執事を上に戴いて学長の職務を勤めることは、自己の精神の許さぬところであったからであるという〔村上 一八九六〕。しかし、彼が草した辞職勧告書は白川の有志にとって何よりの声援であったに違いない。

3 『教界時言』発刊へ

『教界時言』の誕生

同志当面の最大の事業は、寺務改革の雄志を天下に訴える雑誌の発刊である。井上はこれについて今川・稲葉が辞職願を提出した頃から構想を練っていた。それには、仮名付きで誰にも分かりやすい文章にするとか、第一号には一派の有名人の発刊を祝う詩歌文章を載せて、読者の信任を買うようにするなどとあり、広く門末大衆を読者に予想していたようであるが、実際には中学校卒業ていどの学力のある、したがって僧侶と門徒指導層を対象とした編集になっている。仮名付きにしなかったのは、仮名付きの必要な語句は仮名付きにしてもなお理解しがたいだろうから、そのような語句は使用を控えるほうがよいと判断したがゆえである。また、月二回発行の予定を一回に改めた。これらの是正は、在京同志の頻繁な協議によってなされた。協議こそ、未知の道を歩む有志たちが革新的な手法を編み出すための最大の武器であった。

執筆陣の中心は有志が担わねばならない。井上は早くも九月二三日に、稲葉・今川・井上らの蹶起の理由書を脱稿していた。これは雑誌第一号の雑録欄（派内近事）に「今川・稲葉両氏の辞職に就て」という標題で無記名で掲載される。清沢は一〇月一日付けの沢柳・稲葉宛書簡のなかで、雑誌の論説欄に「教界革新之時機」という題目で時機が切迫していることを痛論した論文と、寄書欄に巻頭の趣意書の意味を多少翻弄的に述べた文章を書いて、一〇日までに落手できるよう送付願いたい。ついては、前者は沢柳・稲葉両氏の間で執筆願って筆者は稲葉とし、後者は津田左右吉氏に執筆願って沢柳名とさせていただきたい、と依頼している（大谷大学 二〇〇三b：一三五頁）。津田は沢柳に従って前橋に赴き、沢柳が校長を務める尋常中学校で助教諭として働いていた（津田 一九六五：一〇四頁）。雑誌第一号に前者は稲葉名の「教界革新の時機及性質」の表題で、後者は沢柳名の「大谷派の有志者に望む所あり」の表題で掲載された。在京の編集陣は群馬の三氏を心強い頼りとしていたのである。

井上はまた一〇月一四日午後から、寺務所で転写した非公開の文書によって、「大谷派本願寺ノ負債現況」なる一文を草し、清川・月見が点検したうえで、月見がこれを清書した。この文章も第一号の雑録欄に無記名で掲載される。同日の夜は、「原稿ノ為一時間余リ眠リタルノミニテ直ニ起キタリ」という精励ぶりであった（井上日誌）。

その頃には雑誌を『教界時言』と命名することが決まっていた。井上が二八年六月に完成させた大谷派法慣行の体系的報告書『宗門時言』から発想をえたのかもしれない。一〇月一五日は大中学生発起の送別会が終わって午後七時頃帰白し、待っていた月見に会の模様を話してから、「月清両君ハ徹宵原稿整頓等ノ事ニ従ヒ、夜明ケテ始メテ結了ス。而シテ生ハ眼病ノ恐レアルヲ以テ眠ニ就キタリ」。かねて眼を患っていた井上は、無理するなといわれて臥床したのであろう。一六日の日誌には、「月見君ノ如キハ二三夜更ニ眠ラズシテ働ケリ……多謝々々」と記している。

雑誌の創刊であるから、印刷業者との契約のほかに、新聞紙条例によって所轄官庁への許可申請や届出をしなければならぬ。一五日午前、送別会の前に、井上は友人藤分法賢に雑誌保証金券のことと印刷屋との契約の件を依頼し、印刷用の用紙を買い求めた。雑誌保証金は清沢と稲葉の共有蔵書「如是文庫」〔脇本 一九八二：八〇頁〕をさる学校に売却してかろうじて納付できた。一六日午後、京都府警察部に行き『教界時言』の発行届を出したところ、掛員が二点クレームを付けた。印刷所が大阪府下では取締上困難があるゆえ京都に改められたしという。京都では本山から妨害される虞ありと懸念して印刷所を大阪府下に求めたのであった。新聞紙条例の条文を持ち出してこれに反論したところ主任が代わって応対し、印刷所はそれでよいが、届出は発行二週間前と決まっているので、二九日発行を三〇日に改められよという。これは承引して三〇日発行となった。印刷所の件と内務省届出のことがこれで結了した。井上は「発行兼印刷人井上豊忠、編集人月見覚了、場所ハ愛宕郡白川村二百三十三番地寄留徳永永則方ナリ。而シテ資金等ハ皆有志熱血懇誠ナリ……」と記し、「満腹ノ抱負意見ヲ吐露スル機関『教界時言』ハ愈ヨ生レ出タリ」と、有志の熱血懇誠の結晶が日の目を見る運びになったことを大喜びしている〔井上日誌、井上 一九〇三a〕。

一〇月二一日に見本刷が出てきた。それを持って三条郵便局へ行き、逓信省への届出をすませた。二四日には雑誌の本刷が届いたので、発行日の三〇日、検事局と京都府警察部へ一部ずつ納本し、郵便局では逓信省の第三種郵便物認可書を受けとった。こうして雑誌発行関連の手続きが完了した。

創刊号は二〇〇〇部印刷した。一〇月二一日には、その配布先として、同志やその他の有志のほか、全国各地の組長、商量員、学師・勧令使、大学、中学、本山寺務所、各地取扱所、別院、連枝などの宛名を書き出し、配布は計千五、六百部、残り四、五百部を留置くという見込みであった。この発送だけでもたいへんな事務量である。そのほか教界時言社には原稿清書、発信・受信、書状整理、応対を始めとしてさまざまな用務がある。これをどうするか。すでに述べたように、真宗大学生が井上たちの期待どおりボランティアとして来援したのである。

真宗大学生の協力

研究科の草間仁応のことはすでにふれた。一〇月五日の夕方、本科第二部一年の暁烏敏（一八七七—一九五四）、同じく山田（佐々木）月樵、同じく多田鼎（一八七五—一九三七）が連れだって井上を訪ねてきて、『太陽』一〇月号掲載の「大谷派の将来」と題する一文に有志蹶起に関する批評があることなど、話していった。「三氏は大学第二部有為ノ人物ナリ」と井上は評判を記しているが、学生のなかでも有為の人物が同志のもとに集まってきたのである。三人は大谷尋常中学校（現真宗京都中学）時代からの清沢の教え子で、後に清沢門下の三羽烏と称される〔脇本 一九八二：一〇九～一一〇頁〕。

井上が辞表を提出した翌一〇月八日、清沢が井上を訪ねて来た。追って清川、研究科の草間と小原一朧、本科第二部の南浮智成、永井濤江と東谷智源（両人は東北茶話会会員）、そして暁烏・多田・山田ら十数人が来談した。翌九日早朝、南浮が大学挙げての運動について依頼に訪れ、夕方蕪城・南浮・永井の三人がその説明に来たことは、前述のとおりである。一〇日には、東北茶話会の永井・東谷・楠竜造（本科一部）の三人が白川への転居のための荷造りをしてくれ、夕方多田・山田・暁烏の三人で白川に着いた荷物の整頓を手伝ってくれた。これもすでにふれたところである。

一九日草間が井上を訪ねて来ていうには、学生仲間で執事に辞職を勧告するための材料を集めようということになっており、全体の指揮のため、参謀本部のようなものを結成する話が出ているとのこと。二〇日には、勧告に必要な材料を求めて、蕪城と南浮、ついで永井と東谷がやってきた。これは草間の指揮によるという。井上は日誌などを見返しながら彼らの材料となる話をした。四人は夕食を食べ、月を踏んで帰学した。

二二日午後、南浮と永井が来て、本日参謀本部員を選挙した結果、研究科の草間・出雲路・小原、そして本科第二部四年の南浮・蕪城の五人が当選したと報告し、話しが終わらぬうちに草間・出雲路・石田の三人が来訪して同じことを告げた。月見・清川も同席してさまざまな話しをしたところ、研究科の三氏は、「明日足立翁（法鼓、准参務）ノ門ヲ叩キ、氏ヲシテ電報ニテ渥美ヲ呼バシメ、辞職ヲ勧メシムベシ。若之ヲ出来ズト云ハヾ先足立ヨリ辞職セシムル決神ナリ」（井上日誌 一八九六・一〇・二二）と打ち明けた。大学生たちは蹶起有志を支援するだけでなく、別途、同調行動に打って出ようとしていたのである。

二五日、井上は小栗憲一に会って前記のような談話を聞き、昼食の馳走を受けた後、清川の寓居に廻ったところ、清川と月見が大学第二部の永井・永崎智順・多田・山田の四人に手伝ってもらって、封筒造りと宛名書きに励んでいた。

その日午後四時過ぎ研究科の草間と出雲路が報告に来た。一昨二三日録事太田祐慶を訪い、居合わせた録事荒木源理と二人に決心を問うた。太田は二八年七月の建言書署名一二人の一人であり、荒木は七月五日の法主親諭後請書を出さず辞職をするといっていた一人であって、ともに白川有志と近い立場のはずである。二氏は白川有志に同感同情するが去就は明言できぬとのこと。それで昨二四日足立を訪うた。彼は法主親諭後辞職を主張し、井上などは頼りにした人である。彼は白川有志および大学生と全く同意見で、白川で大砲を放てば寺務所内から呼応して革新をなすべし、という。足立・太田の言によれば、彼らと白川有志との間に何か内約でもあるかに思われ、彼らは白川有志を敵視しないだけでなく、畏敬する政友のように考えているようだ。足立は大いに決するところがあるから、学寮は慎重静粛に願いたしとのこと。これだけいうからには何事か為すだろう、それまでは動くことなく様子をみることにしたい、という話であった。月見・清川・井上は、学生たちの鋭気を挫かぬように留意しつつ、これに同意した。学生による足立・太田・荒木への働きかけは、井上の策からいえば、寺務所離間策に外ならない。草間・出雲路ら大学生は、井上らの画策するところを実行する別働隊のようなものであった。

このとき草間と出雲路は、大学では雑誌が五〇〇部要るので都合してほしいという。相談の結果、一〇〇〇部増刷に決し、二八日にはさらに五〇〇部増やして、二五円余で一五〇〇部増刷することとなり、第一号は全部合わせて三五〇〇部となった。本刷の評判が頗るよかったのである。

発刊日の三〇日、井上は五条郵便局で切手を一二〇〇枚買い、清川の寓居に届けた。清川と月見が、永井・東谷・興地観円・杉田賢恵・岩崎護・木村ら本科第二部生の手伝いを得て忙しく働いていたし、研究科の草間・出雲路、本科の南浮・東谷らも白川有志と連絡をとりながら働いたようである。三一日には、発送の準備ができた雑誌を清川宅から郵便局まで運搬して、ようやく一四〇〇余部の発送を終わることができた。『教界時言』発刊の背後には、大学生たちの骨身惜しまぬ縁の下の力持ちというべき協力があったのである。

有志の動向を早くは一〇月五日発行の雑誌『太陽』が「大谷派の将来如何」のテーマで、『仏教』が「大谷派の革新説」の題で取り上げた。前者は清沢・稲葉・今川らを論じて褒めるようで実は貶し、渥美を論じて抑えるようでこれを揚げる、含みのある文章であった〔教界時言　一号四〇頁〕。有志側では、機関誌発刊を機にこの度の蹶起の情報を流す必要を痛感していたので、『国民』『北陸』『北国』『日本』『新愛知』『扶桑』などの新聞〔全国紙と地方紙も〕および雑誌に、記事の原稿を送った〔井上日誌　一八九六・一〇・三〇〕。

白川の協同生活

一〇月三一日、本山寺務所から人力車夫を使って白川の教界時言社まで密かに五部買いにきた。清沢が出て、雑誌は京都の清川方にあると答えたので、車夫は清川の寓居へ廻って来た。玄関に出た井上が、誰に頼まれたのか、寺務所ではないか、と聞いたところ、井上がいつも使っている顔見知りの車夫だったので、包み切れず白状して、実は寺務所に命じられました、知られぬように買ってこいといわれたが、あなたに見咎められては何とも、と頭をかいた。井上は笑って、今は雑誌屋になったので、何百部でも売ります、そのように寺務所へいってくれ、今日本山へも郵送しておいたヨ、と告げた。井上は「実ニ一興ナリ」と愉快がり、白川へ帰って清沢にこの話しをして、二人で「ハラヲカ、ヘテ笑フタリ」（井上日誌）という。

白川で同志三人はどんな生活をしていたのだろうか。まず、雑誌出版関係費と雑誌掛生活費の調達である。去る六月二七日の蹶起決定のさいの役割分担では、今川と稲葉とで六〇円ほど調達する見込みとなっていたが、両人就職後の八月一八日段階では今川三五円、稲葉三〇円の計六五円に増額されていた。しかし、今川が水難事故に遭ったため初回一〇月分の醵金を免除され、実収は稲葉からの三〇円だけである。残りは何とか出版関係費の残りをかき集めたのだろう。一〇月一三日、井上と月見とで相談し、清沢の同意を得て、清川を加えた四人で一人六円ずつ計二四円を手当として分与を受けること、残りの大部分を雑誌事業費に保留することを決めた。それから三日目の一六日の井上日誌に「清川君ニ本月分手当六円ヲ渡ス。六円トハ雑誌費ヲ除キ廿五円ノ残アルヲ当事者四人ニ分タル分ナリ」とあるから、この日四人とも一〇月分各六円を受け取ったのであろう。なお、一〇月二八日の日誌には、「稲葉氏ヨリ十一月分贈付セラル」とある。今川からの送金も始まったことであろう。

白川は不便な土地で、食材は京都で買ってくるほかなかった。その生活の一端について、井上はつぎのように回想している。

先師は大人（実父）と本家に同棲せられ、月見氏と私とは離家に自炊して、一種の家庭を組成し、月見氏は水を汲み薪を採りて晩餐を調し、私は京都に出でゝ野菜を提げて帰り塩漬に従事し、先師は来訪者に応接して、諄々として革新の大義を唱道し、日の西山に傾くを忘れ居らるゝといふ風情にて、時に調菜の間隙を得ず、或は喫飯の時刻を失して、数日に亙り全く無菜にて、而も非持に喫飯せしことも屢々であつた。但しかゝる苦行者のやうな生活の中にも、時々珍味佳肴に舌を打鳴らしたこともないではない。十一月二日、『教界時言』第壱号の事務、漸く完結して少閑を得、先師は月見氏と烏鷺（囲碁）を闘はせなどして遊びたはふれ一同早く寝につきしに、午後十一時過ぎ、清川氏、突如として六条より来訪、南条文雄氏来京の始末を談し、破壊後における善後策につい て熟議し、深更に到れるに寒気頗る堪え難く、空腹亦実に忍び難い故、俄に四人皆料理人となり、薩摩薯を煮て、之を賞味し、翌午前三時半に、眠りについたことがある。其折の興(趣)、今猶忘るゝことができませぬ。〔井上 一九〇四、八号〕

引用中の一一月二日深夜の出来事は井上日誌に詳しく記録されている。それによると、深夜協議の模様はつぎのようなものであった。すなわち、呼び出しを受けて上洛した南条は、法主に拝謁して渥美差免後の執事人選につき諮問され、白川党の意見も聞いてみるように指示されたようである。そのことが本山近傍居住の清川から白川に伝えられて、真夜中の評議となった。「破壊」（渥美差免）後の善後策について、すでに八月一六日、沢柳を迎えて七人で協議し、午後一杯夜に入るまで議論したが、結論を得なかった難問である。そのとき注目されなかった清川の複撰案が今回の結論となった。全国から有識者を集め、その会議が推薦した複数の候補のなかから法主自ら撰ぶという、法主専制の大原則に抵触しない方式である。

『教界時言』第一号を入手した寺務所は九州出張中の渥美に電報で大要を報告し、その指令を受けて、法主への上申、法主から南条への諮問、南条による白川党への探索、と対応を開始したのではないだろうか。二日の日中すでに、南条が法主の召しによって上洛する旨、村上専精から白川に通報があり、何事か分からないけれど、『教界時言』を見て寺務所では狼狽している、とは推測できた。第一号発行の波紋が早くも伝わり始めていたのである。

4 『教界時言』発刊の衝撃

有志者に檄す

第一号は、〔社説〕「教界時言発行の趣旨」、〔特別寄書〕「大谷派内の有志者に檄す」、〔論説〕「教界革新の時機及性質」（稲葉昌丸）、「教学資金に就て」（清沢満之）、〔寄書〕「大谷派の有志者に望む所あり」（沢柳政太郎）、「大谷派の責任」（大観生）、〔雑録〕「教界時事」「派内近事」（大谷派本願寺負債の現況、今川・稲葉両氏の辞職に就て、教学資金積立の一法、安居試験と教学資金、助勤会、〝大谷派の将来如何〟を読みて）という内容（冒頭の社説、次号以下の社説も清沢の執筆といわれ一段組〔森 一九七五：解題四八頁〕、後半の無記名の「派内近事」は井上の筆になったものが多いようである）であった。

時言社同人の世に訴えんとするところは、無記名の特別寄書（一段組）に直截に表明されている。

それは、格調高い筆致と堅牢な文体で、真宗大谷派の三大時弊、すなわち内事不粛、財政紊乱、教学不振を痛論し、「況や我派衰へたりと雖も、若今に於て一大革新を遂行し、かの職責を失するの当路者を退けて、代るに誠実有為の人物を以てし、弊制を改め、陋習を除き、本末協力して奮励一番せば、猶我派をして優に教界に於る最大勢力たらしむるの望あるに於ておや。嗚呼諸君今や改革の機既に熟せり。……諸君、希くは共に奮起せられんことを。敢て檄す」〔一号一一頁〕と満天下、大谷派の有志者に檄するものであった。

三大時弊のうち、内事不粛についてはすでに立ち入った論評をしたが、問題の焦点は第二号社説「我内事局長の失責」に示され、財政紊乱について本書では両堂再建と負債償却に関連して解説したが、第三号論説「吾本山財政の紊乱」（井上豊忠）に詳論されている。教学不振については本号では予算が少ないことのほか具体的な陳述をしていないが、則ち何ぞ断々乎として起ち之が救濟の策を講せざる。況や我派衰へたりと雖も。若今に於て一大革新を遂行し。かの職責を失するの當路者を退けて。代るに誠實有爲の人物を以てし。弊制を改め。陋習を除き。本末協力して奮勵一番せば。猶我派をして優に教界に於る最大勢力たらしむるの望あるに於てをや。嗚呼諸君今や革新の機既に熟せり。余輩不敏と雖も。奮て此事に從はんとす。諸君にして若余輩微衷の在る所を察し決然起て此擧を共にせば。成功固より難きに非ざる也。諸君、希くは共に奮起せられんことを。敢て檄す

明治二十九年十月

首唱者總代

今川覺神　月見覺了

稻葉昌丸　清川圓誠

井上豐忠　清澤滿之

本文の趣旨御賛成の御方は將來の都合も有之候へば憚ながら教界時言社まで御住所姓名御通告に預り度
又賛成反對とも御意見被爲在候はゞ其御意見御認め被下同社宛御報知の程奉願上候

首唱者總代敬白

第壹號　特別寄書　十一

図13　首唱者総代

（『教界時言』1号，明治29年10月）

第三号および第四号論説「現当路者の非教学的精神」（清川円誠）がこれを審らかにしている。

さて、檄文の末尾に主唱者惣代として、今川・稲葉・井上・月見・清川そして清沢の記名がある[8]。それは有志六名の白川党結盟の宣言に外ならなかった。最後に「本文の趣旨御賛成の御方は将来の都合も有之候へば憚ながら教界時言社まで御住所姓名御通告に預り度」と書き添えられていたのは、宗政批判勢力を結集するために、檄への共感者・賛同者を把握する必要があったからであることは、いうまでもない。

井上日誌は一一月四日「毎日二度ヅツ賛成通告来ル」とあるのを始めとして、九日「諸方ヨリ日々十数通、今日ノ如キハ二十余通ノ来書、実ニ大勢止ムヲ得ザルナリ」、一三日「諸方ヨリ来書山ノ如クナリ」、一五日「諸方ヨリ数十通ノ書アリ」、一九日「賛成申込引キモキラズ」、二四日「諸方ヨリノ来書引キモキラズ」などと、日を追うて拡大する波紋、賛同の声のどよめきを記録している。また、直接訪ねてくる人たちもあった。例えば一二日、「(尾州有志代

表）前田学・長尾某二人来訪。尾州ハ一国ヲ挙テ一団ヲ為シ、以テ改革ヲ為サン。付テハ気脈ヲ通シ相助クベシ……材料ノ如キハ是非トモ給供ヲ願フ……」と日誌にあり、三〇日、「来訪者如織寸暇ナシ」と記している。

当時の新聞は、「此檄文配布せらるゝや、曾て本山の処置に不満を懐き、改革の念慮ある同派内の僧俗ハ、四方より響きの如くに相応じた」などと伝え（朝日　一八九六・一二・一六）、諸雑誌はあいついで『教界時言』を紹介し、なかには『明教新誌』のようにさっそく檄文を全文転載して、応援の意を表する雑誌もあった（一八九六・一一・八）。当時、どの仏教諸宗派も改革が緊要であることは識者の一致してみるところであったから、大谷派における革新運動の激発はその端緒として注目されたのである。

家族の支持

井上にとって嬉しかったのは、家郷の反響であった。『教界時言』を送った祖父から、一一月一〇日「安神」との知らせがあった。「安神」とはどういうことなのか。いち早く五日朝妻文江（いま）から届いた書面で井上には分かっていた。それは「余ノ本山革新事業ノ為メニハ家中満足。可認。付テハ独身モノト思ヒ、寺ノ事ハ心ニカケズ、十分尽力セラレタシ。為ニ如何ナル処分アルモ、又家中如何ナル事ニナルモ、恥ヅルトコロナシ。若シ万一為ニ死命ニ至ラバ、反テ後世ノ名誉タルベシ云々ト激励セルナリ……」という、井上の志への共感と激励であった。「一読奮起、亦潸然堪ユベカラザルノ情アリ」「噫今ニ於テハ公々然断々乎所信ヲ遂果スルノミ。内顧ノ憂ハ有レドモ、ナキガ如シ。大安心ナリ。大愉快ナリ。如此ニシテ文モ余

図14　井上いま（大正12年）

が配タルニ恥ヂズト云フベシ……」とまで書いている〔井上日誌　一八九六・一一・五、一〇〕。

文江は井上に連れられて上洛した二八年一一月から、二九年七月初めの離京まで、八ヵ月にわたり日々、井上がどういう仲間とどのような考えでどのような運動しているか、間近で見聞していたから、『教界時言』の訴えるところがすんなりと正しく理解できたのであろう。井上が文江を連れて上洛したことを聞いた清沢が、「(滞在の)御決心に対する効果は、必ず御懐裡に充分の御成算確立の御事と推察、一入慶喜属望の至に不堪」〔法讃寺史料　一八九六・三・一〇〕と属望した通りの「効果」を生んだ。次子懐妊だけの効果ではなかったのである。

真宗大学生起つ

教界時言社同人を助け、協同歩調をとってきた真宗大学生が、参謀本部のような指揮部を設けて統一的な集合行動の態勢を整えたことは、すでにみたところである。一〇月末、井上たちは彼らの宣言書を一読した〔井上日誌　一八九六・一〇・三〇〕。一一月二日には彼らが予約してあった『教界時言』五〇〇部を取りに来て、遊説配布の用意をしている気配であった。三日、学生の動きを察知した寺務所では、大学教職員を呼んで学生への説諭について相談をしている。四日、大学生は宣言書を完成させ、二五部を手写して新聞社に送り、大学へは連署の休業届を出した。これに対し寺務所の教学部録事が講堂に学生を集めて説諭し、午後からは教員が各クラスで説諭した。学生の本分は修学にあることを力説したのであろう。この日、指揮部の草間が教界時言社に来たり、一泊して五日も集議に加わっている。六日、時言社に来訪した本科の東谷の報告によれば、学生はもとより寺務所の説諭に従わず、大学寮の主幹や教員等にその理由を説明すると、どの人もむしろ同情を表し、誡告に始まって慫慂に終わる奇態を呈したという〔井上日誌、教界時言　二号三七頁、西村　一九五一：一七七頁〕。

一一月七日、大学生は「我敬愛なる父兄同朋及ひ門信徒に訴ふ」と題する宣言書五〇〇〇余部の印刷が出来たので、父兄始め各地の学師・勧令使や有志等に送付した。それは、まず力強く蹶起の理由を述べ、「近頃亦説を為す者あり、曰く、執事の資材殆と廿有余万円、猶以て足れりとせす、奮励自ら誓て曰く、在職中三十万に達せされは止ますと」、当路者による財務の醜聞を報じて、「真宗大学の学生起たすんは遂に大谷派を如何せん……事業の成敗亦顧る所にあらす、唯末徒の職分を尽し、正義の為に斃れて止まんのみ。派内の同朋志士請ふ続起せよ」と結んだ。末尾に、研究科一四人、本科八六人の氏名を、一部・二部別、学年別の区別なしにいろは順に記して、学生有志一〇〇名の自発的行動であることを明らかにしている〔教界時言 二号三七頁、行信の道編輯所 一九七五：一一〜二四頁〕。

大学生の飛檄にたいするメディアの反応は速かった。勉学に専念するべき大学生たちが、学業を休止してあえて改革運動に挺身する決意を表明した共同声明は、改革派として知られた時言社同人の蹶起よりもニュース・ヴァリューがあったのである。井上日誌は、「十日、本日、日本新聞（一一月九日号）ノ誌上ニ大学学生ノ宣言書ヲ登載シテ之ヲ評シ、之ヲ賀シ、且教界時言及改革派ヲ評シタリ。宣言書登載実ニ無上ノ大打撃ナリ。当路者ハ如何ニ狼狽恐懼セシカ」と伝えている。『日本』の外、『明教新誌』『時事新報』『大阪毎日』『北国』『扶桑』『愛知』『九州日々』等の新聞が競ってこれを転載した。宣言書の配付は時言社有志へのまことにタイムリーで効果抜群の援護射撃であり、宗政当路者にたいして極めて強烈なパンチを放つものであった〔西村 一九五一：一七七頁〕。

九州出張中の渥美は急報を受けて九日帰山するや、私邸を訪うた学生代表の辞職勧告もものかは、教員に一応の協議もなく学生の退学処分を決定した。そして一一日午前、大学事務局に宣言書記名の学生一〇〇人の処分を掲示させるとともに、寄宿舎生は即日退寮すべしと命じさせた。「所化ノ本分ヲ失シタル行為アルニツキ」というのがその理由であったが〔本山寺務報告 三八号〕、処分の報告を受けた教員は寺務役員の独断に頗る激昂し、寺務所に抗議する者もあって、役員派に心を寄せる者はないとみられた〔読売 一八九六・一一・二六〕。

学生はかねて予期していたことであるので、直ちに荷物を取り片付けて寄宿舎内を清掃し、午後制服を着して祖像を拝し、「如来大悲」の和讃を朗唱して勤行を営んだ〔教界時言 二号「派内近事」〕。すでにふれたように、この和讃は「如来大悲の恩徳は、身を粉にしても報ずべし」というもので、学生はこの度の蹶起を、粉骨砕身もって如来大悲、師主知識の恩徳への報謝の行と見なしていたことが察せられよう。井上は、「噫大学ハ終ニ破裂ス。学生ノ気力可嘉……学事ノ為ニ惜ムベシ。然レドモコレ不得止ナリ……」と学生たちの蹶起を喜ぶとともに、学業停止には心を痛めた〔井上日誌 一八九六・一一・二一〕。

退学を命じられた学生たちは、大八車に布団や本などを積んで東福寺塔頭霊源院に移ってそこを本部とし、指揮部の下に通信係・記録係・交渉係等を置いて活動の態勢を整える。それとともに、退学処分になったことで、所化の本分に背く非行を犯したと父兄や門信徒が誤解することのないように、候文でルビ付きの読みやすい声明文を急ぎ配布した。今回の蹶起は、「学生の本分を顧る暇もなく」「到底見るに忍びざるより起り候事」と説明するとともに、「夫々御協議の末惣代をも上京致させられ共に〳〵御尽力の程偏に希上候」「此後国々の（各地取扱所）主任助勤に申付け種々の手段を以て無実なる言を構へて我々を悪ざまに申し候事も可有之候得ば能々御注意被下度候」と要望するもので、研究科一四人、本科八七人（宣言書より一人増加）が連袂記名している〔行信の道編輯所 一九七五：二七～三〇頁〕。

ついで本部を京都市間之町通上数珠屋町に移転して、旧真宗大学学生事務所と称し、全国数十の新聞に投書して世論をかき立てた。時言社へは常に数名を送って雑務を手伝うとともに、折りしも報恩講参詣のために滞京している諸国の門末有志を、六条の旅館に訪ねて革新の必要を説いた。一般門徒のために演説会を、僧侶のために懇話会を企画し、また多数の遊説員を各地に派遣して時言社同人の遊説活動を支援した〔西村 一九五一：一七七〜一七八頁、行信の道編輯所 一九七五：八九頁〕。これにたいし、学生事務所の近傍に出張した警察官から干渉を受け、本山の監正課から妨害を受けたという〔行信の道編輯所 一九七五：三七頁〕。

中学休業

東京では、本山留学生が早くから時言社同人と気脈を通じていたことは既述のとおりである。留学生出身で真宗東京中学教授であった月見覚了は、京都に移転して時言社同人に加わった後も、東京の有志と密接な連絡を取っていた。中学学長村上専精は渥美への忠告が聞かれず、改革派学生を退学処分にしたことを見て、本山に辞表を呈するとともに、全校生徒を集め本山改革の止むをえない事情を述べて告別の辞とした〔村上 一九一四：三三一頁〕。教授鷲尾順敬（一八六八—一九四一）、同境野哲海（一八七一—一九三三）も行動をともにした。一〇〇余名の生徒はいたく感激して改革に賛同し、われら一同ここに留まるべからずとして休学を申し出、三氏の送別会を終えた後、一一月一九日、講堂の仏前で「如来大悲」の和讃を誦して寄宿舎を出た〔明教新誌 一八九六・一一・二三〕。のみならず、つづいて中学主幹斉藤唯信（一八六四—一九五七）や教授稲葉栄寿（一八六四—？）ら改革派の教授が皆辞職したので、非改革派の教授も共に辞表を提出し、東京中学に授業者が一人もいなくなった。止むなく一一月一九日をもって休業となったが、再開できずにそのまま解散となるかもしれぬ、という噂もあると報道された〔朝日 一八九六・一一・二一〕。

真宗大学生有志の一斉蹶起、それと併走する真宗東京中学の動きは、京都中学生徒に大きな衝撃を与えた。かくて、生徒四〇〇余名、各地中学に飛檄しまた建白書を提出するなど改革運動に奔走したので、閉校同然となった。一一月二六日には先に大学生が発したのとほぼ同様の改革宣言書を公表した〔明教新誌 一八九六・一一・二八〕。彼らは退学処分を受けたが、処分が大学生のように全員ではなく、一一月二九日四二人、一二月五日二三人、一二月一九日二五人（計九〇人、高等科五一人、尋常科三九人）と三回に分かれている（本山事務報告 四〇号）。彼らは今は専心勉学するべき時機であると誡告され、大学生のように集合行動の準備をしていなかったために、蹶起が波及する形で九〇人の生徒を運動に巻き込むに至ったことが推測される。

三〇年一月一九日には、多額の賄賂を受けて動揺する生徒の鎮定に当たったとの噂に対抗するためもあって、京都中学の南条学長を始めとする僧侶教職員一七人が連署して辞表を提出し（読売 一八九七・二・九）（うち教授七名の解任発令は一月二七日、助教授四名、書記二名の解任発令は同二九日（本山事務報告 四〇〜四一号））、南条ら中核教授は解職されなかったけれども、ここに京都中学も解体同然となった。退学処分を受けた生徒は、大学生と提携して奔走しつつある模様という（教界時言 三号四九頁、四号四三頁、西村 一九五一：一七七頁）。京都および東京の中学生の運動は、地方の真宗中学生にも波及した（読売 一八九七・一・一五、二二、井上 一八九七）。

村上専精と井上円了の飛檄

時言社同人の主張への同意を公表した関係著名人に、先にみた村上専精のほか井上円了がいる。井上は越後の大谷派末寺に生まれ、明治一〇年本山教師教校英学科に入学、翌一一年本山留学生として東京大学予備門に入り、一四年文科大学哲学科に進んで一八年卒業した。井上より四年遅れて大学予備門に入った清沢は、後輩ながら、文科大学在学中から井上のよきパートナーであった。井上は卒業後、キリスト教排撃の著作に専念したが、二〇年に至って哲学・史学・文学を教授する哲学館を創設し、終身他に職を求めず、哲学館の基礎を築いた。二九年文学博士。時言社同人の改革運動について発言した頃には、大谷派の僧籍を離脱していた。

二九年一一月二〇日頃のこと、村上は井上と謀って連名の書簡を全国の大谷派組長および有力者八〇〇余人に送った（井上日誌　一八九六・一一・二二）。まず、「今回の事件にも固より局外に立ち、敢て之に提携運動致す次第にてハ無之候」と立場を明らかにしたうえで、「今回の主唱者ハ数年前の不平党とハ大いに相違し、毫も名利の私情より運動致候次第にてハ無之、真に護法扶宗の赤心より本山の失政を慷慨致居者なることハ、吾輩等の固く保証する所に候」と前回の不平党と同一視せぬよう注意を促し、「能く其旨意の在る所を探求し、至急組内の各寺と相謀り、委員或は惣代登山の上、各直接に意見を開陳し、是より大谷派の面目を一新する様十二分の運動有之度、懇望の至りに候」と結んだ（読売　一八九六・一一・二六、明教新誌　一八九六・一一・二八）。一派の底辺をなす寺院組織＝組から、改革の世論とエネルギーを掘り起こし積み上げていこうとするもので、まさに時言社同人が訴えたい対象に向けて、同人の訴えかけを強力に支持する飛檄であった。同人の蹶起をもって「進歩と保守との両思想の衝突」とみる『読売新聞』（一八九六・一二・一）論説「宗教改革の時機」などの、傍観者的な観察とは天地の隔たりがあるのはいうまでもない。

両人はまた、『教界時言』に寄稿してこの運動に力強い声援を送った。村上「真宗大谷派の生命は猶存するか」（二号）、井上「教界時言の余白を藉りて哲学館出身大谷派僧侶諸君に檄す」（三号）、および村上「改革の範囲を弁し併せ

図15　村上専精

（『明治時代史大辞典』3巻，吉川弘文館，2013年より）

図16　井上円了

（同上1巻，2011年より）

て役員及び講者諸氏に質す」（四号）がそれである。井上は前掲の檄で、「泣て祖恩に報ずるも亦斯時を外にして其れ何れにあるや、謂はゆる〝如来大悲〟の遺訓を実行するも亦此時を措て何れの時ぞ」と訴え、「余が所謂根本的改革とは、本山事務上の積弊を、根本より改革するを云ふ、法主は神聖なり、犯すべからず、動かすべからず、……亦其革新は、実際上に止め決して之を法義上に及ぼすべからず、若し夫れ一宗の法義の如きは、固く相承相伝の宗意を守る可し」と、「根本的改革」の範囲を明確に示して世間の誤解に備えた〔井上円了 一八九六：四四頁〕。当時哲学館出身者はすでに一七〇〇人余りに上り、一個の勢力をなしていたのである〔三浦 二〇〇三：八頁〕。同館出身の大谷派僧侶安藤正純・長尾如雲・佐竹法律の三名は直ちにこれに応じて、三〇年一月一〇日、同館出身者に檄を飛ばし、白川党を助けて革新運動に団結することを呼びかけた〔明教新誌 一八九七・一・一四〕。

村上は、「破壊せよ破壊せよ、根本的に破壊せよ、我本山は日本の文明制度に後るること三十年、其間に年々改革ありと雖も皆是彌縫的なるのみ」〔村上 一八九七：二七頁〕と呼びかけている。両人自身は否定するものの、ほとんど時言社同人と提携して運動するの観があった。

南条文雄の運動

時言社に同情しながらやや距離をとっている感じの南条文雄も、革新の必要を力説した葉書数百枚を親族や知己に送った。曰く「先年の不平党と同様の者と見做され候ては玉石混淆と申す事に相成可申歟と存候」と今回の志士たちの信ずべきことを強調したうえで、「報謝の御実意より本山内根本的改良の成功を奏し得候様御尽力有之度法の為懇望の至に御座候也」〔明教新誌 一八九六・一二・一二、一四〕と、やや遅れたものの村上らの檄と同趣の呼びかけをしている。

南条の名は本書ですでに何度も挙がっている。彼は嘉永二年（一八四九）美濃大垣の真宗大谷派誓運寺に生まれたが、明治四年（一八七一）大谷派の学僧越前南条の憶念寺南条神興の養嗣子となる。明治元年東本願寺の高倉学寮ついで護法場に学び、五年本山寺務所の録事となった。九年サンスクリット研究のために本山留学生としてイギリスに渡り、一七年オックスフォード大学からMAの名誉学位をえて帰国した。一八年から東京大学で梵語学を講じ、二一年最初の文学博士の称号を受け、三九年帝国学士院会員となる。一派においては、二二年名古屋普通学校校長、二七年真宗第一中学寮寮長になってから、多年大谷派の教学部門で重用され、三六年真宗大学学監ついで学長に就任した。宗政面では顧問（二八・二九年）耆宿（三四年）、講者としては最高位の講師（四〇年）、僧階では僧正（大正一〇年）に陞った（南条 一九二四、一九七九）。まさに近代の大谷派を代表する学僧である。彼が伝来したヨーロッパの近代仏教学は、批判的・合理的に仏教の原典を研究するもので、伝統教学の宗派の枠をはるかに乗り越えるものであった。この点で、彼の学問は単に梵語学の移植に留まらない学術的意義を担った（安藤 一九九三：四〜五頁）。彼が高倉学寮で学び寺務所に勤めた若い時代の同僚知友が宗政および宗学の重責を担う地位に登っていったことが、留学の成果を背負って帰朝した彼の地位を押し上げ、准連枝並ともいえる重要な役割を演じることになったといえよう。

メディアの動き

『教界時言』が発刊されるや、この新しい雑誌の攻撃の的となった執事との会見記事が『日出新聞』（一八九六・一一・一五）や『大阪朝日』（同日付）に掲載された。時言社同人が指摘した三つの時弊について、執事が反論いな弁解の辞を重ねたことに、寺務職員のなかにも激昂する人がいたが（教界時言 二号四〇頁）、とくに第一の内事不粛についての弁解が同人の憤激を買った（井上日誌 一八九六・一一・一五）。『朝日新聞』は、「法主に対する世評に関しては、啻に彼の輩（時言社同人）の憂慮する所たるのみならず、全国門末門徒一人の之を憂へざるものなく、斯く云ふ自分（渥美）も亦大に此事を憂へ、事実の有無に拘はらず、自分其責に任ぜんとし、辞職を請へるも許されず……夫の世評に関しては、自から其不徳を責め厳に今後を戒めんため、一両日内に重なる職員を集め、法主親から旨を示して将来を誓はんことゝなりたれば、此上奈何ともすべき様なし」との渥美の弁明を伝えた（一八九六・一一・一七）。のち同紙は「是にて内事の不都合ハ風説のみにあらずして、愈よ証拠立てられたり」とコメントし、渥美の言辞にたいする時言社同人の反撥を報道している（朝日　一八九六・一二・一七）。

時言社では、『教界時言』第二号（一八九六・一一・二五）の社説予定を変更し、『日出新聞』の記事に関連して内事部長の失責につき論ずることに決め（井上日誌　一八九六・一一・一七）、攻撃の第二の矢を放った。それは、「渥美氏が内事局長の職責を怠りしや久し、……氏が恒に法主の懇命に託して、其地位を保たんとすることは、人の普ねく知る所にして、今や亦此策に出づ、……自己の過失を以て之を師主に帰せんとするに至りては、其罪豈軽しとせんや」（二号二～三頁）と、厳しく渥美を糾弾するものであった。

渥美に買収された一、二の新聞を除き、メディアは時言社同人の挙に好意的であった。井上日誌が第一号刊行後メモするだけでも、つぎのような事例がある。

○一一月一五日、仏教雑誌ニ応援ノ文アリ。其他枚挙ニ遑アラズ。○一一月二二日、報知時事、毎日ノ諸新聞社ニテハ社会問題トシテ一ノ援助ヲ為サン事ヲ申来レリ。日本人ノ論文過激ヲ極ム……○一一月二三日、京都新聞記者来訪。○一一月二四日、万朝報記者二人（来訪）。

5　運動の展開

第二号発刊

第二号は一一月二五日に発行された。その内容は、首唱者総代による地方有志諸君あて「緊急広告」、〔社説〕「我内事局長の失責」、〔論説〕「宗門の興廃」（清川円誠）、「教学資金に就て」（月見覚了）、「大小の弁」（今川覚神）、〔寄書〕「真宗大谷派の生命は猶存するか」（村上専精）、「宗門執事者の性格」（沢柳政太郎）、「日本教界の現況と欧州の宗教改革」（C・K・生）、「宗教と教育」（無声道人）、〔雑録〕「教界近事」「派内近事」というもので、すでに紹介したものもある。このうち「宗門執事者の性格」は、一〇月一六日付け沢柳・稲葉宛の書簡で、清沢がお二人のなかでどなたか執筆願い、遅くとも一一月一五日までにお送りいただきたいと依頼したものである。加えて、津田氏にも何なりとお出来のものを書いていただきたいと添書している（大谷大学 二〇〇三b：一三七〜一三九頁）。沢柳の原稿は前記のように雑誌第二号の編集に間があったが、津田の原稿は送達が遅れた。雑誌第三号雑録に無記名で掲載された「当路者対改革手段」がそれであろう。

ここで注目したいのは冒頭の「緊急広告」である。どのような手段方法でどのように革新しようとするのか、読者から問い合わせがあるが、この点は第三号以下でお知らせするつもりと答えている。なお、遊説員派出の件について、派出地の有志に日時人名等書面で予め打ち合わせをしたうえでなければ出張しない、と述べている。

遊説

井上は運動の方法として雑誌発行とともに遊説をきわめて重視した。去る七、八月段階ですでに遊説について企画を練っている。それは、どのような目的をもって、どのように遊説しようとし、どのような効果を期待したか、について軍師が描いた見取図であって、遊説の具体像を推測させるものといえよう。

まず㈠遊説の目的として、「身・命・財ヲ惜マズ同志トシテ運動スル有為ノ人傑ヲ得ルコト」ほか三項を挙げ、つぎに㈡遊説の主義（聴衆に訴えるべき点）として、「⑴本山ハ教学ノ至誠ナク、教学ヲダシニ使ヒ居ルコト、⑵会計上ノ不都合、⑶教学上ノ不都合、⑷法主問題、⑸役員ノ精神及行為、⑹賞罰ノ恩威ナキコト、⑺社会ノ大勢ハ決シテ此儘ヲ許サヾルコト」など、㈢遊説の人物として、「⑴一、二名ヅツ同志者中ヨリ派遣ノコト、⑵他ノ賛同者中有為ノ人ヲ派遣スル事アルベシ」など、㈣遊説の時期については、「⑴雑誌発刊（後）、模様ヲ見テ動クコト、⑵希望スルトコロニハ夫レ（発刊）ヲモ待タズ特ニ派出スルコト」など、㈤遊説の方法および順序については、「⑴公然出張遊説シ又ハ機密遊説ヲモ時機ニヨテ之ヲ為ス、⑵公然ノ時ニハ希望ニヨリ本社ノ許ス限リ出張スル事ヲ雑誌上ニ告スルコト、⑶仏教演説ノ名ニヨテ劇場又ハ他宗派寺院ニテモ之ヲ為スコト、⑷先ヅ在野名アル人々、篠原（順明）等又ハ地方有名ノ人々ヲ遊説シ、後ニ一般ニ遊説スル方得策ナリ、⑸政治思想ニ富メル一地方ヲ専領シ、根拠地トナスコト、例セバ播（磨）能（登）京（都）等ノ如シ、⑹殆ト一衣一鉢ノ雲水ノ如ク、質素極レル形ニテ、熱心忍耐ヲ以テ感動セシムルコト、設ヒ幾年カヽリテモ弛マザルコト、⑺地方人物中多少望ミアル者ヲ利用シテ第三者ニ遊説セシメ、目的ヲ拡充セシメル方略ヲ取ルコト」、㈥遊説の傍（副次的）目的については、「⑴門末ノ実況視察、智徳ノ程度、生活ノ有様、本山ニ対スル観念、人物ノ有無等、⑵各地方ノ事情探訪、（雑誌の）通信員ヲ作ルコト、⑶本山地方扱所員ノ横恣、不都合取調ノコト、⑷雑誌登録ノ事実集募ノコト、⑸（教学）資金上納延期願又ハ（資金に関する）質問書等ヲ其地方々ヨリ出サシムルコト」、そして最後に、「(七)結党ノ事ニ奔走スルコト」(井上遺文「廿九年考案録」)、と周到極まるものであった。(二)遊説で聴衆に訴えるべき重要な事項についての情報は、『教界時言』に満載される。他面、遊説でえた地方の情報は『教界時言』の「派内近事」欄に生かされ、雑誌発行と遊説は車の両輪となって進められるだろう。企画通りに実施されない点があったとしても、きわめて周到な企画、見通しの利いた構想のもとに遊説が行われたことが察せられるのである。

真宗大学生は一一月二六〜二七の両日京都市下京区の長講堂で演説会を開いた。諸国からの報恩講参詣の老若が堂に溢れる盛況だった(井上日誌 一八九六・一一・二七)。彼らはまた遊説の尖兵となった。井上日誌に、「暁烏・清水・杉田・館ノ四氏、明日ヨリ八九名諸国派出ニ付来訪」(一一・一五)、「大学江上・葦原・清原・島田・樋口・川那部ノ諸氏、明日出発ニ付キ来訪、ヨテ要領ヲ話ス」(一一・一六)などとある。主なものを拾えば、一一月三〇日、大阪で南浮・永井・荒尾・岩崎・寺本・藤井らが演説会を開き、僧俗三〇〇余名の聴衆に感動の色があったという(教界時言三号四八頁)。また、一二月中旬三河・尾張地方へ派遣された寺本婉雅が、津島町で有志を説いて改革賛成の盟約に導き、改革演説会を開いて二〇〇〇の聴衆を集めたという(朝日 一八九六・一二・二〇)。派遣月日を明らかにしないが、第一回遊説二〇人、第二回遊説四〇人という記録もある(西村 一九五一:一七七頁)。遊説に出張する学生は、前記のような注意点について出発前に井上から指導を受けたのであろう。時言社では遊説役の井上だけでなく清沢・月見らも、大学生の支援のもとに、京都・大阪を始めとする大谷派の拠点、近江・加賀・美濃・尾張・三河・伊勢・播磨等で盛んに遊説を行っている。また、提携運動はしないと宣言した村上専精もしばしばこれに加わった。

清沢は病軀をおして血を吐きつつ遊説し、月見は雑誌編集に加えて巡回演説で疲労が重なり、一二月一八日夜路上に卒倒して一時人事不省になったことがある(井上 一九〇五、三号)。同人はそれぞれの場で、死力を尽くして奮闘したのである。

大谷派内の動き

『教界時言』の創刊から第二号発刊までの一月近い間に、派内にどのような動きが起きたのか。雑誌創刊の影響というべき派内の趨勢を第二号がまとめている。創刊号の発送が一〇月三一日で、第二号の原稿を印刷所に廻したのが一一月一九日であったから〔井上日誌〕、二〇日足らずの間に起きた動きである。時言社からみた動きは大きく分けて二つ、一つは時言社への地方からの訪問・来書による賛同表明と援助申し入れが多いことで、社員の繁忙は日夜に激甚を加え、このためにほとんど寝食の遑もないことがあるようになった〔井上 一九〇四、八号〕。もう一つは地方志士の運動の盛り上がりであって、差し当たり同志の団結と教学資金上納中止が大きな動きであるという。

教学資金積立の中止は時言社同人の活動目標の一つであった。これが広い共感をえたのは、相次ぐ募金によって多年痛めつけられた地方の門末が、財政紊乱の実状を知って心底から腹を立てたためであろう。もう一つの目標である同志の団結は、「小にしては一町一市の合同より、大にしては一国又は数県の結合に及ばんとするものあり」〔二号三九頁〕という。教団権力を握る寺務所に対抗するためには、改革同志の広範な団結が不可欠であった。

『教界時言』第二号は以上のように創刊以後の派内の趨勢を概観したうえで、「余輩は最初より今日の革新の時機たるを信ずと雖も、斯くまで影響の速ならんことは殆ど期せざりし所なり」と、予想を遙かに超える反響の広がりに驚いている〔二号三九頁〕。時言社同人は初め、外部で数年間言論活動をして学生を陶冶し門末を教導することを計画していたが、四方の形勢が一気に動いて、革新の実を挙げねば止まぬ勢いとなったのである〔『法讃寺記録』巻二、六五葉〕。

前記の、本山の統制によらず、同じ志に結ばれた人々の狭い地域を超えるヨコの結合、ここに一派における組織化の新しい契機が出現している。井上が目指した派内「結党」に通ずる動きである。地域を超えた同憂の門徒の結集は早くから見られた。一一月一一日の『読売新聞』の記事に曰く、「今回の改革ハ啻に中央部のみの問題にあらず。愛知・新潟・岐阜・兵庫・石川等の各地方に於ても有志各議する所ありて、イザと云はゞ直ちに蹶起すべき有様あり。殊に加賀の如きハ、先月三十日有志者十数名金沢市に改革大演説会を開き、夫れより小松・大聖寺を経て越前に入り、一方は能登地に向つて二組の遊説員を派遣し、改革演説を為す事を議決したりと云ふ」と。石川は有志の一人今川覚神の出身県で、時言社の動きが早くから伝えられていた改革運動先進地といえよう。県名の挙がった地方は大谷派門末が集住する地方である。

ここで附言しておきたいのは、本山会計取締である有力門徒を講頭・准講頭・商量員と呼ぶが、一二月五日、京都市内の講頭准講頭商量員会議の席に清沢と井上を招いて、革新の意見につき質疑した結果、首唱者たちは全く愛山護法の赤誠から出たことを確認できたので、このうえは渥美と革新首唱者との対決を求め、模様によっては断然革新の旗幟を鮮明にすることを議決したことである(明教新誌 一八九六・一二・一四)。革新運動は本山会計の屋台骨を揺るがす勢いを示すに至っている。

時言社内部の変化

時言社内部の状況は『教界時言』発刊以後形勢が一変した。まず事務が繁劇を加えたことは、先に派内の動きに関連して紹介したとおりである。遠近の有志が昼夜の別なく来訪したので、隣家二軒の座敷を借りて対応したが、社員は応接にほとんど寝食の遑もないときもあった。そこで井上は東北出身の親しい学生永井濤江と東谷智源に来援を求め、そのお蔭で薪水の労と書記の煩いを免れることができた〔井上 一九〇四、八号〕。それでも革新運動の進行とともに社員の繁忙は激甚を加えたので、少なからぬ有志がこれを見聞して諸方から来援した。

時言社の事務量が膨大となったのは運動の展開によるものであるが、また財政的に余裕ができたことが膨張を許したのである。当初は稲葉・今川両氏の寄贈を唯一の財源として、入るを量って出づるを制する主義、如何なる事情があっても絶対に負債を起こさぬ主義を堅く守っていたので、かろうじて雑誌事業を経営するだけで、目覚ましい活動などできるはずはなかった。ところが、雑誌発刊後有志の来訪が頻繁となると、清貧洗うが如き生活に耐えて苦闘している時言社社員の実状を目撃して、感動の熱涙を注ぐ者多く、金品の寄贈が日増しに多大となった。

かくて、担当の井上は寄付の受納に忙殺され、毎月受領するところ数百円から一〇〇〇円に及び、稲・今両氏の寄贈は一一月分をもって必要でなくなった。それで、妻子を郷里に預けて単身熊本に赴任していた今川も、ようやく熊本で一家を構成することができるようになった〔九州工業大学 一九五九：二六三頁、大谷大学 二〇〇三b：三七三頁〕。

一一月末発行第二号冒頭の「緊急広告」の一項に、「元来金銭上の事は頗る弊害を醸し易きものに候へば、有志各位より直接に井上豊忠宛御寄贈被下候もの丶外、他人の手を経て授受致候事は一切致さゞる覚悟に御坐候間、此義御含置被下度候」と掲げ、同じ文章を第三号の緊急広告で繰り返す有様であった。それに雑誌刊行部数の増加による誌代増収が加わる。こうして時言社の革新運動は誌代だけでも余裕たっぷりの財政に急転したため、演説会・懇話会の開催、遊説員の派遣、頻繁な一葉摺りの印刷送付、かつ大量の通信など、大幅に拡大した活動を滞りなく展開することができ、また支援学生の慰労会をすることもできるようになった〔『法讃寺記録』巻二：七九葉、井上日誌 一八九六・一二・一七、井上 一九〇四：八号〕。

6 渥美側の反撃と敗北

渥美側の反撃

清沢らが寺務革新のために蹶起の意思決定をしたことは渥美側に漏れていた。渥美は資金もない少数者の蠢動とみて防禦の策を講じなかったが、『教界時言』が刊行されてたちまち天下の耳目を集めると、反撃に乗りだす（無記名一八九六c：六〜七頁）。その種々相を時言社側では一二月の段階で体系的に捉えている（教界時言 三号五四〜五五頁）。渥美側はとりあえず中傷をもって反撃してきた。すなわち『太陽』および『京都日出新聞』を買収して、改革派を中傷し自己を称賛する記事を書かせ（明教新誌 一八九六・一一・一四）、また、「地方新聞を買ひ尽して、更に東京諸新聞買収の策を講じ、極力僅かに一明治新聞の同情を得、以て之を地方の門末に配布したる」有様（教界時言 四号四頁）であったが、宗政を握る有利な立場から反撃した。

第一は、『教界時言』第一号で指摘された三大時弊について反論することである。渥美にも言い分はあった。『明教新誌』の記事（一八九六・一一・一八、二六）によって教学不振への反論をみるに、「彼等（時言社同人）は学を知て教の何たるかを解せざる輩」「人に向ては六ケ敷仏学の説を説くことを得べきも愚夫愚民を教化啓沃するの説教だも為す能はず」という主張は、渥美がいう愚夫愚民には訴える力があったかもしれない。しかし先にふれたように、内事不粛については自己弁護に急となり、財政紊乱に至っては弁解は疑惑を強めたことだろう。渥美は後日これらの弁明を取り消し「渥美の取消事件」と報道されたという（明教新誌 一八九六・一二・二）。

第二は、集会・演説など正当な行為を妨害することである。一二月四日の井上日誌に、清沢とともに名古屋で遊説したときの状況が記されている。

午前ハ錦城館ニテ懇話会ノ催アリ。之ニ臨ミ、清沢ハ大体ニ付テ、井上ハ（本山の）財政ニ付テ長談話ヲ為シ、二百余名ノ聴者耳ヲ傾ク。○午後一時大津町光円寺ニ開ケル演説会ニ臨ミ両人演説、尋テ東橋町崇覚寺ニテ演説、二ヶ寺共満堂ノ賛成者ヲ以テ充タサル。本山ヨリ演説中止ノ命来レルモ、之ニ関セズシテ終了ス……小山法深来リ、同道帰京出頭スヘキ事ノ令状ヲ示ス。之ヲ叱シテ封後ニ検印ヲ捺シテ之ヲ帰ス。

大谷派寺院の本堂を使って開催されたイベントが本山の方針に反する場合、本山はこれを差し止める権限をもち、また、演説の内容が教義にかかわる場合、これについて訊問する権限をもっている。こうした権限を行使して遊説に圧力をかけてきたのにたいし、井上らはこれをはね返した。このほか、本山事務各地取扱所の主任や助勤が改革集会に圧力をかけることは、地域での力関係しだいでいくらも行われたことであろう。名古屋の事件にたいして『明教新誌』は、憲法が保障する言論の自由を蹂躙する暴挙、法主専制体制下でも許すべからざる事件として強く抗議した〔一八九六・一二・一〇〕。

退学処分を受けた元真宗大学生は、退寮して下宿住まいを余儀なくされたが、渥美派は六条の宿屋主人を脅迫して学生の止宿を妨げ、あるいは父兄に学資送金差止めを勧告し、あるいは学生の僧籍を剥奪しようとするなど、いうに堪えぬ種々卑劣な手段で元学生に圧迫を加えた〔明教新誌 一八九六・一一・二二〕。

第三は、法主の親諭を利用することである。一一月二九日真宗最大の年中法会である報恩講満座（最終日）恒例の法主直命では、「近頃種々ノ浮説流言ヲ致スコトナレドモ、決シテ浮説ニ惑ハズ、……本山維持ニ心ヲ懸ケ」「資金ノ取持依頼致ス」との言葉があり、つづいてこれを敷演した講師細川千巌は、「凡ソ念仏ノ信者ノ心得ニハ善知識ノ仰ヲ堅ク守ルトイフコトヲ忘レテハ相ナラヌ」と説いた〔本山事務報告 三八号〕。聴聞に参集した僧俗は、時言社の運動を法主がどのように受けとめているかに注目したと思われる。法主は浮説を流すものと非難したが、「親諭を垂るゝ間聴衆ハ何れも念仏を唱へ頗る静粛に聴聞したりと云ふ」と『読売新聞』は伝え、「知らず、以後改革派の運動如何」と改革派の出方に目を向けている（一八九六・一二・三）。しかし、渥美がもし法主直命の敷演に立つなら、流血の惨事が起きるかも知れぬと威嚇されたというから（渥美写本、行信の道編輯所 一九七五：七一頁）、一部には啻ならぬ雰囲気が潜んでいたとみなければならない。

ついで一二月一日、寺務役員等奉職者および在京の門末代表を集めてなされた法主親言では、「我本山ノ組織ハ自ラ他ト大ニ異ナルコトナレバ、是レマタ前門（跡）ノ遺志ヲ守リ、断乎トシテ其ノ方針ヲ維持イタス心得ナリ。然ルニ種々ノ浮説流言ヲ申シ触ラス趣キナレドモ、必ス右等ノ説ニ惑ハズ」「余カ職ヲ補佐シ呉ル、様相タノム」との言葉があった（本山事務報告 一二月号外）。これらによれば、時言社同人の主張は前法主の遺志および現法主の直命に反する浮説流言の類である。彼らの言説に迷わされることなく、善知識（法主）の直命を拳々服膺するのが真宗信者の心得である、と教諭したことが明らかである。時言社同人が攻撃する渥美の失政も、他の本山と大いに異なる大谷派本山の組織上の特質に言及することにより不問に付された。渥美側は、門末の法主神聖観に乗じて、法主親諭の「後光」により、時言社の批判を押さえ込もうとしたのである。

法主直命があった一一月二九日の午後一時、報恩講を機に諸国から上洛した改革に関心のある僧俗約一〇〇人、加えて大中学生二〇〇人ばかりが、大谷派革新有志懇話会に集まった。大学生の周旋により豊後と加賀の各総代等が発起人となって、河原町共楽館で開催された会である。まず清沢は改革の範囲方法および構成策について論じ、井上は会計法および当局の人物が不適任であることを述べ、研究科の草間が大学生を代表して革新の意見を開陳し、本山の対抗策を挙げて一々論駁した。懇話会が終わった後も諸国有志はおのおの小グループを作って提携策等について議し、全く終わったのは午後七時過ぎであった。これが一派全体に拡大した広域の革新派有志懇話会の嚆矢である（教界時言 三号、「革新の趨勢」）。同日午前の法主直命は「改革の意なきことを法主の口を藉りて公にした」ものと改革派は捉えて、「一層激昂の度を増し運動に益々努めた」と『朝日新聞』（一八九六・一二・一九）が報じた。このことは、有志懇話会には先に『読売新聞』が伝えた午前の法主直命の席とは全く異なる雰囲気が漲っていたことを、証言するものである。

第四は、有力な貴顕に哀れみを乞い、その権威をもって改革派の運動を鎮圧することであって、渥美は上京してその運動に勉めていると噂されたが（明教新誌 一八九六・一一・二二）、これは効果がなかったようである。

第五は、改革派の主張を一部採用することにより、攻撃の鋭鋒をかわそうとすることである。一一月二〇日、内事局長渥美契縁のほか録事二人と従者五人を「懲戒免職」の処分に付した（本山事務報告 三八号）。渥美内事局長が非難攻撃の標的であったことは、『教界時言』第二号社説に関連してすでに論じたところである。内事局の録事や従者はおおむね法主の不行跡を佐け、寵を得て過分の贅沢をしたという悪評の高かった人たちである。しかし、解任された録事や従者が、その後も内事局の通用門である台所門や枳殻邸門前などに鼠のように出没するのが目撃され、改革が名ばかりであるとの印象を与えた（読売 一八九六・一二・二〇）。

ついで既説一二月一日の親言をもって、教学拡張の方法を諮るため来年二月を期して教学諮詢会を開設することを垂示した。教学拡張はかねて改革派の主張するところであるが、同日任命された六人の設備委員はことごとく渥美配下の人々であった。一般僧俗が改革派に同調せぬよう予防線を張ったもので、これでは改革の功を奏することはできない、本気で改革する意欲のないものと、改革派は受け止めざるをえなかった（朝日 一八九六・一二・一九）。さらに、三〇年二月発布の教学諮詢会条規（本山事務報告 四一号）について、改革派は門末会議開設の障害物にすぎないと反撥を強めた〔教界時言　五号四三〜四七頁〕。

第六は、捏造の説を放って門末に時言社同人の言説を異端視させ、かつ虚構の談を進めて法主に同人を嫌悪させることである。同志を目して「哲学宗」または「動物宗」を興そうとする外道であるといい触らす当局者がいたという〔明教新誌　一八九六・一二・一四。井上　一九〇五、三号〕。清沢が帝国大学の哲学科を出、稲葉が動物科を出ているからであろう。幼稚きわまる誣言であるが、文学士・理学士の肩書きをもつ者の名望が随分と尊かった世相において、無学な門末大衆には分かりやすい。また宗義の改革を企てる者とか、寺務所の要職ほしさの運動であるとか、法主に一食常精進を強いようとするものとか、はなはだしきは法主の廃立を謀ろうとするものなど、その例である〔教界時言五号、社説「言路の壅塞」〕。明治二〇年代の仏教革新論のチャンピオン中西牛郎に『厳護法城』なる一書を著述させて白川党を攻撃したのもこの類であろう〔教界時言　七号二〇〜二二頁〕。渥美は『教界時言』の創刊号が出たときから、「白川村に立籠る一派の輩は口頬に教学を唱ふと雖も……真宗の教義に至ては微しも之を会せず……所謂真宗の本義とする子々相伝に従はずして唯だ自己の学問を以て本体とする世間学者に過ぎず」と非難していた〔明教新誌　一八九六・一一・一八〕。これを承けるように、本山から地方に派出された役員や勧令使は、末寺本堂の高座から、「今回の改革は、学問はありても、南無阿弥陀仏のいはれに至りては未だ解せざるの人なり。而して彼等は宗意安心の改革を希望するものなり。故に彼等に与みすべからず」と門徒に語りかけて、改革派讒謗の言葉をばらまいた〔村上　一八九七〕。

第七は、上記のうち教義の改革を企てる者との烙印を捺そうとしたことを特記したい。これが成功すれば致命傷となるから脅迫の奥の手といえよう。井上日誌は、一一月二七日、「草間君ニ面ス。本山ハ余等ヲ誣スルニ教義改正スル……ヲ以テス」と記録している。寺務所は教義改革の嫌疑で井上らに攻撃をかけてくるとの風聞を耳にした草間が、井上に警戒するよう伝えたのであろう。本山当局者は、清沢は手強いが、井上ならやっつけることができるだろうとみた。政治科の出身で「比較的宗乗に深遠ならずと云ふを奇貨とし」「首謀者中に於て尤も声望の赫々たる井上豊忠」に網をかけて、「白河党の勢力を一挙に殲滅せしめんと欲し」たのである（明教新誌　一八九六・一二・二八）。

安心調理の法廷

二九年一二月三日、尋問の廉があるから明日午後一時に寺務所に出頭せよ、との召喚状を寺務所の小使いが井上にもたらしたので、所用があって出頭できぬ旨三行半に書いて返事とした。すると、正式の届出をしてほしいといってきたから、向こう一週間已むをえぬ所用があって他出するが、一一日には出頭する旨返書した。寺務所員でなくなっても、大谷派僧侶として召喚に応ずる責務があったのである。そして、遊説のため尾張に出張し、帰洛して種々時言社がらみの所用を果たした後、一一日午後二時本山に出頭した。

案内により寝殿南ノ間に入ったところ、書記二名が机を控えて筆記の用意をしていた。ついで細川講師・吉谷覚寿嗣講（一八四三―一九一四）・石川了因擬講（一八四三―一九二二）が出席し、梅原教務部長が臨監する、つまり宗義安心調理の役職（「真宗高倉大学寮職制」第二〜四条、「寺務所職制」第五章）が勢揃いしたなかで、「細川云フ、法主ニハ其許ノ自督安心ノ程ヲ案ゼラレ、余ニ命ジテ一応調べ（ヨ）トノコト、ヨテ有ノ儘ニ自督ヲ申セ云々ト。生云フ、御思召ノ程ハ深ク感佩ニ堪ヘズ……去リ乍ラ私ハ未ダ曾テ宗義上ニ云為セシコト更ニナク、上京後久シト雖モ一席ノ説教ヲ為シタルコトモナシ。然ルニ今突如安心ノ御調ベニ相成候理由了解シ難シ。如何ナル事ナリヤ……吉谷云フソレハ近頃其許ノ言行ニ付テ……余云フ、私ハ本山ノ宗務上ニ於テハ当局者ト全然意見ヲ異ニシ反対ノ言動ヲ為シ居レドモ、更ニ宗義ニ関セズ……吉谷云フ、宗義ト宗務トハ別ニアラズ。本末ノ関係アリ云々。生ハ之ヲ弁ジ、且ツ云フ、当路

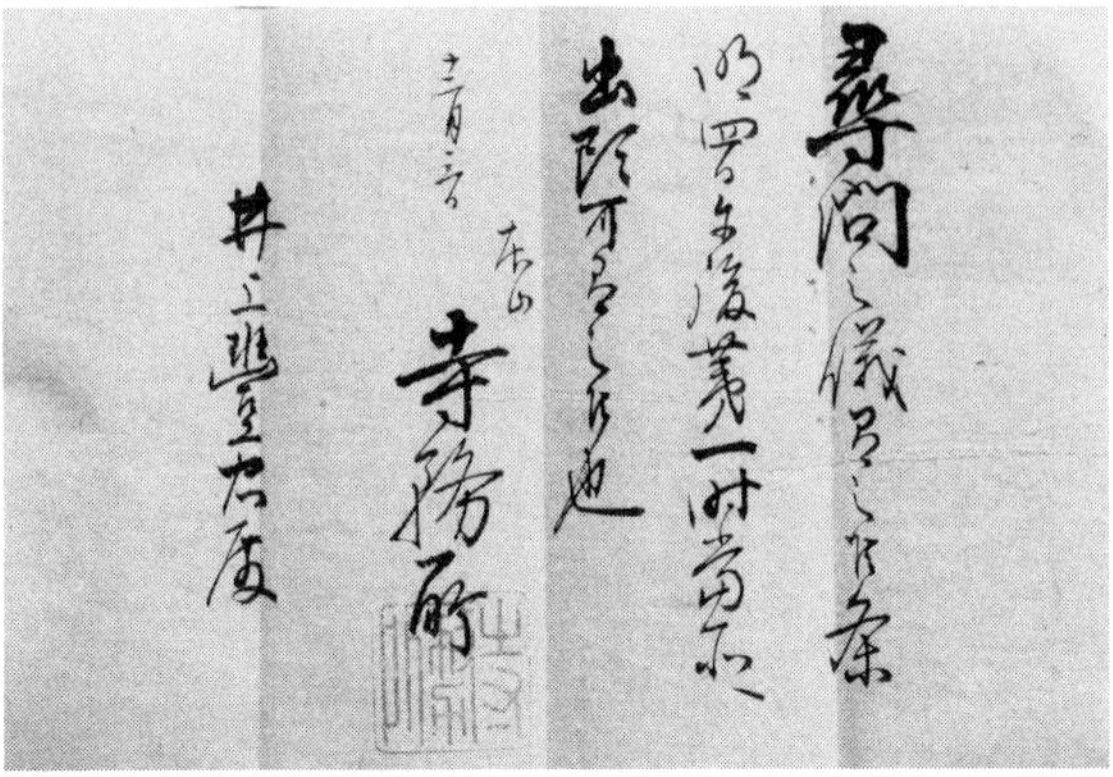

図 17　安心調理召喚状(1)（明治 29 年 12 月 3 日）

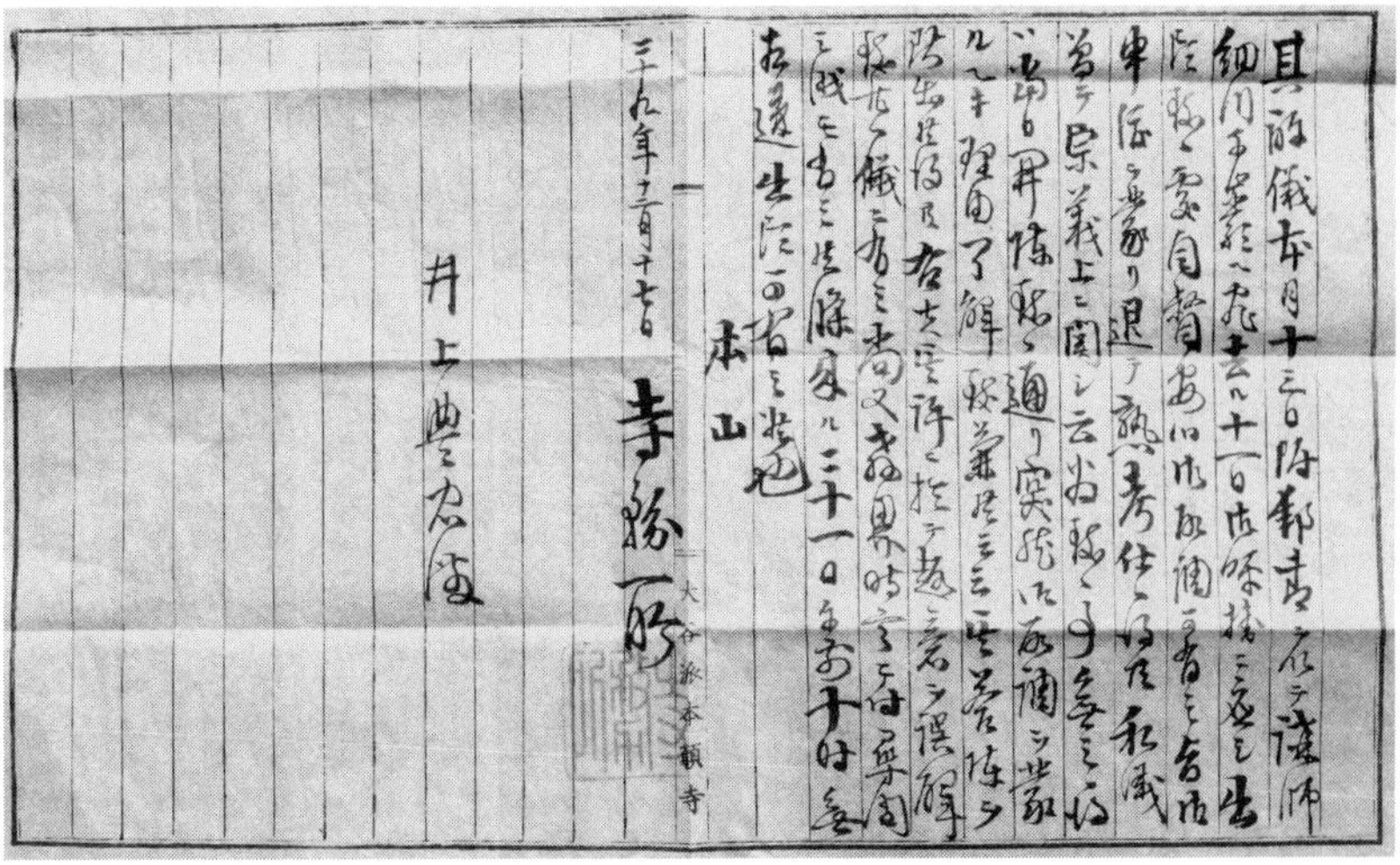

図 18　安心調理召喚状(2)（明治 29 年 12 月 17 日）

者ノ卑屈陰険ナル、（不法の策を施して吾人を傷けんとするの所為あることに関して）十分ノ疑団アリ」（井上日誌　一八九六・一二・一一）。

井上が宗務上反対の言動をしていることについて、宗義と宗務とには本末の関係があるから、法主の命により宗義安心調理（理解審査）をするのだと講者側が弁ずるのに対し、井上は宗義と宗務とは別だと反論して、決着がつかない。結局、井上が熟考して一四日までに結論を回答することとなって退席した。彼は「当路者ハ余輩ヲ誣フルニ宗義上ノ難癖ヲ付ケテ排除セントス。故ニ断然拒絶シタルナリ。何等ノ卑屈、何等ノ陰険……」と怒りをぶちまけている（日誌　同上）。

村上専精はこの事件を渥美等の陰謀とみた。「最も奇なるは学務部出仕の役員にも非ず、又講者学師にもあらざる佐々木祐寛氏（准参務待遇の顧問）にして、事未だ起らざる頃東京に帰りて其計画あるを語れりと云ふ。是に由て之を観れば、少くとも渥美・佐々木・梅原（譲、学務部長）等の諸氏は此計画に関知せしこと明なり。……某擬講余に語りて曰く、旧臘十二月十一日細川千巌・吉谷覚寿・石川了因の三氏安心調理の為め将に寺務所に出頭せんとするや、戯れて「今日は地獄落の試験と極楽参りの試験をするのだ」との言を発せしを聞き頗る怪訝に堪へざりきと。此等の言動聊か内部権謀の消息を察するを得んか」と論じ、井上召喚の舞台裏を暴いて問題の真相に注目せよと天下に訴えた（村上　一八九七）。

さて、一二月一四日の井上日誌には、「本日本山へ断書ヲ出セリ」とだけあるが、それは一三日付け細川講師宛の「目下宗務上につき当路者と意見を異にし、言論に従事致居候折柄にて、彼此混同の恐も有之候間、此際ハ右御答申上兼候」云々という断書であった。ところが一七日本山から、「右者其許ニ於テ趣意ヲ誤解致居候儀ニ有之、尚又教界時言ニ付尋問之儀モ有之候条、来ル二十一日午前十時無相違出頭可有之候也」と通知してきた（法讃寺史料）。尋問の範囲を拡げて向かってきたのである。これには、信任せぬ寺務当局者の召喚には応じられない、と答えて突っぱねた。翌二二日、本山から月見と清川に召喚状がきたが、両人とも断然謝絶した〔井上日誌〕。渥美側は井上を宗義安心の上で疑義ありと断罪して、白川党はみな異安心の徒であるとの汚名を着せて葬ろうと企てて失敗し〔朝日 一八九六・一二・一九〕、せめて月見と清川に網をかけようとして成功しなかったのである。

井上にたいする安心調理の企てが新聞紙上に報ぜられ、広く大谷派僧侶の知るところとなった。一二月一八日の大谷派関東大会では、「当路者が仏祖を欺きて忠実の士を毀けんとする」ことを攻撃し、「衆人の望を属したる吉谷・石川の両学師の如き亦寺務所員の頤使に随ひ細川等と倶に曲学阿世の仲間入したる」ことを非難する声が揚がった〔読売 一八九六・一二・二〇〕。井上召喚の記事を載せた『教界時言』第三号〔五五頁〕が二九年末に発行される前に、一般紙の報道により、罪のない志士に妄りに安心調理を適用したことへの怒りが、関東で噴出していることに注意したい。渥美側は策に溺れたのである。

広告「革新の要領」

時言社同人が改革の急務を絶叫したのにたいし、これに応えた地方有志から、どのように改革をするのか、改革の方途を問う声しきりだった。そこで、一二月六日在京四名に草間を加えて協議し、「革新の要領」と題する広告を作製した。一五日一葉摺りのビラとしてできあがり、直ちに各地の有志に送付した。時言社同人は月刊の『教界時言』のほかに、緊急の要務伝達のために一葉摺りのビラを配布したのである。今回の一葉摺りには、革新の要領として、一、目下もっとも急を要するのは現執事の更迭である、二、渥美氏の後任選出について、今回に限り台命により末寺僧侶中智徳ある者を一〇〇名ばかり招集し、これに諮詢して渥美氏以外で輿望の帰するところの者を上申させ、法主が適任かどうか監査したうえで執事の職に任ずる、この二件を要望すること、さらに制度組織の改革について、㈠宗制寺法の改正、㈡末寺会議の開設、など一〇項を掲げた。「革新の要領」は時言社同人の主張を要約したきわめて重要な文献である（教界時言 三号一～一一頁）。革新目標の中核ともいうべき末寺会議については次章で詳論したい。

さらにこの一枚刷りのビラは、これら要望事項の実現のために、以上の要望に同意の向きは各地で請願書を作成し、その代表者が来年一月二〇日までに上京して全国大会を開き、そこで協議のうえ革新の議を法主に請願するという、集合行動を提案していた。したがって、明三〇年一月二〇日過ぎには請願書が寺務所に山と積まれることであろう。改革派の圧力に屈する形で渥美を罷免するなら、法主に人を見る眼がないことを社会に公表するに等しく（朝日 一八九六・一二・二三）、一派の建前上これだけは絶対に避けなければならない。一葉摺りのビラは当路者法主側を対処不可避の窮地に追い込んだのである。

派内元老への諮問

ビラの効果はたちまち現れた。革新運動の要望に関連して諮問するため、法主が派内の元老を召喚したのである。来る一二月一七日までに、法主が元老を召喚して諮詢するという情報を時言社は早くも一五日につかんでいた（大谷大学 二〇〇三b：一四〇頁）。諮問の席で出た話の要点が一二月一八日早朝非公式に時言社に伝えられたが、一九日夜南条から来車を乞うとの連絡があったので、翌二〇日早朝井上は清川とともに南条を訪うた。清沢は帰国、月見は遊説のための出張で時言社には二人しかいなかったのである。

先方には南条のほかに篠塚不着（一八四三―一九〇四）と松本白華（一八三八―一九二六）が列座していた。篠塚が口火を切って法主ご心痛の旨を述べ、この度顧問を命じられたことを言い（ただし他に細川千巌と佐々木祐寛の合わせて五人）、顧問会の内意を受けて調和のため面談することになった、と挨拶した。あと松本と南条が代わる代わる調和について話したが、その要点は、渥美を差免し、一枚刷り改革意見書の諸件は大体実行する。それゆえ、白川有志は法主にたいして謝状を出すこと、雑誌を廃刊にすること、謹慎を表して旧里に帰ること、意見があれば諮詢会に提出せよ、為すべきことはする、ということであった。井上たちが三人の資格を問うと、一個人の資格（顧問会の代表としてではない）とのこと。調和の提案にたいしては時言社社員一同協議のうえで回答すると答え、賛否は言わず、ただ社員に通知して来京を要請することだけ約束した。提案の内容について一応質問をしたところ、答えは皆曖昧であって、調和の提案は当局者の籠絡手段であることが明白と思われた（井上日誌　一八九六・一二・一八、二〇）。

一葉摺りのビラは運動関係者に広く配布されている。その要望によって各地に同志グループが結成されている以上、時言社同人だけでなく、グループを代表する地方委員の参集を求め、衆議に諮って回答するほうがよいということになった。ビラでは、弊政革新の請願書を提出するため来年一月二〇日までに出京するよう依頼していたのを、事態の急転により一〇日までと改め、『教界時言』第三号の緊急広告に期限繰上の通知を掲載することにしたのが、一二月二四日のことであった。

顧問会は、時言社同人の挙旗を契機に四面楚歌となり、立場が危なくなった渥美による地位保全の策であって、法主の下問に応じて顧問に渥美を弁護させるためのものであったらしい。顧問の五氏も渥美の画策で推薦された人々であったから、五氏が招集に応じたときには、渥美は勝負がついたとほくそ笑んだことであろう。渥美を差免する案が出ても、適当な後任が得られないことで、結局再任する外ない。これで、『教界時言』を廃刊させ、同人を自坊に謹慎させれば、白川党は壊滅し、諸国の改革の声も収束する、と読んでいたのではないだろうか。白川党の挙に共感している南条は、井上たちと話すなかでこの疑惑を強くしたと察せられる。

渥美ついに差免

ここに、渥美が夢想だにしなかったであろう事態が展開する。顧問会で南条が法主に対し、直ちに（無条件に）渥美を差免されるよう進言し、もしこのことが採許されないのなら、私としては言上するべきことがないだけでなく、直ちに起って白川派とともに革新運動に従事する、これが弟子として台下に忠誠を尽くす所以であると信じます、と決答したのである。篠塚・松本の両人は南条の決意が堅いことをみてこれに賛成し、渥美に近い細川・佐々木も大勢の赴くところに抗しえず、渥美は危険な立場に転落した（教界時言　四号三九頁）。

二五日、都合で井上一人で南条に会った。南条から面会を求めてきたのである。南条曰く「執事ノ辞職ハ近日中ニアルベケレハ別紙ノ如キモノヲ出サレンコトヲ」と。井上はこれを一見して提出を拒否した。別紙とはどんなものか。「法讃寺史料」のなかにそれが保存されているので、ここに紹介する。

某儀一派ノ前途ヲ憂ヒ宗務ノ拡張ヲ図ラント欲スルノ精神ヨリ、本山寺務革新ヲ首唱シ公刊雑誌ヲ以テ其趣意論説等ヲ発表シテ一派ノ寺務ヲ論議シ、為ニ大ニ御尊慮ヲ煩ハシ奉リ候段恐懼ノ至ニ奉存候、然ルニ今般寺務革新御断行遊ハサルヘキ旨御親言ヲ賜ハリ、深重ナル御尊慮之程難有奉感戴候、就テハ自今深ク謹慎ヲ加ヘ厚ク師命ニ従順シ終身教学ニ従事可仕候、御親言ヲ拝聴シテ感激ノ至ニ堪ヘス、謹テ悔悟ノ意ヲ表シ奉リ候。

これは去る二〇日南条ら三人の顧問と会った時出された取引き、つまり、渥美解職、改革首唱者たち要請の趣旨に沿った革新の断行を約束する代わりに、首唱者側に要求された雑誌の廃刊と自坊謹慎の実行を誓約するものである。井上たちはそのとき同志と相談のうえ回答する旨答えはしたが、当局の籠絡であると勘づいていたから、二五日には即座に謝状の提出を拒否した。南条としては、無条件で渥美を差免する決意を法主に促すために、時言社同人からこうした謝状があれば力になる、と判断した一方、雑誌廃刊と自坊謹慎は明記しないことで、首唱者側の不利を回避しようとしたのではないだろうか。しかし、不利な二項を誓約した文書として取りあつかわれる危険性はある。井上はそこにこだわったのであろう。

渥美が辞表を呈し、あるいは進退伺いを出したことは一再ではない。窮すれば常にこの手を使い、慰留されてはその都度師命なりとして留任してきた。今回も一二月一三、一四日頃辞表を出している。にもかかわらず依然寺務所に顔を出し、枳殻邸内に出没して、顧問会の進行を偵察するという体たらくであった。辞職の願意が聞き届けられ、依願差免が発表される前日、自ら顧問等にたいして傲然と、我れ退職の後は後任なきに苦しむべし、といったという〔教界時言 四号三一頁〕。

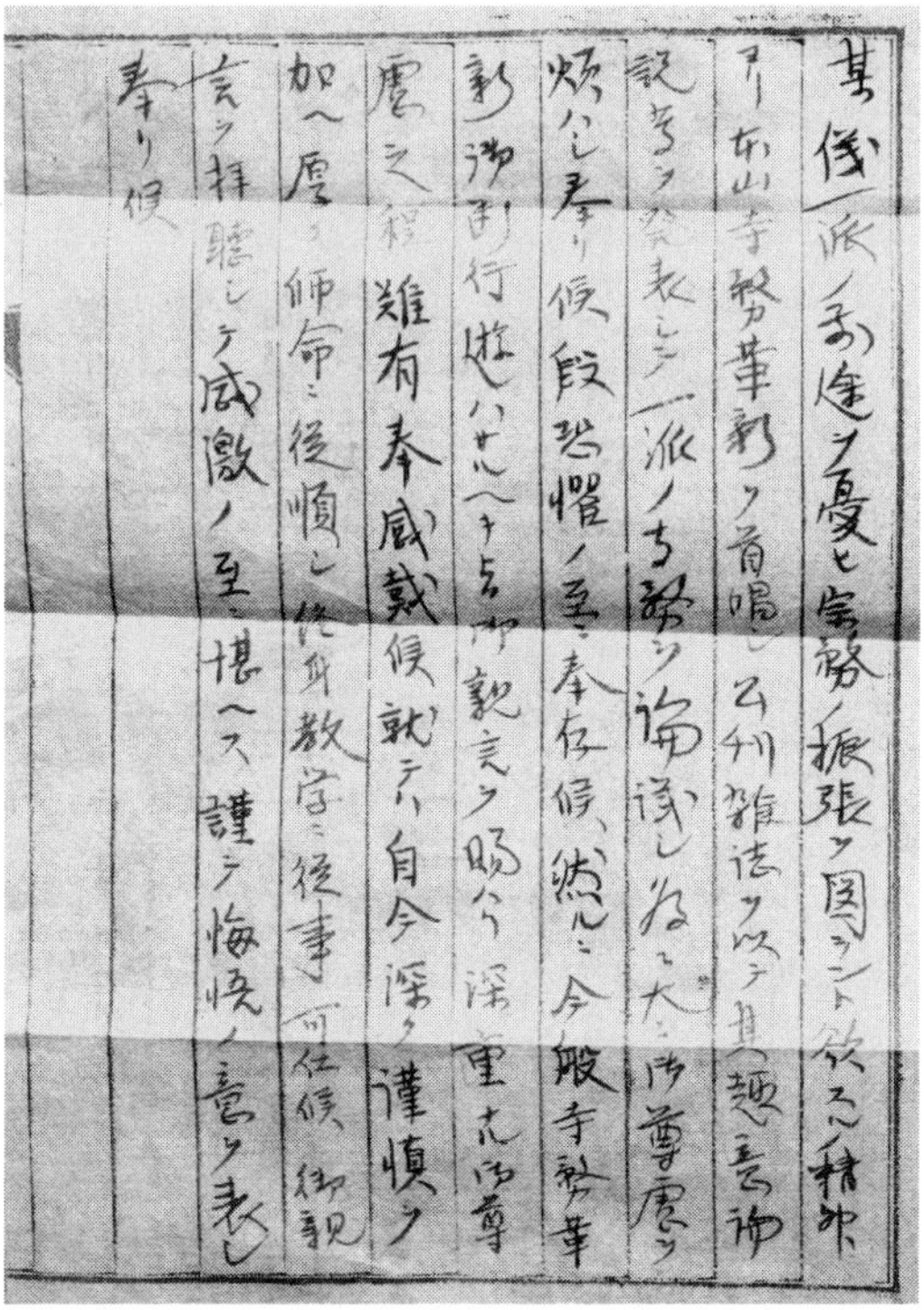
其儀一派ノ前途ヲ憂ヒ宗務ノ振張ヲ図ランと欲スル精神
ナリ東山寺務革新ヲ首唱シ公刊雑誌ヲ以テ其ノ意見ヲ論
説ヲ発表シ一派ノ与論ヲ喚起シ為ニ大ニ御尊慮ヲ
煩ハシ奉リ候段恐懼ノ至ニ奉存候然ルニ今般寺務革
新御断行遊バサルヘキニ付御親言ヲ賜ハリ深重ナル御尊
慮之程難有奉感戴候就テハ自今深ク謹慎ヲ
加ヘ厚ク師命ニ従順シ従来教学ニ従事可仕候御親
言ヲ拝聴シテ感激ノ至ニ堪ヘス謹テ悔悟ノ意ヲ表シ
奉リ候

図19　提出を求められた別紙（明治29年12月）

八〇余年後に刊行された『小松本覚寺史』は、「満之はときに三二歳、契縁はすでに五六歳。かつて教団の革新を志した契縁も、長期にわたって宗政の渦中に身をさらしたこともあって、新たな革新の声に対応すべき柔軟性が失われており、革新派の建言に容易に同調できなかったのである」〔浅香 一九八二：二九六頁〕と弁じている。彼は有能な実務家で、しかも官僚機構を縦横に駆使する才能をもち、政策は現実的で緻密、債務償却・両堂建立の二大事業を完成させた希代の宗政家であったが、功労に驕ったうえに、執事にして内事・財務・教学の三部長を兼ね、ほとんど独裁的な権力を長期間握ったことによる堕落こそが、攻撃されるべき諸悪の根源であった。

年末の一二月二九日、渥美は遂に罷免された。井上は「本日午前、渥美氏免職、大谷勝珍師執事トナリ、参務以下任免アリテ、局部長ハ悉ク更迭シタリ。而シテ寺務所職制章程ヲ本山報告号外ニテ発表ス。固ヨリ姑息ノ策ナレドモ、渥美ノ免職ハ頗ル愉快ナリ。ヨテ諸方ヘ〔アツミヒイタコレヨリマスマスヤレ〕ノ電報数十通ヲ出シ、葉書三百五十通余ヲ出ス」と日誌に記している。教界時言社には祝電が四方から飛来した（『法讃寺記録』巻二、六六葉）。

渥美は「依願免役務」の辞令とともに、「補中賛教」、「特ニ執事ノ待遇ヲ与フ」の二通の辞令を受領した（本山事務報告　一二月号外）。重大な失責があったのに「依願」の二字を冠するのは破格の特典である。その上に、職級を進めて権中賛教から一階級陞叙された。中賛教というのは、連枝以外の一般僧侶が陞りうる最上級である。さらに、派内最高の職位である執事の待遇を与えられた。渥美は執事を辞めた後もなお本山で権威と勢力を温存するに違いない。こうした殊遇は「依願免役務」にして可能なのであろう。しかも、前准参務松本白華が法主に捧呈した書面の一節に曰く、「私在務中前執事に慰労金四千円を賜ふ。私其御海量に驚く。今や聞く、正貨三千円の外七千円の（証）券を賜ふと。これ何人の建議に因るや私等の嘗て知らざる所也」と（井上　一八九七）。渥美によれば、金一万円を賜ったうえに八藤紋の輪袈裟を許された。八藤紋の輪袈裟は連枝だけに許されるもので、末寺の最高寺跡である五個寺にも着用が許されない（渥美写本　一九七五：七一頁）。したがって破格異数の恩許といわねばならない。「渥美ハ……法主をせびりて一万円の慰労金を貪り、……八藤紋の袈裟を法主にねだり」とメディアは伝えた（読売　一九〇二・九・三）。

後任重役は執事を始めとして主に渥美の推薦によったようだし、とくに後任執事が時言社同人提案の方法で選ばれなかった以上、根本的改革にほど遠い姑息な彌縫策というほかないだろう。

二　事務革新全国同盟会の結成

1　「革新の要領」

第三号発刊

『教界時言』第三号は、明治二九年（一八九六）一二月六日に準備を始めて原稿執筆に一〇日余りかかり、二五日に印刷が出来上がって、翌日発送にこぎつけた〔井上日誌〕。第二号発刊からちょうど一ヵ月後の刊行である。内容は、〔緊急広告〕、〔社説〕「革新の要領」「末寺会議」、〔論説〕「現当路者の非教学的精神（其二）」〔清川円誠〕、「吾派本山財政の紊乱」〔井上豊忠〕、「教学資金に就て（接前）」〔月見覚了〕、〔寄書〕「教界時言の余白を藉りて哲学館出身大谷派僧侶諸君に檄す」〔井上円了〕、〔雑録〕「革新の潮勢」「当路者対革新手段」、と気魄のこもった文章が並んだ。「緊急報告」と「革新の要領」は、例の一葉摺りのビラに加筆改訂して改めて諸国有志に呼びかけたものであるが、「緊急報告」は事務局からの事務連絡、重要なのは〔社説〕「革新の要領」である。

「革新の要領」は、先にふれたように、主として改革を要する大谷派の制度組織の諸項について具体的にどう改革するかを論じたものであって、その冒頭で、志すところは一派の根本的革新にあることを強調する。根本的革新とは精神的革新のこと、従来の非教学的精神を転じて教学的精神とすることにほかならぬ。制度組織の改良のごときはむしろその枝末にすぎない、としたうえで、まず非教学的な現執事の更迭を求め、併せて教学的な執事選任の方途につき試案を提起する。ついで、制度組織の改正を一〇項にわたって論じる。第一項の宗制寺法の改正は制度の改正であり、第二項の末寺会議の開設、第三項の上局組織の改正、第四項の財務部の改正は組織の改正であって、いずれも重要であるが、教学振興という根本精神を忘れての制度組織の改正であっては何の意味もないことを力説する。

末寺会議

改正一〇項のうち組織の新設は末寺会議だけであり、これこそ改正の根本と時言社同人は見なしていた。なぜなら、「前当路者の非政を醸せし所以のもの、……其組織上より之を論ぜば、行政已外に之を掣肘すべき立法部なるもの〻存在せざるに職由せずんばあらず」（今川 一八九七）と考えるからである。そこで、末寺会議に注目しよう。

『清沢満之全集』編集者は無記名の社説「末寺会議」を清沢満之稿とみて『全集』の第七巻に収録したが、井上日誌に「十六日、本夜清川兄ト共ニ徹宵シテ末寺会議ノ社説ヲ草稿ス」（一八九六・一二・一六）とあるから、井上と清川の協力で成ったものと考えられる。井上は明治二五年寺務所に入ったとき、執事から宗門における会議体の地位について問われ、また大谷派における法主権の特色について執事から講義を受けた経歴からみて、この問題の専門家といってよい。他方清川は、一一月二日、渥美解任後の執事の選定方法について時言社で議論されたとき、彼の発想に一同が賛成し、それを基に作成された構想が一葉摺りビラや「革新の要領」に提案として収録された。その発想を末寺会議賛衆（議員）の選挙にも生かすべく、井上が清川を共同執筆に誘ったものと推測される。

井上が「革新の要領」の初期形態と思われる「有志者ノ構成案（附運動方法順序）」（「廿九年考案録」）と題する文章を起稿したのが、『教界時言』第一号の本刷が時言社に届いた二九年一〇月二四日の夜であった（したがって「革新の要領」も清沢稿とみなすことに疑問がある)。これには末寺会議への言及がない。それが初めて見られるのは一一月一一日の井上日誌であって、「午後早々織田得能君ヲ訪ヒ、余等ハ惣会議主義ト今制度トノ中間ヲトリテ立法機関ヲ組織セン事ヲ望ム……」と記している。では、惣会議主義と現行制度、その中間の立法機関とはどんなものであったのだろうか。

井上は一二月一六日、清川と社説「末寺会議」の共同執筆にとりかかる前に、自らの考えるところを整理して「末寺会議ニ付テ」というメモ〔井上遺文「廿九年草稿類」〕をまとめている。このメモと社説「末寺会議」の双方に目配りすれば、よりよく井上の構想を理解できるに違いない。以下はその要点である。

井上は大局から考察を始める。曰く、国家と宗門とは等しく大有機体であって、政治と宗教の差異はあるにしても、符節を合するようなところがある。国家の政体は代議主義に傾き、宗門とくに日本の仏教各宗派は会議制度を設けないものはほとんどない。わが大谷派は従来会議制度を採らなかったが、惣会議論が派内の四方から興った。これは仏教界の大勢を反映するものであろう。

われわれは、政治と宗教の区別を忘れ、徒に大勢に流されて、一派の特質と歴史を蔑ろにするものではないが、一宗派の事務における立法行政の二柄を執事の手裏に委ね、その専断に一任するが如きは、一派の発達を計る所以ではないことを確信する。

われわれが昨二八年七月、寺務所内に厳に立法行政の別を立てるよう当路者に建議したのはこの故である。当路者は同年九月寺務所職制章程を改正して、新たに議制局を設けた。しかし、立法的任務を果たすに足りないだけでなく、当路者をしてその議決に藉口して専横を恣にさせる具となる懼れさえある。さればとて、われわれはいわゆる惣会議を望むものではない。それは主権在門末主義とでもいうべきもので、(主権在法主主義ともいうべき歴史を有する)

わが大谷派の決して採用するべきものではない。

では、どのような会議体がよいのか（とくにこの点について清川と協議した模様）。

(1)　位置　宗制寺法において行政機関と対等の位置をもつこと。

(2)　権限　①条例案の議定および発案の権限、②予算・決算、財産、負債、賦課金、会計法の規定等、財務に関する権限、③行政各局部にたいする権限、④門末の建議または請願を受理する権限、⑤法主に直接上申する権限。

(3)　人員　五、六十人が可なるべし。

(4)　選挙の方法　三人の候補者を公選し、そのなかから法主特選によって一人を選ぶ複選の法を可とす（これにより主権在法主の伝統を保ち、主権在門末に陥ることを避けることができる）。以上である。

井上はもと惣会議主義に反対であったが、執事の二七年末以来の専横きわまる振るまいを目のあたりにして、立法行政の二権を一手に掌握することによる理不尽さに愛想が尽きた思いであったのだろう。また、同志との意見の交換、協働、地方有志との接触などから、門末の世論に基づいて一派の立法を行うことの妥当性・重要性を認識するに至り、惣会議主義と現行議制局との中間形態、と言っても上記(4)の法主特選で譲歩するだけの、惣会議主義よりの末寺会議推進論者になったのではあるまいか。協議による学習、学習による成長である。革新運動によって、時言社同人がここに描いたような末寺会議を実現できるかどうか、これが今後の観察の眼目となることだろう。

2　事務革新全国同盟会

寺務所の態勢立て直し

渥美解職のあと、どのように後任を選ぶか。困ったことに渥美に代わるべき適任者がいない。渥美はそこに付け込もうとした。そうさせないために、時言社同人は『教界時言』第三号の「改革の要領」で複選法を提案したのである。しかし、これは大谷派の伝統にない手続きを含み、かつ反渥美であるので、影響力を保持している渥美派の賛同が得られるはずはない。こうして、法主の直親である連枝の出馬を願って急場を切り抜ける方策が登場した。

まず前法主の次男で現法主の直弟大谷勝縁に願ったが断られ、ついで次弟大谷勝尊（一八五八―一九一三）に願ったがこれも断られた。そこで前法主の猶子、姫路本徳寺住職大谷勝珍に泣きつき、ようやく口説き落とすことができた。かくて、渥美の「依願免役務」の辞令と同日の一二月二九日、大谷勝珍の「命執事」の辞令が発せられた。また同日付けで、顧問のうち篠塚は参務（兼資金部長）、松本は准参務（兼教務部長）を命じられて、先任の参務小林什尊（兼法務局管務）とともに大谷を佐けることとなる。南条・細川（兼教学顧問）・佐々木（兼内事部長）の三顧問は引きつづき顧問、准参務だった足立法鼓は顧問兼臨時の財務部長を命じられたが、南条は即日顧問を辞職して帰東の途に上った。このほか、庶務部長に和田円什、学務部長に谷了然、監正部長に三那三能宣が命じられた。大谷勝珍以外はみなかつて渥美宗政の重役だった人たちである（本山事務報告 号外、朝日 一八九七・一・一）。

翌三〇日、大谷勝珍が寺務所に初出勤してみれば、自分の名で発令される二九日付の告達がすでに印刷されて机上にあり、役員更迭のことなど言上しようと内事に入ったところ、差免されて謹慎するべき前執事が法主の前に鷹揚に侍っていた。寺務役員の更迭は顧問たちでなく実は渥美の推薦により、自分を推薦したのも渥美であることを看破した本徳寺准連枝は、今日世人に指弾せられる有罪の渥美などに推挙されるのはもってのほかである、また自分に一言の相談もなく告達五点を発布し役員の更迭を断行したのは、全く儂を木偶の坊扱いにするものと激怒して、本徳寺の京屋敷にも立ち寄ることなく直ちに帰国の途に上り、神戸から辞令書を返戻した。

准参務の松本が姫路に急行したが、本徳寺准連枝は堅く門を閉ざして会わず、参務の篠塚も後からこれに加わって謁見を懇願したが、准連枝は拒職の罪を待つ身なればとて聞き入れず、本徳寺役者の名で地元の新聞に「授命あるも就任せず、事務上一切関係なし」との広告を出した。寺務所では窮して、せめて依願免職の扱いをと願い出たが、これも斥けた。もし一日でも就任すれば、准連枝の名を濫用した例の告達は合法化される。

本徳寺准連枝に面会すらできなかった松本は姫路から辞表を差し出したが、清沢と談合した結果、時言社の運動に同調することとなって、一月一六日重ねて辞表を提出し、外にも前々から辞職を表明していた役員がこれにつづいて、寺務所は混乱の極に陥った。しかし、改革派上京委員請願の日時が迫ってきたので、最後の手として連枝大谷勝縁を執事に戴いて寺務所の態勢を立て直すことを企て、一月一九日付けの任命にこぎつけた。それを待って、同日付けで本徳寺准連枝に依願免役務の辞令が出たが、任免ともに事実を曲げたものでしかない（教界時言　四号三三頁）。寺務所としては告達五点の合法化以上に、法主の授命にたいして拒職する前例を残すことを避けたかったのではあるまいか。新執事大谷勝縁は総務と呼ばれて、法主の身代わりのような待遇であったらしい。この間、寺務所を裏から指揮していたのは渥美であった（読売　一八九七・二・三）。

他方、時言社では社内の有志が増えて気勢が揚がっていた。三〇年一月一日夜、東京留学生の近角常観と秦敏之が、帝国大学を休業して革新運動に加わるために来社し、ついで二日朝、同じく常盤大定（一八七〇―一九四五）が『教界時言』編集に従事するため来着した。三名とも以前から革新運動に心を寄せてきた同志である。こうして、最初からの六人と補佐役を勤める真宗大学生永井と東谷に、近角・常盤・秦を加えて一一人となった。心強いかぎりである。その情況を井上は「日夜謀議ヲ凝ラシ愉快極リナシ」と日誌（一八九七・一・二）に記した。

寺務革新請願の運動

時言社同人からの、なるべく三〇年一月一〇日までに上洛願いたしとの依頼に応じて、続々来着する地方委員を迎えるには、白川の地は京都の市街地から遠く、しかも社屋は狭隘であった。そこで、一月八日請願事務所を教界時言社から離して二条堺町通りの立花軒に開設し、月見がここに移転して常駐の構えに入った。同夜より上京委員の来訪織るがごとく、多い日には四〇人を数え、数百里外の人も皆一見旧知のように胸襟を開いて語り合った。二〇日の夜には来着総数二〇〇余人、代表する国をもっていえば北は陸奥より南は肥後にわたる三〇余ヵ国、請願書一八〇余通、記名捺印者ほとんど二万八〇〇〇余人〔読売 一九〇二・八・二二〕、四〇余ヵ国を蔽い、積み上げれば一㍍に及ぶ。万般の事務処理は各国委員の総意で時言社同人に一任された。

請願書に盛られた改革案は同じであるが、文章に詳細・簡略の差が大きいので、詳細な一通の請願書とし、一月二〇日法主に宛てて提出することなどを、何度か懇話会を開いて決め、捧呈委員三〇余名を選出した。

期日の二〇日朝、各国代表者二〇〇余人が僧侶は白衣・黒衣・黒袈裟、門徒は羽織袴・肩衣の正装で寺務所に集まり、捧呈委員のうちの談判委員が法主の面謁を請うた。寺務所では待たされつづけ、日が暮れて時計は七時を告げたが、法主の面謁はおろか、総務（執事）に会うこともできず、明日一二時に出頭せよとの言葉を聞いて引き下がった。

二一日約束のように出頭したが、寺務所員は言を左右にして待たせるだけ待たせたうえで、総代五名を選んで明日午前その名を申し出、午後一時に出頭あるべしと告げる。委員は決然起って退出し、首尾如何と待つ諸国の代表たちに「談判破裂の期近し、吾人の決心を定めん」〔教界時言 四号五一頁〕と訴えるほかなかった。

二二日午後、ようやく総代が総務に面会することができたが、各国代表一同の拝謁を願ったところから折衝がぎくしゃくし、全く要領を得ないまま退出したときには、午後一〇時を廻っていた。

二三日も総務への面会を乞うたが、対応した録事は傲然として聴かず、この日も要領をえないまま涙を呑んで退いた。当路者は京阪の新聞紙上に毒舌を振るわせ、陳情団に一つも粗暴過激の挙動がないのに、無根の事実を捏造して罵詈讒謗を逞しうさせた。

この記事を読んだ警察署は、二四日井上と来京委員数名を召喚して、英照皇太后（一八三三―九七）の大喪中は一層行動を慎み、多人数の集会等はせぬように、と注意した。ここにおいて、有志者間の連絡を促進するため鞏固な一大団結を組織する必要を痛感し、諸国来京委員を発起人として大谷派事務革新全国同盟会を組織することを申し合わせた。二五日のことであろう。請願書捧呈談判の過程で、上京総代二〇〇余人のうち、僧は各国一人ないし三人、門徒は各国一人ずつを交渉委員として、請願に関する万事を取り扱わせることになっており、組織化の原型が結晶しつつあったのである〔読売　一八九七・一・二六〕。

傲慢な当路者の対応に堪忍袋の緒が切れ、袂を払って離京すべしとの意見もあったが、なお忍耐して交渉することになり、二六日委員が総務に面会を求めた。すると、今日は余儀ない要務があるから会えぬ、明日午前一一時に来い、とのこと。よって翌二七日出頭して総務に会い、委員五名の拝謁と陳情が許されたので、加えて各国一名ずつの代表全体に法主の拝謁を願ったが、全く問題にしてもらえない。やむなく涙を呑む思いで退出し、一同に報告して願書捧呈は当分延期することに決した〔教界時言　五号、「革新の趨勢」〕。上京した諸国の代表者たちは、ずるずる引きずられて逗留するより、地元に帰って足許を固めたほうがよいと判断したのである。二〇日から一週間にわたる連日長時間の陳情は空振りに終わったが、陳情経験は代表者たちを鍛えたに違いない。

さきに哲学館出身大谷派僧侶に革新運動への団結を呼びかけた安藤ら三名も、請願書捧呈の集団行動に加わった。徒労の三日を過ごした一月二二日夜、安藤は帰宿して憤激の思いを「大谷派役員の亡言無状」と題する文章にぶちまける（明教新誌 一八九七・一・二八）。

「寺務役員の冷淡なる、否無精神不親切なる、寧ろその亡言無状を極めたる、驚くに堪へたるものあり、我輩は已に良心と廉恥とを有せざる徳義界外の彼等役員に向て、一言だも費すの価なきを信ず」「依然弊政の中に跋扈して、その旨き汁を味はんとする、無気概、無節操、無定見、無熱誠、無忠実の狡奸奴たるのみ」「最早、普通人間の心意なく、感覚なく、道徳なく、精神なき、大象のごとく無感覚、子狐の如く陰険、山犬の如く卑劣、今日の役員輩に向て、吾輩は敢て反省顧慮を求むるの愚を学ばざるべし」「この輩の徒、一宗一派の宗政当路者としての資格を欠くものなり、資格を欠くものは速に放逐せざるべからざるなり」。以上の痛烈な非難攻撃の言葉は、多くの参加者の思いを代弁するものに違いない。

法主崇拝の伝承的心意

清沢は沢柳・稲葉宛の二月六日付け書簡で陳情の実況を報じていう。曰く「畢竟頑陋なる事務所員と対争之相にて何とも申様無之醜体に有之。之ても宗教者たるものゝ為さゝる可からさる事かと自ら茫然たる計りに有之。浅間敷の限り何卒御憐察被下度候。固より粗暴卑劣之方策等は当初より断然否定罷在候処に有之、幸ひに今日迄は先々正面的の大地を進歩し来り候」と（大谷大学 二〇〇三b：一四二頁）。このような愛山護法の一念から発する改革派有志の真摯な訴えには同情を惜しまないが、本山当路者の横柄きわまる冷淡な応対に生理的な不快感さえ感じ、ひるがえって有志代表の忍耐強い折衝に感服するより呆れる思いの読者もいるかもしれない。当路者そして有志者のこうした心情と態度をどう理解すればよいか。これに少しでも接近するには、彼らの是非の基準に今日の常識と異なるものがあったことを知らなければならない。

明治二六年六月から八月までの三ヵ月間に、三度計一一人の僧侶が除名処分を受けた。始めの二度計五人はみな播磨国揖西郡の僧侶で、何れも「末徒ノ本分ヲ忘レ猥ニ本山ヲ誹議シ役員ヲ讒謗シ以テ本年一月廿一日御親示ノ御趣意ヲ妨グル段」〔本山報告 九六～九七号〕という罪状により、「寺法第八十九条第八項ニ該当スルヲ以テ同法第八十五条第二項ニ依リ除名ニ処」された。寺法第八九条第八項とは「風説流言又ハ誹議讒謗ヲ為シ派内ノ静謐ヲ妨ク者」を指す。第八五条第二項とは「除名　僧侶門徒共其分限ヲ除キ大谷派ノ外ニ黜斥ス」という擯斥につぐ二番目に重い処分であって、大谷派僧侶の身分を剝奪し、一切の僧侶活動の資格を奪うものである。本年一月二一日の親示とは、本年中に負債を償却するため一層の尽力のほど頼み入るという趣旨のものであった。これらから推測すると、たびたびの募財によって僧侶も門徒も疲弊し、窮した僧侶が何人かで寺務所に募財中止を申し立てたのではあるまいか。一地方からの少人数の異議申し立てであったためか、簡単に踏み潰されたのである。

最後の一件、野間凌空ら京都市六人のケースは、「末徒ノ本分ヲ忘却シ猥ニ本山事務改革ヲ名トシ本年一月廿一日ノ御親示ノ御趣意ヲ妨グルヲ以テ宗制寺法第八十五条ニ依リ除名ニ処ス」〔本山報告 九八号〕というものであった。この時の請願は総会議開設であったのかもしれない。本山事務改革を叫ぶことが、寺法第八九条のどの項に該当するのか何の指摘もないことは、有無を言わせず除名に処するという印象を免れない。これも改革運動が微力であったためたちどころに押し潰されたのであろう。

これらの前例からすれば、時言社同人とその共鳴者らの改革運動は容赦なく除名処分をもって片付けられるべきものであった。しかし、寺務所に詰めかけた諸国代表は二〇〇余人と多く、事務革新全国同盟会を称して団結を強め、その背後には何万とも知れぬ門末がついているから、処置を誤って本山の募金拒否などの行動を誘発させてはいけない。本来の高圧的な態度と已むをえない慎重な姿勢との間で、何日でも言を左右にして、請願団を待たせたまま放っておくことが彼らの仕事となったのである。門末代表にたいする無慈悲で意地悪い仕打ちも、寺務所員の心を痛ませるものではなかったし、改革派代表団もこのようなことを覚悟していたからこそ、忍耐の上に忍耐を重ねることができたのであろう。

寺務所員と諸国代表が部分的にでも共有した、少なくとも理解していた心意は、法主神聖観、法主崇拝に支えられた法主専制主義であった(9)。門末は法主の指示、それを実施する宗政当局者の言うとおりにやればよい、ツベコベ言うのは不信の徒である。況んや徒党を組んで強訴し、法主に要求をつきつけるに至っては、言語道断である、という心意。さすがの時言社同人もこれを公然と全否定するようなことは厳に回避した。「末寺会議」の論は、法主専制主義と本山事務積弊の根本的改革〔井上円了 一八九六：四四頁〕とのぎりぎりの妥協点に踏み留まるものであった。もし、この一線を越えて法主専制を矯める改革を志向すれば、改革派は異安心の徒という寺務所の宣伝が、門末の伝承的心意の支持をかちとることだろう。

改革派はひたすら忍耐強く交渉していたのではない。寺務所にたいしてどういう態度に出るか、つきつめて協議していた。粗暴卑劣な方策等は断乎とらず、正面切っての大道を進むことを根本として、つぎのような共通理解を打ち立てていた。

第一、（請願書）捧呈済ノ上末寺会議開設及人物淘汰ノ実行セラレザル間ハ一切ノ募金（教学費ノミナラズ他ノ募金ヲモ合セテ）上納ヲ中止スルコト（此箇条ニハ異論ナシ）

第二、捧呈ヲ妨遏セラレタルトキ又ハ捧呈済ノ上採納ノ沙汰ナキ間或ハ仮令沙汰アルモ人物淘汰ナキ間ハ一切ノ命令ニ服従セザルコト（此モ異議ナシ）〔ここまで進む前に内務省へ管長更迭を出願するべしとの意見あり〕

第三、命令不服従三ヶ月ヲ過ギタルトキハ脱派的行動ニ着手スルコト〔脱派には異論があり、僧侶はむしろ門徒とし

て留まる還俗を支持した模様〕

第四、若シ受動的ニ処罰ニ遭フトキハ最重ナラバ之ヲ受クルモ他ハ一切之ヲ拒否スルコト（此条モ異論ナキガ如シ）〔大谷大学 二〇〇三b：一四三頁〕

革新運動の中核をなす人々は、門末の法主崇拝を顧慮しなければならないものの、彼ら自らはこれを超克したところで腹を決めていた。腹を決めての寺務所・当路者との対決である。腹が決まっていたからこそ、忍耐強くねばることもできたといえよう。

前掲第四の最重の処罰とは除名であろう。時言社同人は大谷派僧侶であるから、還俗して派外に去った井上円了とは異なり除名処分の対象となりうる。除名覚悟で始めたことであるし、脱派的行動さえ視野に入れているのだから、何ら懼れることはない。しかし、除名処分は運動に一つのエポックを刻むに違いない。当路者は諸国代表が激昂して激しい反撥を展開しないよう、処分のタイミングを計り、あるいは改革派の鋭鋒を挫く方策を講じることだろう。改革派は、結成を申し合わせたばかりの全国同盟会の組織づくりを進めて、寺務所の攻撃に備えなければならない。

知名人への接近

一月二八日、英照皇太后大喪のため謹慎して請願運動を控え、在京代表者は一〇〇人余に減っていたが、各国一名ずつの委員の集会で仮幹事を選挙した。衆望によって時言社同人、すなわち清沢・清川・月見・井上の四名が当分この任に当たることとなる。翌二九日、仮幹事を中心に役割分担を決め、井上は応接・探知・遊説の三部署担当となった。この日改革派誹謗の一葉摺りが枳穀邸から出たので、直ちにこれを論駁する一葉摺りを出した。その担当や雑誌編集に井上は相変らずかかわっていたらしい。

井上は三一日に探知部にかんする詳しい企画書を作成すると、翌二月一日すぐ行動を起こして大学生の事務所へ行き、探知および遊説にかんする談話をした。そして有志千原円空ら八氏と大学生五氏に探知を託し、有志藤谷還由ら五氏に遊説を託した。

彼は二月二日、紹介をえて一派の長老篠原順明を訪問し、胸襟を開いて談話することができた。篠原に接近することは、昨年八月段階の「元勲網羅策」で考え、九月には研究科生草間に訪問させて、他日直接面談の価値ありとみたのであろう。

四日午前、井上は越後の有志の紹介で「越後第一の門徒」の評が高い貴族院議員市島徳治郎（一八四七—一九一七）を訪うて改革談をした。彼は越後随一の大地主（明治三六年総所有地二七七六町歩）市島宗家の八代当主。革新運動は「堂々たる富豪の人」（読売　一八九七・二・五）にも改革談をするまでに成長したのである。大葬参列のため多数の貴衆両院議員が滞京していたので、四日午後には松本白華の紹介で清沢が衆議院議員吉本栄吉（加賀）と津田嘉一郎（能登）に会い、井上はその夜松本寓に吉本を訪ねて懇談した。吉本は松本の寺の熱心な門徒という。

六日朝井上が越後の代議士佐々木松坪を訪うて革新話をしたところ、在京代議士との会談を準備してはどうかとのこと。そこで、清沢と月見が松本宅に吉本代議士を訪うて在京代議士門徒会を開くこととなる。これを受けて七日井上は再び佐々木代議士を訪い、代議士会の発起人として名を出すことの承諾をえた。また、請願事務所に尾州代議士伊藤太郎が来談してこの企てに熱心な賛意を表した。こうして、在京の代議士会を開くことを決し、派内の代議士十七、八名に来会を求める案内状を送った。その結果、どのような展開がみられたか、後段で追跡することとしよう。

なお同じ二月七日、有志では長老の小栗憲一と松本白華が来京した内務次官中村元雄（一八三九—一九〇三）を、小栗が中村と豊後日田の咸宜園同窓の誼で訪い、今回の事件について説明して同情をえた。内務省は宗教全体の所轄官庁である。時言社同人とその同志たちは、在京の地方有志との談合、地方への遊説に加えて、社会的に影響力のある門徒の理解と支援をえ、さらに政府高官の理解をえるためにも努力を惜しまなかった。時言社同人に欠けている社会的な重量感が彼らの支援によって添加されることだろう。

去る五日のことであるが、井上は大学事務所で『本山事務報告』第四〇号附録を一見する。紙面一杯に執事大谷勝縁の名で発せられた一月二九日付け諭達第三号が掲載されていた。その要点を摘記すれば、まず「本月二十日以降有志ト称スル面々二百余名来集、直ニ拝謁陳情ノ儀願出タルモ、宗制及ヒ職制上一派ノ寺務ハ執事ノ職責ニ帰シ候上ハ、右許可相成ルヘキ儀ニハ無之」と先にふれたとおりの基本的テーゼを述べる。つづいて、「然レトモ特ニ言路ヲ開キ本末ノ事情ヲ通セン為メ」と已むをえず不承不承とった対応に美辞麗句を着せ、「総代五名ヲ簡ヒ陳情御聞取ノ議申出サレ、尚一同ノ有志者ヘハ更ニ謁見ヲ許サレ候モ、此ノ破格ノ尊慮ヲ拝承スルニ至ラスシテ、遂ニ退散致シ追々帰国ノ者モ有之候趣、就テハ遠隔ノ地方ニ在テハ浮説訛伝等之ニ附和シ、懐疑ノ族有之哉モ難計候」とつづく。もし一同の謁見が許されたのなら、喜び勇んで御前に推参したことであろう。全く事実に反する虚偽の情報を、執事たる連枝の権威をもって流布させるものであった。

地方の門末は本山は決して嘘をつかないと信じて重い賦課に堪えてきたのである。しかし、今や明らかになった。本山当路者は法主さえ引き合いに出して、真っ赤な嘘をつくのである。思えば、当路者が請願者を宥めるために約束だけして実行しなかったことは、これまで何度もあった（『教界時言』四号四八～五一頁、五号社説「言論の壅塞」など）。法主崇拝のゆえに言動を自粛している有志者たちが、門末に嘘をついて恥じない宗政権力者と果たして互角に戦えるのだろうか。大喪謹慎期間を活用して同盟会の組織化を急がなければならない。

事務革新全国同盟会結成される

事務革新全国同盟会にはまだ正式の会則がない。持続的な活動のために、会則を定めて会の組織を整備することが急務である。会則制定のために発会式を兼ねて大懇話会を開くこととなった。井上は二月一一日会則原案を完成させ、一二日、懇話会の次第・同盟会会則・請願事項などを一葉摺りにし、陳情書を修正するなど徹夜で準備した。こうして一三日河原町共楽館で大懇話会が開かれた。北は東北・北海道、南は九州からの全国上京委員と有志で二一〇余人、それに時言社同人と学生等で来会者僧俗計三〇〇余人という未曾有の盛況であった。これだけの多人数の初めての大会開催のために、一月末から二週間ほど準備の時間が必要だったのであろう。井上円了からは長文の電報、南条・村上両氏からは上山応援の報知があって、会を盛り上げた。

初めに時言社同人月見覚了が会の趣旨を述べ、ついで稲葉了証（大阪、昌丸実兄）・乗杉教存（越中）・松木琢宗（越後）・山県了温（信濃）、安藤正純（哲学館出身）ら十五、六人演説し、最後に仮幹事四名を代表して清沢満之が全国同盟会の運動方針について説明した。昼食後、本日の出席者を同盟会の発起人として全員記名調印し、原案を二、三修正のうえ会則を議定した。議定された会則はつぎのとおりであった〔教界時言 五号二八〜二九頁〕。

第一条　本会ハ一派事務ノ革新ヲ以テ目的トシ本部ヲ京都ニ設ケ地方部ヲ各国ニ置ク

第二条　本会ハ目的ヲ同フスル一派ノ緇素ヲ以テ組織シ会員ヲ左ノ二種ニ分チ各其会員章ヲ交付ス（中略）

　正会員　賛成員

第三条　正会員ハ本部ノ議事ニ参与シ又ハ役員タルコトヲ得

第四条　正会員ハ本会ノ諸規約及議決ヲ遵守シ一ヶ年壱円以上ノ寄付ヲ為スモノトス

第五条　正会員ヘハ無代価ニテ毎月一回会報ニ代フベキ雑誌ヲ配布ス

第六条　賛成員ハ本会ノ目的ヲ賛成シ応分ノ幇助ヲ為スモノトス
第七条　凡ソ会員ノ入会ハ各地方部ノ紹介ヲ経ルヲ要シ入会ノ後ハ該部下ニ属スルモノトス（中略）
第八条　凡ソ会員ノ退会ハ各其所属地方部ヲ経テ届出ヅベシ
　其本会ヨリ退会ヲ命ズル者ハ評議員ノ議決ヲ経ルヲ要ス
第九条　本部ニ左ノ役員ヲ置ク
　幹事　　五名　全国正会員中ヨリ評議員之ヲ選挙ス
　評議員　若干名　各地方部各所属正会員ヨリ一名ヲ互選ス（中略）
　司計　　二名　全国正会員中ヨリ評議員之ヲ選挙ス
　　但シ役員ノ任期ハ一ヶ年トス
第十条　本部ノ会議ヲ左ノ二種ニ分ツ
　評議員会議　幹事ノ見込ヲ以テ議案ヲ評議員ニ廻移シテ議事ヲ為シ又ハ評議員集会シテ議事ヲ為ス
　正会員総会　評議員会議決ヲ以テ正会員総会シテ議事ヲ為ス
第十一条　本部ノ経費ハ会員ノ寄付金ヲ以テ支弁スルモノトス
第十二条　春秋二回会計ノ決算報告ヲナサシム
第十三条　此会則ヲ行フニ必要ナル細則ハ評議員会ニ於テ別ニ之を定ム
第十四条　地方部ノ規則ハ此会則ニ反セザル限リニ於テ各地方適宜ニ之ヲ定メ本部ニ届出ルベシ
第十五条　会則ヲ変更セントスル時ハ正会員三十名以上ノ賛成ヲ得テ評議員会ニ付シ其議決ヲ経ルヲ要ス

会則に明らかなように、この組織は地方部に足場を置く全国同盟であって、地方部を代表する評議員の会議によって必要事項を決定し、評議員会で選出された幹事が会務を執行する。評議員会に加えて幹事と司計の一団が本部を構成するが、本部が地方部を支配するのではない民主的組織である。他方、寺務所は法主を頭首とする全国的な官僚制組織である。何ら権力をもたない民主的組織が法主権を頂く官僚制組織に闘いを挑もうとしている。

全国同盟会の根は地方部にある。地方部の結成はどのような状態であったのだろうか。明治二九年一二月頃から時言社の檄に応えて各地に有志の会が結成された。三河の愛山護法同盟会、越後の革新同盟会、越中の大谷派革新正義会、加賀金沢の革新連合会、越前の末寺会議開設期成同盟会、山形の革新同盟会、九州豊前の革新同盟会など〔教界時言 三号五一～五二頁、四号三五～四〇頁〕、枚挙に遑がない。国単位・県単位・地区単位などとさまざまであったが、それを原則として国単位の地方部に統一し、地方部ごとに選出された評議員の会をもって意思決定の機関とした。

革新運動のための団体の結成、一種の結党はもともと井上の関心の的だった。二九年二月には同憂会という名称で、三月には同志団と名称を変えて、構想を練っている。さらに八月頃「結党ニ付テ」という標題で構想を改め〔井上遺文「廿九年考案録」〕、そして今回の全国同盟会で構想を具体化したのである。

井上の構想では、一派の根本的精神的改革という同盟会の目的は最初から一貫しているが、組織形態に変化が見られる。彼は初め一人の首領と数人の股肱を中核とする専制的組織を構想していた。専制的当路者に対抗するためには、こちらの組織も専制的でなければならぬ、と考えたのだろうか。清沢を首領と仰ぐ時言社同人が中核に相当するが、各地に遊説して地方の有志と交流し協議するなかで、この構想は破棄され、地方組織に足場をおいた民主的結社となった。時言社同人は依然同盟会の指導者であるが、統率者ではなく、さまざまな意見の調整者であり、会の庶務を担当する事務局でもある。また、最初は一派からの処罰を回避して多数の参加者をえるため、結党式のようなことはせず、ただ本部に名簿を置くていどの秘密結社を構想していた。しかし、これでは官僚制の宗政権力と戦えない。同盟会を組織することを申し合わせてから二週間近くかけて発会式にこぎつけ、会則をもつ公然たる結社となった。ただ、会員に正会員のほか賛成員を置いたところにのみ、「吾党ノ意見ニ賛成スル者ヲ党員ト見倣ス」という観点から四種の会員を構想した初期段階の痕跡が認められる。

3　主唱者の処分

二月一三日、事務革新全国同盟会の会則を議定して小憩し、再開したところへ本山寺務所から通知が入った。それは、京都府下ならびに在京門末一般に宛てた、明一四日午前一〇時から寝殿において法主の親言があるから一同出席拝聴せよという通達であった。これは随意拝聴することとして、最後の議題、請願書捧呈の次第について協議し、来る一六日、一同拝謁のうえ請願書を捧呈することに決した。

時言社同人四人には、明日午前一二時に出頭せよとの別の通知が本山から届いた。井上たちは、明日の親言は反対者の厳重処分を学師・勧令使に諭示するものとの情報をえていた。懲戒権を行使しての革新運動攻撃であるが、来るはずのものが来るだけのことである。

四人は一四日午前八時詰所へ行って本日の親言および処分のことを話あい、決してその場で激昂して当路者の思う壺にはまってはならぬと戒めあった。親言は一一時からあり、「昨年教学拡張ノ為メ資金募集ノ儀ヲ発布セシ以来、種々ノ障碍ヲ為ス者ノ為メニ意ノ如ク運ヒ兼ネ……今日マテハ成ルヘク穏カニ致シ置タルモ、最早已ヲ得サル場合ニ至リ、憫然ナカラ本日夫々処分ヲ行フコトニ申付置タコト」（本山事務報告 四一号）と申し渡された。

召喚されて親言の席に出席した四人を代表して、井上は一二時過ぎに達の間で処分の伝達を受けた。不在の今川・

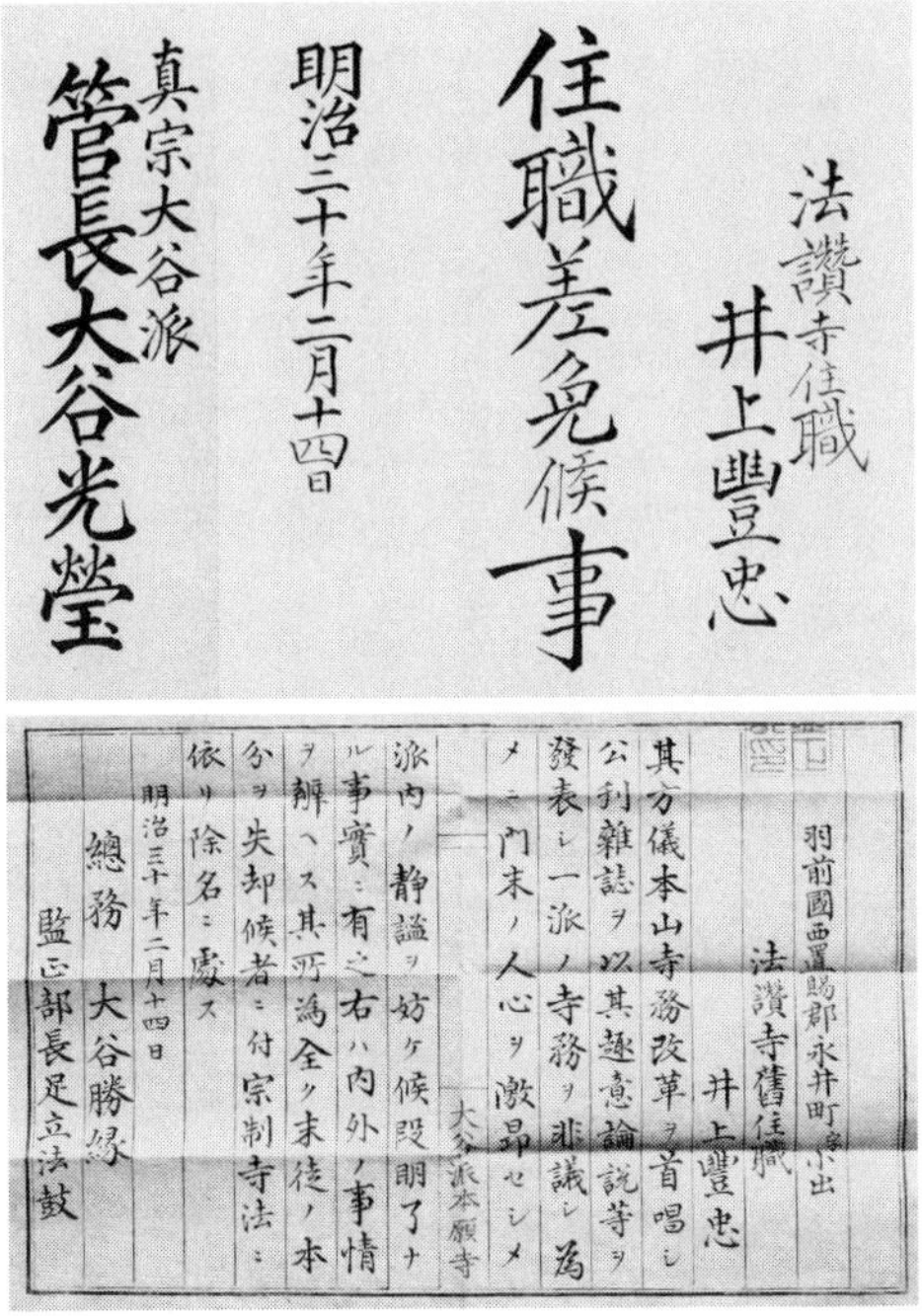
法讚寺住職
井上豊忠
住職差免候事
明治三十年二月十四日
真宗大谷派
管長大谷光瑩

羽前國西置賜郡永井町字小出
法讚寺舊住職
井上豊忠
其方儀本山寺務改革ヲ首唱シ
公刊雜誌ヲ以其趣意論説等ヲ
發表シ一派ノ寺務ヲ非議シ為
メニ門末ノ人心ヲ激昂セシメ
派内ノ静謐ヲ妨ケ候段明了ナ
ル事實ニ有之右ハ内外ノ事情
ヲ辨ヘス其所為全ク末徒ノ本
分ヲ失却候者ニ付宗制寺法ニ
依リ除名ニ處ス
大谷派本願寺
明治三十年二月十四日
總務　大谷勝縁
監正部長足立法鼓

図 20　井上豊忠にたいする処分令状（明治 30 年 2 月 14 日）

図 21　僧籍を剝奪された白川党六人衆，俗服にて
（井上は前列左端，清沢は後列中央．明治 30 年 3 月 31 日）

稲葉そして村上も同日付けで処分された。以下のとおりである。

清沢満之は賛衆（議制局議員）を免じられ、学師の名籍を除かれ、大助教の職を免じられた。

今川覚神と稲葉昌丸は、ともに学師の名籍を除かれ、権大助教の職を免じられた。

清川円誠は学師の名籍を除かれた。

井上豊忠は権中助教の職を免じられ、法讃寺住職を差免された。

月見覚了は勝福寺住職を差免された。

村上専精は擬講の職務と大助教の職を免じられた。

こうして、真宗大谷派僧侶の身分だけとなったうえで、村上以外の六人は除名（僧侶身分剥奪）に処せられた。六人同文、その文面は以下のとおりであった。


其方儀本山寺務改革ヲ主唱シ公刊雑誌ヲ以其趣意論説等ヲ発表シ一派ノ寺務ヲ非議シ為ニ門末ノ人心ヲ激昂セシメ派内ノ静謐ヲ妨ケ候段明了ナル事実ニ有之右ハ内外ノ事情ヲ弁ヘス其所為全ク末徒ノ本分ヲ失却候者ニ付宗制寺法ニ依リ除名ニ処ス

総務大谷勝縁
監正部長足立法鼓

村上は主唱者として飛檄に署名していないということで、除名より一段軽い奪班に処せられた。奪班とは堂班剝奪であって、最も低い平僧に席を落とされることである。その文面はつぎのとおりであった。

其方儀清沢満之等ノ本山寺務改革趣意ニ賛同シ公開演説ニ於テ一派ノ寺務ヲ非議シ門末ノ人心ヲ激昂セシメ為メニ派内ノ静謐ヲ妨ケ候段明了ナル事実ニ有之右ハ内外ノ事情ヲ弁ヘス其所為全ク末徒ノ本分ヲ失却候者ニ付宗制

寺法ニ依リ除名ニ処スヘキノ処主唱者ニ非ルヲ以テ一等ヲ減シ奪班ニ処ス〔本山事務報告 四一号〕

処分を受けた感想を短く言えば井上日誌の「一段落トナリタリ」（一八九七・二・一四）であろう。『教界時言』（五号三二頁）はこれを詳しく表白していう。「右処分の不当不理なるは暫く措て之を論ぜず、兎に角此処分が一度予輩の頭上に落ち来るべきことは、かねて覚悟するところにして、寧ろ其遅きを訝りつゝありしものなり、……これを聞く、予輩が嘗て教界時言の第一号を発行するの時、既に寺務所部内に在りては此処分を行はんとするの議盛なりしと、而してこれを施さんとして施す能はず、荏苒今日に至り漸くにしてこれを行ひたる当路者が心中の煩悶、寧ろ憫笑するに堪へたり」と。当路者が処分をためらったのは、処分により四方の門末が激昂して、波瀾ますます大となり、やがて本山への志納が減少することを懼れたためであった〔『法讃寺記録』巻二、七〇葉〕。

処分および法主親言にたいして当時のメディアは、「法主庸暗時勢に通ぜず二三奸僧の密言に蠱惑せられて此の如き彌縫苟偸の言を為す、即ち是汝の刀を以て汝の首を刎るものにあらずや」と非難している〔読売 一八九七・二・一七、明教新誌 一八九七・二・一八〕。

処分は時言社同人と同志たちをかえって振るい起たせた。井上が処分の辞令を受け取って戻ってくると、諸国委員の重立ち数十人が待っていてこれを迎え、革新万歳・首唱者万歳を連呼した〔『法讃寺記録』巻二、七〇葉〕。時言社「社員六名は形式上に於て最早や真宗大谷派の僧侶たること能はざるに至れりと雖も、本山事務の革新を呼びて起ちたる当時の精神は、決して一片の辞令の為に銷磨し去るものにあらず、予輩不敏なりと雖もいよいよこれより全幅の力を捧げて、全国の有志諸君と共に一派の事務革新を遂行せんことを期す」と宣言した〔教界時言 五号三二頁〕。また、井上は除名処分により同志がいよいよ革新の決意を固めたことをみて、処分は無上の栄誉、勲功の標示となったと感じた〔『法讃寺記録』巻二、七一葉〕。「首領某の曰く今回の処分は既に予め期したる所なれば左程驚きもせず」「同志三百余名もあれば此の如き一小事に頓挫阻喪して年来の苦心を水泡に帰するが如きことをせず一蹉躓ある毎に益々意気を壮にして更に発奮興起せん」とは、『明教新誌』〔一八九七・二・二二〕の伝えるところである。

時言社同人に声援を送った井上円了と南条文雄にはお咎めはなかった。井上は還俗して僧籍を脱しているから処分の対象にならないのは当然である。南条は「今明日にも何とか処分さるべし」〔読売　一八九七・二・一八〕、「近々処分を受くべきなり」〔明教新誌　一八九七・二・一八〕との下馬評にもかかわらず、終にお咎めなしとなった。どうしてだろうか。これについて奪班処分を受けた村上が興味深い評言を残している。

「(南条・井上)両君の如きは賢明であるから、吾輩の如き軽挙妄動には出られなんだ。……当時南条君の態度を評して、旗幟不明なりといふものが多かつた、現に月見君が吾輩に向かつてさう語つた。然るに後になつて見れば当時旗幟不明の人が却て利口であつたといふことになつてきた」〔村上　一九一四：三二七〜三二八頁〕と。

村上は終始旗幟鮮明であった。それに比すれば南条は旗幟不明であって、二九年一二月段階で、「今後の雲行次第にて何れに左袒するやもしれず」〔南条　一八九六：六五頁〕と自ら語っている。しかし、まさにその月末の顧問会での渥美罷免の意見具申など、革新派の旗幟鮮明だし、渥美も南条・井上・村上らが白川党に呼応したと回想している〔渥美写本　一九七五：七一頁〕。

南条は法主の召しによって推参するとともに、拝謁を求めて言上する特別の地位にあったから、行動を控えて旗幟不明のようにみえたところもあり、寺務所もそういう地位の南条まで処分すれば一派の世評に関わるので、処分を控えるのを得策と判断したのであろう。結果的に「利口であった」ということになるのだろうが、「南条氏は自ら進みて事に当るの人に非ず」という雑誌『日本人』〔無記名　一八九六b：九頁〕の評がより当たっているのではないだろうか[10]。他方、村上は「軽挙妄動」というより男子意気に感じたのであって、真宗東京中学学長としての決着の付け方は清々しい感じを与える。両者の身の処し方はともにその性格と立場に規定されたところが大きい。

除名あるいは奪班の処分を受けた側は、処分によってどういう不便不利を蒙ったのか。真宗寺院は子孫相続の家業であったから、自坊の門徒にたいしては処分にかかわらず手次寺としてのサービスが可能であり、寺の行事も変わりなく執行することができる。しかし、他の寺へ行って僧侶としてのサービスをすることができない。自坊においても同組の他寺の僧侶が参会する法要では、座配はもちろん袈裟衣の着用にも問題が発生する。清沢もこの件で当惑していると、同志の月見に漏らしている〔大谷大学 二〇〇三b：一八二頁〕。

今回の処分が改革運動にどのような影響を与えるのだろうか。宗政当路者の狙いは、主唱者の僧侶身分を奪って「庶人」の身分に落とすことにより、正式に成立したばかりの事務革新全国同盟会の出鼻を挫くことにあったのだろう。実際どのように経過したか、以下にみることとしよう。

三　寺務革新運動の成果

1　法主への請願

請願書の捧呈

処分から二日後の明治三〇年二月一六日、前日の諸国委員の会で選ばれた捧呈委員後藤祐護（播磨）と松本白華（加賀）の両人、および一五人の交渉委員を中心に、三〇〇余人の諸国代表が数万人記名調印の請願書を取り纏めて寺務所に出頭し、総務の面謁を願い出た。二月一六日には南条・村上両人に加えて井上円了も上洛できるかもしれぬとの密報により、この日に請願書を捧呈することが、すでに二月の初旬に決まっていたのである〔大谷大学二〇〇三b：一四二〜一四三頁〕。しかし、都合により総務への面謁は許されず、明日一二時に来い、と言われて退散した。

翌一七日一二時諸国代表が寺務所に集まり、総務に面謁して法主に拝謁請願いたしたし、との願書を出したところ、一昨日親諭があったばかりなのに請願書を出したいとは穏やかでない、建白または建言書と改めて差し出すべし、とか種々難癖をつけて長時間待たせに待たせたうえ、明日一〇時から一一時までの間に来てみよ、と申し渡されたときには夕刻になっていた。それでも拝謁願は受理させ、請願書として呈することを承諾させたので、一同明日を期して退散した。

図22　事務革新全国同盟会の請願団
(知恩院山門前にて．明治30年2月19日)

その足で河原町共楽館に集い、懇話会を開いた。会する者三〇〇人を越え、非常な盛会であった。交渉委員の報告の後、清沢・村上・南条が演説して感動を与えた。学業を放擲して運動に協力している学生のことをかねてから憂慮していた清沢は〔大谷大学 二〇〇三b：一四四頁〕、彼らに前途を誤らせぬよう私立学校設立の必要について論じ、村上は学校のことを熱心に談話して、満堂の拍手喝采を博した。

一八日、朝一〇時に一同寺務所に出頭したところ、本日午後一時に法主拝謁、陳情書ならびに請願書捧呈のことが許容になったと伝えられた。よって午後一時一同正服を着用して寝殿南中両間に整列した。まず松本白華が陳情書を、ついで後藤祐護が請願書を、それぞれ一言述べて捧呈した。門末会議・役員更迭・募金中止等数件についての数万人記名調印の請願書が、北は北海道、南は九州まで、全国から上京した三二八名の委員によって、拝謁のうえ陳情捧呈されたことは、大谷派の宗政史上未曾有の重大な出来事である〔井上日誌 一八九七・二・一八〕。陳情書・請願書を受け取

った法主の親言に曰く、

一同寒気の折柄本山を思ふの精神より上京の段殊に奇特に存ず。唯今差し出したる書面一覧致置く事、尚ほ帰国の上は方針を誤らず末徒の本分を尽し門徒協同致さるゝ様深く相頼み置く事〔教界時言　五号三五頁〕。

親言終わるや、一同威儀粛々列を正して両堂に参詣し、とくに開扉を願って拝礼し、退散帰宿した。一九日、午前一〇時、各国委員有志および大中学生会し、大谷本廟に参詣した後、知恩院山門前の石段に整列して記念写真をとった。午後二時から共楽館で茶話会を開く。出席者三、四百人と非常な盛会で、報告と協議がなされた後、村上は私立学校設立とその位置について熱弁をふるい、清沢は今後の運動方針について演説した。井上は「一同皆捧呈ノ無事ニ結了セルヲ喜フ」と日誌に記している〔一八九七・二・一九〕。

一七日の懇話会の席での協議で、上洛中の三〇〇余人の各国代表は評議員以外一旦帰国することになった。これは陳情が本格化した二月の初めすでに予定していたところであったが〔大谷大学　二〇〇三b：一四三頁〕、一部のメディアは革新全国同盟会が今回の処分で頓挫を来たして運動の方向を変えたものとみた。リーダーの清沢らが僧侶の資格を失って幾分か勢力が落ちたと思われることに加え、処分は地方僧俗の付和雷同を一時鎮圧する効果があると思われたことがその理由である〔朝日　一八九七・二・二〇、二四〕。

しかし、これは改革運動の実態を知らぬ誤報であった。運動の首唱者としては、諸国上京委員の大多数を帰国させて旅費負担の軽減を図るとともに、地方で持久的運動に従事させ、それを基礎として全国同盟会を強化し、革新運動の全国的な精神的結合を実現させるという、少なくとも向こう一年間の運動計画に立っていた。

請願達成に向けて

前記のように、上京の僧俗は各国評議員を残して一旦帰国することになったので、二月二〇日、帰国に先だって一同寺務所に出頭し、先日の請願が聴かれないときには、今後上納金等を納めぬことはもちろん、今日以後の本山負債は一切負担しないことを告げて退出した。

二〇日午後、今回上京した在京委員により各国ごと互選で選出された仮評議員三〇名が仮評議員会を開き、後藤祐護と時言社同人清沢・井上・月見・清川の五名に仮幹事を委任し、月見と井上に仮司計を兼ねさせること、在京委員で願意の採否決定を促すことを議決した。かくて、会則に基づいた大谷派事務革新全国同盟会の機構が立ち上がったのであるが、速やかな地方部の組織化によって、正規の評議員会を立ち上げ、正規の幹事・司計を選出しなければならない。

翌二一日、在京委員僧侶八三人、門徒二三人、計一〇六人が抽選で三組に分かれ、明日から交替で寺務所および役員の私宅を訪うて請願にたいする意見を質すこととなった（井上日誌 一八九七・二・二一）。当番の委員は二二日から連日寺務所に出頭して総務に面謁を求めたが、多忙を理由に会ってくれない。重役の私宅を訪問すると、改革は賛成であるが、願書の通りには行われぬ、末寺総会のごときはもっての外、と異口同音に答えた。

二二日、井上は今川の岳父北方蒙（一八五〇—一九〇五）から、石川舜台が内事からの召により、昨日早朝、籠居していた加越の地を発ったとの報知を受け、ついで二四日、石川が上席参務に任じられたことを知った（任命は二月二二日）（井上日誌 一八九七・二・二二、二四）。先月参務篠塚不着が辞職した後、空席となっていたのである。石川は渥美契縁と対抗してきた老練な宗政家で、渥美失脚後の混迷状態を見て、時こそ来たれと法主殿ご機嫌伺いと称して上洛したとの風説もっぱらであった（明教新誌 一八九七・二・二六）。

法主直弟大谷総務（二月一日正式に執事と改称）は宗政家ではないから、上席参務こそ最高実力者といってよい。全国同盟会としては、石川の入所に対していたずらに反対せず、しかし妄りに賛成もせず、という静観の態度でこれを迎えたが〔教界時言 五号四七頁〕、井上は「之ヨリ風雲少ク変ズルトコロアルベシ」と二四日の日誌に書いた。どのように変わるのであろうか。この夜、井上は久し振りに足立法鼓を訪うて談話し、寺務所内の実況を「探偵」したのは、石川着任による変化を予想するための手がかりをえようとしたのかもしれない。

二五日、在京諸国委員の会合で必ず総務に面謁を求めることに決して委員五名を選び、二六日一同寺務所へ赴き総務に謁して拝謁願を出そうとしたところ、本日は多忙だから明日午後一時に出頭せよとのこと。寺務所へ出頭したついでに二月二〇日付けの『本山事務報告』第四一号を持ち帰った。時言社同人六名の除名処分が諭告された一四日の親示で、開設が約束された教学諮詢会の条規と諮詢会会員互選手続きがそこに掲載されていた。この新制は必ずや寺務所の改革運動対策であろうから、井上らはこれを読んで新制の問題点を突き止めておく必要があったのである。

二七日朝一同出頭して先般の処罰に関し監正部長に面会を求め、代理として出て来た監正部の録事を大いに追及した。追及の一例を挙げれば、得度は法主が行うもの、度牒は法主が管長として授けるものである。しかるに執事と監正部長が除名処分を行い度牒を奪った。果たしてこうした権限があるのかと詰問したのである。これにたいし録事は知らぬと答えるのみ。どの詰問にもこの調子で要領をえた回答ができない。同日午後、委員五名が約束により総務に面謁できると期待して出頭したにもかかわらず、総務に会うことができず、談判は要領をえなかった。やむなく来月二日必ず出頭する旨言い残して引き取った。

二八日は宗祖親鸞の月忌であるので一同謹慎して大谷本廟に参詣した。午後は越後の上京委員が会主となって各国上京委員を茶話会に接待し、革新運動の状況を報告し合った。陸奥・陸中・陸前・羽前・越後・能登・加賀・越前・若狭・信濃・美濃・尾張・伊勢・近江・摂河泉・播磨・筑後・豊後の各国委員が大いに演述し、和気藹々、盛会裡に散会した。

三月一日、英照皇太后の五〇日御陵前祭に当たるので謹慎を表して集会を廃した。この日、寺務所では職制の改定と人事異動があり、去る二月五日の海野覚夢と桑門志道の録事差免に続く阿部恵水の寺務用掛差解が告示された。これで渥美派はほぼ一掃され、代わりに谷了然ら石川派が入所して、「所内ノ体面一変セルノ観」があった〔井上日誌一八九七・三・一〕。今回の改定は、濃尾水害関係で嵩んだ経費を補塡するため寺務職員の人件費削減を余儀なくされたもの。主としてこれに参画した石川参務が、職制改定に伴う人事異動を自派の勢力拡大に利用したのであって、改革派の請願に応じた改正といえるものではなかった〔朝日 一八九七・三・四〕。

二日、各国在京委員ら七、八十人約束のように午後一時寺務所に出頭して、総務に面謁した。新任の石川参務が座を進めて一同に挨拶し、曰く、「兼ねて（二月一八日）捧呈せられたる請願書は其文面通りに行へぬ辺もあり、亦御尤もと御思召される辺もあり、とに角、台下（法主）に於ても御満足に御思召さるゝ事なれば、追々書面の趣に改革せらるべし云々」「たとひ十分に行はれずとも可成願意は採用せん。若しこの事に御不審あらば寺務所にても亦私宅にても宜しければ質されたし。其節は腹蔵なく充分御答をすべし云々」と。さらに請願書にたいする指令のような総務名の書き付けが一国一枚宛渡された。その文面に「二月十八日捧呈ノ書面御閲覧被遊候……右意見ヲ斟酌シ改正被為行候旨被申出候条此段相達候也」とあった。参務の言明と総務の指令とには微妙なズレがあるが、後者に即して捉えれば、請願書の意見を参酌して改正するということである。しかしそれでは、意見を採用したような素振りだけして、似て非なる改正となる可能性がある。入局して間のない石川の心根が分からないため、容易に可否を断じえない。そこで、指令の受否は協議の上で決することとして散会した〔教界時言 五号三七〜三八頁、朝日 一八九七・三・五〕。

三日午後、円山左阿弥に懇話会を開く。会する者八十数名、なかなかの盛会であった。明日寺務所に出頭して、

「参酌」の程度を確かめることとなり、そのための委員一〇名を選んだ。時言社同人は除名処分を受けた後、寺務所での交渉に列席する資格を失ったが、当路者の私宅を訪ねることはできるので、清沢と井上はこの日の夕食後石川参務を訪うた。互いに胸襟を開いて語りあったところ、「頗ル多望ノ談アリ。議会ノ如キモ絶対ニ開キ得ズトハ云ハズ。諮詢会ト議制局ト合併シタルカ如キモノナラハ、出来ヌ限ニアラズ……ト」（井上日誌　一八九七・三・三）。果たして多望かどうか、展開が見物である。

四日朝、石川を訪問した委員の報告によれば、彼石川は同盟会が出した教学諮詢会批判の一葉摺りに「凶妄」の二字があるのに大いに憤慨し、「コレニテハ迚モダメナリ」と言って、昨夜清沢・井上と談話したこともなかったことにするから、そのよう両人に伝えてくれるように、とのこと。この日、一〇名の委員が寺務所へ行ったが石川は多忙なりとて面会できず、明日を約して退散するほかなかった（井上日誌　一八九七・三・四、教界時言　六号二一頁、読売　一八九七・三・一八）。

五日、朝九時に一同寺務所に出頭して石川参務に会い、「参酌」の程度を承りたしと来意を述べたところ、石川はその前に諸氏に問うべきことありとて、同盟会の教学諮詢会批判の一葉摺りを懐中から取り出し、この文中当路者を指して狂妄なりと叫び、諮詢会の設立を妨害しようとするのは、本山の行政を妨害して総務以下の役員を罵詈するものではないかと、たいへんな剣幕であった。交渉委員は、一葉摺りに「狂妄」の文字があるのは、個人を罵詈したものでなく、寺務所の法令を指すものと反論すると、石川はそれでも寺務を非難し宗政を妨害したことに相違はないと怒る。委員は、今日のように天下挙って宗政を非難するほかないものにしたのは寺務役員の罪ではないか、と応じたが、その言葉が終わらないうちに、石川は，諸君が和衷協同して行政を円満ならしめようと望む者でないことはこれで確かになった，そういう者の質問に応ずる必要はない、と言い捨てて退席し、寺務所と「破談」となった。

同五日午後、一同は根拠地大加賀詰所に集会した。衆議の結果、全国同盟会の会員に大召集をかけて、寺務所に最後の談判を試み、改革派の決心を示すことに決し、大召集の受皿となる懇話会の準備委員として、松岡秀雄・千原円空・藤谷還由・松木琢宗・泉源祐の五名を選出した〔井上日誌 一八九七・三・五、教界時言 六号二一〜二三頁、朝日 一八九七・二・二〇〜三・五〕。

この頃までにメディアは、各国代表の帰国の意図を理解したようである。多数の代表を京都に留め置けば多大な出費となるからであって、決して運動を中止したわけでない。諸国でも京都でも方法順序を立てて、それぞれ進行の手筈を定めつつある（つまり京都中心の急迫運動から全国的な持久運動へと拡大進化している）。本山が改革派の願意を用いないときには、あくまで運動を進め、大中学寮所化を糾合して東京に学校を起こし精神的教育をなすはず、と伝えた〔朝日 一八九七・三・五〕。

当路者の態度急変

三月九日になって石川から、明年より末寺会議を開設することに内定した、ついては時言社同人と話がしたいとの希望が伝えられたので、清沢・清川・井上の三人で同盟会の活動家二人を伴って石川を訪ねた。末寺会議を来年開設すること、末寺会議は宗制寺法において寺務所の行政部と並立させること、そこに議制局の権限を移すこと、賛衆は六〇人とし、三〇人を法主特選、三〇人を組長互選（教学諮詢会会員選挙法に準ずる）とすること、これを来る一三日法主親示をもって発表すること、除名処分特赦に付き法主に謝状を呈すること、大中学授業再開に関すること、寺務所の人物淘汰のこと、などの話があった。いずれも事務革新全国同盟会の請願事項であったから、「頗ル有望ノ談話ナリ」と井上は歓迎した〔井上日誌 一八九七・三・九〕。

僅か四日ほどの間に寺務当路者の態度が一八〇度急転換した。これは全国同盟会の緊急情報、すなわち大召集をかけて一二日に懇話会を開き、最後の談判を試みるという情報を傍受した石川側の対応と察せられるが、その真意は果たして那辺にあるのだろうか。石川が上席参務として寺務所に復帰したとき、「改革派も速かに鎮圧せざるべからざるも今急に処断するハ策の得たるものにあらず」と公言したという話（西島 一八九八：五一頁）が、思い合される。

翌一〇日、清沢と井上は全国同盟会の長老小栗憲一を訪ねて懇話し、二人で夕食を取った後袂を分かち、清沢は大学生事務所で清川を誘って石川の門を叩いた。井上は上京委員臨時事務所で懇話会準備委員と会って諸方の事情を探った結果、みだりに和を講ずるは不可との結論をえて石川宅へ急いだ。ちょうど清沢・清川両人が法主にたいする書面を石川に出すところであったので、それを押しとどめて三人して帰った。深夜まで密議を凝らした結果、ここのところは石川を信任して、その企てるところを為させるのが得策と考え、明朝井上が書面をもって石川を訪ねることに決まった。ただし書面は、法主の親言を聞いて、改正断行、とくに末寺会議開設のことが明らかになった後（法主に）提出すること。書面の内容は法主に尊慮を煩わせたことを恐懼し謝する漠たるもので（井上日誌 一八九七・二・一〇）、石川が指示したような除名処分特赦にたいする謝状ではない。

一一日早朝、井上が今川の岳父北方蒙を訪ねたのは、例の書面を石川に託することの是非を相談するためであったのだろうか。その足で直ぐ石川参務を訪うて書面を渡した。夜清沢・清川は石川を訪うて諸事打ち合わせた後、井上と三人で懇話会準備委員に会い、石川との談判の要領を報告して打ち合わせをした。大学生の中枢部にもその大要を話した。

一二日、円山牡丹園で同盟会の懇話会を開く。召集に応じて上京した各国委員約二〇〇人を含めて参会者総数二五〇有余人。第二回請願書捧呈および督促の手筈に関する相談、それらのための交渉委員の選出、そして各国の動静報告が主な議題で、非常な盛会であった。

この日、寺務職制のうち議制局賛衆定員数とその選出方法の条項が改正された。去る三月一日改定の寺務職制では、議制局は賛衆（議員）二〇名をもって組織し、賛衆は寺務役員以外から特選されると規定されており（本山寺務報告四二号）、間もなく三〇名に増員されたが、一派の世論を反映しうる組織体ではなかった。今回の改正によって、議制局は賛衆六〇名をもって組織し、三〇名は寺務役員以外から特選、三〇名は全国正副組長の互選となり、不充分ながら初めて賛衆の公選が実現されることとなった（本山事務報告 四三号）。

井上は「於是末寺会議ノ説殆ド成就ス。但御親言ヲ以テ宗制寺法上ニ立法行政両機関対峙ノ事ヲ明示セラレザルノミ。而シテ御親言ハ両三日中ニアルトスレバ、請願ノ要領ハ八九部成功セルモノト云フテ可ナリ。嗚呼コレ仏祖ノ恩恵ナリ」と歓喜している（井上日誌 一八九七・三・一〇～一二）。

懇話会の席に議制局関連条項改定の報がもたらされたのであろう。清沢は演説のなかで、「彼の拡張せられたりと云ふ議制局の如きは未だ純然たる宗門立法部の性質を有せざるが故に、更に今一歩を拡張せしめて其基礎を宗制寺法上に確立せしめざるべからず」（教界時言 六号二四頁）と述べた。改正議制局ではまだ一派立法部とは言えない、公選の度を高め、宗制寺法のなかに立法部として規定されるまで、革新の手を緩めてはならない、と訴えたのである。

宗制寺法に規定されれば、その改訂には内務大臣の許可が必要であるため、一度規定されると簡単には修正されないが、寺務職制上の規定では当路者の都合で容易に改廃される。この点を考えれば、宗制寺法に議制局が立法部として規定されないかぎり、運動の目的が達成されたとはいえない。清沢と井上は立法部の位置について全く同じ理解に立っているが、好結果をえる見通しでは、井上のほうが楽観的であった。一二日の懇話会で披露されるべきタイミングを狙っての改定といい、全国同盟会の請願にほぼ合致する議制局の賛衆員数と選出法の改定を先行させたことといい、そして肝要な点は法主親言を先送りしたことといい、あちこちに同盟会の請願採用について過大な期待をもたせる懐柔の臭いがする。石川の謀略に乗せられていることへの警戒が、軍師井上に欠けていることが気にかかるのである。井上は攻めには強いが、守りには弱いのかもしれない。

請願の大筋聴許

懇話会の翌一三日、午前一〇時上京委員一同寺務所に出頭して総務に面会を請うたが、代理の議事が出て来て繁忙にて面会なりがたしとのこと。それでも総務に面会して法主拝謁を願いたいと重ねて申し出たところ、暫く待たされた後、総務代理として財務部長の小早川鉄僊が出てきて、明後一五日午後三時法主が賜謁されるから一同出頭するように、なお除名の六名にも同席で拝謁を許されるからこの旨伝達されよ、との思いがけない回答であった。普通容易には許されない賜謁がこのようにたやすく許可されたのは、「全くこれ台下が吾人の赤誠を嘉納し玉ふ深重の御尊慮より出でたることゝ感泣するの外なし」と『教界時言』（六号二四頁）は報じた。改革派もその多数は少なくとも表面上、法主崇拝の徒であることを証するものといえよう。

交渉委員は、なお別に上申したいことがあるので是非とも総務に面会したいと願うと、ややあって、余儀ない用向きのためすでに退出され、今日は面会叶わずとの回答であった。ただ請願については、法主よりすでに石川参務に諭旨もくだされた模様で、宗務の改革は断然実行される思召の由承っている。寺務職制の改定を受けた議制局条規の改正書類もすでに決定されていて、明後日賜謁後発表される予定であるが、後刻内覧を許されるであろう、ということで、その言葉どおり改正の書類を借りて退出した。

法主賜謁許可といい、除名六名の同席許容といい、宗務改革を断行する法主の決意の内報といい（井上日誌は、「請願書御受理相成ルヘク御親言ニテ願意採用ノコト御明示アルヘシ」と記録している）、条規改正書類の内覧許可といい、待たせるだけ待たせたうえで追い払うという、これまでのあしらいとはうって変わった待遇である。

午後、借り出した議制局条規改正案につき評議員会で対応を協議し、さらに翌一四日も議したが決せず、それぞれ各国委員の意見をまとめたうえで再議することとなる。

いよいよ三月一五日が来て、午後三時全国上京委員一同寺務所に出頭した。その数四〇〇余人、それに除名の首唱者六名と大中学の退学生、この外に在京の一般僧俗も参列を許されたので、総数五〇〇人を越えた。臨場した法主にたいし、委員後藤祐護から各国より提出の請願書三九〇通を捧呈した。請願条目中最も緊要なものは末寺会議と門徒会議の開設であって、革新の成否はこの二項の採否によって判断されるべきものである（教界時言 六号社説「大谷派宗政の革新」）。

法主は、書面の趣は一覧いたし置く、この度議制局の組織も権能も拡張した、門徒が財務に関わることは熟考のうえ方法を設ける、この度制定した議制局の方法と財務の方法は宗制寺法に記載するつもり、と述べた。親言終わり法主退出後、石川がその趣意を敷演して言う。門徒が財務部に限り方法を設けて会議いたしたしとのことであるが、これは末寺会議（組長互選の賛衆三〇名を加えた議制局を石川はかく呼ぶ、井上また同じ）のようにはいかぬ、門徒にたいする本山の従来の待遇は僧侶とくに寺院住職とは異なるため、熟考のうえ方法を調べねばならない。これまで憲制を定めていなかったが、今年の議制局からは正しく憲制に基づく故、定めしよくなることと思う、と（教界時言 六号二五〜二七頁）。当日の井上日誌には、「末寺会議門徒会議ヲ開キ宗制寺法上ニ規定スル旨ヲ述ヘラレ石川参務之を布演ス」と記録されている。改正議制局のようなものでも末寺会議と呼べぬことはないとしても、門徒会議も同様に開設されるものと井上は理解している。しかし、『教界時言』の報ずるところを虚心に吟味すれば、門徒会議の可能性は言葉巧みに否定されていると言わざるをえない。

石川は参列した大中学の退学生にたいし、「目下切迫の不都合は至急取除かねばならぬ」と語りかけている。大中学の授業再開は清沢たち時言社同人にとって緊急の課題であった。

さらに石川は、「主唱者の清沢・井上・月見・清川の四氏も居らるゝことじやが」、と言いつつ四名の前に行き、「諸君は表面上除名になりてあれど、心はよもや除名ではあるまい。どうか今後心を協せて尽力を頼みたい。実に今度の如き制度は、欧洲の政治上などでは血を流して始めて得たことなるに、今は談笑の間に大事が成つたと云ふは、実に一山の慶事である。尚今川・稲葉両氏へも此の事を通知してくだされ。御門跡特別の思召もあらせらるゝことなれば此儀を申入れ置くなり」と言ったという〔教界時言　六号二七頁〕。除名された四名に出頭を求め、その面前で語った言葉の巧みさ、法主専制から憲制への「政体の変更」が平和裏に成就したと言って、宗制寺法上に立法機関を位置づけることを約束し、門徒会議の開設にも明るい希望をもたせたあたり、周到に練られた籠絡の言辞、ことによれば欺瞞の言辞ではなかったか。四人は懲戒処分の令状にいう罪科は全く身に覚えのないことであったから、心の奥底では除名になったと受け容れていない。そこにつけ込んだとしか思えない極めて巧妙な心理操作の言辞を弄した。本山が四名にたいして心は除名でないことを期待するのなら、まず自ら除名処分を解除するべきではないだろうか。

親言奉戴の是非

全国同盟会としては、親言を奉戴するかしないか、いいかえれば親言は奉戴するに足るものか否かについて、態度を決めなければならない。翌三月一六日のこのための相談会に本山惣会所の借用を願い出たところ、承諾をえた。もはや叛乱軍扱いではない。これも代表者たちの闘争心を挫いた。

一六日午前八時から惣会所で各国を代表する委員の会議を開いた。甲論乙駁の末、所論は大体二つに分かれた。一つは、この多人数の代表者をなお暫く滞京させ、不満足不充分の点の改革を強請しようというもの。もう一つは、久しく希望した宗門立憲制が今回初めて制定されたことに一まず満足して、滞京交渉委員を選出留置し、同盟会仮幹事と協力して当路者と交渉し、不充分な点の改良を計ることを彼らに託して、その他は帰国すべし、というものであった。審議の結果、賛成大多数で後説に決した。

井上はこの論争を非平和論対平和論と呼び、「終ニハ吾等ノ説ニ一決シ平和ニ事ヲ為スコトトナル」と記録している〔井上日誌 一八九七・三・一六〕。滞京一週間に及ぶ遠国上京者の多くはこの辺で一まず帰国したいと願うだろうし、諸般の状勢に通じた時言社同人の平和論は説得力をもつ。平和論に決することは自ずからなる流れであった。時言社の平和論は、一段の事終わり次第、上京委員のごく少数を京都に留め置いて後事を謀らしめ、他は帰国させ、その地方において持久的運動に従事させるという、かねて約定の戦術を実践するものである〔大谷大学 二〇〇三b：一四三頁〕。

井上が執筆したと推定される「立憲的宗政実施に対する当路者の用意如何」と題する『教界時言』第六号（一八九七・四・二九刊）社説は、冒頭で「吾大谷派は今や宗政の革新を断行し、従来の専制主義を抛棄して立憲制度を採用し、会議制度を建設して立法行政の区別を確立せり」と断言している。これは平和論者の立場であるが、法主の親言は必ず実行されると信ずる無邪気な希望的観測に与したわけではないだろう。実際は立憲制度が緒に就いたのかどうか分からないような、危機含みの状態であったのではないだろうか。

非平和論者は、不充分な点を今の勢いを駆って改訂しなければ事は成らぬ、と憂慮したのではあるまいか。彼らはその日のうちに再度惣会所に集まって対応を協議した。井上は彼らを「本山攻撃党」と呼び、「惣会所ニ公然会議スルニ至レル事頗ル奇ト云フベシ」〔井上日誌　一八九七・二・一六〕と記した。本山攻撃党が本山の惣会所を用いて公然と会議をするのは一奇観との評は、井上には彼らの行動が理解困難なものになっていることを暗示するものである。

諸国代表者が離京する前に、当路者と交渉して改良を促すべき不充分な点を特定し、かつ滞京交渉委員を選出しなければならない。このため一七日、共楽館で懇話会が開催された。会する者二〇〇余人（本山攻撃派は欠席したのかもしれない）。つぎの諸項が議決された。まず、これまでの交渉委員から提出された事項は、

①議制局賛衆選挙法の改正。組長は一種の地方行政官であるから、賛衆の選挙母体としてふさわしくない。始めから賛衆候補者を選び、その互選で賛衆を定めるように改めること。

②賛衆の人数。六〇名を（三〇、三〇でなく）公選四〇名、特選二〇名に改めること。

③門徒会議の設立。議制局と同時に開会させること。

④宗制寺法上に議制局および門徒会議の権能をいかに明記するかを聞合わすこと。

⑤教学振起の方法を問い、その実行を要求すること。

（⑥、⑦を略して）

⑧主唱者処分の解除を要求すること。

門徒委員から、門徒会議設立までは教学資金等すべての勧募に一切応じないこと、など二件が提出されたが、これは寺務所との交渉案件ではないとして除外された。

これらの諸件を寺務所と交渉して、遅くとも本年五月までに当路者の確答を求め、もし因循姑息に流れるようであれば、直ちに各国に通知して大々的に同志の上京をえて、願意を貫徹することも、併せて議決された。

①・②については残された問題が重く、③・④に至ってはまだ着手したばかりであった。三月一五日の法主親言に

ついて論じた『教界時言』第六号社説「大谷派宗政の革新」が、末尾の段落で「今回の改正は纔に革新の道途に上りたるものに過ぎざるなり」と総括したとおりである。その上、「現当路者の多数は、未だ専制的寺務所の弊風を脱せず」、したがって、懇話会の演説で清川が「かの所謂根本的革新を遂行せんには前途尚遼遠なれば吾人は益々注意警戒して」と訴えた油断のない見張りが求められる状況であった〔教界時言 六号三〇頁〕。

主要議題がすんだので演説に移る。前記のように仮幹事清川、そして月見がまず演壇に立ち、つぎに交渉委員藤谷が立った後、仮幹事清沢が演壇に登り、「革新運動の進行上一段落を見るに至りしを慶し、旧大中学生諸氏の前途を如何にすべきかと説き、吾人は充分之が計画を為さゞるべからず」と訴えた。最初の一歩を印したにすぎないのに、清沢は一段落を見た面に注目する〔教界時言 六号三〇頁〕。

全国同盟会結成の準備が進みつつあった去る二月六日、清沢は群馬の沢柳と稲葉に宛てた書簡の中で、「今回請願ノ一段ヲ遂クルモ尚運動ノ段落ヲ見ルニ難ク特ニ旧大学生ノ如キ何時迄今日ノ儘ニアラシムヘキカ、若シ茲ニ一段ノ時期ヲ定ムルナクバ或ハ彼レ有為ノ青年学生ヲシテ事ヲ過ラシムルコトナキカ、是レ最モ熟考精慮ヲ要スル所ト存候」〔大谷大学 二〇〇三b：一四四頁〕と述べている。清沢はあえて「一段落」の面に注目することによって、学生たちが運動を切り上げて学業に復することを支援したかったのではあるまいか。

最後に投票をもって滞京交渉委員僧一〇人、門徒四人を選んだ。三〜六月の滞京前組と七〜一〇月の滞京後組の二班に分け、それぞれ僧五人、門徒二人をもって一班とし、報恩講が勤まる一一月には僧全員が顔を揃える。僧では、従来の交渉委員松岡・泉・藤谷・千原・松木の五名とも再選され、前組三人、後組二人に分かれた。清沢が演説のなかで強調した旧大中学生の前途については、学校問題（交渉案件⑤に含まれる）に決着をつけることが、一九日の第一回滞京交渉委員会の議により交渉順位第一の案件となった。

三月二三日、全国同盟会本部を下京大和大路大仏正面下茶屋町に移して、仮幹事四名と滞京交渉委員五名が同居し、交渉委員は表に立ち仮幹事は内に働き、内外協力して事に当たることとなった（井上日誌　一八九七・三・二三）。

時言社同人は全員で学校問題を集議するため清沢および今川・稲葉の帰洛を求め、三月二八日夕方から深更に至るまで六名で協議した。翌二九日交渉委員事務所へ行き昨夜議決した学事上の意見を報告して諒解をえ、夕方北方蒙を加えて懇談し、研究科生草間および本科生蕪城と打ち合わせをした上で、時言社同人および北方が七台の人力車を連ねて石川を訪問した。そして、去る一七日共楽館で議決した条項および学校の件につき胸襟を開いていて談話し、夜一一時に至った（同　一八九七・三・二八～二九）。

四月三日、清沢・月見・井上の三名で石川参務を訪い、大中学の件について談話し、翌四日、北方の仲介で時言社同人と教学部員とで「小教育会」を開くこととなった。

その日、石川参務の宿に石川、教学部出仕の谷了然・和田円什の三名、そして清沢・稲葉・月見・井上の四名が集まり、同席した北方の斡旋のもとに、大中学のことにつき種々協議した。そして、大中学とも第一部を廃し第二部のみとすること、大学は五年、中学は六年とし、帝国大学卒業以上の人物を養成すること、住職は中学卒業以上の高等なる住職とすること、大中学はともに東西両京に置くこと、来学年から大学生は東京に移すこと、中学の退学生は東京に転学を命じ、旅費を給すること、地方中学は当分全廃の方針を取ること、大学新築のこと、人物更迭のこと、など議決した。

時言社側と寺務所教学部側、「両々和気ノ間ニ学制ヲ議了シタリ。昨ハコレ蛇蝎視セラレ、今ハ最高ノ顧問トナレルコト、身ハ除名セラレツヽアリ乍ラ、本山要路ノ人ト教学ノ大事ヲ議スルコト等思ヒ至レバ夢ノ如ク、亦実ニ「ニワカ演劇」ニ似タルモノアリ。感何ゾ堪ユベケンヤ」と井上はこの日の日誌に書き留めている。

井上が「俄か演劇」と感じたように、これは寺務革新の主唱者たちを籠絡するための手管ではなかったのか。教学部といっても実務の録事ではなく議事クラスの要人である。上席参務および教学部関係の議事クラスの人々と、除名処分中のいわば罪人との「小教育会」というお膳立て、そこで議決されたことは、時言社同人の主張したところであるが、実現困難と思われる箇条が多い。それでもこれだけの学事改革案が合意されれば、旧大中学生のための学校新設の話など吹き飛ぶのはもちろん、首唱者たちの寺務所批判の鋭鋒は鈍り、闘争心は挫けるに違いない。「内ニ石川アリテ改正ヲ欲シ、外ニ同盟会アリテ之ヲ督励ス、何ヲナシテ成ラザランヤ」との井上の回想は〔『法讃寺記録』巻二、七四葉〕、当時の時言社同人の一部に起きた意識の変化を伝えている。そういうことまで見通した籠絡の策であって、急いで潰しにかかるよりはまず懐柔を試みるいつもの手ではないだろうか。

明治三一年三月メディアが「日本の宗教界に注目するの士ハ兎に角に一読を要す」〔読売 一八九八・三・一二〕と紹介した『大谷派本山近年事情』は、石川が上席参務として寺務所に復帰したとき、「改革派とも畛域を挟まず互に胸襟を開きて万事を打明くるに如かず時機に依つてハ彼等中より二三の人物を用ゆるの場合あるやも知るべからず」〔西島 一八九八：五二頁〕と公言したと伝えている。村上専精は石川を真宗大谷派の古狸と呼び、手品を使って白川党を甘く瞞着したと述べているとおり〔村上 一九一四：三三六～三四〇頁〕、「小教育会」も籠絡の手品ではなかったか。

他方、滞京交渉委員たちは学校問題を時言社同人に任せ、四月には前出の残された課題、門徒会議関連③・④の問題を取りあげて、精力的に調査し、協議し、また寺務所と交渉している。革新は緒に着いたばかりという感が深い〔教界時言 六号三四～三五頁〕。しかし、井上はこの頃一段落の気分にはまっていたようで、青年期以来の師と会い、「閑話前途ヲ議ル」。そして、「一段落ノ上ハ暫ク隠退、徳ヲ養フ事ニ決」したとまで言っている〔井上日誌 一八九七・四・二八〕。

全国同盟会の地方部結成

全国同盟会の交渉相手である寺務所は、職位・職務・職給で身を固めた官僚制組織で、持続的に合目的的な活動ができるように構成されている。他方、全国同盟会は全国に散在する有志の民主的な結社である。志を同じうする者の団結によって短期決戦では成果を挙げることができるとしても、長期対決の潜勢力は高くない。にもかかわらず、全国同盟会は長期対決の道を選ばざるをえなかった。ここに、全国に拡がったネットワークを各地で地方部として整備し、全国的な協力活動を強化し効率化することが切実な課題となる。

ネットワークの単位となる地方の革新グループは、時言社同人の檄によって最初の核が結成され、関係のある人々に呼びかけて仲間をふやし、京都から遊説員を迎えてさらなる拡大を図り、自主的に組織されてゆく。そうした全国各地のグループ代表が京都に集まって、時言社同人の先導により全国同盟会を立ち上げた。彼らは滞京中、寺務所との折衝、待たされつづけの請願、要人の自宅訪問、懇話会での接触と意見交換などで活動家として訓練される。地元に帰れば、京都での運動体験を仲間に報告することで同志の輪を拡げ、地方グループの代表として成長してゆく。このような動的な発達過程が各地で無数に繰り返され、一定の勢力を獲得したものは同盟会地方部の結成に至るのである。

他方、寺務所から地方をみよう。一派統制の最末端は、本山寺務所が最寄りの末寺二、三十ヵ寺ごとに全国くまなく作った組という地区グループであって、末寺は必ずどれかの組に所属する。革新の地方グループは（自発的所属の）任意集団であるのに対し、組は他律的に所属する制度的集団である。組には所属寺院住職の互選で選ばれ、寺務所が任命した組長が置かれている。組長は一派の条例や寺務所の通達等の伝達、寺務所や事務各地取扱所宛の組所属寺院の諸願届に奥印しての上申、などを掌る末端の行政職員である。このように組は行政目的のために組織された集団であるが、組会を通しての交際に加えて、最寄りであることから互助的な関係が組内寺院の間に育ち、例えば報恩講での互助関係もそのなかで形成されてゆく。組の制度は、明治九年三月真宗四派共通の「宗規綱領」の制定を契機として、中間的本末関係の廃止と同時に発足したもので、以来二〇年ほどの歳月の間に、単なる制度的集団の域を越えて、互助集団の側面を併せもつようになっていた。

上述のように、組は本山寺務所→地方取扱所→組という上意下達のための在地組織であって、末端寺務職員としての組長は革新派への対抗拠点となりうる。これにたいして、各地の革新グループは、請願の趣意が容れられず革新の目的が達成されないときは、いかなる強制を受けても一切の上納金を中止し、本山の命令を遵奉しないことを盟約した在地組織であり〔例、読売 一八九七・三・一三、一四、一八〕、請願の基礎単位であった。かくて、地方では寺務所系列の組と反寺務所系列の革新グループとの緊張が多かれ少なかれ発生する。

全国同盟会は、寺務職制が改正されて、議制局賛衆六〇名のうち三〇名が全国正副組長の互選で選ばれることになったのを、公選の夜明けとして評価したが、組長は地方行政職員であるから、これでは立法行政の区別が不充分であるとして、始めから賛衆候補者を選び、その互選で四〇名の賛衆を選ぶ方法を主張して、それへの改訂を課題とした。この点でも組長制に対立的であった。改革派は現行の地方取扱所→組長のラインに対抗するために、各地の革新グループを基盤に国ごとに地方部を結成しなければならない。前章二節の末尾で紹介したところを、その後の展開を視野にいれて補説しよう。

大谷派の拠点の一つ尾張では、二九年一一月以来全部で一六の組が一致共同して革新運動に参加し、幾度か協議会を重ねた後、一二月法臣義会なる団体を組織し、全国同盟会の尾張地方部となった。他方、非改革派は三〇年七月に酬恩会なる反石川の団体を創った〔読売 一八九七・九・二五、二八〕。両派がはっきりと分化したのである。

清沢の自坊がある隣の三河も大谷派の拠点である。二九年一二月改新派の三河愛山護法同盟会が組織されたが、三〇年一月にこれとは別に西三河道徳会が結成された〔読売 一八九七・一・一九〕。一国に複数の地方部が組織される例である。ただ、十三組と八組の一部だけはこれらと行動を共にしていない。三河出身の寺務所録事が「その郷里に於て、今回の改革者は宗義の根本的革新を主張するもの」といいふらしたため、非同調者が出たという。尾張同様一国の大勢を革新派が占めたが、非改革派は三〇年七月に反石川の表正会なる団体を結成した。尾張・三河・美濃は渥美の根拠地で、非改革派を牛耳ったのは彼であった〔読売 一八九七・九・二五、二八〕。ここでは、改革派と反石川の非改革派のほかに、反石川でない非改革派が析出されている。

加賀も大谷派の地盤である。これら大谷派の地盤を革新派が抑えることは、本山の収入源を抑えることにほかならない。金沢では、二九年一一月付近の各組合同の革新大会が催され、組の代表が出席した。大会の決議に同意せぬ者は、「公私の交際を謝断することとなせりと云ふ」。金沢別院に所在する本山事務取扱所の助勤が本山の命で反対運動をしたため、組内不一致となった組があり、革新派に同調しない僧侶に対して「村八分」が起きたのである。組がなくとも互助組織があれば「村八分」は起きうるが、組という明確な枠があるため、この現象が鋭角的に立ち現れたといえよう。金沢のほか石川郡などでも革新会が結成され、その他各組内何れも団体を組織し、「若し僧侶にて革新運動に加はらざるものあらば、直ちに同輩より絶交せられ、門徒より追放を申込まるゝの有様」〔教界時言 四号三五頁〕であった。加賀も革新派が勢力をもった事例といえよう。

播磨では、三〇年一月姫路別院本徳寺〔住職は准連枝大谷勝珍〕の膝元で大会が開かれ、革新派の愛山護法会が結成された。その規約に、各組に委員二名を置く、同盟者にして万一破盟するときは宗教上の交際を謝絶しその旨を県下の二新聞および『大阪朝日新聞』紙上に広告すべし、加盟せざるものも同一の取扱をなすべし、とあって、播磨全部の組を覆う結盟がなされたこと、破盟者・非加盟者にたいする「村八分」的制裁が約定されたことを知ることができる。しかも、組長、視察、教学資金奨励用掛といった本山の地方職員を勤めている者は辞職すること、当国出身の寺務職員には辞職を勧告すること、革新の成功を見るまでは勧財にかんする使僧の出張を謝絶すること、などをも決定した。革新グループは寺務所系列に対立する存在であることが如実に示されている。播磨も大勢を革新派が占めた例である〔教界時言 三号五三頁、四号三三〜三五頁、五号四二〜四三頁〕。

東京では時言社の方針とは異なる主義の真宗崇徳会が力をもっていたが、三〇年二月下旬村上専精が京都から帰り、ついで安藤正純が帰ってきてから革新派の運動が本格化し、府下全寺院の三分の二が加わって、全国同盟会の東京支部を結成した。三月一〇日会員総会を開き、代表三人を選んで請願運動に参加させることになった。さらに一六日には、南条・井上円了・村上・安藤の四氏を迎え、浅草別院の渥美派年番の妨害を排して革新懇話会を江東中村楼で開き、一五〇〇人を超える会衆を集めた。演説終わるや聴衆総立ちとなり、革新派万歳を三唱して散会したという〔読売 一八九七・二・二〇、三・一四、一八、一九〕。大都市での地方部結成の一つの代表例といえよう。

全国各地の動静が『教界時言』「革新の潮勢」に報告されているが、以上の補説で概況がつかめたと思うので、さらに実例を挙げる煩いを避けたい。組と革新派との関連についてまとめれば、(1)組を挙げて革新派に賛同するもの、(2)賛同する者あり、反対する者あり、組内不一致、(3)組を挙げて革新派反対の三類がある。組という制度が(1)では革新派を強め、(3)では反革新派を強めたことだろう。革新派の勢力は組の制度によって増幅されたり、制約されたりしたはずである。一つの国にはこの三類が混じっていたが、(1)が圧倒的な高率を占める国Aから、(2)あるいは(3)が圧倒的高率を占めるB・Cまで、その割合はさまざまであろう。上記五例は東京を除いておおむねA、しかし子細にみればBに近いものもあるかもしれない。

『教界時言』の「革新の潮勢」は革新派の活動を伝えることに主眼があるので、⑶やCに関する報告はなく、また、⑵やBの一部で起きたと推測される「逆村八分」(革新派にたいする村八分)も記録されていない。したがってその事例をここに挙げることはできないが、⑶やCの存在を忘れてはならないだろう。C→B→Aという革新派の滲透過程のなかで、革新グループが同盟会地方部として定着し発展してゆく。同盟会はこれを活力維持拡大の組織課題とした。

革新派滲透のために各地から本部にたいして出張遊説の申し込みが多数寄せられ、それに応えて全国同盟会の交渉委員など活動会員や時言社同人(同盟会仮幹事)が出張して遊説し、地方部の発会式などにも出席した。三〇年二月下旬から三月中旬については、二月二一日より五日間近江国高島郡への南木大憲、二月二二日より三月一三日に至る二二日間越前国各郡への山県良温、二月二三日より九日間播磨国姫路地方への松木琢宗、二月二四日より二日間近江国長浜方面への月見覚了、二月下旬および三月中旬三河・尾張への清沢満之、三月一日より四日間尾張国各郡への清川円誠、特別招聘により二月八日から三月一七日に至る羽前・羽後二国への旧大学生出雲路善祐の例を挙げることができる。

これらのうち、近江・尾張・三河・越前・播磨の諸国は大谷派の地盤であるのにたいして、東北の羽前・羽後は僻遠の周辺地域であるが、ほかならぬ時言社同人井上の出身地である。前記のように研究科の旧学生出雲路は特別招聘に応じてこの地に赴き、在国の旧大学生と協力して東奔西走約四〇日、革新の演説九〇余回、一国の門末に今日の実情を熟知させ、根本的革新の真意義を理解させて、鞏固な地方部設立の運びとなったという(教界時言 六号三八〜三九頁)。

本部からの出張遊説はいうまでもなく地方部の設立を促すためのものであった。三〇年二月中旬に同盟会が発足してから二ヵ月経った四月二〇日までに、本部に設立が通知された地方部は二一を数えた。越中に三、越後・能登・三河・近江に各二、陸奥・羽後・下野・相模・越前・美濃・尾張・伊勢・肥後・豊後に各一の地方部である〔教界時言六号三七～三八頁〕。会則で、一国で二〇〇名以上の会員がありかつ別置せざるをえぬ事情があるときは二以上の地方部を、また地方の情況により数国に一地方部を置くことができると規定されている。加賀や播磨のように、革新派の勢力が大きいところでも、末寺の数が多い国々では、革新の大義を理解させて地方部の結成をみるには時間を要したようである。

会則には、各地方部から評議員を選出し、評議員会で幹事と司計を選んで同盟会の本部事務局を構成する、と規定されていたから、地方部の結成、評議員の選出、本部への通知が、革新グループ地方代表の速やかに処理するべき任務であった。四月末期限でこの通知を依頼した結果、『教界時言』第七号発行（明治三〇年五月二九日）までに、新たに八地方部の結成報告があり〔七号二九～三〇頁〕、計二九地方部、二二国に亙ることとなった。それでもなお未提出の地方が少なくないので、早く正式の評議員会を開いて幹事を選出してもらいたい仮幹事の時言社同人は、困却して『教界時言』同号に本部への通知を懇請する特別広告を出している。

地方の代表委員も郷国へ帰れば、事務は滞京時のように速やかに運ばず、郷国の時間に沿ってしか進まない。時間はかかったが、全国同盟会の下部組織は着実に整備されていったようである。三〇年七月正式の評議員会が開かれたとき、実際に評議員を送ることができた地方部は二四に止まったけれど〔教界時言 九号二一～二二頁〕、評議員を送りえなかったものを含めて、同年一〇月には地方部総数は四一を数え、関係する国は三一に増加している。北陸・東海・近畿に過半が集中することは四月段階と変わらないが〔教界時言 一二号三七～三九頁〕、全国的に地方部が組織されたとみてよいだろう。しかし、この頃同盟会にはすでに解散の兆しが見えていた。

社会的に有力な人士が同志のなかにいないことから、井上は有力者に接近してその理解と同情をえることの重要性を早くから認識していた。しかし、実際の行動が日誌に残されるのは前述のように三〇年二月初旬からであって、元老級の大谷派僧侶と親交のある政府高官、末寺門徒の貴族院議員や衆議院議員に直接間接面会して革新の話をしている。そして二月七日、英照皇太后の大葬参列のため滞京中の門徒代議士十七、八名に時言社同人との会合への案内状を送り、翌八日の会合開催にこぎつけた。

代議士団の建議

当日午後円山の左阿弥に代議士一二名が参集し、時言社側から清沢と月見、そして下働きをした旧研究科生草間と小原が出席して実況を話した。その結果、本山にいろいろ改革するべき点があることは認めるが、改革派の言うところが事実かどうかは調査してみないといけないし、それに今回は出席者が少ないから、東京に帰ったうえでもう一度集まって、大谷派代議士団としての態度を決定する、ということにおちつき、能登出身の竹内虎松を委員に選んだ。彼は今回の会合開催のために草間を通じて助言してくれた人物である。

一二名の代議士は一〇日白川に清沢を訪ね、現場で説明を聞いて共感の度を強めたようである（読売一八九七・二・一四）。東京へ戻ってから準備会を重ねたうえで（朝日一八九七・二・二七）、三月一六日日本橋区柳家で集会を開き、二〇余名の代議士が出席した。充分調査したうえで対策を決めるという京都での決議が確認され、委員として竹内の外に、早川竜介・天野伊左衛門（ともに三河）・伊藤春太郎（尾張）・吉本栄吉（加賀）の四名が加えられた（読売一八九七・三・二一）。前々日の一四日に、本山で改革派の首唱者六名が除名、ほか一名が奪班の重科に処せられたことが話題になったことであろう。

五名の委員は手分けして調査し、何度か会合を遂げて結論に達し、大谷派門徒の代議士三五名の連署で一篇の建議書を法主に捧呈することとなった。四月に入ってからであるが、代表の河野岩吉〔播磨〕が法主に謁見してこれを捧呈した。その要旨は、改革するべき条項のなかで最も急を要するものは、立法機関の独立〔すなわち完全なる末寺会議の設置〕、財務機関の分立〔すなわち門徒会議の設置〕および勧学布教の振興の三事であって、大谷派の興廃存亡は今日これを断行するかしないかで決まる、というものであった。全国同盟会の建議を尻押しする建議である。法主は、この度は必ず一大改革を断行する決心であるから安心されよ、と告げたという〔教界時言 五号四〇～四一頁、六号四二～四三頁〕。

三五名の代議士の出身国分布をみると、上京委員を送った国の分布とほぼ重なることは、門徒の全国的分布からみて当然のことであって、代議士と同じ出身国の地方代表委員との間に、意思疎通と何らかの提携がありえたことを推測させる〔教界時言 六号四三頁〕。しかし、代議士団が革新全国同盟会の月遅れのような後追いをしていることからみると、地方の知名人であり有力者である代議士が革新運動に積極的に関わっていたとは考えられない。個々の代議士としては、大谷派代議士団に結集して、法主に建議するのが精一杯の支援であったことだろう。それでも、寺務所当路者に立ち向かう全国同盟会にとっては、心強い後備えだったに違いない。

2 大中学生の復学

革新運動への貢献

清沢満之と彼の同志に親近していた若者を中心に、真宗大学の研究科および本科の学生一〇〇人が『教界時言』創刊後直ちに起って「宣言書」を頒布し、退学処分に怯むことなく革新運動に参加した。東福寺内霊源院に本部を設け、通信係・記録係・交渉係などを置いて、統制のとれた運動を展開する。幹部は時言社同人とともに重要な集会や会議に出席して演説あるいは報告をした。また京都では演説会を開き、多数の遊説員を近江・三河・尾張・美濃・加賀・播磨など各地に派遣する一方、白川の時言社には毎日数名を派出して雑誌関係の雑務のほか薪水の労まで取った。のみならず、しばしば自前で印刷物を頒布し、各地の新聞雑誌等に通信して革新の旨趣を宣伝した〔教界時言　四号四四頁〕。これらはすでに述べたところである。

二九年一一～一二月の運動の初発段階において、大学生たちは時言社六人衆および各地の有志とともに、遊説・印刷物配布など運動の第一線を担ったが、三〇年に入って請願運動が本格化すると、斡旋・交渉・集会・印刷・報告など雑務というか補佐的活動に全力を傾けた。すなわち諸国の上京委員が散在する旅宿を訪うて国々の連携、一致協同を助け、数多の集会の斡旋および印刷物作製にも数回あたり、委員に代わって事務を処理するなど、全国の上京委員が協力の実を挙げるために、縁の下の力持ち的な仕事を担当して倦むことがなかった〔教界時言　五号三八～三九頁〕。

真宗京都中学の生徒が学業を放擲して革新運動に加わることにたいし、時言社同人は抑制的であったにもかかわらず、九〇人ほどの生徒が大学生の後を追って参加した。そして、上京委員の集会を斡旋し、委員の間を奔走して円滑な協議を支援するなど、革新運動のために尽力した〔教界時言　五号三九頁〕。

退学処分解除

時言社同人六名に除名処分が言い渡された二月一四日、大中学生の退学処分解除が通達された。すなわち、英照皇太后大喪につき末寺僧侶の黜罰が二月一日に宥免されたので、大中学において退学に処せられた者もこれに准じて処分を解除する、という達しが出たのである〔本山事務報告　四一号〕。

除名処分と同日に特赦が公示されたのは、処分の印象を和らげて、当路者批判の大衆運動への刺激を緩和するためかと思われる。当路者は恩威並び行われるかの印象を与えうるタイミングを狙って、主唱者の処分に踏み切ったのではあるまいか。井上は「同日に於て（革新派に対して）一方に赦免を行ひ一方に宗教的極刑を行ふ、是実に自家撞着の一なり」と言っているが〔井上 一八九七〕、表面的には自家撞着にみえても、その底には当路者の意志が一貫していたとみるべきであろう。処分を諭告した法主が、その親言につづいて「議制局ノ範囲ヲ擴メ教学諮詢会ヲ開設シテ」〔本山事務報告 四一号〕と約束して請願に応じたのも、同じ意図に出るものに違いない。

処分解除の二日後、退学処分を受けた学生・生徒宛、真宗大学および中学から「退学処分解除セラレ候ニ付キ就学志願ニ候ハ、至急本学ヘ出頭ノ上其手続可有之候也」との通知が出された〔教界時言 五号三九頁〕。この手続きには悔悟誓約状添付が要件になっていたので、退学者たちは、そのような書面を差し出したのでは蹶起当時宣言書に署名した面目が立たぬ、と復校勧誘に応ぜず、革新派の先生方が学校を設立してくだされればそこで就学したいと切望した。時言社同人ら革新派としても、退学した旧大中学生を早く学業に復させなければならないが、復校に悔悟誓約状の提出を条件とするような非教育的な寺務所教学部にこれら純情有為な青年を委ねることはできない。かくて、寺務所との請願交渉の長期化を背景に、学校新設が全国同盟会の緊急課題として登場したのである〔教界時言 五号三九〜四〇頁〕。

上記の通知が発せられた二月一六日の夜、在京時言社同人四名に研究科生の草間が随従して、南条・村上両氏の宿舎を訪い、私立学校について意見を交換している。翌一七日夕刻、全国同盟会の懇話会の席で、清沢は学生の前途を誤らせぬため学校設立の必要性を力説し、村上も学校問題について熱弁を揮って満場の喝采を博したのも、この文脈においてであった。法主拝謁・請願書捧呈という「宗政上重大未曾有ノ出来事」〔井上日誌 一八九七・二・一八〕があった日の翌一九日、全国同盟会の懇話会で村上が再び立って、大学設立の必要不可欠である理由を論じ、立地として京都よりも東京が適当と断言した。

二月二〇日午前、同盟会の重鎮村上専精・松本白華・後藤祐護・藤谷還由に時言社同人四名を加えた八名で、大学設立について協議した。大学を同盟会立とするか、あるいは時言社立とするか、立地は京都と東京といずれが適地であるか、など相談した。そして午後の仮評議員会で議題にしたが、意見がまちまちで決しえず、さらに協議することとなった。石川舜台が上席参務となった二四日、清川方に月見・井上と草間が集まって、『教界時言』と全国同盟会に関することに加えて、学校設立関連事項も相談して、「決スルトコロ多シ」と井上は記している。学校問題についてはどう決したのであろうか。

三月五日、一葉摺りの記事のことで石川が怒り、革新派は寺務所と破談となったが、九日、請願への回答案件のことで石川から時言社同人へ内報があり、その案件のなかに大中学授業再開に関する事項が含まれていた。そして、門末会議についての法主親言があった一五日、親言を敷演した石川が列席の退学大中学生に向かって、「此中には大中学の旧生徒も居らるゝことぢやが、此より追々学制も改正せねばならぬ。併し此は前途尚遠いことぢや。但し目下切迫の不都合は至急取除かねばならぬ」と述べたことは、すでに一部紹介したところである〔教界時言　六号二七頁〕。

以上の経過をみると、二月二四日頃まで協議してきた学校設立の計画が、三月九日の石川からの大中学再開の内報を転機として、大きく学生の復校へと転換したことが察知される。

寺務所教学部は、旧大中学生が処分解除になっても復校してこないので、解除令に従って復校しない者は厳罰に処すと密かに彼らを威嚇していたという〔井上　一八九七〕。そういう教学部にとっては、退学生が新設学校に吸収されては面目が立たないから、「目下切迫の不都合は至急取除く」つまり悔悟誓約状なしで復学を認めるとともに、このさい学制を改正することで改革派および旧学生たちの理解を求め、学校の新設を断念させようとしたのではないだろうか。改革派としては学校を新設して有為な若者を教育することは魅力的な事業であるが、退学生たちをすぐにでも収容しなければならないという差し迫った要請には応えることができない。ここのところは、現存本山立大中学の改革を求めて、そこに復学させるほうが実際的な解決となるだろう。

法主拝謁・請願書捧呈そして請願の大筋聴許の法主親言があって革新運動の画期となった三月一五日、不満足な点については平和的に寺務所と交渉してゆく平和論に一決した一六日、当路者に請求するべき箇条が決まった一七日をへて、すでに述べたように、一九日の滞京交渉委員の会議で学校問題が第一に決着をつけるべき案件となった。退学学生の早期復校のために、当路者に交渉するべき大中学改革の要点を決めなければならぬからである。そして、学校問題の専門家時言社同人が滞京交渉委員に代わってこの問題に関わっていったことは、前述のとおりである。では、四月四日の「小教育会」での「議決」、いわば石川側の約束はその後どうなったのであろうか。

四月七日、清沢と井上が石川を訪うて学校問題について談話したところ、石川は種々困難な事柄を述べるので、学校問題についてはあくまで貫徹されたしと希望するほかなかった（井上日誌）。一四日、在京で学寮外に居住する旧大中学生が寺務所に召喚され、教学部長から、学年を継続すること、新学制は直ちに実施できないが、来学年（九月一日）から施行することなど諭示された。旧大中学生団は交渉委員を介して教職員の更迭など希望事項を申し入れたところ、すべて認容されたので、帰国生を集めて全員復学することに決した。

旧大学生団は復学に当たり、「吾敬愛なる父兄同朋及び門信徒に告ぐ」（行信の道編輯所　一九七五：三二〜五〇頁）と題する熱誠あふれる長文の報告書を作成して、「予輩が当初所期する任務も亦終結を告げたるものと信」じて全員復学を決意するに至った経過を詳細に説述した。署名は研究科一二名（昨年一一月の宣言書より二名減）、本科八一名（同じく八名減、三名増）を算した。

大学は教職員の更迭と学生の帰校準備のため暫くなお休業して、四月二四日に授業を再開した。中学では復校生徒を取りあえず京都から離すためか、東京中学へ転校させることとなり、月末出発となった。復校問題もここにようやく一段落を告げたのである（教界時言　六号三九〜四〇頁）。

復学した大学生は同年八月九日に、そして東京中学生は八月七日に卒業あるいは修了（進級）した。二九年一一月の宣言書に署名した大学生のうち、最高学年生したがって卒業予定者の氏名と、三〇年八月の卒業者名簿とを照合すると、研究科六名、本科一五名の退学者のほぼ全員が予定どおり卒業している（行信の道編輯所　一九七五：二二一〜二二四頁、本山事務報告　四七号）。時言社同人も胸をなで下ろしたことだろう。

送　別

四月二九日発行の『教界時言』第六号（四〇〜四一頁）は、その末尾近くで彼ら大中学生にたいする送別の辞を掲げた。彼らは革新運動にどのような貢献をしたとして、時言社同人から感謝されているかが感動的に語られている。その全文を掲げよう。

嗚呼、わが親愛なる旧真宗大中学の学生諸氏よ。今や諸氏再び学窓に入りて業に就かんとす。予輩諸氏に負ふところ頗る多し。豈に一言の謝辞を寄するなくして可ならむや。思ふに予輩自ら揣らず嘗て本山宗務の革新を檄するや、心竊かに期すらく、当時に寺務所いかに微弱なりと雖も、尚ほ堂々たる一派本山の宗務を司るものなり。予輩いかに其革新を絶叫するも、全国門末の同情を喚起して其業の見るべきものあるに至らんは、少なくとも数年の後を待たざるべからずと。何ぞ図らむ、予輩の「時言」第一号を発行するや、純潔なる諸氏は一派の前途の為に正義の為に、直ちに一身の名誉と利益とを犠牲にして全く学業を放擲し、満身の同情を予輩の檄文に寄せ、東奔西走運動を試みて全国門末の輿論を勃興せしめ、宗教革新の事業をして驚くべき進歩をなさしめ、期年を出ずして終に今日あるに至らしめんとは。予輩の諸氏に負ふところ豈に尠少ならむや。宗政の革新其緒に就きて着々歩を進むるは、一に諸氏が活気ある熱誠なる運動に依りて存す。諸氏既にこの活気とこの熱誠とを以て、専心学に従ふ、一派教学の前途も亦多望なりと謂ふべし。今や革新の事業既に一段落を告げて、諸氏は再び学窓に帰らんとす。恋々の情、俄かに諸氏と手を分つに忍びずと雖も、一派教学の為には私情を以て徒らに諸氏を拘束すべくもあらず。即ち涙を呑んで此に諸氏を送る。諸氏の前途は遼遠にして責任は重大なり。諸氏冀くは法の為に自愛せよ。

翌四月三〇日午後、井上と清川が主唱者となって共楽館で留送別会を開いた。全国同盟会の滞京交渉委員もこれに加わった。会するは、東京に転ずる中学生六〇余人、これを送る大学生数十人、皆革新運動に参加して退学処分になった若者である。これら一〇〇人の年少の子弟こそ将来の柱石、彼らに真正の改革を期待し、その大成を切に望んでやまず、と井上は日誌に書き留めたとき、昨年一〇月清川とともに彼らにここ共楽館で送別会を催してもらって以来の幾多の出来事を思い、万感胸に迫るものがあった〔井上日誌　一八九七・四・三〇〕。

四月末に予定していた中学生の出発は遅れ、ようやく五月一二日総勢八〇人のうち半数が午後二時半の列車で東上の途に就く。停車場には大学生、同盟会の交渉委員、時言社同人らが集まり、別れを惜しんだ。井上は「東京ニハ同主義ノ中学同窓会及月見氏ラ待ツアリ」と日誌に書いて激励の思いを託した。月見は転校準備のため東上し、信頼できる教員が赴任するまで同窓会を結んで帰校せずにいた東京中学の生徒たちが、同じ志のために涙を流した京都からの転校生を待っている〔読売　一八九七・四・二、八〕。寺務所学務部は生徒の要望を受け入れて、二月の特赦により奪班処分を宥免された村上専精を東京中学学長に再任し、職員更迭のことも確定したので、東京同窓会の生徒もまた京都からの転学生も復校して、数ヵ月の紛争はここに終熄した（教界時言　七号二八頁、村上　一九一四：三三九頁、読売　一八九七・五・一一、一九）。

四　事務革新全国同盟会の苦闘

1　残された問題

門徒会議

旧大中学生の復校が実現した後に、まだいくつも問題が残されていた。そのなかで大きいのは、具体案すら決まっていない門徒会議のことと、末寺会議・門徒会議を宗制寺法に定立することであった。

明治三〇年（一八九七）四月六日、学校問題にまだ決着がついていなかったが、滞京交渉委員四名と井上・月見・清川の同盟会仮幹事三名が集まって、門徒会議について協議した。三月一五日の法主親言を報じた『教界時言』第六号が、社説「大谷派宗政の革新」で末寺会議に関する時言社同人の意見表明について門徒会議に言及し、「其権限及び其議員選挙の方法等に至りては、精密なる調査を遂げざる可らず」と、法主親言の参務敷演で石川が述べたのと同じようなことを指摘している。門徒会議についてはまだ具体的な共通認識が成り立っていない状態だった。六日の七名の協議も説が分かれて纏まらなかったが、門徒会議に予算議決権を与えること、議員選挙法など、深更に及んで何とか二、三の要目が決まった〔井上日誌　一八九七・四・六、教界時言　六号八頁〕。

寺務所の動きは鈍く、ようやく五月二一日門徒会議の条例案を同盟会へ送付してきた。井上は一見して、従来の

「加談会規則」に文面上多少の修正を加えただけのもので、「人ヲ馬鹿ニスルモ程ガアル」と怒っている。交渉委員と仮幹事らが集議し、寺務所の考えを詰問して、もしこの案を通そうというのであれば、同盟会としては「大々的非常召集ヲ為シテ之ヲ決スル」こととなった。そこで二二日、ついで二三日交渉委員が寺務所に出向いて門徒会議の件で詰問したところ、重役会議（上局会議）に諮ったうえで二七日に回答すると約束したが、三一日、六月四日と決答が延期された。ようやく六月七日門徒会議条例の改定案を渡されたけれど、満足できるものではなく、一二日第三回改革請願書を提出した〔井上日誌　一八九七・五・二〇、二一、二三、六・七、教界時言　八号三九〜四二頁〕。このように四月から六月まで交渉委員の努力は門徒会議の案件に傾注されたのである。

五月二九日発行の『教界時言』第七号〔二二〜二六頁〕が、門徒会議には財務に関する権限だけでなく、質問および建議・上申・請願受理の諸権限をも認めるべきだと主張する黒川藤松の長文の寄書「門徒会議について」を掲載したのは、門徒会議の権限に関する同盟会側の見解を当路者に開陳する意図に出るものであろう。

今後の方針

上記のようになお重要問題が残っていたけれど、旧大中学生の復校が実現したところで、首唱者として将来の方針を定めておく必要を感じ、六月八日在京の四名で話し合った。その結果、大要つぎの諸項を決め、後日遠方の稲葉・今川も協議に加わってこれを諒承した。

一、首唱者の責任は、七月開会予定の改正条規による議制局臨時会をもって一段落とすること（組長互選の賛衆が半数を占める議制局の開設によって、曲がりなりにも末寺会議の一歩が印されたとみなしうるからであろう）。

在京の四名が同盟会の仮幹事を勤めてきたがこれを辞し、七月予定の評議員会では幹事を三人に減じて公選すること。もし現仮幹事が選出されたとき、これを受けるのは一人に止めること。

二、革新全国同盟会は、本年一一月の定例議制局開催後、時期をみて解散の方針で進めること。

三、『教界時言』は一一月まで従来どおり同盟会会員に無償配布するが、同盟会は解散予定であるから、解散以後は購読料（これまで一部六銭）を徴収して雑誌の維持を図ること。〔井上日誌　一八九七・六・八〕

同盟会のエンジンであり、ハンドルである時言社を同盟会から切り離そうとするやに見受けられるが、それは何故か、また同盟会はまだ成長期にあるのに早くも解散の時機を予定したのは何故だろうか。一つには、白川党結成当初申し合わせたように、数人の小集団なら長期の闘争に耐えることができるが、全国同盟会のような広い裾野をもつ大集団が長期間規律を守って闘争をつづけることは困難であるとみたからであろう。具体的に言えば、会が大きくなるに従いさまざまな目的や期待をもつ人々が入ってきて、精神的革新の初心が貫きにくくなることを、ここ数ヵ月の経験で知ったからではないだろうか。利得目的の集団なら、会の膨張は目的達成を容易にすることもありえようが、精神的革新を目的とする集団にはこれは当たらない。

事実、井上の回顧録『法讃寺記録』巻二の関係記事〔三七葉〕をみると、表に立って石川等当路者と折衝する交渉委員のなかに、石川に買収されて軟化する者が増えていたことが推知される。

二つには、議制局が末寺会議として健全に発達しさえすれば、平常の体制内運動で寺務革新を実現することができるはずである。革新全国同盟会のような非常事態の運動体は、末寺会議への道筋をつけたとき、役割を果たしたとして解散するのがよい、と考えたのではあるまいか。全国同盟会は想定どおり一一月に解散することになるが、そこに至る道は井上たちの予想を超えた挫折の路であった。

しかし、時言社同人の結束と機関誌『教界時言』は、同盟会から切り離して別個に保持してゆく道を選んだことは、上記のとおりである。首唱者六人を中心とする小集団は、同盟会解散の後も、志を同じうする革新コンボイとして活力を保つことだろう。

重役就任の誘い

時言社同人在京四名で今後の方針を協議していた六月八日、同盟会在京委員の松岡が石川参務を訪ねた。そのさい松岡は石川から、少しお話したいことがあるので首唱者のうちどなたか一人拙宅をお訪ねくださらぬか、との伝言を託された。

そこで月見が石川を訪問すると、諸君も帰参されて一派のため表から尽力していただきたい、とくに今川・稲葉の両氏には早く帰ってきて学事に執掌してほしい、とのこと。月見は、思いもよらぬお言葉、一同と相談のうえご返事します、と引き取り、帰宅して四名で協議した。その結果、前途にたいする参務の抱負、経綸を聞き、協力に値するかどうか確かめたうえでなければ返事のしようがない、ということになり、九日その旨石川に返事した。石川は、では一二日午後四時より粗餐を差し上げたいので、夕食前からお越しくだされ、その上で万事お話しましょう、ということで、月見はこれを承諾して帰って来た。

さて六月一二日、約束のように午後四時、清沢・井上・月見・清川の四名で石川邸を訪い、寺務についてまた教学について彼の経綸を聞いた。石川の話は頗る漠然としていたが、面白いところもないわけでない。彼は六、七人の重立った者とともに枢機を握ってこの経綸を実現したいとのこと、六、七人といっても今頼りにできるのは谷了円だけ(例の「小教育会」のとき、石川は谷を連れてきた)、そこで時言社の諸氏の協力をえたい、ということであった〔井上日誌一八九七・六・八、九、一二〕。

石川は上席参務就任以来全国同盟会寄りの政策を採ってきた。三月の事務職制改正、議制局条規改定、四月の「小教育会」、占部観順嗣講（一八二四―一九一〇）の真宗大学学監任命、旧大中学生の復学許可などにこれがみられ、全国三三の各地取扱所の管事の多くは、少壮同盟会員を採用してこれに任じたという〔読売 一九〇二・八・二二〕。渥美支持の非革新派は白川党および全国同盟会反対の立場から、とくに占部の異安心問題などを取り上げて、石川を攻撃してきた。石川は、五月に表面化した三河の表正会、尾張の酬恩会、越中の相愛会など、渥美系の反石川運動〔寺川 一九五七：四四三頁〕に、全国同盟会と結んで対抗しようとしたのではないか。潰すよりは籠絡して、その勢力を己の勢力確保拡大のために利用しようとしたと思われるのである。

六月一日に議制局互選賛衆の選挙人である正副組長の選挙が行われたから、この頃には新しい正副組長名簿〔選挙人名簿〕が公表され、そのなかに全国同盟会員が多数登載されていたことだろう。したがって、互選の結果、同盟会員が賛衆のかなりの部分を占めることも予想されよう。それに石川は特選賛衆の選定をある程度は左右できる立場にあった人物である。石川は入山劈頭、「時機に依つてハ彼らの中より二三の人物を用ゆるの場合あるやも知るべからず」と公言したというが〔西島 一八九八：五二頁〕、賛衆の相当部分を同盟会員が占めると予想して、いよいよその時機が来たと判断し、時言社同人を政権に取り込み、寺務所や大中学の要職に就けるかねての策を実行に移そうとしたのではあるまいか。

清沢は月見・井上・清川との連名の稲葉宛六月一四日付け書簡で、石川からの打診への対応について相談した。まず、同盟会の意見もたいてい寺務所の採納するところとなって臨時議制会に議案として提出する準備が進んでおり、渥美派の臭味を帯びた人物はほとんどみな寺務所から淘汰されて、一派の革新はいよいよ一大段落を告げるに至ったこと、寺務所に適材がきわめて少ない上に、石川は二〇年間在野にいたため人物の良否鑑定を誤ることがあって、目下最大の困難は人材の欠乏であること、そして、過日石川から同志にたいし、遠からず寺務所または大中学等に就職してほしい旨打診があったことを報じる。つぎに、我ら四名としては、「此際世評を顧みず進みて要所々々を占領し改革派又は大学生等の中よりも人材を抜擢して其職に就かしむるに非されは到底実際の改良を見ること能はさる事と存候」と提案して意見を求め、ご異論もおありなら、一度上京して熟議に加わっていただきたい、と依頼している。同盟会が勢力をもった今、首唱者たちがもし寺務所や大中学の要職に就いたなら、やはり地位欲しさの運動だったと世間はいうだろうが、世評を気にしてこのまま長く引退主義をきめこんでいたなら、人材欠乏のため改正の実を挙げることができず、寺務革新の当初の志に背く、と考えたのである〔大谷大学 二〇〇三b：一五一～一五二頁〕。

同趣旨の連名書簡は今川にも発せられ、稲葉・今川両名から返事が届いたのであろう。二九日、在京の四人で両人の意見を考慮しつつ将来のことを相談した。その結果、石川の依頼には応じないことに決めて、その旨回答するとともに、稲葉・今川の両人に報知した。井上日誌には「生等ハ入閣セザルコトニ決シ」とあるから、部長クラスのポストをもって誘われたと思われる。にもかかわらずこれを断ったのは、おそらく今川から石川の誘いに乗ることを警戒する慎重な意見が寄せられたためであろう。

断られた石川は腹を立てたと推測される。夕食に招いてもてなし、その席で部長クラスという破格のポストを提供して、一派のために共に働いてくれるよう懇請したのに、半月も待たせたうえで断ってくるとはなにごとかと。そして、籠絡に失敗したことを認めると同時に、もともと潰すべき相手だ、このまま野に放っておけば厄介なことになる、邪魔者は排除せよと、籠絡から攻撃に転じてくるのではないだろうか。石川は自分の意に従わせようとして術策を弄し、これに応じなかった者を「本山の施政上実に治安の妨害者」とみて、好機がありしだい「擯斥」した、とは村上専精の証言である〔村上 一九一四：三六〇～三七四頁〕(11)。

新制議制局賛衆互選の投票期限は七月一日、そして二、三日と二日かけて開票された。その結果、総数三〇人のうち、全国同盟会員二三人（後一人除名）、シンパ三人（後みな入会）、非改革派三人（後一人入会）、無所属一人で、シンパを含めて二六人（後みな会員）、九割弱を占める大勝であった〔井上日誌 一八九七・七・二、三、教界時言 九号一七〜一八頁〕。他方、特選賛衆三〇人のうち、同盟会員一四人。特選と互選締めて賛衆六〇人のうち四〇人、三分の二をかちとった。七月二〇日開会の議制局臨時会（議制会と略称）の「議場ハ一致ノ運動ヲナサバ革新派ノ意志ノ如クナラザルモノナカランコト必然タリ」と予測され〔『法讃寺記録』巻二、七五葉〕、時言社同人には石川の態度に関連するリスクは気にならなかったのであろう。

2 議制局臨時会

同盟会の政党化

去る二月二〇日に仮評議員会が開かれてから、仮幹事五名で会の運営に当たってきたが、以来五ヵ月をへた今、正式の評議員会を開催して同盟会を立て直し、併せて議制会に備えなければならない。賛衆に当選した会員が議制会に出席するため上洛する機会に合わせて、七月一六日評議員三五名の出席のもとにこれが開会された。

七月一七日の評議員会では、会則を修正して幹事を三名に減らし、司計を兼務させること、幹事に月一〇円の手当を給することを決めた。同盟会にそれだけの財政的な余裕ができたのである。ついで幹事の選挙を行った結果、井上豊忠二八点、富士沢信誠一八点、泉源祐一六点をえて就任を承諾し、次点松岡秀雄、松木琢宗、千原円空を補欠とした〔教界時言 九号二三頁〕。何れも交渉委員などで活躍した同盟会の著名会員である。時言社同人からの再任は一人だけと決めていたのが承認されて、井上一人最高点で当選し、「止ム事ヲ得ス」引き受けた（井上日誌 一九八七・七・一七）。筆頭幹事の立場で奮闘しなければならない。

同盟会のリーダー人事決定の後、今後の方針を議して、宗制寺法を改正し立法行政の区別を明らかにすることを根本とし、革新に必要なその他の交渉を引きつづき行うことを決めた。末寺会議・門徒会議を宗制寺法に定立することこそ、議制会でなすべき革新の中軸であることが再確認されたのである。

この日、議制局賛衆に選ばれた会員の一人から退会届が提出された。後日審議の結果、同盟会員としての体面を傷つけた行動が明瞭であったため、除名と決まった。同盟会を踏み台として賛衆に当選し、早々と退会する例が出たのである。

一八日は、議制会に発議するべき案件などについて同盟会の意見を集約するために、評議員に加えて在京同盟会員の参加を求め、在京同盟会員総会とした。こうすることで評議員でない議制局賛衆も出席でき、出席八〇余名のなかに賛衆三七名を数えた。この日は同盟会の主張である賛衆の選挙法および互選人数の改正案、門徒会議と真宗大学の案件が審議された。以上の決定事項は党議である。前日の評議員会で議制局賛衆は党議を守るべきことが決まり、賛衆に誓約の署名が求められた（この記事は井上日誌にあって『教界時言』九号「評議員会記事」にはない）。この時点で全国同盟会は一箇の政党となった。

誓約の件を巡って稲葉了証一派と松岡秀雄一派の対立が激しくなったという（井上日誌 一八九七・七・一八）。松岡は元寺務所の録事であったが、三月の始め頃から遊説・交渉委員などに名を連ね、幹事選挙では幹事補欠に選ばれて、同盟会の最後まで忠実に会務を果たした人物であるから、党議遵守派であったに違いない。これにたいして、稲葉は時言社同人稲葉昌丸の実兄であって、一月段階では第一回の請願書捧呈委員・詰責委員・談判委員として活躍したが、七月段階ではやや影が薄くなっていた。それでも、松岡とともに賛衆に選ばれ、一八日の同盟会での賛衆選挙法改正案や門徒会議案の審議では両人ともに調査委員に選ばれた。彼はこれら同盟会内の討議では形勢不利であったため、党議に拘束されることを嫌ったのではあるまいか。

「講会条例」の成立

七月二〇日に開会した議制会は、不慣れのため議長の議事運営が拙く、他方、一般賛衆は些々たる手続き上の瑕疵を問題として、議場はしばしば無用の混乱に陥り、決議に至るまでに少なからぬ時間を要した〔教界時言 九号三四頁〕。そのなかで、会議に関する「議制会議事条規案」「議事細則案」「議制会条例補足案」、そして「真宗大学条例中改正案」等が審議された。議案のうち「議制局条例補則案」は、第三条に「特選賛衆二十名公選賛衆四十名ヲ以テ組織ス」という同盟会の主張に添う箇条を含んでいたが、第一二条但書でこの箇条の施行を次の改選期としていた。七月二九日の「補則案」審議では、松岡・千原らが但書の削除（即時実施）を主張し、稲葉らはその保持（実施延期）を主張して大論戦になった。決を採ったところ、実施延期二九票にたいし即時実施が二五票で松岡派は敗れ、稲葉派すなわち親宗政当路派が多数を占めることが明らかになった〔教界時言 一〇号三一～三二、四五～四六頁〕。

この日、午後一時間の休憩の後、五時三五分に再開したが、「議制会条例補足案」の審議で但書削除に敗をとった賛衆は休憩の間に議場を去り、会議再開の時には半数に一人を加えた人数に減っていた。補足案はたちまち可決された。ついで議長は「講会条例」案を議題とした。「多少の質問、多少の修正はありたるも、該案は雑談私語の間に議場を通過し、可決確定」した〔教界時言 一〇号三二頁〕。

「講会条例」とはどういうものか。三〇年一〇月三〇日公布の条文についてみれば、「講会」とは、「一派ノ僧侶若クハ門徒ニ於テ派務ニ関スル事項ヲ講論スル為メ結成スル者」（第一条）であって、事務革新全国同盟会はもちろん、その地方組織もこれに該当する。講会設立にあたって必ず寺務所の認可を受けなければならない（第二条）。そして、「地方ノ和合ヲ害シ宗務ヲ妨クルモノト認ムルトキハ之カ認可を取消スコトアルヘシ」（第四条）という。

革新全国同盟会のように、宗政に不満があって寺務所に押しかける革新運動は認可されるはずはない。それなら認可など受けないで活動すればよいのではないか、とも考えられる。しかし、そうはいかないように仕組まれていく。

八月一七日、明治二一年五月制定の「視察章程」を廃止して、とくに一派の安寧保持という目的（第一条）を強調した新「視察章程」を公布する。視察が隷属する寺務所監察部については、八月一二日、「寺務ノ妨害ヲ予防シ一派ノ静謐ヲ保全スルニ在リ」（第二条）と監察の主旨を言明した「監察部処務細則」を、さらに八月二三日、「本山ヨリ公然若クハ内密ニ偵察又ハ取調ヲ命シタル時ハ命令ニ従ヒ速ニ其実ヲ得テ具申スヘシ」（第六条）と命じた「視察処務細則」を、それぞれ公布する。何れも条例より下位の規則であって、議制会の議を経る必要はない。

「講会条例」が議制会の議を通過してから一ヵ月以内に公布される上記三規程を「講会条例」とからめて捉えるとき、「講会条例」制定の意図が透けてみえる。それは、事務革新全国同盟会を潰し、将来にわたり白川党運動のような寺務批判が大きな集合運動となって宗政を揺るがす芽を摘み取ろうとするものである。「講会条例」に併せてかの三規程を適用すれば、首唱者だけでなく、視察を動員して地方の運動家をも一網打尽に摘発することができるからである。「講会条例」は特別に内務大臣の認可をえる手続きをふみ、そのため議決から交付まで三ヵ月を要した。

全国同盟会の死命を制する「講会条例」が、同盟会員が三分の二を占める議制会の議を通過できるはずがない。それが見事に通過したのは何とも不可解である。石川の策略が成功したとみるほかない。

石川は同盟会仮幹事の時言社同人と「小教育会」をもったり、「入閣」を誘ったり、まるで同志のような振舞をしたが、これは彼一流の策に出た行為であったらしい。『読売新聞』の東本願寺の紛擾に精通した記者は、渥美を佞人と評して、法主に媚び、政府に媚び、大臣貴戚に媚び、講頭に媚び、商量員に媚びたという。これにたいして、石川は奸雄にして人にたいする所為はすべて籠絡的と評し、白川党を籠絡し、賛衆を籠絡し、貴衆両院議員を籠絡し、新法主光演師を籠絡したという〔読売 一九〇二・九・三〕。石川はこの手でまず稲葉了証をだきこみ、議場の大勢を一変させたといわれるのは〔同 一九〇二・八・二八〕、「講会条例」議決の一件をさすのであろう。稲葉は昌丸の実兄であるから、同盟会では始めのうちは頼りにされたらしいが、弟と異なり野心家であったため石川につけこまれた。

石川は当たるべからざる勢力をもつ同盟会にたいして始め「籠絡」の策を用いたが、時言社同人が入閣して協力することを拒否した一件を機として、鎮圧に転じる。折しも後述する占部異安心事件が起き、同盟会員のなかでも非占部派が生じたことに乗じて、同盟会の団結に楔を打ち込み、議制会で「講会条例」を成立させた。その手順はつぎのようなことであったらしい。

石川はまず稲葉を抱き込み、松岡のような同盟会硬派と対立させて、同盟会に生じた占部派と非占部派の亀裂に楔を叩き込んだのであろう。これが最初の策である。

石川は「講会条例案」を用意して議制会への上程のタイミングを探っていた。七月二九日、「議制会条例補足案」のなかの但書を削除するかしないかで稲葉派と松岡派の間で激しい論戦があり、稲葉派の保持説が勝ったあと、午後四時三五分から休憩に入り、再開後「補足案」が議決されることとなった。負けた削除説の松岡派賛衆が休憩の間に議場を去ったのは、「補足案」採決でこの日の議事は終わりと思ったからであろう。しかし、五時三五分会議を再開して「議制会条例補足案」議決の後、松岡派の不在に乗ずるように「講会条例案」が上程され、その場で可決確定されたのであった。

再開まで一時間の休憩の間に、非同盟会員の賛衆と同盟会員でも稲葉派の賛衆をかき集めて、会議開催に必要な定足数を確保したのであろう。他方、同盟会の非稲葉派の論客は敬遠されたに違いない。経験の乏しい議制会であったが、新しい案件が上程されると、委員を挙げて調査させ、その報告をえた後討議しており、直ちに質疑・討議・採決と進み、その場で議事が結了することはなかった。ところが、「講会条例案」の場合、先に述べたように「多少の質問、多少の修正はありたるも、該案は雑談私語の間に議場を通過」した。

これはまことに奇なことである。この日、議事が終わって散会したのが六時二五分というから、僅か五〇分で「議制会条例補足案」を議決し、かつ「講会条例案」の上程・質疑・採決の全コースを終えたのである。「講会条例案」の審議については、大部分の出席賛衆は石川が予め描いた手順にしたがって行動したのではあるまいか。

議制会最終日の三一日、「真宗大学条例中改正案」と「財務商議会条例案」（賛衆松岡提出）が未審議であった。一派勧学の大方針に関する大学設置の案件と、一派財政の大方針に関する門徒会議の案件である。とくに後者は、同盟会の滞京交渉委員が努力を傾注してきた懸案であることを、われわれは記憶している。ところが、前者の審議に時間がかかり、午後五時三〇分三度目の休憩が宣せられた。その間に来たり報ずる者あり、寺務所は告達をもって「講中相談会規則」なるものを発表し、これを賛衆控室に貼り出したという。似て非なる門徒会議規則である。

六時に再開して、真宗大学の東西両京設置が決まったので、松岡は起って本員提出の議案を早く議せられたしと迫った。議長は提出案とほぼ同様のものが告達をもって発せられたのに、今これを議するのは穏やかではなかろうという（議長小林康任は法務局管務の小林什尊の弟で、始め改革派の特選賛衆とみられていたが、この頃には石川に籠絡されていたのであろう）。しかし本件は、財務部長が門徒会議の議案を提出すると松岡に約束したのにかかわらず、約束を守らぬから、松岡がやむなく自ら議案を策定したものである。そこで松岡は財務部長に弁明を求めたが不在、代わりに立った番外の説明員の説明は要領を得ず、ただ門徒会議は議制会に不利なものであることを強調して、賛衆に門徒会議にたいして嫌悪感を起こさせようとしていた。松岡らはその説が誤りであることを弁駁したが、結局一一月の通常会送りとなった〔教界時言 一〇号三五〜三六頁〕。「講会条例」を通過させたのは石川の奸策に因るとしても、全国同盟会派は賛衆の三分の二の多数を占めていながら、先に「講会条例」の通過成立を許し、今は門徒会議関連の議案を上程させさえなかった。議制会における同盟会賛衆の足並みの乱れから、同盟会分裂の噂が上り始める。

七月三一日をもって議制会が閉会し、翌八月一日長講堂で在京会員による同盟会総会が開かれた。「講会条例」が議制会を通過したことを井上はどの時点で知ったのか、日誌には記されていないが、その日のうちに報告を受けたことであろう。ともあれ翌八月一日の総会の席で、井上は「講会条例」にたいする覚悟について討議願いたしと訴えた。同盟会のような、全国に地方部をもつ大きな団体にも「講会条例」が適用されるのか、これを疑問視する声があったので、念のため幹事の間で石川を訪うてこの点を質した。石川は、「講会条例ハ同盟会ニ適用シ関係スルコト勿論」〔井上日誌 一八九七・八・二〕と応えたことが翌二日の総会に報告され、同盟会潰しの条例であることが明らかとなった。

この日の討議の中で三つの選択肢が明らかになった。「本山ノ命令ニ関セズ処分ヲ顧ミズ持続スルカ、本山ノ云フガマヽニ改メテ骨抜キトナリ持続スルカ、断然一段落トシテ一旦解散スルカ」のなかから選ばねばならぬ〔同上〕。しかし、今すぐ態度を決定するのは時期尚早である。結局、講会条例が公布されて実際問題に遭遇し、幹事が放任しておけないと認めたとき、同盟会の存続解散の是非を論ずる会員総会に代わりうる会議〔後日、地方部を代表する総代委員の会と決まる。各地方部の総代委員数は評議員の員数による〔教界時言 一一号四二頁〕〕を開いて、これに諮って決定することとなった。

人あるいは「講会条例」の破壊力にたいする予測が甘いと批評するであろう。しかし、最終的には選択肢三つのうち解散が選ばれるにせよ、同盟会としては松岡の「財務商議会条例案」の行方を見守らねばならぬし、宗制寺法に末寺会議・門徒会議を規定する案件は手つかずで残っていることにも、思いを致したのかもしれない。ともあれ、六月八日仮幹事でもある在京の首唱者四名が将来計画について協議したとき、同盟会は一一月の議制局通常会以後時期をみて解散の方針を取ることを申し合わせたが、思いもよらぬ展開でこれが現実となる可能性が濃くなったのである。

3　占部観順の異安心問題

石川の正体

石川が時言社同人籠絡から鎮圧へと掌を返すように態度を変えた契機は、先に述べた石川の就任依頼を同人が断ったことであろうが、その原因は以下述べるような石川排斥の反改革派の台頭である。石川にとって時言社同人および全国同盟会を攻撃するべき理由と攻撃の道は、反改革派の台頭に関連していくつもあった。

尾張・三河・美濃・越中などの渥美系石川排斥運動は、石川が宗政に清沢らの意見を採用したことを排斥の理由に挙げている〔教界時言　七号二九頁、西村　一九五一：一八四頁〕。それなら、全国同盟会を潰す方策を採れば、石川排斥の旗印を奪うことになる。石川は時言社同人の推薦により、異安心の評のある嗣講占部観順を真宗大学学監に据えたことでとくに非難されている。そこで占部を打てば、占部任用批判の勢力、なかでも渥美系の石川排斥運動からもう一つの旗印を奪うこととなると同時に、占部に近い勢力、時言社同人を安心問題で打ち、同盟会の親占部派と反占部派のひび割れに楔を打ち込むこととなる。ここにおいて、石川が変心したというよりは、彼が正体を顕したとみるべきであろう。

学監占部の信順説

占部異安心問題は同盟会に小さからぬ動揺を与えていた。そこで、この問題を解説しておくことにする。それは、井上が二九年一二月にかけられそうになった安心調理なるものを、よりよく理解する一助にもなろう。

沢柳政太郎らの改革により明治二七年七月発足した新制大学寮は、すでにふれたように、二九年六月に真宗高倉大学寮と真宗大学に分割された。前者は講者（講師・嗣講・擬講）が安居を中心に宗乗・余乗の講説をして宗学の伝統を守る学場であって講師がこれを総監し、後者は宗余乗のほかに西欧の学問を教授して門徒布教に耐えうる人材を育成する学場で、学監がこれを統督した。真宗大学では二九年九月の開学後間もなく、白川党の改革運動に関連して大量の退学生が出たため休業状態となり、学監は任命されないまま放置されていた。しかし、三〇年四月これらの学生の復学を迎えるに当たり、学監の選任が急務となった。

退学生たちの復学条件の一つは学監を始めとする教員人事であった。旧大学寮時代に学監を勤めたような高倉大学寮の高位講者では納得しないであろう。彼らが最も支持する旧大学寮関係者は、一派から除名されている。そこで、高齢で嗣講の職にありながら高倉大学寮の主流派とは距離を置き、学生の受けもよかった占部に白羽の矢が立った。

彼は、蓮如の「御文」にしばしば見える「タスケタマヘ」というキーワード的文言を、「コヒモトムル」祈願請求の欲生であると解する学寮主流派（請求派）にたいして、「順ヒマカセル」帰依信順の信楽と解した（信順派）。これが異解と見なされて明治一五年に主流派講者との対話を申しつけられ、『解悔文講弁』『解悔文講弁略解』などの著書は本山から絶版を命じられたが、明治二四年嗣講に任じられた後、小冊ながら『御垂示頂戴録』（一八九四）、『二種深信略述』（一八九六、ともに法蔵館）などを刊行して自説を主張しつづけていた（教界時言 九号四〇〜四三、四七頁、大谷大学二〇〇一、一二六〜一二七頁）。

学寮主流派は、占部が真宗大学の学生に受けいれられたのは、彼らが清沢の自由討究の精神に好感をもつゆえとみて、この事態に危機感をもち、学寮の伝統である「師資相承」の立場を守るために、占部学監を排斥しなければならなかった〔大谷大学 二〇〇一：一二八頁〕。

占部の憂慮

清沢は在京の月見・清川・井上宛回状形式の三〇年三月二三日付け必親展便でつぎのように報じた。機縁があって占部と会談したところ、石川参務から学監就任の依頼があったが、これを硬く断ったとのこと。そして、宗義の根本取締である講師は細川一人で、しかも彼は威を占めそうとしている。そのうえ教学的人物の時言社同人が除名されている現状では、一派の学事拡張の見込みがない、というのがその理由だとのこと。そこで、目下最緊要のことは、かねて「革新の要領」の一項として主張した講師の増員である。細川の次は小栗栖・調・占部・広陵という順序を乱して占部を講師に抜擢すれば、かえって紛擾を増す懼れがあるので、広陵までを講師にして、細川と同位同権にするのがよい。細川および彼と組む吉谷排斥という自分たちの意見からも、一日も早くこの件について石川参務と交渉したい所存である、と〔大谷大学 二〇〇三b：一四六〜一四七頁〕。

占部は講師増員を待つことなく就任同意に追い込まれたのか、四月六日、例の「小教育会」があった翌々日、真宗大学学監に任命された。ところが、旧大中学生復学の案件が煮詰まった四月一三日、真宗大学主幹に予定されていた宗学者で同盟会の同志藤谷還由、真宗大学教授予定の擬講池原雅寿の両名から、「占部ヲ学監ト為スハ宗義惑乱ノ生ズル恐レアリ。ヨテ可成之ヲ避クルヲ要ス」との警告を井上は耳にした〔井上日誌〕。

上述のように、真宗大学は制度上、真宗高倉大学寮とは別の組織体であったが、実際には学舎を共にし、高倉大学寮の講者が真宗大学教授として宗学の講義を担当し、事務職も学寮事務職の兼務とされた。それに、高倉大学寮を総監する講師は執事直属の親選（親任官相当）であるのにたいして、真宗大学を統督する学監は執事の下僚学務部長のような指揮を受ける親授（勅任官相当）と、一段低く処遇され、実態では、真宗大学は真宗高倉大学寮内の一学部のような存在であった〔大谷大学 二〇〇一：一一〇、一二一頁〕。もし大学学監が「宗義惑乱」ということなら、講師とその部下である講者たちから包囲攻撃を受けるだけでなく、一派の輿論の厳しい批判に晒されるに違いない。藤谷らはそう予見して憂慮したのである。他方、占部は学監の辞令を受けはしたものの出京しなかった。

四月二二日夜清沢は占部と会い、調・占部・広陵くらいまでを講師にして、宗意安心の総括を一人の講師に委ねる現状が至急改正されるなら、直ちに上京して学監の職責を担うとの意思が確認できたことを、翌日井上と清川に報じ、この件を石川参務と急ぎ交渉することを依頼したが〔大谷大学 二〇〇三b：一四七〜一四八頁〕、講師増員が実現する前に占部は上洛を余儀なくされ、案じていた不穏な事態が噴き上がった（その後講師は増員されていくが、欠員補充をやや上回る程度の鈍い歩みでしかなかった）。

占部排斥運動と全国同盟会

五月二日、井上のもとに旧研究科生で加賀出身の小原一朧が来訪して、「江沼郡団体ノ占部不信任ノコト」を報告した〔井上日誌〕。占部不信任の声は上記の江沼郡を含む加賀のほか、尾張・三河という大谷派の地盤を始めとして、全国各地の渥美系反改革派の間で挙がっていたのである。

「タスケタマヘ」の請求説が正統の宗学として安居の講説、本山や別院での説教で説かれたばかりでなく、地域門徒の「ご示談」でも正統の教説として説かれたであろうから、信順説の占部の名は異安心として門末のリーダー層に広く知られていたと推断される。そのような占部が嗣講の職にあることすら問題なのに、大学の学監になるなどもっての外である。五月も中頃になると、各地の末寺住職や門徒代表が連署して占部の学監解任を要求する請願が、本山寺務所に続々と提出されるに至った。

革新全国同盟会の地方会員のなかにも、占部の信順説は異安心という説に洗脳された者が多く、彼らは占部と親しいと言われる時言社同人に不審の眼を注いだ。六月に入ると非難の声が高まって「轟然」というべき激しさになり、同盟会に放置できぬひび割れが生じかけた。そこで六月二〇日、同盟会本部は一葉摺りの「学監問題に対する弁妄書」を各地方部に送付して、第一に占部師は学監として適任である、その安心は不正とは言えぬと主張し、第二にわれわれの運動の範囲は宗務の圏内のことで、宗義安心の問題とは関係がないと断言して、同志離間を策した捏造説に迷うなかれと訴えた（教界時言　八号三一～三六頁、井上日誌　一八九七・五・六、六・二〇）。

これに先立つ五月四日、時言社では教義上同人たちと調和の見込みがあるかどうか確認のため、草間に占部を訪問させた。占部は一々根拠となる文書を示して懇切に説明したので、時言社側は納得して占部支持の姿勢を固めた。時言社は「弁妄書」を出した後、占部と細川、当事者双方の話を聞いてこれを読者に紹介し、公正な理解に資するためと称して、先の占部訪問記を『教界時言』第九号（七月末刊）に掲載した（四三～四七頁）。そして細川の談話を次号で報道すべしと約束したが、占部の嗣講休職、学監罷免を見た後、細川は筑後田主丸の自坊に帰ったため会えぬ、と後続の号で断っている（細川はその年の一〇月二五日示寂）。

時言社同人のこのような努力にかかわらず、同人は占部を石川参務に学監適任として推薦した、石川―革新首唱者―占部の間に密約がある、首唱者たちは占部を講師にしようとしている、という疑惑を切り抜けることは困難であった。こうして、占部異安心問題を機に同盟会に生じた亀裂は修復できず、石川から甘言をもって誘われ、それに乗ろうとする会員に脱会の口実を与えることとなった。

占部排斥運動が勢力をもったのは、先に改革運動によって退陣を余儀なくされた渥美契縁一味が、占部を学監に任命した石川参務を攻撃するうえで占部異安心問題を利用したためである。去る五月二日江沼郡団体の占部不信任が報じられたが、渥美の住する小松本覚寺は江沼郡に多数の門徒を抱えていた〔浅香 一九八二：二四六頁〕。そもそも異安心の嫌疑は晴れたとして占部を嗣講に推薦したのは渥美宗政権であったが、その延長線上の学監任命を捉えて、政敵攻撃の理由としている。

六月四日付け前橋の稲葉宛清沢書簡には、「㈠渥美党の石川排斥運動（尾、参、越中等と気脈を通じ準備をさ〳〵怠りなき模様）」と記され、六月一四日付け同書簡には「渥美は尚京都に在りて是亦コソ〳〵反対運動を試みつゝある様子に候」とある〔大谷大学 二〇〇三b：一五〇～一五一頁〕。法主の信任が篤い渥美の暗躍はこそこそでも強力であった。

前掲の六月四日付け清沢書簡に、「㈡占部学監排斥運動（全国三講者連の大団結にて、集会評議請願等之運動に余念なきが如し）」とあり、門末だけでなく、宗学の専門家たる講者たちが、団結して立ち上がったことを伝えている。もともと門末の占部排斥の根本に守旧的宗学者の占部排斥があったのである。ともあれ、このように占部排斥と石川排斥が重なりながら併走していた。

六月二四日早朝、井上は「占部ノ件急ナレバ直ニ来タレ」との連絡を受ける〔井上日誌〕。用件の内容が日誌に記されていないが、占部が安心調理にかけられる、との情報が入ったのかもしれない。同盟会員が議制局賛衆の過半数を制したことが判明した直後の七月五日早朝、尾張の佐竹某という僧侶が同盟会事務所に怒鳴り込んできた。「激怒シテ占部ニ対スル同盟会ノ意向ヲ問フ。ヨテ一応之ヲ話ス。狂語ヲ発シグツ〳〵ヘリ屈ヲ弁ヘ席ヲ蹴立テ去ル。曰ク大挙シテ云々ト。愚僧ナル哉」〔井上日誌 一八九七・七・五〕。同盟会は占部問題をどう考えているか、と怒鳴り込む「愚僧」が現れたことは、同盟会が占部を支援しているとの風聞が一般僧侶の間に根強いことを示すとともに、問題が沸騰点に達していることを予感させるものであろう。

占部への安心調理

七月六日、占部にたいする宗義調理の件を講師細川千巌に一任するとの法主親命があったことを、井上は翌七日に知る。彼は、真宗高倉大学寮の講者たちが激烈な運動によって一任をかちとり、教学部当局（部長は石川参務の兼務）が細川・吉谷一派と占部との紛争を調査する労を逃れたとみた。宗意の安心調理に関する事項は教学部の所管であるから、教学部では調査の努力を尽くさなければならないのに、面倒な問題であるのでこれを避けて、講師細川らに丸投げしたことを彼は非難している。明治一九年制定の「宗制寺法」は、宗意安心の正否を判ずるのは法主の特権と定め（第二〇条）、二九年の「真宗高倉大学寮職制」は、講師の管掌事項の一つに、「命ヲ受ケテ異解者ノ調理教誡ヲ為ス事」（本山事務報告　三五号）を挙げているから、表向き本件は適法な処置であったけれど、事情を知る井上は「噫当局者ノ利己ノ為ニ敢テ残忍酷薄ノ処理ヲ為シ、敵手タル細川ニ占部ヲ一任セリ。……細川等ニ至リテハ言語道断、名ヲ宗義ニ仮リテ私怨ヲ報ジ、名士ヲ陥ル」（井上日誌　一八九七・七・七）と憤慨した。

つづいて井上の筆は、法主は宗義調理の特権を妄用した。その結果、法主に宗義調理の能力などない、安心調理は全廃するべきだとの「正論」が起こってくる。このことを忘れているようでは一派の前途も思いやられる、と嘆息の声を漏らす。新聞が書きたてる法主の醜行にも、法主非難の筆を揮ったことのない井上が、大胆な法主批判の言説を連ね、安心調理全廃説を正論と断じたのは、自身安心調理に懸けられそうになった時の苦い体験を踏まえたものであろう。

大谷派宗学の正統をもって任じたのは、真宗高倉大学寮の講師をトップとする講者たちである。「高倉大学寮条例」第三条に、「安居ハ師資相承ヲ重ンスルノ本旨ニ基キ法主特命ノ講義ヲ為シ宗意ヲ受得セシムル所」（本山事務報告 三三号）と規定しているように、彼らは自己の憶断を交えることなく、先哲伝授のまま写瓶相承することを至上命令とし、宗学上の自由研究を許さぬ学閥をなした。したがって、自己の解釈を主張する占部の説は異解であり、真正な宗学の破壊に外ならなかった。獅子身中の虫、占部は退治しなければならない。清沢も同類であった。哲学者という表札の故に彼らの直接的追及を逃れていただけである。

七月二二日、占部の安心調理のための要員として、講師細川を筆頭に吉谷覚寿ら五名の嗣講が取調掛、教学部録事荒木源理ら四名が事務掛を命じられた。調理に先立つ二九日に占部は嗣講（安心に不正なしとの証明付きのような地位）の資格が停止され、かつ真宗大学学監と教授担任を解職され、失態により処分された形で、一介の大谷派僧侶として安心調理の法廷に立つこととなった（本山事務報告 四六号）。時に占部七三歳、細川六三歳、吉谷五四歳であった。昨年一二月一一日の井上豊忠にたいする安心調理の場合、取調掛は講師と嗣講一人、擬講一人の三人で、事務掛も三人と掛員の人数が少なく、しかも正式に発令されたものではなかった。安心調理の網に引っかけようと企てたことが分かる。これにたいして占部の場合、法廷は本格的に設営されている。必ず異安心の烙印を捺してやる、という執念が伝わってくる陣立てであった。

上記七月二二日と二九日の間に、注目するべき事件が起きた。二四日に貫練会なる団体が結成されたことである。井上は日誌に、「仏願寺ニ於テ貫練会発会式ヲ挙グ。コレハ吉谷覚寿等貫練安居僧等結合シテ占部ニ当リ、カネテ時言社ニ当ランガ為メニ設ケタルモノナリ。新旧両派ノ衝突ノ兆愈ヨ甚シ」と認めている。六月四日の清沢書簡にあった全国三講者連の大団結に外ならず、先年の教育改革によって免職となった不平組が占部問題を機に集まって党をなしたものである〔西村 一九五一：一八三頁〕。文中の仏願寺は東本願寺の旧境内町に所在する寺、吉谷はかつて井上を安心調理にかけようとし、今占部を裁く法廷の取調掛を任命された真宗高倉大学寮の有力嗣講であって、細川と組んで今回の事件を創り上げた張本人と見られた〔教界時言 一〇号三七頁〕。

貫練会結成の趣意書に、「江湖の同志を糾合して、外に妖邪を撲滅し内に法城を厳護し、宗祖写瓶の正統を顕揚し正邪を弁明し」とあるように、この会は伝統宗学を固守して宗学の自由な研究を認めず、自ら「宗教の警官」、宗学の正統護持方をもって任じる宗学者を中心に結党したもの〔広瀬 一九五七：一九七〜一九八頁〕。その目的は、専門家集団として法廷の外で勢力を誇示することにより、占部断罪の正しさを宣伝し、併せて占部と気脈を通じる時言社、そして革新全国同盟会にパンチを加えるところにあったと推断できよう。これに渥美派が通じていた〔教界時言 一一号三五頁〕。かくして、井上の見るように新旧両派衝突の兆しがいよいよ甚だしくなり、表層での本山寺務についての保守革新の対立は、深層で宗学の捉え方を巡る新旧の衝突に連なっていることが、貫練会の結成によって露になった。「天下七千ケ寺の末寺」僧俗大衆に太い根を下ろしていたのは、貫練会ら保守派であって、帝国大学や真宗大学を出た革新派ではなかった。

それから三ヵ月後、清沢は『教界時言』第一二号（一八九七・一〇・二九刊）に「貫練会を論ず」〔一〜一五頁〕と題する社説を掲げてつぎのように主張した。貫練会は宗義と宗学を混同している。真宗の宗義は立教開宗の広本に在って一定不易のもの、他方、宗学はこの宗義を学問的に討究して説明解釈を与えるものである。したがって、自由討究の成果として古人未発の説を立て、宗義の深意を宣揚する者をこそ宗門として優遇重用するべきであると。それは根本的な見地から占部を擁護する論説であった。そのためもあって清沢は彼らから目の敵にされ、異安心ないしは仏教中のユニテリアン、甚だしい場合には社会主義を持する破壊党と目されたという〔吉田 一九五九：三一八頁〕。清沢の主張をみれば、通仏教的な合理的研究で業績を挙げた南条文雄・村上専精・井上円了らが時言社の革新運動を支援したのは、運動の趣旨に賛同しただけでなく、清沢の宗学研究にたいする姿勢に共鳴したからであることが判明する。

さて、七月二九日、議制会では石川の策謀によって、同盟会にとって致命的な「講会条例」通過という大事件が起きていた。なぜか井上は日誌でこのことには全くふれず、他方、占部がこの日に受けた処置について憤激の思いをぶちまけ、関係者を罵倒した。

占部氏ノ学監ヲ解キ嗣講ヲ休職シ、尚病気療養ノ上高倉学寮ニ出デテ調理ヲ受クベク、当分説教講義ヲ為スコトヲ得ズトノ命令ニ接ス。而シテ筆問答ノ儀ハ許可セラレズ。コレマデノ手続ト云ヒ、コノ処置ト云ヒ、実ニ言語道断ナリ。噫一派ノ前途知ルベキノミ。……石川奸僧ノ残忍酷薄不信不実悪ミニ堪ヘズ。如此奸悪ノ小人局ニ当ル。一派ノ前途知ルベキノミ。〇依テ占部ヲ訪フテ之ヲ慰労ス。氏反テ安然タリ。噫惜哉、大徳君子ハ退ケラレ、小人堕落僧細川吉谷ノ如キモノハ跳梁ス。……（井上日誌　一八九七・七・二九）

参務教学部長石川にたいする痛罵には、講会条例の議制会通過への憤激も込められているように感じられる。占部の法義取調への備えと講会条例通過で、石川の狡猾な本心が明らかになった今、井上の憤怒は炎となって燃え上がった。

この後占部は、病気を理由に自坊三河唯法寺に帰り、出京命令に従わなかった。出廷しての問答では、罪に落としうるよう筆録される危険があったからであろう。翌三一年筆問筆答が許され、本山の調理側と占部との間にやりとりがあった。清沢は同年一一月一五日付け月見宛の書簡で、差しあたり手の打ちようがないといい、老僧（占部）も少し頑固過ぎではないかと案じている（大谷大学　二〇〇三b：一八一頁）。三一年三月法主の示諭書が発せられて、その旨を奉戴するという請書を提出したが、本山の許容するところとならず、七月二五日、宗門の処罰としては最も重い擯斥に処せられた。擯斥とは、僧侶の分限を除いて大谷派の外に放逐し、先祖伝来の所属寺を退去させるもので、死刑に等しい〔大谷大学 二〇〇一：一二七頁、宗制寺法三編八章、宗報一一号附録〕[12]。

4　議制局通常会まで

当路者の攻勢

全国同盟会の運動の初期には各地の代表が大挙して寺務所に押しかけるという形Xであったが、三月一五日の親示以降、不充分な事項について交渉委員が寺務所と掛け合うという形Yとなり、七月の議制局臨時会で「講会条令」が成立した後、表に立つ交渉委員は置かず、幹事が会務を処理しつつ議制局通常会の準備をする形、幹事中心の運動形態Zへと変化してきた。これは情勢の変化に対応した展開相であるが、状況によってはXの形に戻りえたYの段階とは異なって、ZはYにすら戻ることが難しい点に注目すれば、運動が終熄に向かっている感を否めない。「講会条例」制定の効果である。

Z形態の時期はその意味についていえば議制局の臨時会を通常会に繋ぐ時期である。八月一二日に「監察部処務細則」、一七日に「視察章程」、二三日には「視察処務細則」が公布され、さらに一〇月一一日布達の「教務所職制」で、説教演説の取締り、講会の監視などを任務とする教務所が全国二〇の教区に置かれて〔常葉 一号〕、いよいよ同月三〇日、すなわち議制局通常会の開会直前に「講会条例」が公布された。寺務批判の運動を制圧する手だてが出そろったのである。これは、表正会や酬恩会といった石川排斥運動にも適用されるが、もっとも手ひどいパンチを食らったのは革新全国同盟会であることはいうまでもない。石川宗政権は同盟会にたいしまた時言社同人にたいして、その急所を狙って殲滅的攻撃を加えてきたのである。

石川は占部問題で生じた亀裂に楔を打ち込む策をしかけてきた。第一は有力な同盟会員である議制局賛衆を買収することであって、これで七月二九日「講会条例案」を可決に持ち込んだ。八月一四日の井上日誌に、「摂河泉賛衆稲葉・松尾・室殿・松谷ノ四氏退会ヲ届出ヅ。果然々々、噫彼等市井ノ小人云フニ忍ビズ」とあり、七月の議制会での対松岡論戦で予想されたとおりの展開となった。第二は有能な同盟会員に寺務所録事級の職を与えて傘下に取り込むことである。いずれも交渉委員などとして石川たちに接触する機会があった有能な人々である。九月一三日には教学部用掛として寺務所入りする山県了温（信濃）から退会届が出た。また、一九日に議制局録事予定の土屋観山（越中）が来会したので、同盟会員にふさわしくないことだから録事就任を止めるように忠告したが、結局聴かれなかった。それに、佐々木徹成（越前）も教学部用掛になるという。それぞれの地方での有力者、知名人で、役にたちそうな人材を引き抜いたのである。

石川はさらに宗報の形を変えてきた。これまでの宗報は、『本山寺務報告』などと称して一派の達令・任免・褒貶・告知・雑報、法主教示とその敷演を掲載した。事務的には須要であるが、全く無味乾燥な公報であった。本山の各機関、要職にある役職員、全国の組長などに配布したのであろう。ところが、九月三〇日をもってこれを廃刊にし、一〇月一一日読み物を中心とする『常葉』という機関誌を発刊したのである。内容は口絵（写真）・社説・教学（説教など）・論説・詞藻・雑報と連なり、最後に附録のように宗報が掲載され、広告で終わる。『本山寺務報告』では『教界時言』のように広く購読者を引きつけることはできない。『教界時言』よりも読みやすく魅力あるものを作ること、そして、寺務所の地方出張所や組長を通して宣伝し、読者を広く獲得することを狙ったのであろう。

「教界痛言」と題する論説が第二、第三号に連載されたことに、『教界時言』を敵視するこの雑誌のスタンスがよく現れている。発刊翌日第一号を手にしてこの号を代表する論説「海外布教を論ず」を読んだ井上が、『教界時言』第一二号（一八九七・一〇・二九刊）に「『常葉』を読む」と題する書評を書くとともに、日誌に「噫当路者ノ無謀乱心言語ヲ絶ス」と慨嘆罵倒した。

全国同盟会の運動

こうした攻撃を受けるなかで、幹事中心の運動が展開された。活動対象は寺務所あるいは当路者と、同盟会地方部あるいは地方会員の二手である。前者に関しては、末寺会議・門徒会議を宗制寺法に規定する案件が手つかずのままであった。議制局関連の宗制寺法改定の問題については、井上が立案し新しく入社した安藤正純が成文化した「議制局に関する宗制寺法の改定」を『教界時言』第八号（一八九七・六・二九刊）社説に掲げて、かねてから改定を強く迫っていた（井上日誌　一八九七・六・二〇）。また、同誌第一一号（一八九七・九・二九刊）では社説二点によって、宗務所にたいする門末の信用を増進するには、財政を挙げて門末に委ねる門徒会議の開設が不可欠であるのに、先の議制局臨時会ではこれが阻まれた。これでは信施はいよいよ減少することだろう、「嗚呼一派の前途知るべきのみ」（一一頁）と警鐘を鳴らし、一一月開催の通常会の行方を見守る、と論じるなど、機関誌による運動が中心であった。

寺務所は『教界時言』の論説など歯牙にもかけなかった。しかし、井上たちが当路者を訪ねて状況打開のために折衝した痕跡は井上日誌には認められない。そのためかこの頃同盟会本部と本山当路者が提携しているとの噂が立ったので、本部はこれは為にする宣伝か誤報であると一段組の大文字で断固否定している（教界時言　一一号四二頁）。

他方、一〇月に入ってから、門末集住地域に限ってであるが、それぞれの地域を幹事が手分けして訪ねた。地方で集会をして、本山寺務所や京都の景況を報告し、地方会員の意見を聴取し、併せて状勢を視察するとともに、会費を集めて帰洛するもので、来るべき議制局通常会に備えるためであった。幹事は自坊所在地であるとか、とくに懇意な同志がいるとか、便宜にしたがって出張先を分担した。地方への出張といえばもっぱら遊説目的であったX形態の時期と大きく様変わりしている。

幹事に選出された泉が帰郷して戦列を離れた後、補欠の松岡秀雄がその任務を引き継いだ。彼は去る五月議制局録事に任命されたが、直ちに請書と辞表を提出して同盟会交渉委員の任に留まり、賛衆として議制局臨時会で活躍した人物である。彼が一〇月一日から一週間ほど出張した近江・美濃・三河・尾張・伊勢の五ヵ国は、革新反対の表正会や酬恩会の根拠地であったが、「要ハ奮発ノ兆アリテ同盟会ヲ持続シテ一派ノ為メニ尽サント云フ」声に励まされて帰京した。彼の集めてきた会費一〇〇余円で、三〇年度の会の運営を支えることができることにも、井上は力づけられる（井上日誌 一八九七・一〇・八）。もう一人の幹事富士沢は一〇月二日から二週間、加賀・越中・能登の三ヵ国へ出張した。

松岡と入れ替わって、井上が一〇月一〇日から三日間、播磨地方部を訪れ、一一日には姫路本徳寺の寺内町にある福正寺で、僧俗四、五十人の聴衆を前に談話した。井上日誌の当日の記事から、地方の動向だけでなく、同盟会の動きや幹事の活動をも推知することができる。以下のとおりであった。

井上はまず本山寺務所について語った。人物淘汰、教学上の事業、宗制寺法改正、二〇万円募財のどれも宜しきを失し、敵味方を問わず一派全体の信任を欠きつつあって「将ニ破裂セントス」。本山近傍に表札を掲げている表正会・酬恩会・越中酬会・貫練会の主張はさまざまだが、いずれも同盟会の破壊を企て、かつ現政権を攻撃するものである。

播磨方面の同盟会の近況を見るに、とくに異動なしというところ。兵庫・大阪地区選出の議制局賛衆四名が退会届を出し、また会員両三名が寺務所に録事として入ったため、同盟会は四分五裂という人もあるが、決してそういうことはない。目下四方ともに奮励している。

本山の前途は困難である。前出の諸団体はとるに足りぬものであるが、このまま捨て置くときは小党分立して一派を破壊するかもしれない。このような事態において、人材に富み、気宇壮大で正義のために働く同盟会の責任は重大である、と結んだ。

聴衆のなかに、法主が「消息」（親諭の書簡）で「仏法マスマス盛ナリ」と言っているが、これは事実とは正反対である。こんな認識でいる法主を廃するのでなければ、大谷派の将来は駄目だと言い出して止まない人がいて、井上は宥めるのに苦労した。門末全体を覆っていた法主崇拝の心情が一部では崩壊している。寺務革新の道を極めれば法主批判に至るのである。聴衆一同、他国はどうであれ、播州は運動をあくまでもやり抜くことに決した。始まってから終わるまで四時間を越える熱い集会であった。

今後の方針

意気盛んながら今一つ明るい展望が見えないなかで、これからどのような方針のもとに進むか、時言社同人は何度も繰り返し協議している。八月一六日、赤痢に罹った稲葉を除く五名が会し、時言社を廃止してその代わりに育英社ともいうべきものを設立し、同志とともに有為な人物を教育することが最も有望な事業ではないか、ということになった。一月後の九月一四日、病癒えて山口高校へ赴任する稲葉を迎え、清沢・月見・清川・井上の在京四名に草間を加えて、時言社の前途などさらに協議した。九月二三日には同盟会の幹事会が開かれた。同盟会の前途については総会で決定するが、幹事の意見として、一旦解散した上で別に一団体を結成するのがよい、ということに落ちつき、幹事が地方事情視察かたがた出張して会費を集めることも決まった。また、現当路者と何の関係もないから、是々非々の態度で対応することも確認された。総じて、「講会条例」を中軸とする当路者の執拗な攻撃にたいする反抗・反撃はもちろん、警戒の姿勢さえ窺われないのは、同盟会運動の限界を知ったためであろうか。

九月の幹事会決定に基づく一〇月前半の北・東・西、三地方への訪問は既述のように終わり、議制局通常会も近づいた一〇月一八日、再び幹事会が開かれた。そこでは、同盟会の将来、現当路者に対する姿勢（信任か不信任か是々非々か）、議制会ならびに表正会対策など、万端にわたって協議された。そして二四日には幹事三名と時言社同人在京の三名が会同して前途の方針を協議し、同盟会はほぼ解散と腹が決まった。

同人の動静

八月中旬につぐ時言社同人の会合は九月中旬以降に属し、また同盟会の幹事たちの会議にしても地方訪問にしても九月下旬以降であって、八月下旬から九月初旬頃まで、貫練会や表正会対応、退会者の取扱いなどの用務は間歇的に起きたものの、ほぼ半月ほど半ば開店休業の状態であった。これは一つには、時言社に病人が続出したためであった。

清沢は血を吐きながら病軀を押して出席し、同盟会の大きな会議では体力の許す限り座長をつとめた。従来からそうであった。九月二日、赤痢で入院していた稲葉の病状が大いに快方に向かい、一週間以内に退院できるだろうとの朗報に接して大喜びした井上が日誌に、「首唱者六人中二人ハ共ニ病室ニ在リテ病ニ臥シ、他ノ清沢・清川・月見ノ三人モ健全ナラズ。今川君モ亦壮全ナリト云フベカラズ。何ゾ病人多キ事コ、ニ至レルヤ」と認めている。今川は清沢発症後間もなく喀血して、数ヵ月療養を余儀なくされた病歴をもつ身〔浩々洞 一九一五：四一二〜四一四頁〕、井上は今病室で呻吟していた。

井上は久しく痔に悩み、通院しながら治療していたが、八月一九日入院して九月八日ようやく退院できた。入院一八日、その間、時言社同人・同盟会幹事の活動がなかったわけでなく、井上の日誌に記載されなかっただけであろうが、両団体のキーパーソンである井上の入院は、これらの団体の活動を大きく抑制したとみてよいだろう。

Z期はやはりX期やY期に比べると時間に余裕があった。しかも同盟会解散という見通しが立っているので、帰郷の準備に時間を使い始める。井上においては、一つは荷物を作って米沢の実家や長井の自坊に送りだす作業であって、これは一〇月三日に始めた。もう一つは書籍を買い集めることである。『教界時言』第三号で「革新の要領」を宣言したとき、「勧学上の設計」（九～一〇頁）末尾に「図書館の設立」を挙げていた。近くでは、一〇月二〇日真宗大学へ行って図書室を観覧している（井上日誌）。図書を閲覧したのではなく、図書室を観覧したのである。井上は早くから布教のために図書館が役に立つことに気づいていた。自坊に退隠後は、自らの研学に加えて布教に役立つ図書館の設立を構想して、大学の図書室を見学し、また自らの蔵書を増やすために書籍を買いあさったと思われるのである。

井上が「本狩」と呼ぶこの楽しい作業は、退院後間もない九月一六日に始まった。当日の夕方散髪を終えた後、法蔵館へ行って、『六要会本』『七祖聖教』『科本三経』（略、二、照合本）『七祖交際弁』『三世因果実験録』を求めた。この費用、締めて五円二五銭。外に五円を投じて『真宗聖典』を買ったのは、痔疾の後、滋養物を買う費用の足しにと妻が送ってくれた厚意を長く記念するためであった。その時檀頭山一が送ってくれた二円の見舞金も本代に消えた。「本狩」はその後繰り返され、とくに同盟会が解散してから井上が帰郷するまでの時間は、主にこのために使われたといってよい。

五　事務革新全国同盟会解散へ

1　「宗制寺法補則」の公布

同盟会総代委員会

過ぐる明治三〇年（一八九七）八月九日真宗大学研究科を卒業した草間が郷国へ帰るというので、一〇月二三日清沢・井上ら在京の時言社同人四名で送別会をもち、二五日には同人たちに真宗大学生、合わせて数十人が駅で別れを惜しんだ。草間は大学生を束ねて時言社の挙旗と奮闘を助けた、清沢が最も頼りにする教え子の一人である。二〇日頃から諸国の地方部総代委員が着京してきたが、草間が京洛の地を去った二五日には、着到の届けが続々踵を接した。議制局通常会に照準して開かれる同盟会の総代委員会に出席するためである。

総会に代わるべき総代委員会は、下寺町の長講堂を借り受けて二六日午後開会された。この席で幹事から報告された事項の第一は会員の入退会である。去る八月の評議員会以後の入会は一五〇人ほど、これにたいして退会三人、事情調査中六人、同盟会が分裂したなどという風評もあるが、それは無根の捏造説であった。第二の、前回の評議員会で委託された宗制寺法に関して当路者と交渉する件は、結局要領を得ないまま沙汰止みとなっているとのこと。ついで、この総代委員会の重要案件である本会将来の方針については、進んで大いに当路者の秕政を責問するか、退いて同盟会を解散するか、若しくは同盟会今日の状態を保って存続するように努めるか、この三つのうち一つを選ばねばならぬとの発題があり、結局、議制局通常会での「財務商議会条例案」の成り行きを見たうえで決めることとなる。

翌二七日の会議では、事情調査中であった退会届提出者について審議され、つぎつぎと計七人が除名になった。いずれも議制局賛衆あるいは寺務所の録事となった人物で、井上は「開会劈頭殺気ヲ帯ヒ来ル」と描写しているように、同盟会の亀裂が顕れたこの日の会場には、いつもの和やかな雰囲気が失せ、どことなく殺気だっていた〔井上日誌　一八九七・一〇・二七〕。

議制局通常会

一一月一日議制局通常会が開会され、賛衆として出席する総代委員が少なくないので、以後は同盟会が会議を休む日もあり、開催しても同盟会として議制会に提出するべき議案の検討や、寺務所から議制会に上程された議案にたいする同盟会としての賛否を議論するといった、議制会対応に止まった。

七月の臨時会で審議未了、通常会送りとなっていた松岡提案の「財務商議会条例案」は、他の新たな議案の後回しにされていたところ、ようやく七日に至って、翌八日に上程の運びになることを当局者が約束した。ちょうど本願寺派の集会が開かれており、七日にその集会会衆と大谷派議制局賛衆との合同懇親会が予定されていた〔常葉　四号二八頁〕。同盟会では早速総代委員が集まって院外活動の分担を定め、明日は何としてもかの条例案が日程に上るよう尽力し、万一議長が上程を首肯しないときは、緊急動議としてかの議案を提出して成敗を決することになった。

八日未明、総代委員たちが同盟会本部に集まり、それぞれ賛衆を訪うて運動を展開する。かの議案はついに本日の議事日程リストに上った。ところが午後開議するや、夢想だにしない一大変事が起きた。「宗制寺法補則」なるものが公布され、即日施行となったのである〔常葉 四号附録、宗報〕。

「宗制寺法補則」

この「補則」は上局会議（第一章）と議制局会議（第二章）を規定するものであった。上局会議は本山寺務所に置かれ（第一条）、総務・参務・准参務をもって組織し（第四条）、「緊急ノ場合ニ於テ議制局会議ノ議ヲ経ル遑ナキトキハ法主ノ諮詢ニ応シ上局会議ハ条例ニ代ルヘキ規則又ハ会計上必要ナル処分ヲ議決スルコトヲ得」（第三条）と規定された。

議制局会議は年一回の通常会と、必要のあるときに開く臨時会の二種がある（第一三条）。会議の議をへる遑のない緊急の場合に備えて第三条の規定を置くこと自体は是認されるが、議制局会議の事後承認を求めるべき文言がないから、上局会議を構成する当路者が議制局会議にかけることなく立法権を行使し、また会計上の処分を議決して財政権を行使することができる。

明治三〇年三月改正の寺務所職制で規定された議制局（第三章）、すなわち旧規程での議制局は、条例の制定改正に関する法案を議定する権限をもち（第一条）、条例の制定廃止改正は必ず議制局の議定を経るを要し（第三条）、条例の制定改正に関し法案を提出することができる（第二条）とされていたが、「補則」の定める議制局には上掲第三条に相当する箇条はなく、議案提出権も議制局会議の権能に属する事項、すなわちおおむね教学関係事項、に限られた。旧規程での議制局のもう一つの権限は、収支の予算を審査議定し、その実施を監督することであったが（第一条）、補則では甲部に属する収支の予算を議定することに権限が限られた。会計における甲部とは、教学関係の事業を指す〔本山事務報告 四三号、大谷派本願寺会計法〕。このように、旧規程での議制局の権限は大幅に削られ、ほぼ教学関連だけとなり、しかも緊急と上局が判断する場合には、それも上局会議に奪われることとなった。

松岡が起草した「財務商議会条例案」と称する門徒会議の議案は、財務全体に関わるものであったから、賛衆一〇人以上の同意があっても（第二三条）、「補則」のもとでは議制局会議の議案とすることはできない。門徒会議の件はここに全く葬り去られた。去る三月の改正で実現した、不充分ながら末寺会議に擬しうる議制局も、大幅に権限を剥奪され、賛衆の半数互選にのみ末寺会議の影を残す、貧相な姿に変わり果てた。

「補則」制定の経緯

去る三月の法主親諭でも、門徒会議についてはいろいろ調査してみなければならぬと、末寺会議のようには行かぬことを匂わせていた。しかし、同盟会の強い要請の前にそう言ってみただけで、当路者は門徒会議を制度化する気は初めからなかったようである。門徒会議関連条例の制定をしきりに迫ってくる全国同盟会の要求を当路者側は何とか躱していたが、その議案「財務商議会条例案」が七月の臨時議制会に上程されるに及んで、同盟会員が賛衆の多数を占める情況のなか、このままでは議決されてしまう事態に直面した。

当路者側に知恵者がいて、この議案を葬るために、議制会に議決権がある条例よりも上級の宗門法規を策定することを思いついたのであろう。条例よりも上級の法規といえば、宗制寺法しかない。宗制寺法の改正には準備に多大の時間を要し、急場の間に合わないが、本則にふれることなく、門徒会議のような案件の上程を拒む条項だけ新たに追加するのなら、準備の時間は大幅に短縮されるだろう。しかも、このさい議制局の権限を大幅に削って、門徒会議などを議案にする権限自体を奪えば懸案は一挙に解決される。こうして、法主特権により、宗制寺法補則の形で関係条項を法規化する案が結晶したのではないだろうか。

補則の追加といっても現行宗制寺法の改正であるから、内務大臣の認可を受けなければならない。議制局の権限を削り、門徒会議の法制化を認めない改正の隠れた趣旨は、社会主義運動の蠢動に神経を尖らせていた内務省の歓迎するところだったから、補則の内容に問題はない。それでも一定の時間はかかる。当路者率いる寺務所の努力は、松岡提出の門徒会議関連議題の議制会上程を遅延させることに傾注された。

松岡の議案「財務商議会条例案」は、財務部のサボタージュによって作成が遅れ、やむなく彼自ら起案したもので、七月の臨時議制会に提出されたが、上程が遅らせられ、ようやく最終日三一日になって上程された。ところがこの日当路者は門徒会議に似て非なる「講中相談会規則」（条例でないから議制局の議決は不要）を発令し、これがあるのに松岡の議案は要らないとか、門徒会議は議制局にとって不利であるとかの虚報を流して妨害した。加えて議長の指揮によって閉会にもちこまれ、結局審議未了、通常会送りとなったことは、すでに述べたとおりである。

通常会は一〇月二五日開会予定のところ、一〇月一〇日すぎになって一週間延期し、一一月一日開会と改めたのも、また、開会後他の新しい議案を先に上程したのも、時間稼ぎかと思われる。副議長になった稲葉了証は自ら教区に関する議案を二点も準備して、これを先に上程させたのは、松岡議案の上程を遅らせて、補則の認可を待つ時間稼ぎに貢献した疑いが消えない。

九月一七日石川参務は東上して一〇月二四日帰来した。五週間余東京に滞在したことになるが、東上の用向きの一つである宗制寺法改正の件はまだ要領をえなかった由と、『教界時言』第一二号（三〇頁）は伝えている。宗制寺法の改正といえば、改革派の人々の間では議制局を宗制寺法上に位置づけることと推測される状況であったから、彼等のなかにこの噂に疑念をもって警戒する者はいなかったのではあるまいか。しかし、石川が取りくんでいた改正は、彼等の推測を全く裏切るものであった。石川の東京滞在には「講会条例」の内務大臣認可の用件もあったのだろう。

ようやく「宗制寺法補則」公布の準備が整った一一月八日、松岡提案の議題等三議案を上程させておいて、その審議に先だち「補則」を公布したのである。当日の経緯を「宗報」は次ぎのように記録している。

午後一時開場議長ハ宗制寺法補則其筋ノ認可アリ唯今発布セラレタル旨ヲ告ク録事土屋観山謹テ朗読ス一同起立ス

録事土屋は同盟会員であったが、井上らの忠告を振り切って寺務所の録事となり、議制局担当となった人物である。彼が朗読したのは「補則」そのものではなく、総務大谷勝縁が取り次ぐ左記の法主親書であったと思われる。

御親書

茲ニ宗制寺法補則ヲ制定シ内務大臣ノ認可ヲ経テ之ヲ発布シ即日ヨリ施行セシム

右ノ通御親書ヲ以テ示シ出サル

明治三十年十一月八日

総務　大谷勝縁

〔常葉　四号附録、宗報〕

翌九日は「宗制寺法補則」を熟読するために休会となり、一〇日、補則についての議論が賛衆から出ると、「議長は現宗制寺法に渉るは不都合なりとて其発言を停止し」、一一日は休会、一二日の議場では、「宗制寺法補則」発布の結果として消滅した五つの議案の一つに「財務商議会条例案」が挙げられて、廃案を確認させられる〔教界時言　一三号三三〜三五頁〕。

「補則」の論理

「補則」は専制主義を骨子とし会議制度でこれを装ったもの、議制局は存続するが、末寺会議に擬すべき任務を行うことができない組織となった〔教界時言　一三号一八頁〕。議制局から権能を剝奪したのは、「宗制寺法」第一編総則、第四章本末分際、第七条「一派ノ法度例規ヲ創定更革スルハ本山ノ特権ニシテ末寺分中之ヲ為スヲ得ス」との本来の在りように復帰しただけのことで、現行の議制局は同盟会の請願と妥協した止むをえぬ逸脱であった、というのが当路者側の理解であり主張であろう。また、「宗制寺法」第三編寺法、第五章門徒信徒、第六二条「真宗ノ教義ヲ遵奉シテ派内末寺ノ檀那（手次門徒）トナリ該寺門徒ノ名簿ニ編入スル者之ヲ大谷派門徒ト称ス」とあって、大谷派門徒といっても派内末寺に属しているのであって、派に直属するものではない。派（本山）に直属するのは末寺であるから、末寺会議というものは考えることができる。また各末寺の門徒会議は成り立つが、一派の門徒会議というものは成り立つわけがない。これが当路者の論理であった。だから、門徒会議の議題を潰し、今後そのような過誤に陥らぬよう議制局の制度を改正したのである。

では、同盟会が目指した門徒会議の定立は、民権運動の時勢に乗って実際の必要に対応した、真宗大谷派の伝統にはない運動だったのだろうか。そこで想起されるのは、「宗制寺法」公布の前年、本山が相続講を設立して門徒の直接的掌握に乗り出したことである。その根拠は本山の門徒を諸国末寺に配与している、という末寺も了解の本山側の主張であった。この主張は他面一派門徒会議の正当性を裏書きするものではないだろうか。

時言社同人が『教界時言』第一号で訴えた現時大谷派の三大弊害の第二、財政紊乱は、一派の財務面を支える門徒の代表が、収支の計画と執行を監督するならばほぼ匡正され、かつ第三の教学不振の解決に寄与することであろう。時言社同人および全国同盟会が門徒会議の設立を重要な目標としたのはこのゆえであったが、当路者はこの問題にたいして冷淡を極め、実現のための努力を拒もうとさえしたことは、すでに述べたとおりである。『教界時言』第一〇号（八月二九日刊）の社説「門徒会議開設の議に対する当路者の意向」はこの点を痛論し、「是れ尚財務上幾分曖昧の地を存し、他日私曲を行はんと欲するの意を有するものに非ざらんや」〔九頁〕と厳しく糾弾している。財務の構造的不備は、当路者の私曲と不離一体のものであるから、これは正当な批判といってよいだろう。

私はそれに加えて、当路者が前掲の論理に拠りつつ、「宗制寺法」流に門徒を、蔑視でなくとも軽視し、宗派の正規の構成員でなく周辺人視したことを挙げねばならぬと思う。一派は法主を頭首とする僧侶集団であって、門徒とは法施・財施の交換関係で繋がっているのみ、という教団観は、非僧非俗を旨とする祖師の門流にふさわしいとはいえない。

ともあれ、上記のような、同盟会一〇ヵ月の営々辛苦の結晶をことごとく叩きつぶす策略が進行している間、同盟会側は何ごとも露知らず、寺務所にたいしては闘争的ではなく、賛成するべきは協力し、反対するべきは反対する、是々非々の紳士的姿勢で対峙していた。全国同盟会のような自発的集団は協議によって結束しているから、秘密を作れないし、作っても容易に漏れるだろう。しかし、制度的集団とくに本山寺務所のような官僚制組織は、秘密を厳に封鎖保護することができ、外部から極秘情報を探知することはきわめて困難である。

同盟会側では、議制局臨時会以後、占部異安心問題に注意を殺がれ、また同人が次々と入院したり体調をこわすなかで、直接寺務所と折衝することも、当路者宅を訪問談話することもほとんどなくなっていたうえに、情報収集のために奮闘した真宗大学生が戦列を離れてから偵察能力がとみに落ち、これらの機密情報を探り出すことができなかった。しかし、よし探知できたとしても、対抗してこれを抑制するいかなる手があったであろうか。

「三月十五日の御親言を敷衍し、憲制の創設を祝して空前の美事なりと言ひし口を以て、今日はしきりに専制主義の利を説く……一派の禍源は当路者の定見なく、我が椅子の動揺と共に其説を変ずるに在り」と『教界時言』〔一三号一九頁〕は当路者を攻撃するが、専制主義こそ当路者の定見であって、曲折をへて今回素志を達成したといえる。

また『教界時言』は当路者を責めるだけで一言も法主に言及しない。しかし、法主が約束を反故にしただけでなく、約束とは全く逆のことを実施して門徒を欺いたという事実は、心ある門末の胸に鋭い棘となって突き刺さったのではないだろうか。当日の井上日誌に、「賛衆及総代員等皆失望ス」とあるだけで、法主の不誠実な対応、当路者の汚い策略にたいする憤懣も怒りも全く吐露されていない。専制主義に飼い馴らされた人たちは、権力者の裏切りに耐える力を培い、蓄えていたのだろうか。

2 全国同盟会の解散

拡大総代委員会

「財務商議会条例案」がこのような無惨な結末を見た今、いよいよ全国同盟会の今後を決する時が来た。「補則」公布の翌一一月九日午後、長講堂にて総代委員・同志賛衆の合同総会が開かれた。井上日誌は出席「四十五名ノ多数」と記しているが、地方部の出京総代委員数と議制局当初の同志賛衆数の和に比べるなら、重なりがあるにせよかなりの減少である。同盟会を見捨てた人が去って、最後まで付き合おうとする人たちが集まったのである。

第一議案は当路者不信任決議案、「本会は現当路者を信任すへからさるものと決議す」〔教界時言 一三号四八頁〕というもので、多少の論議の末、満場一致をもって可決された。九月末頃まで是々非々の態度を保っていた同盟会として、当路者への可能な反撃は今となってはこれが精一杯と言わざるをえない。民主体制では権力の基礎は信任にあるから、不信任決議は相当の痛手を当路者に負わせることになりうるが、専制体制で錦の御旗を掲げる者にたいしては、敗者の恨み節、泣き言でしかなかった。しかし、井上たちがあえて不信任を決議したのは、真の同志を精神的に結合

第拾參號　雜錄　四十八

言紙上等にて他日詳しく承知せらるなるべし、是に於て最早同盟會前途の方針を議定すべき時機到りたれば遂に
●十一月九日　を以て本會の爲め最も重大なる前途の方針に關する議事は開かれたり、而して此議事に先ち、井上幹事より先づ現寺務當路者を信任すべきや否やを議定し置かんとの説を提出し尚は熊本美濃両地方部より右方針に關する提議あり、かの貳拾萬圓募集に對する件もあれば方針を議したる後更に之をも議すべしと告ぐ、而して第一の當路者に對する信任不信任の件は、注意する者ありて議題を變じて決議案となしたり、其案に曰く

本會は現當路者を信任すへからさるものと決議す

と、而にして此案は滿場一致を以て可決したり、次に同盟會將來の方針に關しては、流石に本會の最重最大問題なれば甲論乙駁、討論頗る盛んにて、午後五時四十分一先づ休憩の後、更に前議を續け、而して遂に滿場一致を以て

同盟會を解散

することに決したり、其理由の大要は下に掲ぐる所の如し時に出席總員四十四名、これより行厨を取寄せて晩餐を喫し、七時半に至て更に開議熊本美濃地方部の提議は各其地方部の總代委員より之を撤回することゝなり、貳拾萬圓に對する件は、同盟會解散と決したる上は議するの要なくして自然に消滅に歸し、次に殘務委員、報告書起草委員選定の件、解散式、幹事首唱者慰勞會幷に物品寄贈の件殘務取扱事項等を議したり、其殘務委員は投票によりて三名を選定することゝなり、投票の結果は井上豐忠、松岡秀雄、富士澤信誠の三氏之が選に當れり、而して十二月十五日迄を以て殘務取扱期限とし、會金未納の分は夫れ〳〵通知督促することゝし、若餘剩を生せんときは無盡燈社に寄附することに決し尚ほ雜誌は十三號までを限りとし其以後は配送せざることに決議して散會せり此日の會議は午後一時より十時に至る九時間の長きに亘れり
●十二月十日　河原町靈懷舘(舊共樂舘)樓上に解散式幷に慰勞會を擧行し、井上幹事は左の辭を朗讀せり
　既往に鑑み將來を慮り玆に全國總代委員滿會場一致の決議を以て大谷派事務革新全國同盟會を解散

図23　事務革新全国同盟会解散
（明治30年11月9日.『教界時言』13号）

させて、他日の大事に備えるためであったという〔『法讃寺記録』巻二、七七葉〕。

第二議案はかねてから懸案の将来の方針である。おのおの一派のため本会のため、涙を濺ぎ誠を尽くして甲論乙駁、強硬で正大な議論を交わす未曾有の論戦であった。何時果てるとも知れぬ状態に陥ったので、清沢は議長席を離れて自らの意見を述べた。解散存続の双方に賛成したいと前置きして、形は解散するが、精神はますます団結せねばならぬと説き、満座これに感動して議論は方向を見出した。しかしなお論争がつづく。そこで井上は自分は解散説であるが、解散説・存続説ともに一派を愛し本会を愛する一念においては異ならない、両説の何れにせよ願わくは満場一致で決したい、と訴えた。こうしてついに満場一致で解散に決した〔井上日誌　一八九七・一一・九〕（拡大総代委員会に出席した総数に出入りがあり、個人として参加した清沢・清川・月見を除いて最大で五二名、解散を議決した時の出席は同じく二七名という〔教界時言　一三号五一頁〕）。

取り寄せの夕食をすませた後会議を再開した。幹事を残務委員とし一二月一五日をもって処理を完結すること、残務委員と時言社同人で解散報告書を起草すること、『教界時言』は第一三号（一一月二九日刊）をもって配送を終わること、などを決議し、散会した時には午後一〇時、九時間の長い会議であった〔教界時言 一三号四八頁〕。

当路者の石川は会の成行きを憂慮して、細作（間者）を放って偵察させたところ、解散に決したことを聞いて安堵したという。このことを井上は後日知ったらしく、日誌にはその記事なく、「清沢追悼記」のなかでふれている。地方部の数四三、正会員数二八〇〇余人、賛成員数万人〔井上 一九〇五、三号〕、同盟会は決してじり貧になったので解散したわけでない。反撃に出て打撃を与える力をもっていた。しかし、「既往に鑑み将来を慮」って大局的見地から「講会条例」違反の道を断念し、解散に決したのである。

同盟会運動の総括

翌一〇日、午後三時から河原町の旧共楽館楼上にて解散式ならびに幹事首唱者慰労会が開かれた。大学生五人を加えて五〇人出席したというから、前日の拡大総代委員会の出席者がほぼ全員来会したのであろう。井上は筆頭幹事として本会解散の辞、「既往に鑑み将来を慮り玆に全国総代委員会満場一致の決議を以て大谷派事務革新全国同盟会を解散す」〔教界時言 一三号四八頁〕を朗読し、清沢は会員代表として解散に関する文章を読み上げたうえで、演説をした。清川は首唱者総代として、松岡は幹事総代として謝辞を述べ、外に月見ら諸氏の演説があった。頗る盛会で、ようやく一〇時頃無事解散した。井上は、「万歳々々、而シテ無限ノ憤慨ヲ禁ズル能ハズ……」〔日誌 一八九七・一一・一〇〕と万感交々至る胸の裡を簡潔な言辞に託している。

清沢が読み上げた解散に関する文章とはどのようなものだったのか、知る由もない。しかし、残務委員が起草して旧会員に送った一一月一五日付けの「全国同盟会解散之理由」に、同盟会運動の成果と限界、解散に至った経過、解散の理由が述べられていて、同盟会運動の総括と呼ぶにふさわしい。その要点はつぎのとおりであった。

本年二月同盟会を組織してより宗務革新に努めること一〇ヵ月、その間、議制局職制の改正（賛衆の半数は互選など）、地方扱所の廃止、本山当路者の更迭、地方役員の淘汰などがあった。かくて一派の宗務が大いに面目を改めたように見えるが、その実際を審らかに観察すれば弊根依然として存在し、表面上の改革はまだ用をなすに足りない。しかも近頃当路者の所為がますます暴慢となり、議制会の決議を蹂躙し、門徒会議の開設を峻拒して、一派の宗務を絶対的専制の旧態に復させようとしている。

一〇月三〇日発布の「講会条例」が同盟会の存在を許さないのは明らかである。総代委員会は既往の事績に鑑み将来を慮って、今日絶対的反抗の立場に立つのはかえって革新の成功を期する所以ではないと考え、「講会条例」の施行（一二月一日）に先だって自ら解散し、退いて革新的精神の普及を図り、もって他日再挙の用意をするのを得策と判断した。これが同盟会解散の第一の理由である。

この運動は秕政を行う宗門政府を破壊する時代に生まれて、新政府を構築する時代に成長したため、その性質に幾分か変化が生じ、会員の参加動機にも多少趣を異にするものがあって、会の統一が妨げられる虞が生じてきた。かくて、今日の同盟会は決して革新的精神を発揮するためのふさわしい形態ではない。これが解散の第二の理由である。同盟会の解散は形態上のことで精神上の解散ではない。将来ますます精神的に団結したいと願っている。会員諸氏よ、今より後ますます精神的結合に勉め、他日一派のために相携えて奮起する用意を怠ることがないようにしようではないか、と〔教界時言　一三号四九～五〇頁〕。

時言社同人が「講会条例」発布以前から解散の腹づもりでいたことは、すでに何度かふれたとおりである。そこでは当然上記第二の内的理由が主であった。同人の革新運動が燎原の火のように燃え拡がると、同志といってもさまざまな期待と野心をもつ人々が参加してきた。一つは一派内での地位欲しさである。その類の人たちは同盟会で目だった働きをし、これを踏み台に議制局賛衆あるいは寺務所録事や用掛となり、同盟会の志す道から離れていった。在東京の孤剣生が指摘した「夙に革新に賛同し、口に筆に喋々之を唱道し、奔走尽力席暖かならざりし者の中に於いて、尚往々弾指嫌悪すべき挙動の吾人の耳朶に達する」事実である〔教界時言 一三号一七頁〕。また、時言社同人の挙旗に応じて馳せ参じた真宗大学生の一人多田鼎が、清沢の二五年忌に当たりその「略伝」を書いたなかで、「実は団員の選択と訓練ができず、随って統一が闕け、数多の野心の徒も之に加わったゝめに、事全く躓きて」〔多田 一九二八：一一頁〕と、指摘したのがそれである。他方、組の付き合い関係で村八分にならぬよう加入した底辺の人々は、反改革派が起こってくると、流れのままに同盟会に背を向けたことだろう。

首唱者が革新を要する一派の三大弊害として訴えたのは、内事不粛、財政紊乱、教学不振であった。「十数年来本山の誅求聚斂に苦しめられたる末寺門徒総立ちとなり」〔読売 一九〇二・八・二〇〕とメディアが報じたように、財政紊乱には門末多数が「農民騒擾的」〔寺川 一九五七：四四二頁〕に直ちに反応したと考えられるが、教学不振は直接には僧侶の問題であり、僧侶も一部の者しか身近な問題として反応しなかったのではないだろうか。多数の僧侶には、今までどおりの法要の作法があり、門徒に法主神聖観がありさえすれば、きらびやかな袈裟衣をまとって「法主の代官」として彼らの前に立つことができる。今更教学など面倒な、というのが彼らの本音だったのではないだろうか。

三大弊害を匡正するためには、末寺会議と門徒会議を宗制寺法に確立しなければならない。しかし、長年の専制政治のもと、代表を選んで事を決する代議制に無知で無関心な人々には、末寺会議と門徒会議の重要性など理解できなかったのではあるまいか。よし重要性は理解できたとしても、実現のための実践への動機づけはきわめて弱かったと思われる。

このように考えてくると、同盟会の運動の進展とともに、参加者の足並みが乱れて来るのは避けられない。地位欲しさに参加した人々、付き合いのために止むなく参加した人たちでなくとも、熱意の温度差による足並みの乱れは必然的でさえあったといわねばならない。それに、伝統的な門末多数は、財政紊乱に憤って農民騒擾的に運動に加担しても、エネルギーを放出して沈静化すると、反改革派として凝集していったのではあるまいか。

井上が事件後間もなく書き留めた『法讃寺記録』巻二の該当箇所（七八葉）で、早くから解散を決意した「首唱者ノ秘奥ナル理由」を告白している。「同盟者ノウチ賛衆・幹事・委員等ノ多数ハ已ニ石川等ノ為メニ買収セラレ、名利ノ為メニハ如何ナルコトヲモ為シ兼ネザル腐敗ノ極ニ達シ、全国会員ノ大多数モ共ニ大事ヲ為スニ足ラザルコトヲ看破シ、而シテ其激論ニ任セテ持続ヲ決スト雖ドモ到底持久ノ望ナク、潰乱四出拾収スベカラザル醜体ヲ暴露スベキハ必然ナリ。故ニ……未ダ一人モ反謀変節者ヲ出サザル美観アル時ニシテ之ヲ解散シ始終ヲ完フスルノ策ヲ取」ったという。革新運動の盛時には大谷派の八分以上を占領したと自認する同盟会について、大部分の活動会員にもまた追随会員についても、首唱者たちは深く失望していたのである。

帰国への道筋

全国同盟会が解散した以上、運動の中核を担い運動に専心した人たちもそれぞれの持ち場に復帰することとなる。僧職は自坊に帰ることとなったが、井上らには残務整理の仕事がある。

井上ら時言社同人は、かねて機関誌『教界時言』をどう始末するか協議してきた。『教界時言』はこれまで大谷派宗務革新のための同盟会機関誌であったが、第一四号以降は宗教・教育・学術その他社会諸般の事項を記述論評して、広く一般教界の革新に力めることを、一一月末発行の第一三号冒頭に緊急社告として掲げた。つづく社説「宗制寺法補則の発布」において、補則が不当きわまるものであることを詳論した。雑録の派内近事には、全国同盟会の解散を報じ、解散して精神的結合を固くするのが強い希望であること、総代委員として出京した人のなかに、地方へ帰って、「講会条例」に抵触しない範囲で会合を結んで、地方有志の精神的団結を図る手段としようとする者や、秘密結社的形態で有志の結合を企てている者があることを伝えた。さらに「全国同盟会記事」として一一月九日の拡大総代委員会の次第、翌日の解散式の次第などを報じ、残務委員名の「全国同盟会解散之理由」を掲載した。

第一三号の印刷が上がってくると、封筒の宛名書きなど発送の雑務にとりかかった。毎号少なくとも三〇〇〇余部、多いときは五、六千部発行したから、発送業務だけでも大仕事である。最後に記念のため旧同盟会正会員の名簿を整理して印刷し、希望者に配布した。死亡あるいは中途退会した人たちを含めて、網羅的に名簿に登載された正会員は三〇〇〇余名に上る（『法讃寺記録』巻二、四一葉）。

第一四号以下は、時言社の運動に参加した元真宗大学生など若い世代の協力をえながら、京都に残る月見と清川が責任を担うこととなり、井上らの『教界時言』関連の任務は結了した（大谷大学 二〇〇三a：一六四頁）。

井上には同盟会の残務処理が大きかった。拡大総代委員会から委任された残務は、解散報告書の作成と会計の処理である。解散報告書のほうは『教界時言』の処理にからめてできたから、残るのは会計処理である。まず富士沢信誠が担当し、これを松岡秀雄が引きつぎ、最後に井上に渡すという連携作業であったが、会費未済の地方部には催促して送金を求め、処理完結予定日の一二月一五日に、残金一二〇円を革新派真宗大学生の機関誌発行団体無尽燈社に寄贈した。これは最後の拡大総代委員会の承認をえている。富士沢は一一月二七日に郷国加賀に向けて出発し、松岡は井上とともに最後まで会計処理などに当たっていたが、残金の処理がすべて済んだ一二月一五日に帰国の途についた。残った井上は二〇日、会計の最終報告書を印刷し、二一日、月見と清川が主になって全国同盟会の会印を焼毀した。

井上はこれを同盟会の火葬と見立てて「会葬者ハ大学生ナリ」と報じ、「夜半迄ニ荷物悉皆成就ス。明日早朝出発ノ用意全ク成レリ」と記している（井上日誌　一八九七・一二・二一）。

井上は各地方部へ解散報告書を発送した一一月一八日に、郷国の法讃寺と檀家に宛てて、同盟会解散のことと残務が終わり次第帰国することを報じた。

帰国準備の最大なものは先にふれた図書購入であった。井上はこれを「本狩」と称して、議制局通常会以前から始めていたが、そのつづきを一一月一九・二〇・二五・二八日、一二月一・二日と何日も、法蔵館など出版社や古書店を巡回して行った。一二月七日に調べてみたところ、本代四五円余、二五〇冊、他に先々月発送ずみ一九〇冊という書籍の山になっていた。加えて時言社の蔵書のうち占部観順の著書をもらい受けてきた。さらに、一一月三〇日には東京の経済雑誌社へ『群書類従』予約金の半額八円の為替を送っている。井上は何よりも自らの修学修徳のために図書を集めたのであるが、それはまた帰国後小さい図書館を作るためでもあった。

去る八月一六日、体調をこわした稲葉以外の同人五名が集まったとき、「時言社ヲ廃止シ育英社トモ云フベキモノヲ立テ、六人及ビ他ノ有志ト共ニ有為ノ人物ヲ資育スル事最モ有望ノ事業ナリ」（同　一八九七・八・一六）という線で話がまとまった。このように、同人にとって私立学校を建てて育英事業をすることが共通の志願であった。しかし、井上のように僻遠の自坊に帰らねばならぬ者にとって、学校の設立に参加することは無理である。ただし、小さい図書館を設立して地方の人材を掘り起こし、知識教養レベルの向上を図ることなら、個人でもやれるし、教学振興に繋がる。井上はそのように考えて、帰郷後の活動に図書館の設立を位置づけ、「本狩」に励んだようである。

一二月二〇日には米沢の実母のために水飴を二個求め、女・子どもの土産と念珠などを買い整えた。念珠は檀頭への土産であろう。二一日に東北茶話会の送別会に出た。この会は東北地方出身の真宗大中学の教職員や学生、それに寺務所勤務者の会である。井上は毎回出席して学生たちを激励し、他方、彼らは白川時代の井上のために私用を扶け、そして帰国にあたっては荷造りとか運搬などを手伝ってくれた、忘れがたい同郷の若者たちである。

帰国の途につく

時言社同人のうち、今川は八月二六日に熊本へ発ち、稲葉は新しい勤務先山口高等学校に教授嘱託として赴任するため九月二〇日出発し、清沢は病を養うために一一月一六日離京して、残るは三人になっていた。一二月二二日井上の離京にさいし、残った清川と月見、そして東北茶話会の会員など数名が早朝午前七時五〇分発の列車に乗る井上を見送りに集まった。

途中大府で半田線に乗り換え、さらに小汽船に移って三河大浜に着き、直ちに西方寺の清沢を訪うた。病状好からずとのことで心配していたが、存外に宜しく快談できたので、井上は「真ニ近来ノ愉快ナリ」(日誌 一八九七・一二・二二)と喜んだ。

西方寺に一泊して、東海道本線で二三日夜一一時過ぎに東京新橋に着いた。そして翌二四日駒込の真浄寺で一〇人ほどの東京留学生に会った。時言社の運動に協力を惜しまなかった若者たちである。京都の実況を話し将来の展望に及ぶ。「諸君ハ大ニ前途ニ望ミアルモノ、其ノ成業近キニアルヲ思ヘバ真ニ愉快ニ堪ヘザルナリ。殆ド三四時間ノ談話アリテタ刻ニ散会ス」(同 一八九七・一二・二四)と記しているように、井上はまことに愉快な会談の一時を楽しむことができた。

東京でも本郷・神田などの書店を回って頗る得るところがあり、翌二五日には小包五個を造って送り出す。ここでも東北出身の留学生が昨日以来何くれとなく面倒をみてくれた。

その日午前一一時上野駅を発して栃木県大田原で下車し、兄が住持する寺を訪ねて一泊した。井上は帰国の途次もう一人会いたい人がいた。それは、明治二六〜二八年の間、大谷派の学制改革のために大きな貢献をし、井上とも協働した柳沢政太郎である。彼は二八年二月京都を去って群馬県尋常中学校校長に就任し、たびたび騒動があった学校を和やかな教育の場にしたばかりでなく、県下中等教育の改革と充実のために貢献をして、在任一年ほどで「沢柳時代」の名で記憶される成果を挙げた後（群馬県史編さん委員会　一九九〇：一五一頁）、三〇年四月新設の第二高等学校校長となって仙台に移転していた。大田原の兄たちと歓談しているところへ、柳沢から「オマチシテオリマス」との電報が届いたので、すぐに発って仙台に二六日の深夜到着した。

二七日早朝柳沢邸を訪い、別離後のこと、とりわけ昨二九年以来の実況を報告し、将来の方針について意見を求めた。柳沢は、あなたがた六人で私塾のようなものを立て、徳学を修められてはいかが、と言う。これは同志六人の将来計画にいつも出てきたことである。しかし、今や情勢は大きく変わり、その具体化はほとんど絶望的となっていた。

柳沢邸で昼食の饗応を受けた後、上り列車で福島に戻って十三号まで汽車を利用し、後は好天気のもと歩いて万世大路の峠を栗子隧道で越え、二八日夕方何とか無事米沢に到着した。実家長命寺に入ると、老母・兄夫婦らが歓迎してくれ、とくに母の喜びようは並々ではなかった。「生キテ母堂ニ面晤シ得、此上モナキ大慶ナリ。夜ニ入リ母堂ノ傍ニテ荷ヲ解キ土産ヲ分ツ。皆大ニ喜ブ。母堂ノ傍ニ安眠ス。母堂モ亦大ニ喜ビテ安眠ス」（井上日誌　一八九七・一一・二八）と、母に生きて再会しえた喜びをかみしめる帰郷第一夜であった。

二九、三〇日と実家に滞在して親戚や知人に挨拶廻りをした後、三一日夕方小出法讃寺に帰着した。久しぶりに養祖父・養母・妻子のもとに帰って、去る三月に生まれた長女を初めて抱き、「百感何ゾ堪ヘン。……噫余ハ家ニ帰レリ、家ニ帰レリ。……祖父・母・妻子ノ家ニ安眠ス」と深い安らぎを覚える。思えば東京に出てから九年目、京都に出てから六年二ヵ月、長い歳月留守にした。これから暫く祖父の傍らで孝行するのも、また人生の美事ではないかと、自らに言い聞かせた。

明治三〇年も暮れてゆく。井上は「本年程多事多変ナルハ恐クハ空前ニシテ或ハ絶後ナランカ。往事ヲ回顧シ将来ヲ予想スレバ百感胸ヲ塞グ」と年末の所感を日誌に認める。そして、京都では遠近の寺の鐘の音が伝わってくる除夜であるが、こちらでは除夜の風情は全くないと、昔変わらぬ旧暦の世界に身を置く思いをかみしめた（同　一八九七・一二・三一）。

Ⅲ　白川会と井上豊忠

一　寺門の革新

1　私事改革優先

前途の方針

郷土での生活パターンが京都でのそれとは全く違ってくることはいうまでもない。井上は周囲の流れに身を任せて新しい生活パターンに入ってゆくのではなく、周囲の状況から自分は今何をしなければならぬか、何をしたいか、また何ができるかを考え合わせて、自律的に方針を決定しそれを意志的に実行してゆくタイプの人であった。帰郷後三週間ほど田舎の生活様式を体験した後、明治三一年（一八九八）一月二五日に家人を集めて前途の方針を話した。彼は法讃寺住職として、したがってまた井上家戸主として、家人の理解と協力を得る必要があると思ったからである。

井上は、今までは公（大谷派）のために私を顧みる暇がなかったが、一段落したので、これからは私のために尽くす決心である。私のためとは、一つは自分の学徳修養のため、二つには寺門整理のためであって、後者に寺門および檀徒の法義引立て、寺檀関係の親密化、寺門経済の基礎確立の三つがある。従来は虚名を博したが、今後は非常の場合でなければ隠遁して徳者たろうとしている。ご了承のうえご協力を乞う、と語った。

私事優先といっても、志すところは私的関心の追求ではなく、直接あるいは間接に寺門のためである。一派を

「公」とすれば、派内の末寺は「私」であるが、井上のいう私の具体的な内容からみる限り、この私は公と無関係のものでなく、公の基礎となる。かつて私を棄ててひたすら公に尽くした井上は、今、直接には私を豊かにし、それによって間接的に公に尽くす道を歩もうとしている。(13)

年頭の挨拶

先に寺門整理の一つに掲げられた寺檀関係の親密化は、多年京都や東京で生活した井上にとって、旧暦で編成された郷里の生活慣習に慣れることから始まる。帰宅翌日は新暦の元旦であったが、田舎には新年らしいことはなく、井上の帰郷挨拶廻りと帰郷した井上を訪ねる来客で彩られた。

その頃法讃寺の檀家は一三〇戸ほど。(14)半ば近くが地元の長井町に居住する非農世帯であった。長井には宮と小出に船場があった。最上川通船の起点で、多数の運搬船が発着し、荷揚場、荷物倉、回送業者、宿屋、仕入れ商品を商う店、地場産業の紬織問屋、酒造業者などが蝟集し、西置賜郡役所も置かれる置賜地方の一中心であった（長井市 一九八二）。残りは九野木・平山・成田などの村部に住む農家で、ほぼ現代の長井市の市域にまとまり、梨郷のように二里も離れた檀家は多くなかった。最上川の水運が参詣の便を提供したのかどうか、大正期に赤湯を起点として荒砥に至る軽便鉄道長井線が敷設されたこともあって、明瞭でない。

旧暦元旦の一月二二日には未明に筆頭の檀頭が来寺し、町部の檀家も年賀に来た。村部の檀頭が年賀に来たという記載はない。旧暦八日の二九日には寺から檀家への年始廻りが行われる。曾ては住職自身多くの供を従えて巡回した。井上も以前一度これを経験したことがあるが、今は略式になって、寺の伴僧が膳を運ぶ人夫と膳を配布する子どもを伴って巡回する。法讃寺の地元小出は全戸、その他の集落は檀家と信徒だけに配る。ただし檀頭にたいしては、これとは別に住職が何日かかけて廻る。そして旧暦の正月一六日に当たる二月六日は市中年始回礼の当日なので、朝から夕方まで来寺する者二二〇から三〇人に上り、井上は茶の間で一々応接した。

定型の訪問と贈与の交換を内容とする年頭行事を始めとして、寺の年中行事のさい定例の寺檀交際が展開され、親密な寺檀関係の素地となる。井上はまずこれに習熟しなければならないが、小出とは遠からぬ米沢の同宗同派の寺に生まれ育ちその住職も務めた井上にとって、とくに困難はなかったに違いない。この素地のうえに、個々の檀家の葬式・年忌・時斎（月忌）など、折々の個別の接触を通して親密な寺檀関係が培われていったことであろう。

図書整理と書斎の開設

井上が帰家してまず最初に念を入れて行ったのは、京都と東京で買いこんだ大量の書籍の整理である。一月三日から七日まで連日この作業に従い、八日には本堂南余間の、人の話声がほとんど届かない閑静な一隅を書斎として、学机をここに移転した。この日の日誌に井上は、「最モ読書ニ適ス。噫コノ裏ニアリテ大聖賢仏祖ニ会シ古今ノ偉人ニ面シ衆生ノ救済自己ノ修養ヲ為ス亦可ナラズトセンヤ。山ニ入ルモノ豈山ヲ出ルノ時ナカランヤ。大ニ養フ此好時期ト好境遇ヲステ、可ナランヤ」（一八九八・一・八）と記している。彼は麻の衣袈裟という真宗大学所化の常服をまとい、学生の気持ちで書斎に入った。一派の革新運動のなかで自家修養の必要を痛感した井上にとって、書斎は新知識吸収の場であるとともに、学徳修養の場でもあった。田舎のこととて良い師友もなく、書籍によるほか修養の道はなかったのである（『法讃寺記録』巻二、九〇葉）。

彼は五ヵ月後の六月一〇日の日誌に「本日マデニ三経並ニ七祖聖教全部ヲ一応拝閲シ了ス。赤心ヲ増長シ、歓喜落涙セシ事シバシバナリ。嗚呼読書ホド自信教人信ニ裨益スルモノハアラザルナリ」と記した。三経とは浄土三部経、七祖聖教とは七高僧（親鸞が師主と仰ぐ竜樹・天親・曇鸞・道綽・善導・源信・源空）の論釈章疏、ともに真宗大谷派の宗制寺法第三章所依経論の第二三・二四条に列挙されているもの。第二三条の三部経と第二五条が掲げる宗祖選述の書目は真宗僧侶の基本的教本であるのにたいして、第二四条の七祖聖経は宗学専門の学僧以外はめったに読まぬもの、と言ってよいだろう。井上は宗祖が学んで信仰の基礎または裏づけとしたこれらの聖教全部に目を通したのである。井上は読み進めながらしばしば歓喜のあまり落涙したという。宗祖の足跡を辿る思いがしたのであろう。そして、読書ほど自ら信じ人に信じさせるうえで役にたつものはない、との感を深くした。

井上は一月一〇日から蔵書目録の作成に取りかかり、これまで収集した書籍二〇〇〇余部の目録を二月七日に完成させた。この作業の間に決めた「向陽文庫」という文庫名は、法讃寺の山号に因んだものである。いよいよ図書館として希望者に開放し、教人信の手だてとすることができるようになった。

深刻な家計不足

三五歳の井上の寺族は、養祖父法潤八六歳、養母ちゑの（法潤長女）五〇歳、養叔母志げの（法潤三女、実は妻の生母）四五歳、妻いま（文枝、ちゑのの養女）二三歳、長男法忠六歳、長女一歳の六人であった。いまが明治二四年井上の上洛前にみごもり、翌年、井上滞京中に産んだのが法忠である。井上の養祖父法潤、養父証法の法と、自分の忠をとって命名し、大法に大忠なる人となる希望を托した（『法讃寺記録』巻二、四五葉）。

三一年一月二〇日、これまで家計を担当してきた養母から、家計不足で遣り繰りが難しい上に自分は年をとったので、格別の借金もないうちに担当を交替してもらって安心したい、という強い要望が伝えられた。井上は、元来会計のことは不得手でうまくやれる見込みがないうえに、今は研学修徳に専念したい時なので、家計のことは従来通りお願いしたい。母上には家計をもっていただき、私は僧侶の本分を尽くすことを通して母上のお手伝いをする。こういう形の分業が好結果を生むのではないかと懇請したが、聞き入れてもらえない。結局、一月の末に、井上はやむなく家計責任者の役割を養母から継承し、養叔母の助力を得つつ妻が実務を担当することに落ち着いた。井上の帰宅による家族役割の再編成が手間どったのは、自らの研学修徳に専念したい井上の思いが強かったためだけでなく、後日井上に知らされたことであるが、収支の不足およそ年一〇〇円、飯米の不足一石七斗九升と、家計の遣り繰りがきわめて困難であるためであった〔井上日誌　一八九八・二・一八〕。

井上は寺門の財政整理が不可避と考えたが、困難な生計のなかでも法義を喜ぶことができるように、蓮如関連の遺文から七点を書き出して自らの心の支えにした。例えば、

○慶聞坊物語リ候ヒツルハ蓮如上人ハ若年ノ頃ハヨロヅ御迷惑ニテ御膳ナドハ一日ニ一度マイリ候時モ候、又一向キコシメスヤウモナクテマイラスコト候ヒツル〔下略〕

さらに寺族の心得箇条と会計についての規程を作成して、一同で履行を約することが必要だと考えた。そこで二月二〇日、「寺中心得」七ヵ条と「会計規程」八ヵ条を起草する。「寺中」とは寺内に居住する家族、すなわち寺族を指す。「会計規程」中の「坊守」とは寺＝住職家の主婦の称、通常住職の妻をいう。

寺中心得

一、仏祖崇敬法義相続ヲ大切ニシテ、寺院ニ居住シ仏物ニ衣食スル身分ニ恥ヂザルヤウ心掛クベキコト
一、門徒同行ヲ粗略ニセズ、其法要ヲ努メ其教導ヲ励ムベキコト
一、当相敬愛、有無相通、和顔愛語ノ仏語ニ基キテ、利害ヲ共ニシ苦楽ヲ共ニスベキコト
一、衣食什器及諸仁義等徳義ヲ害セザル限リハ出来得丈ノ質素節約ヲ旨トシ、仏祖ノ恩物ヲ空クスベカラザルコ

ト

一、寺院ノ体面ヲ汚サザル範囲ニ於テ、収入ヲ得べキ事業ヲ可成求メ行フコト

一、財政ハ量入制出ノ主義ニヨテ収支予算案ヲ制シ、会計規程ニ従フテ之ヲ取扱フベキコト

一、寺中ハ当職ノ令スルトコロニ従ヒ、各其分ヲ尽スベキコト

会計規程

一、当職ハ予算案ノ編成、決算書ノ調整、諸帳簿ノ調整、毎月ニ於テ収支実況ノ監査、及ビ財政大体ノ処分ヲ為スコトヲ掌ル

一、叔母滋野ハ金銭物品等ノ保管及ビ予算ニ随ヒテ諸払ヲナシ及ビ贈物等ノ処理ヲ司ル

一、坊守二三枝ハ諸帳簿ノ記載、精算報告、並ニ諸帳簿及財政書類ノ保管ヲナスコトヲ司ル

一、予算内ニ於テ支払ヲナスベキハ勿論ナリト雖ドモ、特別ノ場合ニ於テ予算ノ超過又ハ予算外支出ヲ為スヲ要スル時ハ、支払者ハ当職ニ申告シ、其指揮ヲ受クベキコト

一、予算内ト雖ドモ重要ナル支出及ビ物品送贈ノ重要ナルモノハ、支払者ヨリ一応当職ニ申告シタル後ニ於テスベキコト

一、左ノ帳簿（財政録、収入簿、支出簿）ヲ整シ置キ、毎月末ニ精算ヲ為スベキモノトス

一、諸仁義ハ可成到来物ヲ利用スルヤウ注意スベキコト

一、財政上重大ナル事項ハ寺内会議ヲナスベキコト

「会計規程」は、家計処理上の役割分担と処理の要領を「寺中心得」の精神に基づいて具体的に取り決めたものである。「寺中心得」「会計規程」それに「卅一年収支予算案」を合わせて一冊の財政要録とし、二二日の夜、養母・養

叔母・妻三人を集めてこれを説明し、同意をえた。

「卅一年収支予算案」にみる収支予算は、収入七八円一〇銭、支出一九三円八五銭、不足一一五円七五銭、寺族の飯米代三五円を加えれば一五〇円七五銭の不足、収入のほぼ二倍に相当する。貧苦のなかで法義を説いた蓮如の古を偲びつつ、「寺中心得」「会計規程」によって仏祖崇敬・法義大切・門徒大切・寺中敬愛・苦楽共同・量入制出・万事節約の主義に生きても、果たしてこれだけの家計の不足を克服できるのだろうか。おそらく井上は、一方では「会計規程」によって支出を抑えるとともに、檀家へのサービス向上によって収入を増やすなら、ある程度までやりくりできるのではないか、これは檀家に金策を相談する前に試してみなければならぬ、と考えたのではないだろうか。井上の不在中、老僧が伴僧の助力で果たしえた法事サービスは最低限に近いものだったに違いない。寺での勤めに精励するのはもちろん、こまめに檀家廻りをすれば収入は増加することだろう。井上は成功を天に任せる思いでこの試みを始めた（『法讃寺記録』巻二、八三〜八四葉）。

なお、数えて七歳になった長男法忠に一月二六日観無量寿経の音読を教え始め、伴僧や関係寺院の新発意の指導も開始している。寺門の法義引立てが始まったのである。

檀家の法義引立て

一月四日に中村屋の時斎に参詣したことで、檀家の時斎詣りが始まった。本山勤務のため長年説教をしていなかったが、「上出来ニモアラザレトモ兎ニ角愉快ナリキ」と日誌に記した一月二八日の三席の説教で、説教が始まる。さらに四月一日、長井町西隣の「平野村十二戸ノ廻檀ヲ為シ布教ノ端緒ヲ開ク、愉快ナリ」と日誌にあって、二月七日に今後の仕事として挙げた廻檀の開始が記録されている。このように適宜に始まった（寺としては再開された）異なる形態の布教を井上は連携させ統合することを試みる。これが井上の習癖であった。四月五日井上はその要点をつぎのようにまとめている。

一、当分毎月廿八日廿五日ニ寺堂ニテ説教ヲ為スコト

一、寺内ニテ時々難有書物ヲ読マシメ又ハ来者ニ御相続ヲ為スコト

一、時斎法事等ノ節ニハ必ス一口タリトモ法話ヲ為スコト

一、二諦講ヲ漸次ニ結成シ、二諦ノ法話ヲ為スコト

(一) 講区ヲ分ツ事左ノ如シ（当分十一区）

第一講区　小出　第二講区　宮　第三講区　東町　第四講区　宮船場　第五講区　成田　第六講区　草岡　第七講区　九野本　第八講区　平山　第九講区　黒沢・今泉　第十講区　梨郷・砂塚

第十一講区　森

(二) 二諦講略則左ノ如シ

第一　本講ハ真宗真俗二諦ノ教法ヲ聞信シ、現当二世ノ福利ヲ獲得スルヲ目的トス

第二　前条ノ目的ヲ達スル為メ説教法話ノ席ヲ開クモノトス

第三　前条ノ会席ハ講員ノ協議ニヨテ之ヲ定ムルモノトス

第四　講員ハ毎月一銭ノ講金ヲ醵出シ、本講ノ発達ヲ計ルモノトス

第五　講員中ヨリ講頭又ハ幹事若干名ヲ置キ講務ヲ処理セシム

(三) 毎年時機ヲ見計ヒ各町村本講惣法話会ヲ開クコト

一、二諦ノ教旨ニ関スル平易ナル書冊ヲ求メ、講員ニ廻読セシムルコト

一、鰥寡孤独老病死貧苦怨憎等ノ者ヲ慰問シ誘導スルコト
一、荒砥・鮎貝・寺泉三ケ寺ヲ助ケ時々出張布教スルコト
一、両度ノ彼岸会・報恩講等ニハ留意シ布教スルコト

北陸や濃尾地方など大谷派の門末が集住する地域では、布教形態が確立し習俗化しているが、明治一九年に新布教地と定められた東北地方では、それはまだ試行を重ねる形成過程にあったようである。

井上の布教計画では、A：法讃寺の寺堂で①毎月二十八日（宗祖親鸞忌日）と二十五日（中興蓮如忌日）に説教を行い、②春秋の彼岸会と報恩講（宗祖祥月命日）に特別の布教を行う。B：檀家での月忌と法事のさいには必ず法話を行う（説教とは寺院等で公衆を集めて執行するもの、法話とは道俗参集の場で法門の談話をなすもの、と「宗制寺法」第七三・七五条は区別している）。これらは旧慣を整理したものであろうが、説教・法話に重点を置いているところが井上らしい。彼は葬式・法要を読経で終わることを好まず、説教・法話など布教に繋ぐことに力めた。

A・Bにたいして二諦講は、地域ごとに行っていた廻檀を法話の席に繋いで組織化したところに新味がある。すなわち、予め日を定めて寺から一定地域の檀家を一戸ずつ廻り、慣行による定宿、あるいは当番の家にその地域の檀家が集まった席で、法話をする行事である。その単位地域集団が講区であって、最上川の主に左岸に分布する檀家を前記のように一一の講区に分けた。講区には一大字の檀家戸数により、大字の分割、隣接大字の連合、一個の大字単独といった形があって、大字（藩制村）が単位になっていることは明瞭である。旧来の廻檀は大字を単位として実施されていたのであろう。

二諦とは称名念仏をもって往生の業事の成弁を報謝する真諦と、世道人倫に背かず自己の本業に励む俗諦とを意味する。真諦をもって俗諦を資け、俗諦をもって真諦を資ける、この二諦相依によって現世と来世の二世を相益すると

いうのが、近代真宗大谷派の宗義である（「宗制寺法」第一七条）。したがって二諦講の名称は、この宗義を講述するという会の目的を端的に示すものであった。「教育勅語」が俗諦の聖典であった時代の農商の民に対する説教法話では、二諦相依の教えは説きやすくかつ分かりやすかったことであろう。(15)

このように井上は、檀家全体に向けた寺堂での布教Aと、個々の檀家での布教Bの中間に、檀家の地域小集団に向けた布教Cを設定し、檀家の法義引立てを体系化した。さらに、関連する書物を寺内で読ませるとか、講員に廻読させるとかの、図書による新しい布教方法を工夫し、また、布教対象を自坊の檀家に限らず、宗教家の助けが必要な苦しむ人々への慰問誘導、および近距離に在る同派寺院の布教支援まで視野に入れている（後には、監獄教誨・芸娼妓布教・警察講話も井上の布教活動の領域に入ってくる）。帰郷した井上はまだ僧侶身分を剥奪されたままであったにもかかわらず、布教に本格的に取り組む態勢を整えていた。このようなことは子孫相続の真宗寺院ならではなしえないところであろう。

明治三一年を送る

井上は年末に当たって帰郷最初の年の重要事件を回想し、年初に思い描いた企画がどの程度達成できたかを点検して、来年に備えようとした。

井上個人としては、まず慶弔を挙げなければならない。五月には米沢の同派法因寺に養子入りした実弟義忠が死亡し、一一月には養祖父ついで米沢の実母が死亡した。井上は無常迅速のことわりに涙するなかで、これらの不幸が昨年でなかったことを幸いと思う。他方、嗣子法忠の尋常小学校入学、得度試験及第という喜びがあった。

自らの学事として、浄土三部経・七高僧論釈、宗祖撰述のうち教行信証・往生文類・愚禿鈔・入出二門偈、ならびに仮名聖教の一部、蓮如御文を通読し、さらに倶舎論頌序、教導用書十数冊を通読研究した。早朝にまた深更まで刻苦勉励したと嗣子が回想する、大変な勉強ぶりであった。

寺務整理としては、旧正月に家計担任となり、非常の節約と量入制出の原則徹底を図ったが、その結果は旧暦の年末を待たなければ判明しない。とにかく、寺の会計整理の端緒を開いた。また、養祖父から法讃寺の故実を聞き取り、史料を類集して目録を作成したこと、寺檀の関係を寺の本義に基づいた密接なものとするため尽力したことも、挙げられよう。

教導としては、毎月宗祖中興両度の命日、春秋両度の彼岸会と秋の報恩講の説教は全部自らこれを担当した。法要のついでに法話をしたことは枚挙に暇なしといってよい。地域ごとの法話会を六ヵ所で結成し、なお近々二、三ヵ所増えるはずという。これは毎月一銭醵出の規程のある二諦講が成功せず、その代わり地区法話会の新しい試みが緒に就いたということに他ならない（年六回の法話を中心とするこの会は年を経ずして十数区で結成され、将来ますます充実する見込みであって、法話は「俗諦」を主とするものという〔『法讃寺記録』巻二、九一葉〕）。書籍を貸して閲読させる書籍伝道は軌道に乗ったようである。また、近くの同派寺院で順番に宿を担当して年六回布教する護法会結成の見通し、長井町内の諸宗寺院回り持ちの合同仏教講話会発足の見込みもついた。いずれも井上の主導によるもので、地域の連合布教への備えはまずもって順調に運んでいるといえよう。

最後に向陽文庫については、蔵書目録の作成、本箱の製造、『群書類従』の購入、書籍の貸付け五〇余部と、これまた順調に滑り出している。

井上の住職としての努力はおおむね成果を収めたようである。翌年はこの基礎に立って、寺門の経営と教導の拡大のために歩みを進めることであろう。

2　改革と創設

家計の赤字体質

三二年一月下旬に明らかになった旧暦明治三一年の決算は、改定収入予算九三円のところ実績百七、八十円と大幅に改善されたが、量入制出主義と非常の節約による支出予算の上限厳守原則にかかわらず、改定支出予算百七、八十円に対して実績二二〇余円と増えた。不足は改定予算九〇円のところ実績は五〇円と改善をみたが、この不足をどう補塡するかという問題と、予算ですでに多額の不足が発生する家計構造をどう改善するかという大問題が残されている。寺院経営は井上家の家業のようなものであるから、井上家の私的会計と法讃寺の公的会計が大部分合体しているという、かつて真宗寺院に一般的であった常態を前提として、この問題に取り組まなければならない。

井上は前年の不足額を自力で埋めようとして不要品の売却を決心したが、檀頭には事情を話しておかなければならない。時斎で訪問した檀頭の一人にこのことを話したところ、それはわれわれで何とか考えてみようということで、檀頭五軒協議のうえ計五〇円を醵出し、これを無利子無期限で融通してくれることとなり、窮地を脱した。

同年三月も末のことである。檀頭山一本家の母と佐藤医師の母が、井上の着ている衣服が粗末なのを気の毒がって、新調して贈りたいと申し入れてきた。井上はお志は有り難いが今はお受けすることはできないと断った。檀頭のお世話で仏物に衣食する者として、今は衣服を新調するべきときではないと思っている。養母が美服を新調するのを制することができず、仏祖にたいしまた檀施にたいして衷心より慚愧に堪えない。せめて自分だけでもなるべく節約して心ばかりの申し訳としたい、と辞退の理由を語った（井上日誌　一八九八・三・二九）。井上家の支出増加の一因は、美服新調に加えて、山形市の妹の家に二月も遊びに行く出費など、養母にあるらしいが、井上は彼女の気ままな行動を制御できぬ自らを責めている（これは井上家の家計にたいする檀頭たちの同情を惹くための井上の策、とみる人もいた。大舞台での軍師は小舞台では策士とみられかねないことがあるのだろう）。

井上は、三二年日誌の冒頭に貝原益軒『自警編』心術之戒・言語之戒・威儀之戒・応接之戒の目次を書き上げ、二月一〇日すなわち旧正月元旦の項に、「自警編ヲ通読シ自ラ警ムルノ資ニ供シ得ルトコロ少カラス」と記している。義母にたいしてもこのような自警を旨として接していたのであろうか。

能登の大谷派寺院では、檀家が秋の収穫後に資力に応じた分量の米を仏供米の名目で寺に収める慣行がある〔森岡二〇〇五：一九四頁〕。これが寺の経常収入となり、法事サービスにたいする布施（法礼）が臨時収入となって、寺院の経営は安定する。法讃寺にはこの経常収入の方途が慣行化されていないため、寺院経営は慢性的な赤字状態に陥らざるをえない。これは法讃寺だけでなく、布教の歴史の浅い東北農村の真宗寺院一般の問題なのかもしれない。法讃寺では、主な檀頭が町場に住む商家や製造業者であるため仏供米が慣行化されにくいとすれば、別の工夫が必要である。

檀中組織の活性化

寺の経営について企画運営を担うのが総代であり、その実行の要所を担うのが世話方である。これは家の資力や個人の能力、寺との親近度などを考慮して住職が依頼したり、あるいは住職と有力な総代との協議で決まるのが慣例だった。しかし、井上はこれを選挙で決定することとした。三二年四月二六日に檀中名簿を作成したのは、選挙人・被選挙人名簿としてであり、また、檀家総代ならびに世話方に関する規程を作成したのは、これらの役員の役割を明確にし、選挙手続きを定めるためと推定することができる。

五月中・下旬各地区ごとに投票を行い、六月一日、各地区から寺に投票箱を集めて、選挙係六人の立ち会いのもとに開票された。当選した総代五名は、従来からの檀頭の代表であって、法讃寺の前年不足額を補塡するために協力した有力者五名である。総代は檀中全体を選挙区としたのにたいし、世話方一七人は各大字を選挙区として、一一区のそれぞれから大字の檀家数により一人ないし五人を選出した。これまた各大字の従来の世話人が選ばれたことであろう。

総代や世話人の顔ぶれに従来とほとんど変わりがなかったとしても、住職による特選から檀家の互選に変えた意義は大きい。革新全国同盟会では、委員を常に指名でなく選挙で選び、議制局賛衆（議員）選挙については末寺住職の互選とするために闘ったが、同じ趣旨のことを自坊の役員選挙で実行に移したのである。地域の慣習に流されてきた檀徒を主体的な参加者に転化させるうえで、井上の試みは並々ならぬ革新的意義を担うものであるが、有力者任せできた一般の檀家が平等原則の民主的な選挙の趣旨を理解するのに、時間を要したのではないだろうか。

七月一三日、改選された総代・世話方の第一回総会を開く。午前九時からと通知したが、一〇時頃集まり始め、正午には総勢二二人のところ一五人集まった。昼食後会議を開き、蓮如四百回遠忌などについて原案のとおりに決まった。夕食も出して会議が終わったのが夜一〇時半。出席は総代四人、世話方一二人、合わせて一六名に止まった。京都で定刻に始まりてきぱきと処理することに慣れた井上は、忍耐して田舎の流儀に慣れなければならない。

同派・異宗寺院の協同

井上は各講区の法話会に出て檀中の法義取立てに勉めたが、近回りの同派・異宗寺院との協同をも心がけている。井上の関心は近回り寺院との競争ではなく、提携することで布教能力を高め合うことにあった。三二年三月一〇日、東置賜郡宮内町の正徳寺で近隣町村の大谷派寺院五ヵ寺の護法会が発足した。発起人の井上のほか、井上の保護下にある西隣の西根村寺泉の願誓寺と北の鮎貝村の蓮窓寺、宿と合わせて四ヵ寺が出席して一泊し、「信心ノ有無ヲ沙汰シ、頗ル存念ヲ養ヒタリ」（井上日誌　一八九九・三・一〇）という。あと一ヵ寺南隣の豊田村歌丸の常見寺は、無住で井上が兼務していた。年六回開催予定の護法会は門信徒対象の法話のほか、住職研修の場でもあったようで、何とか発足できたことを井上は喜んだ。

長井町には新義真言宗豊山派の遍照寺とその末寺四ヵ寺、他は真宗・天台宗・日蓮本宗など各一ヵ寺の計九ヵ寺が所在した。釈尊降誕の四月八日、遍照寺で九ヵ寺連合の仏教講話会発会式が挙行された。祝辞のほか、「大般若写経の経歴」「内外雑居にたいする仏教徒の準備」「道とは何ぞや」といった通仏教的講演があり、聴衆三〇〇余人、皆当地の有志というべき人々で、役所の吏員なども少なくなかった。そのなかでも町長始め一目置かれている人々七、八十人が残って茶話会を開き、規約の制定および役員の選挙を行って、遍照寺住職が会長、薬師寺（これも豊山派）住職が副会長に選ばれた。慰労会にも出て夜一〇時に帰寺した井上は、自分が発起した講話会が無事発会式を挙げたことを、「大賀々々」と満足している。講話会の世話役は通仏教的な教養のある井上のはまり役であり、異宗僧侶の間にネットワークを創出して社会的な力とするうえで、白川党で鍛えられた協議のスキルはなくてはならぬ働きをしたことであろう。

二　白川会と宗政当局

1　同志の結集と身分復旧

白川会の結成

帰郷後も井上の時言社の仲間たちとの親密な付き合いはつづく。明治三一年（一八九八）一月九日に清沢・今川らに手紙を出した。清沢の返書が一九日に届き、病気にとくに異状がないとの知らせを得て安心している。その後、自坊の家計問題や布教について近況を報じた井上に、三月五日付けの返書で清沢は、「本山本山とは云へども、門末は門末にて大いに革新の必要有之、否、門末の革新の為に、本山の革新を必要とする儀は、兼ねて御話の通りの次第」（大谷大学 二〇〇三b：一六二頁）と述べて、井上の寺門革新の努力を激励した。かつて本山改革を共に闘った尊敬する僚友に賛同してもらえるような自坊の革新でありたいと、井上は願ったことであろう。

井上はかねて時言社から、『教界時言』一七号（終刊号）発行直後の四月一日より京都で同人の総会を開催するとの通知を受けていたが、三月二五日欠席の返事を出すとともに、「真正ノ教法ヲ護持スルノ大業ヲ為スニハ先ス有志各個ノ立脚地ヲ鞏固ニスルコト甚タ緊要ト存ジ」、学徳の修養と寺門の整理に力めている旨の近況報告をして、「究竟ハ如初志教法ノ為ニ相斃申スベキ決心ニ候」と赤心を披瀝した（井上日誌 一八九八・三・二五）。欠席の理由は、家計不如意で旅費が工面できないことであった。

四月一〇日井上は時言社から総会の報告を受け取った。井上以外の同人五名に加えて草間・近角・多田・暁烏など挙旗当時真宗大学生や東京留学生であった若い同志も参加し、『教界時言』を廃刊にすること、白川会を結成して毎年夏集会することなどが決まったことを知る〔同　一八九八・四・一〇〕。稲葉に宛てた四月二三日付け清沢書簡によって、雑誌の残務処理は清川と月見が担当し、廃刊届・廃刊通知、購読者宛報告、寄稿者への謝状などすべてが済んだことを、われわれは知ることができる〔大谷大学　二〇〇三a：三〇六～三〇七頁、同　二〇〇三b：一六四頁〕。

処分解除

京都の本山では四月一八日から七昼夜、蓮如四百回忌法会が厳修されるにつき、その初日に寺法違反者にたいする一般赦免（大赦）を告達した。翌一九日、ちょうど滞京中であった清沢に今川の岳父北方蒙が大赦の告達写しを持参して知らせてくれた。『常葉』第二〇号掲載の告達だけで関係者個々への通知はなく、したがって何の答申も要らないことに、清沢は手数が省けたと評し、どうやら西（本願寺）の例からやむなく一般赦免に踏み切ったようだと推測している〔大谷大学　二〇〇三a：三一〇頁、同　二〇〇三b：一六四頁〕。

井上は二三日に届いた時言社からの報知で処分解除のことを知るが、その通知は『教界時言』の廃刊手続きの完了を報告するものでもあった。創刊から事実上の最終号というべき第一三号まで、『教界時言』の発刊に心血を注いだ井上は、「時言生レテ本山ヲ革メタリ。而シテ一年有半十七号ニテ始終ヲ全フシテ廃刊トナル。百感何ゾ堪ヘンヤ」と感慨にふけり、廃刊手続き完了と処分解除を同時に知ることになった偶然にも因縁めいた思いにかられた〔井上日誌　一八九八・四・二三〕。

処分解除によって大谷派僧侶の身分は回復したが、堂班・僧階・学階の基礎となる教師身分と住職の職位は奪われたままである。これでは大谷派僧侶としてのまともな活動はまだできない。

第一回白川会

白川会の結成が本山当路者の耳に入ったとみえて、彼らは白川党の動静に神経を尖らせた。井上の近辺でも「密偵」がうろつき、六月一四日二人の「密偵」が井上を訪ねてきた〔同 一八九八・六・一四〕。彼が「密偵」と呼ぶのは、前年八月に諸国に置かれた視察のことであろう。地域内の僧侶が任命されたようで、井上は「密偵」の姓名を知っていた。

京都で約束した通り、第一回白川会が清沢の自坊、三河大浜の西方寺で三一年八月五日から開かれた。井上は今回も旅費の工面がつかないため欠席の心積もりでいたところ、これを聞いた檀頭の一人が資金を貸与してくれることとなり、寺族および他の檀頭たちの理解もえることができたので、喜び勇んで出発した。こうして、同人全員と若い同志両三名を加えた会合に、久しぶりに参加することができた。同志たちは海水浴を楽しみながら協議し、以下のような合意に達した（清沢日誌〔大谷大学 二〇〇三ａ：三三二頁〕になく、井上日誌に出ている）。

一、有志会ハ真ノ同志ヲ以テ組織スルコト
一、主義ハ包括ニトリ実地ハ大ニ人ヲ撰ビ猥リニ入会セシメザルコト
一、秘密的結合トシ精神的組織トシテ会則等ヲ設ケザルコト
一、本山ニ対スル態度トシテハ六人ハ依然節ヲ守リ進退ヲツヽシムコト
一、卒業生等ハ身ヲ汚サザル範囲ニ於テ各自適当ノ処置ヲ為スコト、寧ロ要路ニ入リ込ムコト

白川会を真の同志だけの秘密結社にしようとの申し合わせは、いたずらに当路者を刺激するのを避けるためであろう。首唱者総代の六名は、全国同盟会最後の拡大総代委員会で現当路者不信任を決議したことの節義を守って、寺務所から誘いがあっても進退を慎むが、当時真宗大学生や東京留学生であった人たちは、信義に配慮しつつ適切に処置すること、むしろ要路に入って寺務所内部から同志たちが志したことを実現するよう努めるのもよいだろうと、寺務所との今後の間合いの取り方について合意がなった。

大浜の隣町・西尾唯法寺に占部観順が退隠していた。清沢は去る二月九・一〇の両日占部を自坊の法話に招いた。九日の日誌に、「聴衆群参し、梵鐘未だ鳴らざるに、堂裡座なし」と記録している〔大谷大学 二〇〇三a：二三一頁〕。本山の厳しい処分必至とみられるなかで、両者にこのような親交があったのである。白川会最終日の八月七日、老僧に代わって嗣子公順が挨拶に訪れたので、その答礼として清沢・井上ら五人で老師を訪う。歓談のなかで、本山の懲戒処分を待つ師の身の振り方について助言したところ、喜んで聞き入れてくれた、という。

西方寺に帰ったときにはもう夜に入っていたが、皆で海に船を浮かべて盛大な宴会を開いた。「西方寺ノ饗応ニカヽル此等ノ豪快ナル清遊ハ幾千ノ文字ニ非ラザレハ尽ス能ハズ」と井上は日誌に記録している〔一八九八・七・二六～八・八〕。

井上は八月一三日の夜帰宅した。大浜滞在は八月五日から八日の四日間であったが、往路に東京などあちこちで用務を果たしながらの参加であったため、七月の下旬に出発してから二一日を費やした。旅費は二二円ほどかかったけれど、「心身共ニ近時否生来ナキ快楽ヲ得タリ」と心から満足している。

教師身分と堂班の復旧

井上は教師身分の復旧を予告する一二月四日付けの書面を清沢から受け取る。清沢は稲葉・今川・月見・清川にも同日付けで同趣旨の手紙を発し、日誌に「伝命」と記した。そこには以下のような経緯が述べられていた。

新法主（大谷光演）が親教のため岡崎の三河別院へ来られたさい、会いたいとの連絡があったので参上したところ、京都のご法主（光瑩）からのつぎのような伝言を承った。先般本山を思う精神から為した行動にたいして処分したのは、やむをえぬ都合からであった。その後、なぜあのようなことをしたのか、心底等十分に了解したが、今まで何となく経過してきた。しかし、長くこのままうち捨て置くべきことではないので、近々、教師堂班等一切旧に復すはずだから、この旨を承知してほしい。このうえは決して本山にたいして悪感情を差しはさまず、一層奮励尽力を頼みたい、との仰せであった。ついでに他の五名にも通じておいてもらいたいとのこと。また各人について何処に居るかなどお尋ねがあり、稲葉・今川の両人は都合次第山内の学事に尽力してくれるように望むなど、慇懃なご挨拶があって、唯々感激するほかなかった。そこで、深重の尊慮にたいし、敬承の儀はご法主様へ然るべく仰せ上げ願います、と申しあげた〔大谷大学 二〇〇三b：一七九～一八〇頁〕。このことをご了知願いたいと述べた後、呟くように「要スルニ漸次ニ我等ヲ懐柔スル方針ト被察候」（この一文は大谷大学 二〇〇三b：一八〇頁に欠、法讃寺史料にあり）と附言している。新法主が清沢をお待ちであると伝えてきたのは石川であったことから、石川の懐柔の手が動き始めたことを直感し、石川の懐柔策に早くも気づいていたのである。

清沢は新法主の幼年時代、京都で普通学に関して教養の任に当たったことがあって特別の親近感を抱き、井上への上掲書面でも「予て新法主とあれば、何時にても飛び出す下地の小生ゆゑ」ときわめて率直に心情を吐露している。それは理解できるし、また処分の件も先例に徴すればまさにやむをえぬことであるから、これに対する清沢の態度も理解に困難はない。しかし、この伝言を新法主に命じた法主は、末寺会議を宗制寺法に規定することを約束しながら、

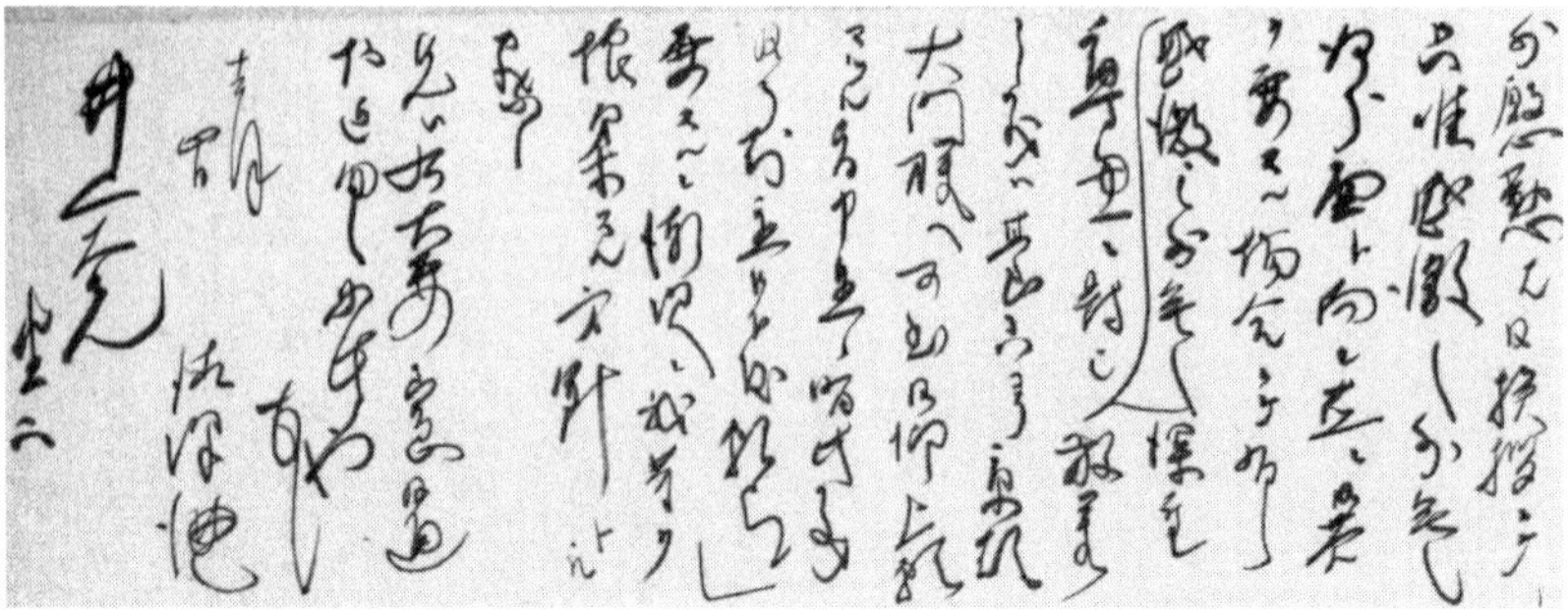

図 24　新法主の伝言を報じる清沢書簡（明治 31 年 12 月 4 日）

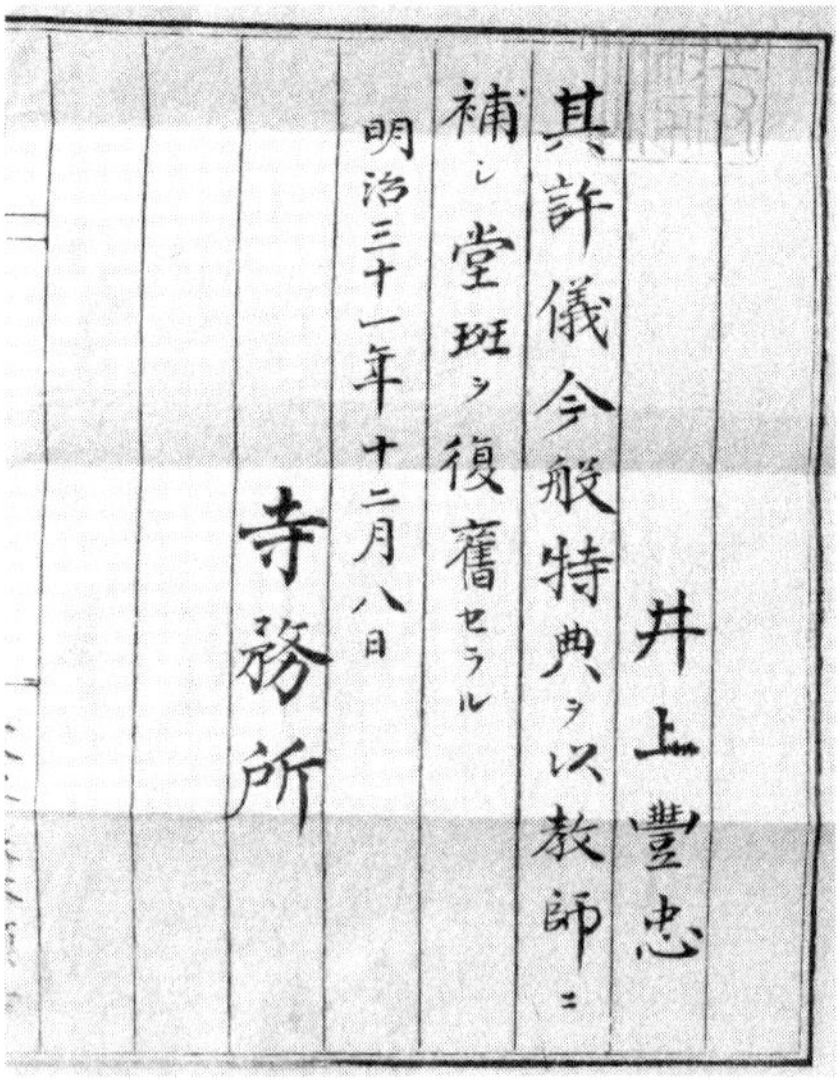

井上豊忠
其許儀今般特典ヲ以教師ニ
補シ堂班ヲ復舊セラル
明治三十一年十二月八日
寺務所

図 25　身分復旧通知（明治 31 年 12 月 8 日）

これを全く実行せず、時言社同人およびこれに賛同した全国の有志を裏切った。清沢はあえてその道義的責任を問うことなく、これも補弼の当路者の責任としてか、尊慮敬承と紋切型の奉答をしている。

かつて井上・稲葉とともに法主の品行を慷慨した清沢であったが（井上日誌 一八九二・三・二三〜二五）、「金箔をはがさぬ」心配りのためかどうか、法主の醜行は問わず、他方、教育によって新法主の宗教的人格が陶冶されることに希望をつないだのではないだろうか。同時に、早くも石川の懐柔策に勘づいて警戒を怠らない。われわれはこの側面にも注目するべきであろう。

井上は清沢の書面で、処分によって剝奪された身分と地位がほぼ復旧される日が近いことを知った。そして一二月一六日、「其許儀今般特典ヲ以教師ニ補シ堂班ヲ復旧セラル」との達書と「補権中助教」の辞令が届いたが、これにたいする感想は日誌にとくに何も記されていない。ただ「就職等ノ事ハ断ジテ為サザル事トナセリ」と覚悟のほどを漏らしているのは、石川の策動→寺務所入りの勧誘、を予見したこと示すものであろう。

清沢の許には同月一一日、本山寺務所から書留便で「其許儀今般特典ヲ以学師ノ称号ヲ授与シ教師ニ補シ堂班ヲ復旧セラル」との達書と、「補大助教」の辞令が届いた。日誌にはこの記録に「除名とけ学師と共に大助教　これでやうやくもとの杢阿弥」との川柳〔大谷大学　二〇〇三a：二〇七頁〕が付記されていることに、弟子の一人は清沢の当時の心境を忖度して、「世人の汲々として求むる学階と位階とは、先生の前には、単に木阿弥の標号に過ぎざりしなり」と述べている〔安藤　二〇〇三：四〇〇頁〕。

翌一二日、清沢は月見・今川・清川の三人から返書を受け取った。月見からは一〇日夕方達書と辞令を受領したとの報告であった。他方、今川からの書面に「石翁カ如何ニ底気味悪ク」、清川からの書面には「石川ノ狸カ如何ニ化ケントスルモ」の文言があったと清沢は日誌に書き止めている。石川の魂胆にたいする清沢の勘に両人が共感した、そのことに清沢はわが意を得る思いをしたのかもしれない〔大谷大学、二〇〇三a：二〇七頁〕。

2　白川会の路線転換

宗政当路者の接近

翌三二年二月下旬、清沢は浅草別院にあって勉学中の新法主大谷光演から親書を受領した。上京して光演の布教補翼に当たるとともに、青年信徒たちの精神的中心になってもらいたい、という依頼であった。その後折衝をへ、六月上旬同志に「出処一条の儀を披瀝し」事情を報告したうえで、清沢は六月一五日出京し、本郷森川町の近角常観の家に入った〔大谷大学 二〇〇三b：一八七、四七五頁〕。「新先生」（光演）に拝謁したところ、「只だ稲、今其の他諸兄一般の上に付、是非其の内相当の事に尽力を御希望の由を拝聴致候のみに有之」と六月二五日付け月見宛書簡に報じて、白川党の同志全員にたいし、去る一二月地位等復旧に当たって伝えられた法主の期待が早くも具体的な形で示されようとしていることを告げる。したがって、八月予定の第二回白川会の大問題は、「我等の本山に対する態度を再議する事に可有之歟」とつづける。本山では宗乗余乗以外の諸学を教授できる人材を擁しないので、参務の石川舜台は清沢の東上を契機に改革派の人々に真宗大学の教育を担当させ、あわせて新法主の周囲に自分の勢力を植えつけようとしたのである〔大谷大学 二〇〇三b：一八七～一八九頁、西村 一九五一：二四三、二四七～二五〇頁〕。

山政への接近を再議しこれを可とするか不可とするかについて、清沢は教育への限定的接近ならこれを「可」とみたようである。二五日の便ではつづいて、「尚ほ断然山政なるものに接触するの時機にあらずとするも、亦た一種の事情によりては、少しく山事に接近致候ては如何にて可有之候哉」という。清沢には石川の魂胆が見えていたが、何よりも新法主の希望に沿う道を選びたかったのである。今回の清沢一個の「出処一条の儀」はすでに同志に報じて了解を求めているが、同志全体にかかわる新たな方向性については、再議しなければならない。これまで事態の展開に直接接していない地方在住の同志が、清沢の提案をどのように受けとめることであろうか。

七月三日付け月見宛て清沢書簡は、大兄（月見）が本山から召喚されたとの噂を聞いたので、飛札をもって申しあげるという書き出しで、さらに立ち入った情報を伝えている。先日本山の教学関係の役員が東京の小生に会いに来て、唐突にも寺務所の勧学局へ入ってほしい、月見君、草間君にも入ってもらうつもりである。無論、真宗大学のほうもお願いしたい。もし寺務所に入ることができぬのなら、大学だけは是非承諾されたい、とのこと。また、近角の話では私を勧学局次長にする由にて、これらは石川の「独り運動」に出たとのこと。小生らは「承知の如き仲間あることゆえ」その協議を経ずに一個としても答えられぬ、と言っておいた、と記している〔大谷大学 二〇〇三b：一八九〜一九〇頁〕。

清沢が月見に宛てて重ねて書いた七月五日付け書簡で、前便の情報を繰り返すとともに、自らの気持ちを率直に述べ、大要つぎのように記している。「大兄には是非とも大学への就職を頼みたい。大学生のことを見聞する度に可哀想にとの思いに堪えない。大兄には今回率先して大学生を安心させてもらえないだろうか。異分子の間に交わって円滑に行ける点で、われわれ同志のうち大兄は最もその長者と小生は確信している。大学生にたいする一片の心と真宗大学を思う一片の心から、前後左右を顧みず盲目的に引き受けて見たいとも思う。もちろん、八月の会合でどうしても本山排斥ということになれば、この一件は断然破綻にする考えである」と〔同：一九一〜一九三頁〕。清沢は大学に協力したいと告げ、昨年五月すぎまで東京で中学生の世話をした月見に、率先参加を提案して考慮を求める一方、あくまで同志との協議結果を優先させる姿勢は毫も揺らいでいない。

北海道南部日本海沿い僻村の縁故ある寺に寓居している清川円誠から、八月の第二回白川会には出席できない旨の通知を受けとった清沢は、七月九日付け書簡で清川に状況を報じ、本山にたいする態度修正について意見を求めた。そのなかで、清沢を勧学局次長、月見を勧学録事、草間を布教録事とし、併せて清沢に大学学監心得、月見と草間にその主幹を命じたいとの交渉を受けたと最新の情報を告げる。寺務所へ入れとの話は断然謝絶が当然と考えているが、大学生に対する我らの心情、および真宗大学に対する我らの精神よりして、大学のほうも謝絶して現状のまま放置することには少しく躊躇させられるように感じる。この件についてご意見をお知らせいただきたい、と依頼し、今回の人事案は石川が自分の都合のよいほうに所内をまとめる端緒とするためだと、石川の底意を指摘している〔同：一九三〜一九四頁〕。石川が投げる餌であることを察知しながらも、真宗大学および大学生のための依頼なら、これを受けて尽力しなければならぬ、と清沢は考えたのである。

清沢は同日付けで、ほぼ同じ内容の書簡を井上に発した〔同：一九五頁〕。稲葉・今川にも同様に連絡したことであろう。清沢は病気と闘いながら、同志に長文の手紙をこまめに書き、また誰かに宛てた書簡が同志の間で回覧されるようにして、遠く散らばった同志の間の隔意のない意思疎通の保持に努めた。

昨三一年八月の第一回白川会では、本山に対して同志六人は節義を守り進退を慎む、すなわち寺務所関係の職務に就かないと申し合わせたのに、清沢は情況の変化のなかでこの申し合わせからはみ出した対応を提案し、今年の白川会の重要議題となるという。当路者にたいする態度が軟化したようにみえる、清沢自身によるその理由づけは、「大学生に対する我らの心情」と、「真宗大学に対する我らの精神」であった。

まず、心にかける大学生とは、清沢たちを恩師と慕い、挙旗に賛同して馳せ参じ、二九年一一月より翌年の四月末まで約半年間、学業を擲って、遊説の第一線から縁の下の力持ち的な雑用まで、ひたむきに協力してくれた若者たちである。当時の三年生以上は卒業したものの、下級生は教授欠員の真宗大学に残されている。清沢が彼らの教育について衷心から心配し、もし手助けができるのなら是非したいと考えるのは当然すぎることではないだろうか。

清沢は『教界時言』第九号の社説「真宗大学新築の位置に就きて」〔一八九七・七〕のなかで、一派の革新にとって議制局の改正や門徒会議の開設は必要であるが、革新の目的は精神的革新である。一派の革新を図る要点は僧侶の宗教的精神を振作する精神的教育にあり、僧侶の精神的教育を行って一派の精神的革新の拠点となるのが真宗大学である、という意味のことを論じている。真宗大学に対するこの期待こそ、「真宗大学に対する我らの精神」であろう。

それに清沢は、最高学府まで進みえたことについて宗門に深い恩義を感じ、俗界での栄達をよそに、宗門の教学のためにできることはしなければならぬと考えていた〔吉田 一九五九：二九四頁〕。

真宗大学の教育参画への清沢の熱意が意味をもつためには、二つの要件が満たされなければならない。一つは、寺務所当路者からの熱意こもる参画要請であるが、これが満たされた。ここにおいて、全国同盟会が標榜する末寺会議と門徒会議の構想を潰し、同盟会を解散に追い込んだ石川、老獪な石川の申し入れであっても、もし本気で真宗大学の改革に取り組むのなら、旧怨を忘れてこれに協力しリードせねばならぬ、と考えたのではないだろうか。かくて、この要請に応ずるや否やが同志と協議するべき問題として浮上した。

もう一つは、清沢らの側の山政に関わらぬという留め金が、教育活動については外れることである。清沢においては、新法主の委託によってこれが緩んだが、同志の同意がなければ外れない。このような問題状況のもとに、第二回白川会の重要議題として、真宗大学の教育への参画を焦点とする、山政への接近の是否が急浮上したのである。

第二回白川会

井上は明治三二年七月一五日清沢・月見連名の第二回白川会の通知を受けとり、取りあえず上洛は難しい旨返事したが、なお米沢の実家や越前の恩師などに相談した。どの人も費用は都合するから万難を排して出席せよと激励してくれる。二九日には「セヒシュックワイヲマツキヨサワ」との電報が届いたのでついに参加を決意した。檀頭の一人山一新家から金一五円を無期限無利子で借用して三〇日出発、開業したばかりの米沢駅で奥羽線に乗り、八月一日午後着京して、会場の西寺町二条下ル三福寺に入った。

会には北海道の清川以外の同人五名、東京留学生だった学士六名、真宗大学研究科卒の学師四名、それに先輩村上専精らの面々が参集した。いずれも寺務革新運動で結束して闘った人たちである。当日はとくに要談はなく、思い思いに雑魚寝して、深更まで話に花が咲いた。井上は「実ニ近頃希有ノ愉快ナリキ」との感想でその日の日誌を結んでいる。

翌二日、午前早々から午後四時まで協議して、つぎの二項が決まった。

一、寺務所に入ることは全然拒絶のこと。その理由は、現寺務所にたいして先年不信任を決議したが、その時の悪事が今なお改められていない一方、新しい善事がなく、誠心誠意肝胆あい照らすところがないこと。

二、大学のほうは、⑴東京に移すこと、⑵大学の経費として毎年二万五〇〇〇円を支出すること、なお当初三ヵ年の経費を銀行に別預けとして、本山にいかなることがあってもその変動には一切関係なきものとすること、⑶教育上の方針、学科の編成等、教育にかんする全体を一任して、容喙しないこと、この三条件を容れるなら、有志でその教育を引き受ける。〔教学報知 二五一号、大谷大学 二〇〇一：一四一頁〕

「東京の文物が僧侶に刺激を与へて其精神教育を助く」〔教界時言 九号社説〕という見解から、真宗大学を京都と東京に置くこと、そのさい新築は東京を先とすべしというのが、清沢の持論であった。これまで真宗大学は真宗高倉大学寮と同じ校地・校舎に所在し、後発の付随施設の扱いで高倉大学寮の強い規制を受けてきた。この状態を脱却するには真宗大学の東京新築が必須であって、三〇年四月四日の「小教育会」ですでに合意されたところである。

協議の結果これが二の⑴として確認されたが、大学生に対して「可憐の感に堪へざる所」「一つ前後左右を顧みず盲目的に引受けても見度存候」〔大谷大学 二〇〇三b：一九二頁〕とまでいう清沢の心情とは、距離のある慎重な対応二の⑵・⑶と抱き合わせになった。それはおそらく、明治二七年に沢柳の指導で実現した新制の大学寮が、二九年真宗大学を著しく劣位に置く形で真宗高倉大学寮と分割された苦い経験などから、とくに⑵を実行するかどうかで当路者の大学改革の本気度を確かめようとしたのであろう。

清沢はこの決議を携えて在京中の参務石川および教学部長和田と熟議し、大学についてその全面的な賛同をえた。こうして本山は大中学の教育を清沢らに一任することに決したのである。三条件のうち、⑶の問題は将来のことだから直ちに問わず、⑵は二ヵ月ほどで、定日に大学が直接銀行より月額あるいは年額を受け取ることができればそれで足りることにして、結局⑴と修正された形の⑵が実行されるかどうかで、本山に協力するかどうかを決めることとなる。

井上は全国同盟会で苦労をともにした、しかし今は寺務所にそれぞれ会計局録事、勧学局録事として勤務している松岡と千原にも会い、例によって書籍を買い込んで帰路についた。大田原そして米沢を経てようやく八日帰寺し、無事を喜ぶ家族に迎えられた（井上日誌　一八九九・七・一五〜八・八）。

要件充足の信否

この後の展開も、同志を代表して本山要路と接触している清沢の同志宛書簡によって追跡することができる。誰か一人か二人に宛てた手紙も、同志の間で回状として輪読されたことは、すでに触れたとおりである。

三二年八月二一日付け稲葉宛書簡では、石川・和田と面談した結果を報ずるとともに、当面草間が大学主幹といった名目で和田を助けることにしてはどうか。これは第二回白川会の決議外のことであるが、草間はわれわれ六人とは多少立場が違うし、真宗大学出身者として「先づは犠牲となるの必要も有之」とみて、意見を求めている（大谷大学二〇〇三b：一九六頁、井上日誌　一八九九・八・二四）。同志の賛同を得たらしく、三〇年八月大学研究科を卒業して新潟県の真宗米北中学校校長をしていた草間仁応が、三二年九月九日真宗大学主幹に任命された。その頃、草間と同期の出雲路善祐は真宗京都中学教授をへて教学部録事になっていた。

つぎに月見・草間宛一〇月二七日付け清沢書簡では、まず、真宗大学東京移転の件が議制局会議を通過したとの電報を勧学局録事千原から受けたことを慶び、当路者がこれだけで「腰を掛けざる様」加勇のほど願いたいと述べる。もう一件あった。清国布教の拠点の一つ南京別院に付設の中等教育機関として、今川の岳父北方蒙の尽力で南京東文学堂が開設されるに当たり、堂長（校長）候補に帝国大学の漢文科を卒業した月見の名が挙がった。しかし清沢は、月見は大学関係の要員だからとこれに反対で、代わりに帝国大学の哲学科を出た清川に是非お願いしたいがどうだろうか。しかし、南京東文学堂とかに多くの望みをかけてよいのかどうか。いずれ大学東京移転の暁には、清川にも大学のほうに加わってもらいたいと思っている、という（大谷大学 二〇〇三b：二〇九～二一二頁）。

さらに一二月一一日付け月見・関根（草間）宛書簡では、大学移転先の校地取得費が準備され、三年経費の証明書も渡されるようなので、この証明書落手と校地代支払済みを機として同志六人が会合し、同志が公然本山の仕事に就くべきかどうか、もし就くとすれば誰がどの方面に従事するのがよいかなど相談したい。私の個人的な意見としては、断然本山関係の仕事に復帰する方に決める見込みで来会を望みたいのだが、どうであろうか。なお、会合までに建築費の方も確定して置くことを当路者に要請する。今回は本山復帰の是非に直接関係する六人の会合とし、関根兄は大学の現当路者として参加するのはどうだろうか、と意見を求めている（大谷 二〇〇三b：二一三～二一五頁）。

この書簡も回状として同志に送られたが、予想外の事態が起きたことに清沢は驚く。その状況を一二月一三日付け月見・関根宛の書簡に見ることができる。それによれば、回状を読んだ今川が月見・関根に宛てて、当路者がわれわれの希望に応じて三年経費の証明書を渡すというのは、彼らを信ずるべきでない証拠ではないか（彼らの瞞着の手ではないか）、また地所購入や建築費のようなことは我らが決めた条件以外のことで、我らの去就には関係のないことではないか、という意味のことを書いてきたらしいのである。これまで石川に何度も手ひどく騙されてきたことを想起すれば、これは当然の疑惑であって、今川のように言葉に出さずとも、胸中同感の同志がいたことであろう。しかし、清沢は石川との間の不愉快きわまるあれこれよりも、一派の将来を案ずる思いを優位に置いた。今川はそのことを理解しながらも、清沢の前のめりの姿勢の危うさに懸念を表して置きたいと考えたのであろう。京都を遠く離れた世俗の学校で教頭の立場にある者のほうがよく見えることもあるのである。今川はこの懸念を清沢にでなく、月見・関根への返書に書いたことに、ご参考までにちょっとお耳に入れておくという、今川の気遣いが感じられる。

清沢は、もし直接自分への来書なら、返事を書いて「愚見をも述べ度」と思ったが、そうでないので「只だ一驚に止め置申候」。しかし、もしこれが同志諸兄多数のご意見ならば、小生は同志にあいすまぬ挙措に出たことを、ここに「慙泣鳴謝仕候外無之候」。このようなわけで、我ら同志全体としては本山復帰など考えず、校舎新築問題は当面当路者に放任する態度をとってはどうだろうか、そうなら六人が会合する必要もなくなるわけだから、会合は一まず延期としてはどうか、と方針の変更を提案している〔大谷大学 二〇〇三b：二一五～二一七頁〕。

他方、去る一〇月に議制局会議で議決された真宗大学の東京移転の件は、着々進捗していた。一二月一九日公式発表の明治三三年支出予算には、真宗大学費二万六三〇円の外に、甲部〔布教費・勧学費・相続講資金事務費〕予備金一万二〇〇〇円、勧学局所管臨時費二万円が計上されていた〔宗報 一七号〕。これらの幾分が真宗大学用地取得費や建築費に充当されるのかは特定されていないが、一二月末までに東京府豊島郡巣鴨村大字巣鴨で六八三〇坪の校地が取得され、三三年一月には新築する校舎の設計が始まった。

同志も寺務所の要請を受けてこれに対応しなければならない。三三年一月一五日には勧学局次長の太田祐慶、全国同盟会で井上の僚友だった勧学局録事千原、同じく会計局録事松岡、それに帝国大学での月見の後輩吉田賢龍〔東京中学主幹）らとともに、清沢と月見が真宗大学建築掛に任命された。しかし、同年三月に至ってもなお設計中で着工しないことに清沢は苛立ち気味であった。

三月九日付け山口の稲葉宛書簡にそれを窺うことができる。設計がはかばかしく進捗していないが、もし当路者が着工により事業遂行の確証を示して来た場合には、我らも進んで一派の事業に従うほうがよいと思うが、どうお考えだろうか。また、もし着工遅延の場合には一時傍観の態度を取るというのでは残念なことである。永く一派のことから離れてしまうつもりならそれまでであるが、なお少しでも未練を残す以上、もはや冷淡にすまし込んでいるべき時ではないと思う。大兄はなお長く山口に在勤のお積もりなのだろうか。東京あるいはその近辺へご転任となれば、ご相談等万事好都合である。もし転任の気がおありなら沢柳政太郎兄（時に文部省普通学務局長）へでも話してよろしく計らってもらってはどうだろう。何分山口やら熊本（今川）やらほとんど天涯万里の心地がして、参訪したくともまた来駕を乞いたくとも、不便の感に堪えない、と心中をぶちまけた。この難しい時に、遠方の稲葉や今川と意思・心情の疎通が損なわれることを危惧したのであろう〔大谷大学 二〇〇三b：二二一〜二二二頁〕。

それから二週間へた三月二三日付け井上宛の月見と連名の書信で清沢は、設計の進捗状況から、「先々此の建築移転といへる一事丈は、遂行出来可申かと存居候」と安堵の思いを伝える。この頃には清川の渡清、南京東文学堂堂長就任が決まっていたらしく、種々相談もあるので清川君の送別を兼ねて一度上京していただけないか「懇禱の至に候」と、井上の出京を懇請した〔法讃寺史料、大谷大学 二〇〇三b：二二二〜二二三頁〕。一度井上と会って直接経過を説明しておかなければ、意思・心情に疎隔が生じないとも限らぬ、と懸念したのではないだろうか。井上はこの書面を二五日に受け取って翌日返事を出し、併せて清川にも書面を認めた。井上はとくに清川と親しかったが、上京の余裕がなかった。自坊の保存積立金の募集で格別苦労をかけている檀頭に、親友の送別ぐらいで上京する旅費を融通してもらうのが遠慮されたのであろう。

井上の許に一人の青年が出家したいと願って訪ねてきた。その指導について清沢に相談する手紙を五月二二日に発信したところ、それへの五月二六日付け返書のなかで清沢は、大学建築の設計仕様書もほぼ出来たので、両三日中に建築会社へ入札を申しつけ、来月一五日頃には着工の見込み。今年の白川会は八月初旬、建築状況の見聞かたがた東京で開いてはどうだろうか。月見君と話合っているが、追ってご相談いたしたい、と近況を報じている〔大谷大学 二〇〇三b：二二五〜二二六頁〕。

着工近し、本山教学への関与

三三年六月二九日付け清沢・月見連名の井上宛書簡では、まず大学建築について、教場・寄宿舎および附属建物の請負本契約が昨夕締結されたこと（五万七一〇〇円）を報じ、先便での見込みより一月遅れたが、まずは一段落と安堵したことを伝える。つぎに、来月中旬教育商議会を京都で開くとのことで、小生にも辞令書を送ってきたから、今年は行ってみようかと思っている。第三に、和田勧学局長と太田次長が来訪して種々話をしたが、そのなかに、稲葉師に京都中学に来てもらいたいがどうだろうか、また尊兄に東京に滞留してもらい、大問題になっている宗教法案に関する調査をしてもらって、将来宗憲を確立する準備をしたいのだがどうだろう、という意味の話もあった、と近況を報じる。

清沢は宗教法案調査の件はまだ確たる話ではないがと断ったうえで、「余り地方のみに御屛居相成居候半も如何は敷、時に一遊を御試相成候も又一興と被存」「兎も角尊意如何、御漏置願上候」と、寺務所の法制の仕事に機会があれば関わってみることを勧めている。この勧誘は清沢の、「一派の事も拱手して其改善の期を望み居るも百年河清を待つと一般の慨あり。何とか出来る丈くひ込み、漸次救済の路を計る外なかるべし」という基本姿勢に根ざすものである。清沢はあわせて、寺務所に真宗大学出身の若手を入れる計画があり、あるいは両三名の入所をみることになるかもしれない、と直近の動きを報じた〔法讃寺史料、大谷大学 二〇〇三b：二二九～二三〇頁〕。

前記の「教育商議会」は、「勧学局長ノ諮詢ニ応シ一派ノ教育ニ関スル事項ニ就キ意見ヲ開申ス」る機関として三三年六月一五日に設置されたもので、七月一日発令の委員一九名のなかに、清沢と月見、および研究科出身の出雲路は学師の資格で、同期の関根は真宗大学主幹の資格で、出雲路や関根の二年後輩の葦原林元は教導講習院幹事の資格で委員に名を連ねた〔宗報 二四号附録、二五号附録〕。

三　第二の岐路を越えて

1　本山の要請に応ずべきや否や

出京の得失

清沢の書面を明治三三年（一九〇〇）七月一日に受領した井上は、その激励的勧誘に心を動かされたようで、東京に在留して法案調査に従事することの得失についてあれこれと考えた。四日自ら整理したところは、井上の行動選択に関わる願望ないし条件を示すものとして興味深い。箇条書の順序は重要度の序列を窺わせるものかもしれないので、元の文言のまま、順序を変えず、番号を付けて掲げる。

利点一、改革運動ノ精神ヲ貫徹スルニ付テ同志ト進退ヲ共ニスルコトヲ得ルコト、併ニ将来雄飛ノ基礎トナルベキコト

二、東京滞在ハ諸名士トノ交際及ビ政教界ノ刺激等ニテ斬新ナル知識ヲ得ラルベク、又修養上幾多ノ経験ヲ得ラルベキコト

三、名望上履歴上（引退後ノ）寧ロ好果アルベキコト

四、一派革新ノ大業ニ直間接ニ為スベキ歩武ヲス、ムベキコト

難点一、当寺ノ重鎮ヲ失フコト
二、寺内ノ改善上一頓挫ヲ来スベキコト
三、仏学中止ノコト
四、檀中等法話説教中止ノコト
五、法要等ニ差支ェ、寺檀ノ関係ヲ親密ナラシムル上ニ障リアルコト
六、子女ノ教育上ニ不幸ナルコト
七、財政上多少ノ不結果ナルベキコト
八、積立金ノコトニ付、多少ノ影響ヲ及ボス恐レナキニアラザサルコト

利点に、一派改革のためという私利を離れた公共利、知識と修養のためという自己充実の私利に加えて、同志と進退をともにしうるという連帯の私利、さらに将来雄飛の基礎、名望のためという社会的上昇の私利がつきまとっている。どれも積極的な向上欲求に発するものである。

井上は難点について逐一点検し、「害ヲ防ギ或ハ全ク無カラシメ得ベキ点モアレバ、深ク憂フニ足ラザルガ如シ」、「其利ハ公大ニシテ其害（難）ハ私小ナルヲ以テ、此際出来得ル丈ノ注意ヲナシテ其害（難）ヲ防ギテ東上ヲ決行スベキ場合ナリ」、かくて「京地ノ実況止ムヲ得ザル場合ニハ東上在勤ノコトニ内決ス」との結論に達する。しかし、自ら進んでこれを求めるべきでないことは勿論であるから、その心得で返事を書かねばならぬと、勇み足に軛をかけた（井上日誌 一九〇〇・七・四）。

翌七月五日清沢・月見両氏宛返書を投函する。その夕刻本山から『宗報』第二四号が届いた。閲読すれば、仏骨奉迎を機に仏教各宗派協同の日本大菩提会が結成され、その一つの事業として政府の宗教法案に対抗するべく、現行の

宗制寺法を調査する会を立ち上げることとなった。同盟各宗派を代表する七名の委員のうち一名を大谷派から出し、本年六月から一〇月まで調査に当たることが決まった由である。六月二九日の清沢・月見書簡で言及された宗教法案云々のことはこのことかと思い、時宜にかなった返事を出したことを喜んだ。

折り返し清沢・月見から返事があった。先日の手紙は尊慮のほどをお漏らしを願っただけのことで、政教調査のことはまだ何も確かなことは決まっておらず、詳細は次回の白川会でご相談願いたい。先に白川会は八月初め頃とご相談したが、七月中旬に清川・稲葉・関根の諸氏が京都に邂逅するので、尊兄と今川氏にははなはだご都合の悪いことであるが、勝手ながら本月一九日から数日間白川会を開くことをご承認いただけないか、とのことであった〔大谷大学 二〇〇三b：二三二頁〕。

この返書を読み、七月五日の返事は早合点の勇み足で、みっともないことをしたと井上は悔いる思いだったのかどうか、日誌には痕跡がない。例の日本大菩提会の大谷派調査委員は名目的に参務石川の名を出し、実務は関係部局の録事で処理したのであろう。そのさい先年井上が書いた『宗門時言』が取り出されて、大いに参考にされたに違いない。七月下旬の第三回白川会に井上は出席できなかった。そこでいかなる案件が協議されてどのような決定に至ったか、清沢から連絡を受けたはずであるが、井上の日誌でもこれを確認することができない。井上は白けた気分だったのであろう。

三三年七月二八日の人事異動で、葦原林元は寺務所に入って勧学局録事となり、白川党の挙旗当時真宗大学本科二部四年生であった蕪木賢順は文書科録事、同じく南浮智誠は特殊教務局録事として寺務所入りした〔宗報 二六号附録〕。葦原は明治二八年二月離任する沢柳に学生を代表して切々たる送別の辞を述べた人、蕪木と南浮は三〇年八月卒業とともに東京留学生に選ばれ、井上の足跡を追って東京専門学校英語政治科に入学し、卒業して寺務所に法制官僚として採用された人たちであった。蕪木と南浮が早稲田に入学したことを聞いた時、井上は、「嗚呼二氏共ニ有為ノ青年、而シテ此校ニ入学シ特ニ生ノ曾テ修メタル学科ヲ修メントス。真ニ愉快ナリ。生ノ継続者出デタリ。一派ノ為メニ欣喜ニ堪ヘズ」（井上日誌 一八九七・九・一九）と喜んだ。さらに同年一〇月八日には出雲路が会計局録事として入所した。かつて時言社同人とともに改革に立ち上がった若者が、訓練を終えて寺務所入りしてきたのである。清沢・月見の六月二九日付け書簡が報じた真宗大学卒の若手両三名の入所とは、こういうことであった。

同人挙旗のとき真宗大学本科二部一年生であった暁烏敏・多田鼎・佐々木（山田）月樵がこの七月に卒業し、外交官志望の暁烏は東京留学生に選ばれて外国語学校の露語科に入り、多田と佐々木は真宗大学研究科へ入った。三人とも大谷尋常中学校以来清沢の指導を受けた若者で、清沢が前年六月に入居した東京市本郷区森川町近角常観宅に、一〇月三人も寄寓して、「浩々洞」の共同生活が始まり、やがて雑誌『精神界』の刊行へと展開する。

和田と太田が清沢を訪ねたさいに話に出した稲葉は、清沢の勧誘に従い山口高等学校教授を辞して、同年八月真宗京都中学学長に就任した。当時京都中学は教員三五名、五年制で所化四九四人、大谷派立の筆頭中学校であった（宗報二八号）。三一年一月二日、稲葉と対話した清沢は、「稲兄ハ余カ為ニハ実ニ大悲ノ恩使ナリキ」と日誌に記し、同年四月四日、旧時言社同人の集会に出席した稲葉が任地に去った後、清沢は「得有此善親友、寔過当之幸福、感謝何耐」と日誌に記している（大谷大学 二〇〇三a：一六四、三〇七頁）。これだけ頼りにする竹馬の友が、すぐ会えるところに来てくれたのである。清沢の歓びはいかばかりであったか、察するに余りがあろう。

『真宗大谷派宗門時言』の出版

三三年一〇月一八日、寺務所では職制の改正に伴う職名変更や人事異動があって、連枝大谷勝縁は総務から執綱へ、石川舜台は参務から寺務総長へ職名が変わり、真宗大学を卒業して寺務所入りした前記諸氏も、録事として所属する部に異動があった〔宗報 二八号附録〕。しかし、山形の井上にまで何の影響も及ぶことはなかった。

一〇月二九日井上は寺務所文書科の土屋観山から書面を受けとった。土屋は元全国同盟会の会員であったが、明治三〇年九月段階で当路者の呼びかけに応じて寺務所入りし、議制局録事となって同盟会から除名された人物で、去る一八日の人事異動で文書科長〔科長以下九名をもって組織し上局に隷属する〕に昇進したばかりだった。「貴方御在職中予テ刻苦シテ御編成相成シ宗門時言ハ、目下宗教法等ニ関スル取調上大ニ必要之書ニ付、取調者ノ便利ヲ計ラン為メ非売品トシテ出版可致旨、上局ヨリ指揮有之候」〔井上日誌 一九〇〇・一〇・二九〕と述べ、出版のうえは何部でもご希望の部数を送付します、と結ばれていた。

この知らせは井上に近来にない大きな喜びをもたらした。喜びに胸が高鳴るにつけても、寺務所勤務時代のことが回想される。

右宗門時言ハ余カ宗門ニ関スル意見悉ク網羅セリ。而シテ奉職中ノ最大事業ナリキ。此意見ヲ実行シ得ザルカ為ニ退職シ、革新ヲ呼号シ本末ヲ震撼シ為メニ宗門ヲ除名セラル。而シテ新寺務所ニ同情ヲ表セザルモ此意見ヲ実行シ得ザルニ在リキ。然ルニ退職後満五ヶ年ニシテ時勢ハ頑迷ナル本山ヲ促シ、宗門時言ヲ自ラ出版セザルヲ得ザルニ至ラシム。時勢ナル哉。時言一度本山ノ手ヨリ出版セラル、上ハ、該書凡例ニ云ヘルガ如ク、余ハ身本山ヲ離ルモ思考ハ本山ニ留リ、余身死亡スルモ意ハ死セズ。実ニ無上ノ大勝利ナリ。愉快何ゾ禁スベケンヤ。〔井上日誌 一九〇〇・一〇・二

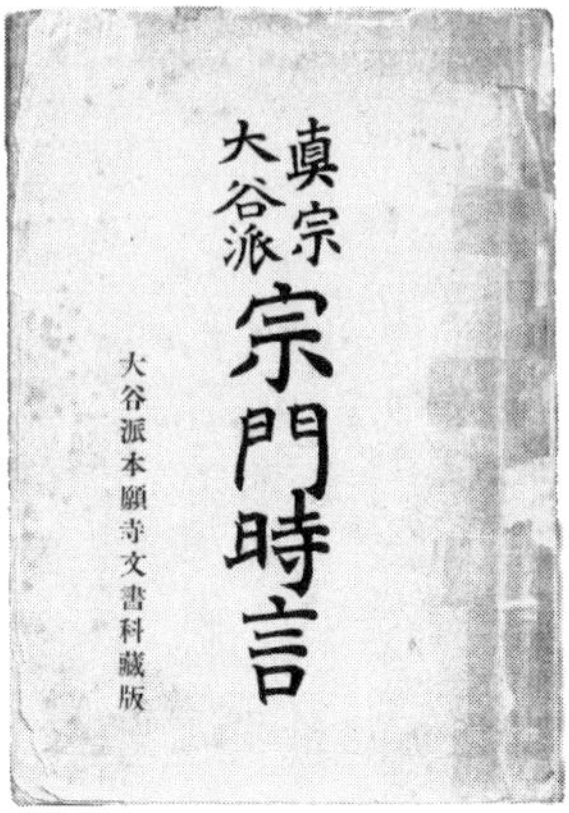

図 26 『真宗大谷派宗門時言』
（明治 33 年 10 月刊）

九〕

『宗門時言』の守旧的な論調をみるとき、その主張が容れられなかったことを明治二九年挙旗参加の理由とみることはできないが、五年後の出版の時点で井上がこのような解釈を施して己の行動を壮美化する具としたことは、興味深い。渥美執事に提出した労作が、渥美に取って代わった石川のもとでは日の目を見ることは無理と思われるところ、政府の宗教政策の変化がこの本の出版を促す気運を醸成したことに、井上は今昔の思いに耐えなかった。

一一月二日夜、本山文書科から新刊書が三部送付されてきた。八八八頁、厚さ四チセンの堂々たる大著である。井上は万感胸に溢れ、翌日日誌にその一端を記さずにおれなかった。

思フニ此書一度発行セラレタル上ハ、豊忠ハ大派ノ政治ニ永遠ニ死セザルベク、此書一度寺務所ニ関スル人々ニ頒布セラルレバ、豊忠ノ精神、抱負、主義等ハ一派中流以上ノ人々ニ知得セラレ、冥々裏ニ一派ノ政務ヲ改良シ、暗々裏ニ寺務当路者ヲ指導スルトコロアルベキハ疑ヒヲ入レザルトコロナリ。忠ガ多年来ノ刻苦経営今ニ至リテ無限ノ効果ヲ奏セリ。（井上日誌　一九〇〇・一一・三）

田舎に籠居してすでに三年近くへた井上にとって、かつての自らの業績が世に認められるに至ったことは、何にもまして嬉しいことであったに違いない。井上は何度か追加送付の請求を重ねて、濃い親戚、重立った檀頭、時言社同人ほか同志や知己に配った。明治二五年、寺務所入りの運を開いてくれたうえに大谷派の制度や慣行について個人講義をしてくれた渥美には、喧嘩別れをしたにもかかわらず、初穂を捧げることを忘れなかった。

清沢の出府勧奨

明治三三年一二月五日井上の許に、『宗門時言』寄贈の礼を兼ねて近況を報ずる清沢・月見連名の書簡が届いた。

寄贈本についてさほど積極的な評価がないのは、この本の主張に時言社同人が改革しようとした渥美ばりの守旧的な宗門観が露骨に表明されているためであろう。このことに気づかなかったらしい井上は、ただ気をそがれる思いで読んだのではないだろうか。近況として、懸案の真宗大学建築は来年二月には必ず落成、東京の真宗中学改築も都合よくいけば来春起工との見込みに加え、現寺務所も真宗大学卒や東京留学生出身の新手を採用して、総体として多少の見込みがあるようだ、と書簡は報じる。ついで、和田円什老の話に、石川は近々あるいは宗憲制定の作業に着手するやも知れずとのこと。まだ空想のようなことだが、そのような折りには、小生たちとしては是非大兄に参与いただけることを願っているので、ちょっとお耳に入れて置く。そして、「根本の方針上に於て、三顧を待つよりも寧ろ進んで取るの精神に出で候方適当なる歟と存候へ共、御高見は如何に可有之哉。小生共目下の観察抔にては、此方針にあらずば、一派は終に目前衰耗の悲運に向て進行するにはあらざる歟と懸念に不堪候」と、宗門の現在と将来を憂えるいつもの熱い思いを吐露している〔法讃寺史料、大谷大学 二〇〇三b：二五〇～二五一頁〕。

山彦の反響のように返事を出すのが井上の流儀であるが、今度は随分遅れてようやく一二月二八日、私の進退については当分このままに捨ておかれたし、という冷めた内容の返書を投函した。彼は慣行的な寺役と寺門の財政的基礎確立のための処務のほか、さまざまな関わりある人たちの世話のために寧日なく、一派のことを案ずる余裕などなかったが、また去る七月、早合点の勇み足で味わったほろ苦い思いを繰り返したくない、という反省もあったのであろう。

清沢の書簡が伝えた和田円什からの伝聞、宗憲調査の件はやはり事実で、一二月二五日「宗憲調査会規則」が発布されたが、調査会の実務を担当する委員四名は寺務所の録事が兼務すると規定されていた。録事が兼務するということは、寺務所以外に委員を求めないということで、翌三四年一月一日、文書科長土屋を始めとして、庶務部録事松岡、統制部録事南浮、庶務部録事蕪城の四名が委員を命ぜられた。みな井上の知人で、すでに解説したようにとくに松岡はかっての僚友、南浮と蕪城は親しい後輩である。規則の発布を『宗報』第三〇号附録（一九〇一・一・一五発行）で知り、委員の任命を三一号附録（一九〇一・二・二五発行）で知った井上は、昨年一二月二八日の清沢宛返書で示した対応が事態適合的であったことを確認する思いであったのではあるまいか。しかし、清沢が何度も井上に出府を勧奨するのは、彼を措いて外に人なし、彼こそ最適任という、井上の能力にたいする篤い信頼と、彼といっしょに一派のために働きたいという友情に動かされたものであることを、井上は毫も疑わなかったであろう。

2　最後の岐路

当路者の協和的態度

三四年に入ってわれわれが手にしうる最初の清沢書簡は、京都建仁寺の塔頭に仮寓する稲葉宛一月九日付けの東京浩々洞発書簡である。冬休みに京都に来て稲葉の寓居にも立ち寄っている今川について、彼は本山の現状に攻撃的であるが、なるべく救済的な姿勢で考えるよう勧誘していただきたい。私見では、本山にたいして最早傍観的態度を取るべき時節ではないと思うが、どうであろうか。今回、谷了然部長に会ったとき、谷に月見兄を寺務所入りさせてよいと言い、本人の承引もえているが、これには大兄始め諸兄の了承をえなければならない（月見は前年六月清沢とともに勧学局の教育商議会委員になっている）。ご意見によっては取り消しも可能であるから、幸い今川兄がご在留なら、お打ち合わせのうえご教示願いたい、と記していた。

三一年の第一回白川会では、同志六人は寺務所関係の職務に就かない、と申し合わせた。翌三二年の第二回白川会では、寺務所のほうは拒絶するが、真宗大学のほうは三条件を実行するなら同志で引き受けてよいことに改めた。そして三三年秋には井上に、「三顧を待つよりも寧ろ進んで取るの精神に出」、寺務所に関与することを勧め〔大谷大学二〇〇三b：二五〇頁〕、今、同志の一人を寺務所入りさせようとして、その是非を相談している。寺務所に関与せずとの姿勢の留め金がここにおいてすべて外れたのである。その理由は、傍観者的態度をとっていては、「一派は終に目前衰耗の非運に向て進行するにはあらざる歟と懸念」する「愛山護法」の至情であろう。

同志六人は寺務所入りはしないとの申し合わせの埒を、清沢自身が超えようとしていることに、今川はどのような反応を示すのだろうか。本山にたいして傍観的攻撃的な今川と協力的和解的な清沢と、一年ほど前から同志のなかでも態度に温度差が生じたことを、清沢自身承知し気にしているが、幸い今川を含めて同志の賛同をえられたようで、月見は二月六日教学部用係を命じられている〔宗報 三二号〕。

昨年一〇月末、『宗門時言』送付を報ずる土屋観山の手紙に、第二篇を起稿されたしとの依頼と、宗教法案についてご高見を伺いたいので、遊びかたがた一度ご出京くださるのをお待ちするとの誘いがあった。三四年一月一一日に届いた土屋の手紙には、石川総長の指揮により『宗門時言』を各大臣・総務長官・貴衆両院議員、各政党の名士数十人に贈呈した、ついては第二編の起稿を願いたし、と重ねての依頼があった。井上は知遇謝すべきであるが、上京も起稿も現状では容易ではないし、また石川の度量に感服しないわけでないが、「妄ニ進ムノ時ニ非ルナリ」と手綱を引き締めている〔井上日誌 一九〇一・一・一一〕。かつて同志の制止を振り切って寺務所入りした土屋に、割り切れぬ思いをもっていたことも、慎重な態度を採らせる一要因であったことだろう。

一月一五日には浩々洞から『精神界』創刊号が発刊され、清沢とその弟子たちの言論活動が本格化しようとしていた。二月末清沢は同志宛に、石川らの仲裁で白川派と渥美派との和議を京都で講ずる企画について、この会合への参加の是非を問う長文の手紙を発した。二月二六日付けの井上宛書簡は、東京での大学校舎建築の進捗状況を報じ、ついで、和議一件に関する事情を知らせている。これが今回の本題であった。曰く「此他今一条妙ナ一条有之。其ハ一派ノ威信改復ノ端緒トモ可相成候事カトモ存候ヘ共、実際ニハ如何成行可申哉不審ニ有之候。其事情ト申スハ、我等一派ト渥美一派トノ調和ヲ望ムトノ石川抔ノ申込ニ有之」という書き出しでつぎのように記していた。

渥美契縁はこれまでは料簡違いをして党派的に反目嫉視したが、今ではただ一筋に仏祖に奉仕する精神となって、山命を奉じ特派布教師として此処彼処に奔走しているという。そこで石川は一日も早く調和の局を結びたいとの趣意で、真宗大学卒業の教学部録事出雲路善祐に学校の所用かたがたこの件を清沢に伝えさせた。清沢は月見および関根と落ち合って三人で相談した結果、一派の和合は我らの固より望むところであるから、この提案は決して排斥するべきではない、その求めに応じよう、ということになった。

来る三月一一日頃、京都で学事商議会が開かれる予定だが、これに引きつづいて調和一件の会合があると見込まれるのでご了知いただきたい。校舎ご覧かたがた一度ご出京くださって、ご高見をお示しいただければ幸いである。なおこの会合はきわめて秘密裏に大体のことを決めるもので、当方は南条・村上・清沢くらい、先方は渥美・篠塚・松本に足立を加えるくらいのごく少数の会合とし、法主も来臨される思召しである。できればなるべく至急ご出京願いたい。ただし、表面は他の用件を主としたご出京ということにしていただきたい、と述べて、月見の慶事に筆を転じている〔法讃寺史料、大谷大学 二〇〇三b：二一八〜二一九頁〕。この井上宛書簡で、清沢が同志たちに送った書簡を代表させうるとしよう。

井上はこの書簡を読んで大賛成である旨三月二日返書し、「今昔之感雀躍之情ニ堪ヘザルモノアリ」と日誌に記した〔日誌 一九〇一・三・二〕。渥美とは喧嘩別れの形になったけれど、それ以後も彼には年賀状を書き、『宗門時言』も第一に献呈した井上にとって、「和議」は願ってもないことであった。

しかし、白川派として渥美派と和議を講ずるとは何ごとであろうか。確かに『教界時言』では渥美を非難して辞職に追い込んだが、辞職にまで追い詰めたことを渥美に詫びる筋合いはない。石川が仲裁するというが、石川への不信任を決議して同盟会が解散した経緯を思えば、石川の仲裁というのは受け入れられる筋ではなかったのではないだろうか。

清沢が「妙ナ一条」と言い、「実際ニハ如何成行可申哉不審ニ有之」と言っているように、彼は石川の提案に万福の信頼を寄せていたわけではない。前段のような不条理の思いもあり、老獪な宗政家が並べる美辞麗句にどんな魂胆があるのか、疑えば拒絶するほかないだろう。他方、挙旗以来の渥美派との対立状態は、避けえない対立であるにせよ、対立は大谷派の調和を妨げ、宗門の力を殺ぐことは争いえない。

清沢は、相手側の不条理へのこだわりや、策略にたいする警戒心をかなぐり捨てて、唯一筋に仏祖に奉仕する精神で東奔西走しているという今の渥美の姿に希望を繋ぎ、一日も早く調和の局を結びたいという石川の願いに応えて、大谷派の調和につながる道、「一派ノ威信改復ノ端緒トモ可相成」道を選んだのではないだろうか。私情を超えて一派の大義を優先させるのが清沢の基本姿勢であったから。しかし、同志からこれを軽挙とする異論が出てくるかもしれない。

井上の返書に応じる三月八日付け清沢書簡は、和議一件に対する井上の賛意を感謝し、大兄との協議を経ずには解決しがたいこととか、是非お出会いを煩わさざるをえないことがある場合には、「キヨ　イナ」の電報を差し上げるゆえ、必ずご出馬いただきたい、と依頼するものであった〔大谷大学 二〇〇三b：二五六〜二五七頁〕。和議が成ったうえで山政への参与が求められるであろう、と清沢は読んだのである。石川の狙いは、渥美派の顔を立てることによって、寺務所への白川派の登用に対する渥美派の反発を封ずること、とみたのであろうか。同志は多かれ少なかれ誰も

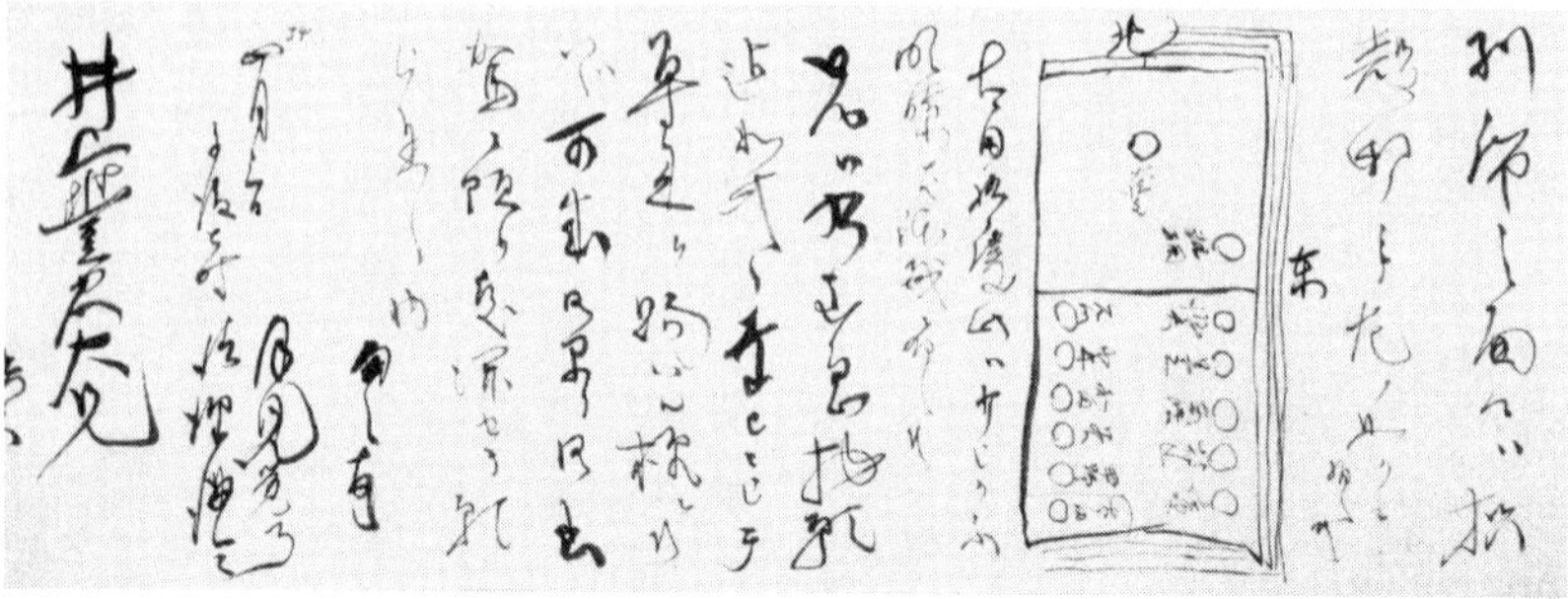

図27　一派和衷協同を報じる清沢書簡（明治34年4月3日）

が清沢の判断を支持したようである。ここで石川政権を敵視する白川会のいわば党是は反古となった。舞台は大きく暗転しようとしていたのである。

一派和衷協同

三月一九日枳穀邸で和衷協同の式が行われた。法主と執綱来臨のもと、一方には渥美・足立の二人、そして南条・村上・清沢の三人が居並び、他方には石川・小林・和田・谷・平野の現当路者が並んだ。まず法主が教界の大勢、一派内外の事情より説いて、一派一丸となって尽瘁するのでなければ如何ともしがたい情勢であるから、是非とも和衷協同するよう希望すると説諭した。ついで出席者が銘々法主の示教を遵奉敬承し、大いに和合して尽瘁する旨を明言し、連署して請書を提出した。そして酒飯の後、銀杯一個ずつ下賜され、和やかに散会した〔井上日誌　一九〇一・四・八、大谷大学　二〇〇三b：二五七〜二五八頁〕。

三月三一日発の清沢宛井上書簡にたいする四月三日付けの清沢返書を、五日に井上は受け取った。そこには和衷協同の式の概況を報じ、「去月十九日枳穀邸会ノ結果ニヨリ前途ノ方針等ヲ協議シタク、特ニ貴兄ノ進止ニ付熟議ヲ要スル件アレバ、誰カ参リテ御相談申度候ヘドモ全懐ヲ尽シ難ケレバ、一度東上ヲ乞ヒ度云々ト」あった旨、井上はその日の日誌に書き留めている。かねて予告されていたことであるが、一読して重要事案が解決を迫られていることを知り、西上も已むなしと覚悟して、総代五人にこのことを話し、賛同をえた。そこで六日、前年四月開業の赤湯駅で奥羽線に乗り、米沢をへて七日東京の浩々洞に着く。そして四月八日清沢から話を聞いた（井上日誌 一九〇一・四・六〜八）。

寺務所入りの勧め

清沢から三月一九日の和衷協同の会議について詳しい報告があり、ついで彼がその翌日石川を訪問したときの話に及ぶ。和合の実を挙げるために枢密院様の機関を設け、渥美ら元老を網羅的にその議員に委嘱して、共同の利益のために協議させる必要を説いたところ、石川は賛成の面持ちであった。その上、井上豊忠は和合の件にもっとも関係があるから、昨日の会議に列席させるべきであったというので、清沢はその井上こそ先に提案した機関に採用して尽瘁させるべきではないか、と応じた。石川はいう。『宗門時言』を刊行した上、再三上京を促したが彼は来ない。もし上京してくれるのなら、最も望むところである、と。そこで清沢は、明日渥美を訪うてこの件について懇話して来ましょうというと、石川は賛同した。

清沢は渥美が仮寓していた彼の娘婿阿部恵水の寺、京都上京区の等観寺を訪い、和気靄々のうちに話をした。渥美夫妻は井上を信任しているという。和合の見込み十分と感じた。

清沢の話は二転して寺務所の現状に及ぶ。今の寺務所はこのままでは絶望する外ないことはもちろんであるが、これを破壊することも、また傍観することも当をえない。南宋末の忠臣文天祥や春秋時代の魯の大夫柳下恵に倣って、己を忘れて進んでこれを助け、倒れて後已む決心をなすべきときである。また、今の寺務所に美挙もあるが醜態はさらに多い。しかし、これを善導すれば有為な当局者となるだろう、と。

最後に同志の受け持ち（役割分担）の案（これはすでに三二年一二月段階で、もし公然山事に就く場合、同志の受け持ちをどうするべきか、清沢は六人で相談しようとしていた）。⑴村上専精と清川（清国南京東文学堂堂長在勤）等は一切経の邦文翻訳を担当、⑵清沢は真宗大学学長として関根（大学主幹）を相手に尽力、⑶月見（教学部用掛・真宗大学建築掛・教育商議会議員・教導講習館幹事・真宗東京中学建築掛）は教学部等に尽力、⑷稲葉（現中学学長）は真宗京都中学等、⑸井上は枢密院側にて当局と元老との調和に任じ、事務の主幹監督の任を担当する、というのはどうだろうか、と提案する。

以上諸種の事項にわたって話があり、井上兄も是非ご出勤ありたしと勧告された。枢密院様の機関が設置されれば、清沢は議員の一人に指名されることだろうが、事務側にもし井上がいてくれたなら、寺務所改革も夢ではない。同志のうち、寺務所でこのような仕事ができるのは井上だけである。清沢には井上の参加は不可欠と思われたに違いない。井上はこの分担案に賛成であったが、自分については堅く謝断した。理由として、自分自身の修養が疎かになり、自坊の整理、寺務法要の代理がないことなどを挙げた。しかし、かってともに改革を企てた当時の決心と気概を思い、今日の危急を思えば理由としては不十分で、身勝手なことである。そこでただ懇願的に免除を乞うたが、清沢はなかなか承知せず、さらに考えてもう一度相談することになった。

前掲の役割分担から今川が脱落している。それは、熊本の済々黌で教頭職に就いていて遠隔の本山の仕事を手伝えない彼の事情、それに本山とは距離を保っていたい彼の心情に配慮したためであろう。土地の懸隔のため、今川と意見の食い違いが生じていることを、清沢は気にしている〔大谷大学 二〇〇三b：二六八頁〕。

その日井上は、清沢と人力車を相乗りして神田の錦輝館に行き、大日本仏教青年会主催の釈尊降誕会に出た。弁士数十人、聴衆三〇〇〇人、非常な盛会であった。長井町に招いた大内青巒・南条文雄を始め、数十人の知人と会談することができた。

翌四月九日、浩々洞に仮寓している月見と話した。彼のいうには、清沢君は今日一派の大任を負って居られるが、身体脆弱で事を急かれる感がある。よって今彼を助けなければ、「将来ノ統合六ケ敷ナリ」〔井上日誌　一九〇一・四・九〕とのこと。「将来ノ統合」とは何を意味するのかよく分からないが、清沢の傍らに居る月見には、清沢が肺患重症化のゆえに余命短しと思ってか山務助勢を急ぐかにみえたようである。月見の憂慮は井上の胸を打ったに違いない。

この日も清沢と一緒に出かけて沢柳政太郎を訪うた。彼も井上に寺務所入りを勧めた。真宗大学の東京移転等で交渉の端を開いた今日では、寺務所を助勢するより他なしという。清沢と同意見であった。沢柳は文部省普通学務局長で、時に高等師範学校校長を兼ねていた。

翌一〇日は、真宗大学建築掛の太田・清沢・月見三氏の案内で巣鴨村の新築大学を見学した。規模の大、結構の荘厳、設備の周到などの点で帝都随一の大学校である。井上は愉快いうところを知らず、感慨限りなく、建築の任に当たった月見・清沢両兄の尽瘁察するに余りがあると思った。そして、ここに先年来の同志の意見が実現されていること、これが現寺務所の本気度を試験する材料だったことを思い合わせて、入所の止むをえぬことを痛感した。帰国の上、熟考し知己の意見も聞いて進止を決すると清沢に告げて別れ、一四日帰宅した〔井上日誌　一九〇一・四・八～一四〕。

井上の進止

井上は帰宅するとすぐ親しい人たちに東京での話をした。皆同情を表明して上京を支持してくれる。では総代会に諮らねばということで、四月一九日に総代会を招集したところ、五人のうち三人出席して上京に決した。寺門の対策として、⑴井上が指導してきた僧侶二名を雇って有給の院代とすること、⑵米沢の実兄らに法話会などの助力を乞うこと、⑶寺の積立金については総代世話方の尽力に俟つこととした。寺族にはすでに話をして同意をえてある。

二〇日、井上は清沢・月見両氏宛上京の決意を報ずる手紙を認めた。そして、いわゆる献身的決心ゆえ両兄の思召しどおり然るべくお取り計らいくだされたし、出京の時期等は分かり次第ご通知を乞う、なお本山の命令を待って総代世話方の総会で正式の承認をえたい心組みである、と書き添えた。

この手紙に封をして投函しようとしているとき、一九日の総代会を欠席した筆頭檀頭の山一から急の知らせが入った。上京反対の者もあるのでもう一度会議をすることになった、その会議で承認されるまでは返事を見合わせられたしとのこと。山一の当主は、法讃寺は今興廃の岐路に立っている、ここ二年は上京を延引されたい、との強い反対意見であった。去る三三年七月、井上は出府の得失を検討して、難点は防ぎうるゆえに西上を決行すべしと判断したが、出府に心が逸ったためか、難点を過小視する錯誤を冒していた。際どいところでそのことに気づかされて、返書の投函を控えた。

井上が新築の真宗大学を見学した去る四月一〇日、京都の本山では御真影御遷座（東本願寺別立）三百年記念法要が始まっていた。二四日まで厳修されるこの法要の最中、巨万の門末が参集するなかで、二二日真宗大学講堂にて和衷協同の大講演会が開かれたことを、四月二七日付け井上宛の清沢書簡は報じ、西上の決意を促してきた。

（前略）今回多数門末参集の時を機とし一演説会相催し、石川、渥美、南条、村上及び小生出席の事に計画致候に付、是非西上せよと石川より申し来り候のみならず、新法主よりも御懇書を賜はり候様の次第にて、去る廿日西上、廿一日は休養、且つ稲（葉）、関根両氏と協議仕り、廿二日（早朝月兄来訪、氏は昨夜西上、経長に一泊して小生の宿所即ち稲葉兄方へ来車）右演説に出席仕候。石川は会主と云ふ都合にて第一坐に、渥美、南条、村上、小生と順次に演説、其の大旨は今日一派の急務は和衷協同より先なるはなしとの点に結帰致候。傍聴は高倉講堂に溢れ候。傍聴したるものは一般に多少の満足を相感じ候様子に有之候。（中略）

就て廿五日、石川に、過般の事は如何と相尋ね候処、御法要の了ると共に是非執行の積りゆゑ、井上氏には兎も角是非一度西上を希望すれ共、自分より直接に招喚するも応諾を得ざるやの恐れあるに付、篤と申入呉れ度と申居候。何卒、過般も申上置候通り、今回を機として、是非とも多少の希望を一派の前途に掲焉仕り候様致度存候間、兎も角御熟考の上、一度西上を願上度、（下略）。（大谷大学 二〇〇三b：二六〇～二六一頁）

清沢は大演説会の報告につづく第二段で、先日話した枢密院様の機関新設が実施に向かって進んでいることを告げ、井上の決断を促した。出府反対者の説得をつづけていた井上は、清沢に返書を書かなければならず、そのためには出府問題に決着をつけなければならない。

五月一日、つぎの三つから一つを選ばねばならぬと腹を決めた。(1)向こう一年間出府して本山のために尽瘁し、終われば帰郷する折衷主義、(2)本山と友情のために一寺と寺檀の親密な関係を犠牲にすること、(3)一寺と寺檀感情のために本山と友情に背くこと。(1)はしょせん一時的な彌縫策に過ぎない、(2)はかつて白川籠城の時に実行した策であるが、今はそれほど切迫していない、こうみると(3)は止むなく採るべき方策のようである。

現状では(3)を採るほかないが、その結果、本山に尽瘁する機会を失い、友情に急変が生じるに違いない。将来二年ないし十数年の後になって今に百倍する実力をもっていても、回復しがたい損失であろう。ここで出府を諦めることは、将来にわたって一派の政務に関与する機会を失うことである。井上はそこまで見据えて決心した（井上日誌 一九〇一・四・一五～五・一）。

二日、井上は取り急ぎ清沢に電報で「内外事情不熟、西上出来ヌ。委細文。井上」と知らせ、翌三日事情を説明する長い手紙を書いた。その要点を摘記すれば、「十余年間小庵ヲ打捨テ置候事トテ紊乱困乏荒廃頗ル始末ニ困居候処、帰国後小生ノ為スナキニ関セズ着々負債整理イタシ来リ前途大ニ多望ニ相向候折柄、爾後無住トナラバ万事休ストイフ」「恩義因縁ニ繫縛セラレ山村ノ小庵ト情死スルヨリ外無キ場合ニ御座候」「今度内外ノ大勢ニ顧ミ和衷協同一派ノ為ニ尽瘁セラルベキ美挙ヲ喜ビ、深厚限リナキ友情ニ激セラレテ再ビ成敗ヲ顧ミズシテ献身スベキ時ニ当リ、一寺ト檀情ヲ先ニシテ一派ト友情ヲ後ニセザルヲ得ザルコトトナリ、一派ノ政務ヨリ死亡イタシ候コト、誠ニ百感胸ニ集リ耐ヘザルトコロニ御座候。小生コレヨリ宗政ヲ見聞セズ、言動セズ。日夜仏祖ノ教導ヲ味ヒ師友ノ訓誡ヲ守リ、出来得ル丈独ヲ慎ミ度存候。願クハ白川諸兄ヘ可然御報知被成下度、尚石川渥美諸氏ヘモ可然御伝教願上候」〔井上日誌一九〇一・五・三〕と、読む人の肺腑を抉る文言が切々と連ねられていた。

この手紙を受け取った清沢たちは、真宗寺院の住職と檀中との密接な関係を熟知する者として、井上の決断に無上の同情と理解をもったことであろう。しかし、井上への期待が大きかっただけに、多年苦労を共にした同志が戦列を離れただけでない、片翼を失ったような失望・脱力感を味わったに違いない。井上は清沢の返信が何日待っても来ないので、陳情のためにもう一度上京しようかとさえ考えた。清沢は五月一〇日付け関根宛て書簡で、「井上君ハ到底立チ不申候」〔大谷大学 二〇〇三b：二六二頁〕と書いているように、井上の参加を諦めたものの、返信すら書く気になれないほど、失望落胆にうちのめされたのではあるまいか。

明治二四年末の上洛寺務所入りのさいに、また今回の進止においても、井上の意思決定を決定的に拘束したのが檀頭山一の意見であった。味噌醤油製造の豪商山一はその財力により法讃寺を支えてきた。費目によっては山一が経費の半ばを負担してきたから、発言力絶大であることはいうまでもない。山一は二七年一一月檀頭会議の協賛をえて法讃寺の本堂脇に先祖代々の納骨堂を設置した〔『法讃寺記録』巻二、五八葉〕。井上住職家の骨堂さえ境内になかった時代である。ここに山一家の尊大さが示されたというより、法讃寺を一心同体の思いで支援してきた自負とともに、支援しつづける決意が表明されたとみるべきであろう。井上の寺務所入りを遮ったのは、このような責任感からであった。後年の明治三七年の政変時のように、法讃寺の興廃に直接関わらぬと判断できたときには、彼も出府に同意している。

さて五月四日、清沢への上記の断り状を清書し終えたところへ、大谷派の山形教務所管事から、村上博士が四日に山形市に来られる、本山からの伝達品もあるので、万障を排して出形されよとの通知があった。そこで、午後出発して地方随一の名刹山形専称寺に村上を訪ね、夜は、京都以来弟のように親しくしている真宗大学卒の東谷智源の寺、山形隆勝寺で泊まった。五日再び村上に会ったところ、六日に法讃寺に立ち寄り、貴家にて一泊したいという。著名な大学者が自から進んで立ち寄って話をしてくれるとは、本山寺務革新運動の同志の友情としかいいようがない。名士来演の時は旅館で泊まるのだが、村上は法讃寺で一泊したいとのことである。

彼は白川党挙旗以来の同志であるが、清沢が石川の術数に陥ってその薬籠中のものになっているとみていた〔村上 一九一四：三七〇頁〕。村上としては、清沢から出府を促されている井上がどのような選択をするか、話を聞いてみたいと思ったのではないだろうか。かつて井上が安心調理にかけられそうになったとき、健筆を振るって本山当路者の非道を糾弾し、井上のために弁じてくれたのが村上であった〔村上 一八九七〕。

井上は早速とって返し、檀頭や長井町の寺院住職仲間と相談して、法讃寺の特別来賓として昼間は同寺で説教を、夜は長井町講話会として薬師寺で講演を依頼することとなった。六日準備万端整えて村上を迎える。彼は昼食後三時半頃から法讃寺で説教二席、「六字名号」について説き、満堂の聴衆

図 28　檀頭山一家の墓

図29　秘書記依頼の渥美契縁書簡（明治34年6月12日）

に大きな感動を与えた。夜は薬師寺で講演二席、「仏教大観」の題で論じ、最後に会場寺院の宗旨に配慮して真言の教旨を説く。ここでも聴衆堂に満ち、一二時に及ぶ盛会であった。井上は「偉大ノ教益ヲ一般ニ施シ、一寺ノ威望、一宗ノ教義ヲ荘厳シ得タリ」と喜び、自坊では揮毫を乞い雑談もして愉快だったと満足している（井上日誌　一九〇一・五・四〜七）。

井上の進止如何にかかわらず本山寺務所では事態が進捗していた。例の枢密院様の機関は、耆宿局という名称で制度化され、五月二八日その職制が発布された。それによれば、耆宿局は法主の諮詢により重要の宗務を議するところで（第一条）、耆宿五人、秘書記長一人、秘書記二人を置くという（第二条）（宗報　一九〇一・六・一）。ついで六月一日、渥美・足立・南条・清沢の四名が耆宿を命じられ、同五日渥美が耆宿局会議議長を命じられた（宗報　一九〇一・七・一）。

六月一五日、井上は渥美契縁から懇篤な招請内報を受け取った。このたび耆宿局会議議長を仰せつかったので、秘書記に貴殿を煩わしたい。寺務所から呼び掛けがあれば、万障お繰り合わせのうえ出京されたい、というものであった。予定ポストが耆宿局の秘書記長でなく秘書記であるのは、秘書記長は賛事クラス、井上はまだ録事クラスとしか位置づけられないためであったのだろう。

五月四日に投函した井上の清沢宛断り状には、渥美氏へもその旨よろしくと書き添えたので、渥美からこのような招請状が来るのは予期せぬこと。そう考えた井上は清沢・月見宛、渥美から招請状がきたが、先達てお断りしたような事情なので、私から渥美に断り状を出すがそれでよろしいか、という意味の照会状を書き、了解を確認してから、六月一九日、厚意を謝し無礼を詫びる断り状を渥美に送った。

清沢は井上の断り状に接して断念する外ないことを悟ったが、失意落胆のきわみ、直ちに了解の返事を書きまた渥美に伝言を通知する気になれなかったのであろう。しかし、井上は清沢から了解の一言だけでももらわなければ気がすまなかったのである。友情は篤い信義に支えられていた。井上は渥美に断り状を出した六月一九日の日誌に「コレニテ本山奉職ノ件一段落トナレリ」と記している。一度進止の岐路に立っていずれを選ぶか悩んだが、出府を全く諦めて、故郷で寺門と檀中、地域のためにわが余生を捧げる道が定まったのである。井上はまだ三八歳であった。

清沢は六月一九日付け月見宛書簡のなかで、「若し石翁の傀儡業愈々開展し来らば如何すべきか」〔大谷大学 二〇〇三b：二六三頁〕と記している。村上は清沢が石川の術数に陥っているとみたが、清沢自身は石川が奸策を繰り出してくることを警戒していたことは確かである。それだけに軍師井上が戦列を離れたことは痛手だったに違いない。また、七月一日付け月見宛の書信では、今川に照会した事案に対する彼の回答に接して、「土地の懸隔は妙に意見を相違せしむるものにや。……数年本山に接触せず、而も遠隔の地にある今兄が此の言あるは当然の事かとも存候」〔大谷大学 二〇〇三b：二六八頁〕と告げる。古くからの盟友今川との意見の食い違いが宗門外の勤務でしかも遠隔地であることに因るとの理解のなかに、彼の深い悲しみが潜むのを看過できないだろう。遠く離れた井上とも意見の疎隔が生じてきはしないだろうか。

3　末寺住職として

安定したサービスの提供

刎頸の友、同志にして師と仰ぐ清沢の切なる願いにもかかわらず、井上が一派と友情よりも先とした「一寺と檀情」とはどのようなものだったのか。彼の選択を理解するためにわれわれは郷国で彼に期待された役割を知らなければならない。主にここ一両年の事績を中心に展望してみよう。

井上が解決するべき当面の課題は、寺院経営の赤字体質を改革して、健全財政をいかに確立するか、言い換えれば、法礼だけでは住職一家の経常生活費すら充足できぬ現状において、安定した収入の道を別にいかに立てるか、であった。過去二年間の努力により家計は改善されていたが、根本的解決の方途を考えなければならない。その手がかりは法讃寺の所有地と明治二一年井上入寺の年末に発足した保存積立金である。

三三年三月九日、総代相談会でその大方針を決めた。まず、寺有地を売却して基本金を造成し、その利子をもって住職家家計の収入不足を補塡すること、予定売価は最低およそ一〇〇〇円とすること。つぎに第一回の保存積立金三五〇円に六五〇円を上乗せして一〇〇〇円とし、その利子で法讃寺を運営すること、増額分募集は向こう五年間、檀家は醵金約束の金額を三七年末までに完納すること、がその主な結論であった。ここに井上家の私経済と法讃寺の公経済とを分けて処理する考え方が明らかになろうとしている。

寺有の土地を売却するには住職名で本山と山形県に認可申請をしなければならないが、三〇年二月の除名のさい井上は住職を差免されたままになっている。三三年三月一八日の総代世話方の例会で九日の総代相談会決定の方針が承認された後、直ちに住職再任願を提出して、四月四日井上は正式に住職に復した。真宗寺院では、たとえ本山から差免されても、檀中が住職と認めるかぎり、檀中との関係において住職の職務をつづけうることが自明なのである。

さて、今回の増額分六五〇円の半ばを総代（檀頭）五家で出すこととし、残りについては、世話方が檀家各戸の資力調査を行い、それに基づく醵金期待金額を念頭においた募金態勢を整えた。募集は主に住職の担当となった。住職自身が割当てのような募財をすれば反撥の出ることが予想できるうえに、自分でもそのことに抵抗感のある井上は、総代相談会の諒解をえて、任意の募財であることを強調しつつ、檀家の住む集落を歩いて募集に勉めた。その結果、三三年一一月五日の総代会で、保存積立金の記帳人員一二八戸、約束の金額は目標の一〇〇〇円を軽く超えて一五三五円、そして第一回上金済は一三五円九〇銭、という好成績が報告された。翌三四年三月一八日の総代世話方の例会では、寺有地三ヵ所とも売却済みとなり、代金計一二一〇円のうち一〇〇〇円は住職家家計補塡の基金とし、諸経費を控除した残額で住職負債二八〇円のうち期限が迫っているものの返済に充当すること、となった。これらの基金・残金・印鑑すべて檀頭預かりという、檀頭管理下の立て直しであるが、健全財政の見込みがついてきた（井上日誌、『法讃寺記録』巻二、五〜一一、一〇一〜一一六葉）。ここに、井上出府問題が突発した。住職が寺を後にして、友情に応え一派の急に馳せ参ずるため、上洛したいというのである。

寺門の復興に檀家の力を結集することができたのは、井上の合理的な企画と勤勉で誠実な行動のゆえであったことは疑いえないが、また、山一本家を始めとする檀頭たちの真摯な協力がなければ達成できない成果であった。彼らは葬式法要など、寺から檀家へのサービスが障りなく安定的に遂行されることを期待して協力してきた。一〇年前、上洛を強行した時には老いたりとはいえ養祖父はまだ寺役を担当できたが、その養祖父が他界したのにかかわらず肝心の住職が他出して、兼務住職による不安定な宗教サービスしか提供されないとなれば、強化されたばかりの保存積立

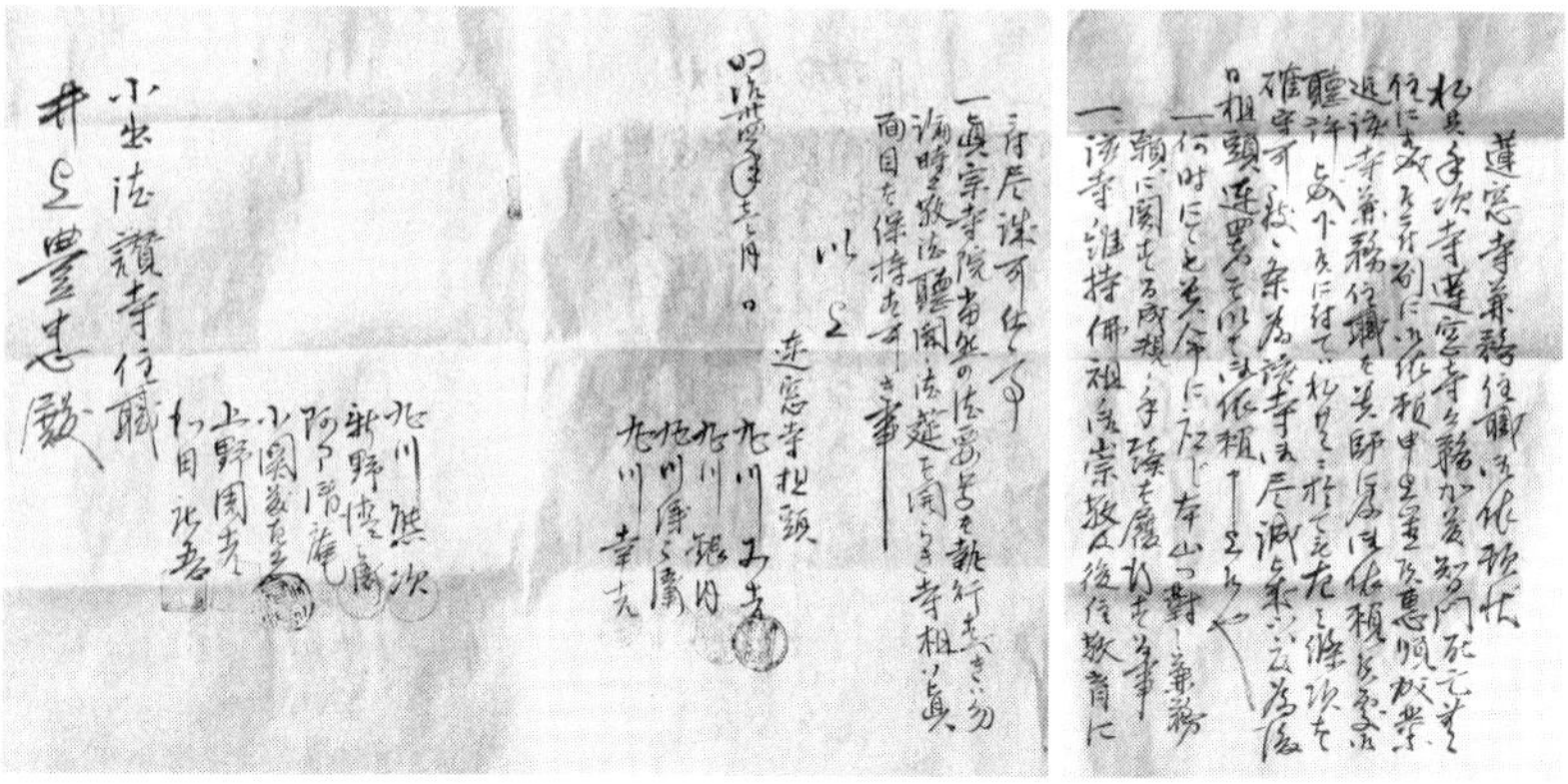

図30　蓮窓寺兼務住職依頼（明治34年1月）

金も中途で破綻し、一寺の基礎を鞏固にする望みは水泡に帰して、興廃存亡の危機に陥ることとなりかねない。

清沢のように養父・副住職それに院代が居るとか、月見のように実弟が居てこれに住職の座を譲ったとか、また稲葉のように生家の寺に責任がない次男の立場とは、全く異なる。それに、経済的窮境で井上にいつも暖かい支援の手を差し伸べてくれた檀頭やその家族の懇情も、裏切ることができない。ここにおいて、井上は一寺と檀情を先にせざるをえなかったのである。

近隣寺院の支援

明治三〇年末の帰国以来、井上は報恩講・蓮如忌・女人講など法讃寺の年中行事のさいには説教を、葬式・年忌はもちろん、月忌詣り・御取越（在家報恩講）など檀家側の年中仏事のさいには法話を、つまり習俗的な宗教サービス以上の法義取立てを実行してきたことは、すでに述べたとおりである。井上はこうした法義取立ての活動を、兼務住職を依頼された近くの同派寺院の檀家にも繰り広げた。

明治三四年一月北方に位置する鮎貝村の大谷派蓮窓寺檀頭から、住職本田恵門が逝去したのでその甥の恵順を後住としたい、ついてはその教育をお願いできないか、との依頼を受けた。井上は「隣寺興復ノ厚誼ヲ全フスルノ旨趣ニヨリ」承諾し、数えて一四歳の少年を引き取って向こう一〇年間修行させることとなった。井上は「身体短小ナレドモ気鋭頗ル有望ナリ」と期待している。恵順の教導依頼と同時に蓮窓寺檀頭から兼務住職の依頼を受けた。受諾に当たり、「該寺ノ維持保存ニ付テハ総檀一致協同尽力可仕コト、仏祖御崇敬ハ勿論、後住ノ教育ニ付尽瘁可仕コト、真宗寺院当然ノ法要等ヲ執行スベキハ勿論、時々教法聴聞ノ法筵ヲ開キ寺檀本来ノ面目ヲ保持スベキコト」を誓約させた〔井上日誌 一九〇一・二・五、七、一六〕。

蓮窓寺兼務のことは三四年一～二月の間に起きた。同じ頃、最上川左岸をいくらか遡った豊田村歌丸の大谷派常見寺の兼務住職を依頼されて、本山から発令された〔井上日誌 一九〇一・二・七、二八〕。日誌の年中出来事まとめ書きによれば、この頃少し北に位置する西根村寺泉の大谷派願誓寺の兼務住職も依頼され、蓮窓寺同様の誓約書を入れさせて引き受けている。井上は自坊法讃寺だけでなく、同じ地域の同派三ヵ寺にとっても、なくてはならぬ存在になっていた。兼務寺院の檀頭たちは井上の出府を制止できる立場にないが、井上の進止に影響されるところ大であったのである〔歌丸常見寺は結局立ち行かず、明治四一年法讃寺へ合併となり、本尊等は法讃寺境内に建立した報恩堂に安置され、檀家は法讃寺檀中に編入された。少檀のための財務破綻が廃寺に至る第一原因であったのだろう〕。

4 教学僧として

長井町寺院住職の仏教講話会

井上は自坊の復興に尽瘁しただけでなく、窮地にある近くの同派寺院に支援の手を差し伸べたことは前段で述べたが、彼の宗教的サービス提供者としての面目は、自ら学んで他を教導する教学者たるところにあった。それがよく現れたのは、長井町を中心に周辺の諸宗僧侶も加わった仏教講話会である。これは、宗教界言論界の名士を招いてその謦咳に接することにより、あるいは宗教に関する情報を交換して相互に啓発しあうことにより、教養を高め、檀家教導の力をつける相互啓発の組織であって、単に諸宗協和の社交を目的とする会ではなかった。

長井町のような田舎町に名士を招待して講演会を開催することは、知名人から一定の評価を受けている井上にして始めてなしうることであった。その例を挙げてみよう。

明治三二年八月第二回白川会に出席して帰国するや、井上は直ちに講話会の仲間と協議して南条文雄招待の準備を始め、九月一日の講演会に漕ぎ着けた。午前は薬師寺で二時間余り「六方礼経」の講話、聴衆二〇〇人近く、皆大いに感動した。午後は遍照寺にてこれも二時間余り「六波羅密」の講話、来聴者は満堂五、六百人、感動しない者はなく、この度の講話会は非常に有益だった。南条に謝儀一〇円余、俥料・宿料その他を合わせて経費は三四円ほど。寄付は三八円ほどあったから、非常の節約で数円の余剰を生じた〔井上日誌　一八九九・八・九〜九・二〕。このように、費用のかかる講演会は寄付を募って開催されたのである。南条の講話に感動し、すこぶる有益と評価したのは、井上たち一部の有識者だけではなかったかと推測されるが、固い話でも聴衆を集めることができたのは、事前の宣伝勧誘に加えて、大衆娯楽のない時代、地方では名士の講演が一種の娯楽的関心をもって迎えられたからであろう。

三三年五月三日には山形に来た大内青巒を招いた。午後遍照寺で一席、井上は「聴衆少数ナレトモ演説ハ上出来ナリ」、夜は法讃寺で一席、「聴衆多数三四百名アリシモ演説ハ昼ノヨリ数等劣レリ、然レトモ頗ル有益ナリシナリ」と評している。翌朝出発の大内に謝儀一〇円、随行に一円呈し、外に俥代一五円余、雑費一〇円ほどかかった〔井上日誌　一九〇〇・五・一〜四〕。三四年五月の村上専精来訪のことはすでに述べたが、参考までに謝儀について補説しておく。

法讃寺で説教二席、薬師寺で演説二席。村上に仏教講話会より七円、法讃寺世話方より五円、法讃寺より一円、そして随行に同じく寺より一円の謝儀を呈した。山一の妻女が井上に五円の補助を出してくれたので、鄭重な接待ができたと、井上は日誌に記録している（一九〇一・五・七）。

井上が出府を断念した後のことであるが、三四年一一月一一日に仏教講話会の僧侶談話会が開かれ、井上は天理教について、教祖・本尊・教旨・弊害・破邪顕正の五点にわたり体系的に論じた。薬師寺住職と、同じく新義真言宗豊山派の九野本正福寺住職も報告する予定であったが、ともに準備不十分のため次回廻しとなった。講話会の名で研究会を開き、会員に勉強を強いたことになるから、会員のなかにはこれを敬遠する者が現れたことであろう。教学僧井上は、習俗に埋もれ習俗のままに流れる地域の僧侶社会に、自己革新の狼火を投じたのである。

図31　南条文雄のサンスクリット文字揮毫
（法讃寺南余間）

この年の一二月に入ると、講話会として幻灯会を開いている。二日夜、法讃寺に遍照寺・薬師寺・正福寺、それに常楽院（同じく新義真言宗豊山派）が集まって、会員五ヵ寺で一心十界・（往生？）要集・家庭四恩・教育勅語に関し、幻灯の絵の説明を手分けして行った。夜に入って暴風雨となったのにかかわらず、来観三〇〇余人、すこぶる盛会であった（井上日誌　一九〇一・一二・二）。以後、幻灯会は講話会の恒例の行事として定着した。幻灯は強い光をスライドなどにあて、その透過光をレンズで拡大してスクリーン上に映写する装置で、映画が登場する前に教育と娯楽のために愛用された。田舎の人々にとって、幻灯会は農閑期最大の娯楽であった。これを講話会が導入したのである。

井上の教学研鑽

井上は郷国に落ち着いた明治三一年一月、これからは私事優先を方針とすることを決心し、私事としては寺門復興より自分の学徳修養を先としたように、修学によって修徳することを人生目標の第一に掲げた。本堂の一隅に書斎を造り、書棚には京都や東京で買い込んで来た大量の書籍を並べて、時間を見つけては読書した。

そのために、一年の半分で法務・寺務と布教を遂行し、残り六ヵ月を読書に充てる方針をたてて、読書時間割を定めた。三三年初夏、清沢から出府の心準備をしておくよう勧められてやや動揺したこともあったが、その年の初秋には気を取り直すように、学科日程表を作って一日の読書時間を記し、一月の合計と一日平均、一年の総計と一日平均を算出できるようにした。油断なく読書に割く時間を確保するための工夫である。

また、帰国最初の三一年は第一学年で世親の倶舎論、三二年は第二学年で世親の唯識論、三三年は第三学年で義記（軌）と華天（華厳天台）をテキストとして勉強する。これで余乗は一段落とし、つぎは宗乗の講究に進む計画を立てた（井上日誌　一九〇〇・九・一、『法讃寺記録』巻二、九〇葉）。これらがどのくらい実行されたかは不詳であるが、本山立の大学寮でなく、東京専門学校という俗学校を出て、余乗宗乗の研学が不十分である自己の弱点を補うために、勉学の計画を組織的に立て、その実行を期したことは、それだけでも刮目に値することであろう。

三四年二月真宗大学東京校舎の建築が進捗して、同志の周辺事情が動き出した頃、旧三四年正月元日に当たる二月一九日に、井上は教育と修徳について静思する。蓮窓寺檀中から預かったばかりの恵順に浄土三部経の朗読と習字を教えること、伴僧として使っている徳成には真宗問答の要義を授ける教育を継続すること。そして、自分の修学修徳についてはつぎの諸項を確認した。

(1) 毎日朝食前に浄土三部経につき宗乗を信仰的に研学すること。ただし、仏教史綱等をも品位陶冶の資として閲見すること。雑誌の閲読も可である。

(2) 終日五教章等につき華厳経を研究すること。

(3) 夜中に宗教学・心理学・倫理学・教育学等を研究すること。

(4) 家庭の和楽を期し、自家の警愼を忘れないこと。

(5) 教導については一昨年来の企図に着々歩武を進めること。

(6) 朝夕必ず一日中のことを期考し、仏祖に冥助を仰ぎ感謝慚愧すること。

右のうち(5)はその内容を確かめえない。(4)・(6)など修徳としては並の日常的なことも列記されているが、(1)・(2)・(3)は井上が日々修学に勉め、信仰の深化に心がけていたことを証するものである。余乗の研学は三四年もつづけ華厳経に進んでいる〔井上日誌 一九〇一・二・一九〕。

私立図書館の設立

井上は修学に必要な図書や布教に役立つ図書の購入をつづけ、蔵書は増えていった。蔵書を収めた文庫は、井上の活動拠点の中核であった。しかし、早くから自分が行った法話に関連のある図書を檀家の有志に読ませるなど、布教のために、また仏教的教養に資するために、個人文庫を開放する方針を採っていた。郷国に留まって浄土真宗の弘通に余生を捧げる決心が定まった後の三四年一〇月、文庫を図書館として公共の利用に供するため、有志との相談を開始した。法讃寺の私的事業とするか有志の公的事業にするか、図書購入基金をどうするかなど多くの問題がある。発起人を募り、社会教育に関わるので郡視学官とも相談して、三五年二月には私立西置賜郡図書館と命名して趣意書と仮定款を印刷するところまで漕ぎつけた（同 一九〇一・一〇・六、一九〇二・二・四）。その後の展開については第五章第一節を参照されたい。

この頃はまだ図書館設立の揺籃期であって、明治三二年一一月に社会教育上の施設として図書館法が公布され、三五年でも全国公私立図書館の総数は六七館に過ぎなかった（開国百年記念文化事業会 一九五五：三一〇頁）。三九年九月、一万数千冊の蔵書をもって私立西置賜郡図書館が正式に開館したとき、山形県最初の図書館の栄を担った（『法讃寺記録』巻三、六葉）。

四　清沢満之の終焉

1　真宗大学学監就任、そして辞職

真宗大学開学

明治三四年（一九〇一）九月、新築落成に伴い真宗大学は京都高倉から東京巣鴨に移転し、二六日清沢は学監に任命された〔宗報　一九〇一・一〇・一〕。彼は始め学監は南条氏、さもなくば村上氏、自分は加談か副監として学監を助ける立場でご奉公したい、と考えていたが〔大谷大学　二〇〇三b：二四九頁〕、学生の輿望など周囲の事情で学監を引き受けた。一〇月一三日開学式が挙行され、僧衣をまとった清沢が開学の式辞を述べて、自信教人信の誠を尽くすべき人物を養成する浄土真宗の学場であることを宣言し、教育勅語の服膺に言及しない学園がここに誕生した〔大谷大学　二〇〇一：一六一～一六四頁〕。教職員三五名、所化一六八名の小規模な大学であった〔宗報　八号〕。

三四年五月、井上が出府を断念し、一派の政務より死亡と清沢に返事して以来、両者の通信は間遠になっていた。同年九月の真宗大学の東京校舎落成すら井上日誌に影を落としていないが、彼は大学の移転開学を祝う手紙は出したようである。これに対する清沢の返書には、一派の裏面を観察すれば、校舎の建築移転を喜んでいる余地などない前途暗澹たる形勢である、一度お話できたらと思うけれど、宗務にたいする決心を敬承しているので強いては申し上げかねる、と同志が戦列を離れたことへの嘆きをもらしている〔大谷大学 二〇〇三b：二七八頁〕。

三五年一月一六日付け月見宛清沢書簡に「昨年末、本山財政の景況誠に案外の至り」〔大谷大学 二〇〇三b：二八〇頁〕とあるように、放漫財政で宗教法案反対・仏骨奉迎など派手な活動を展開して大谷派に巨額の負債を遺した石川は、渥美一派の攻撃を受けて同年四月二二日下野し、事実上渥美が差配する時代がきたが、井上はこの政変に何の関心も示していない。清沢は四月八日付け稲葉宛の書簡で、「頃日来本山時事ニ対シテハ当分緘黙ヲ守リ候方可然ト決定仕リ居候」と述べ、その理由は「此際小生ガ何事ヲ申出候トモ到底水泡ニ過ギザルモノニ可有之候間」と言う〔大谷大学 二〇〇三b：二八六頁〕。この書簡の時点では、財政破綻で石川宗政権が終焉を迎え、もはや何を言っても無駄な状況になっている。つづく石川の退陣、渥美の復権により政局が転換し、反渥美の愛山有志会などによる攻撃への対処と財政整理問題の沸騰で寺務所は異常な状態に陥っていた。これは、清沢および真宗大学を取りまく状況の変化として留意するべき事項であろう。

清沢の書簡集には収録されていないが、井上日誌によれば、六月一日、浩々洞を本郷東方町一三五番地に移転したことを報じ、白川会への出席を希望する書面を清沢から受領した〔一九〇二・六・一〕。久しぶりの来信であるが、自坊を中心に地域活動に忙しい井上には遠いものになっていたようである。

関根排斥の動き

三五年一〇月六日、清沢の妻やすが死去した。享年三六歳であった。

同月一三日浩々洞宛に発信した井上の弔詞と同封の香典二円が、三河大浜の清沢の自坊に回送されてきた。清沢は大学に起きた紛擾への対応で礼状が遅れ、三河に落ち着いてから謝状の筆を執った。一一月一八日付け礼状〔大谷大

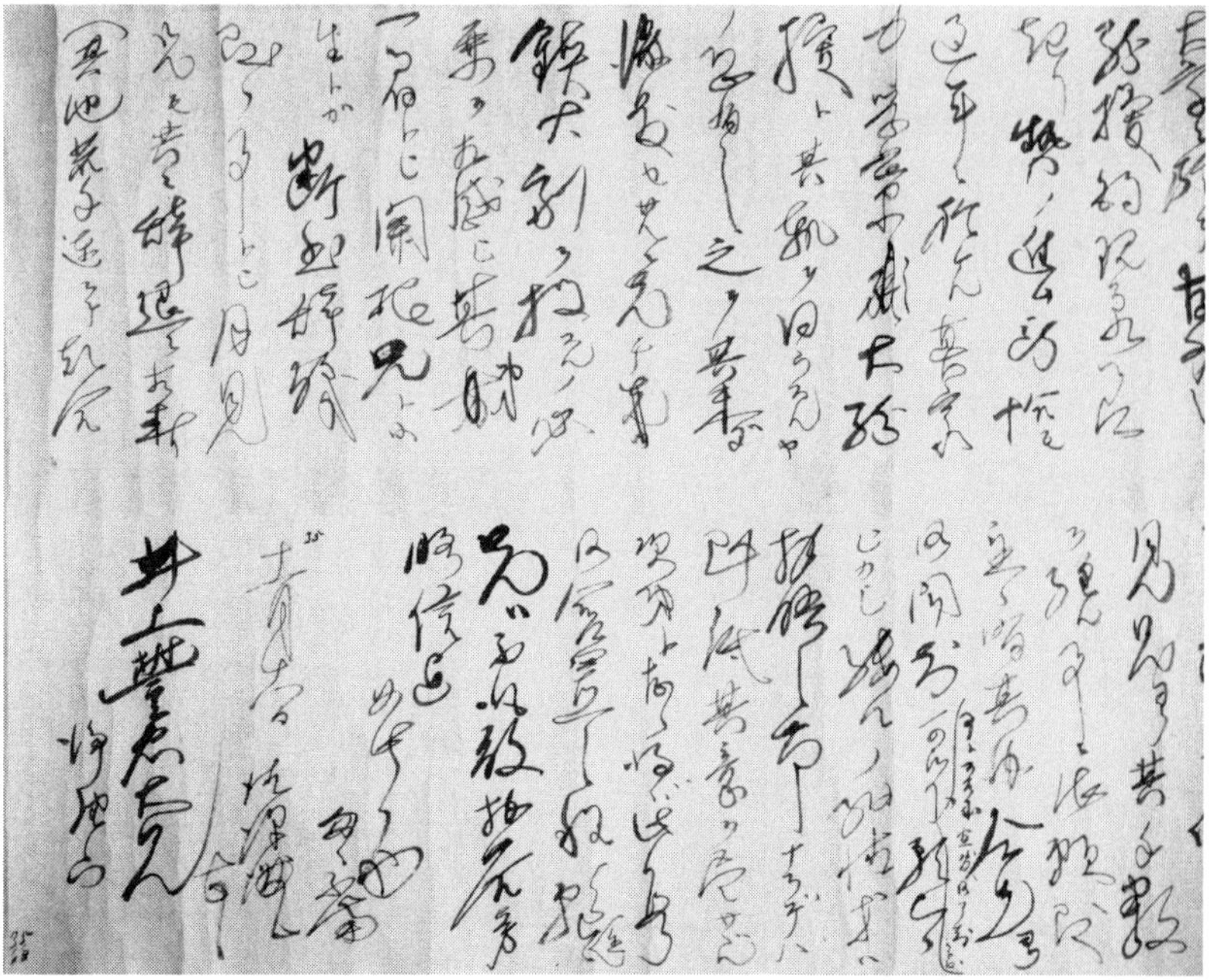

図32　総退陣を告げる清沢書簡（明治35年11月18日）

学二〇〇三b：二九四〜二九五頁では一一月一一日付けと誤記載）のなかで、忌中に遭遇した「一異変」の顚末を報じている。

真宗大学において存外の紛擾的現象が起こり、勢いの進むところ、あたかも明治二七年の第一中学寮の大紛擾とその軌を同じうする懼れがあるので、それが表に顕れる前に鎮火剤を投ずる必要を感じ、その第一着として関根と私が断然辞職することとした。中学寮のストライキとは違って、今回学生は退寮せず、また授業を欠席することもなかったが、昔年の轍を踏まぬよう先手を打った、という〔法讃寺史料〕。この経緯を少し詳しくみておこう。

清沢は、真宗大学の教育に一派教学の復興（近代化であって初期化）を期待し、出世間の学校で育てられた卒業生は純粋の宗教的方面にのみ向かうべきもの、世間の学校などに勤めるべきではないとの考えから、文部省の認可学校になって、中等学校の教員免許状を取得させることに反対であった。大谷派僧侶である学生には授業料を免除し、全寮制の寄宿舎に住むかぎり学資を給与する、本山丸抱えの末寺僧侶教育機関として、真宗大学卒業生が純粋に宗教的方面にのみ向かうことを期待するのは、開拓使立の札幌農学校や県立師範学校の例などからみて当然といえよう。清沢流の考えに全面賛成でない人も、俗学校の前例を考慮すれば、この処置に同意できることであろう。しかし、高倉大学寮の羈絆を脱して自由な東京に移ったからには、世間並みの事はやらせてもらえると学生は考え、とくに寺院活動だけでは衣食することが難しい寺院子弟の不満を買った。

清沢は主幹として真宗大学に送りこんだ関根に全幅の信頼を置き、大学のことはほとんど彼に任せきりであった。「真宗大学要覧」には、「学監は本学一般の事を掌り所属職員を統督す」「主幹は学監の命を承け教務庶務及会計を管理し学監の欠員若くは事故の時は其職務を代理す」（宗報　四号、一九〇二・二・一五）とあって、主幹は今日の大学事務局長の権限に加えて学監代務権限も与えられていた。

彼は恩師の教育方針に従って運営したが、かつて真宗大学研究科で一、二年先輩であった平教授のなかに彼の独走的な運営に反撥する者が現れ、両者の間に溝が生じていた。他方、三五年一月五名の新人を予科の教授に採用したうち、一人は帝国大学卒の文学士であったが、他の四名は研究科の学生で、多田鼎・佐々木月樵・曽我量深（一八七五―一九七一）ら後年いずれも著名な学者になった俊秀であるとはいえ、年齢が近く友人のような人たちが研究生身分のまま俄に自分たちの教師になったことに、年かさの予科の学生は不満であった。こうした学生の不満が一部教授と主幹との対立と結びついて、三五年一〇月、学生からの一〇ヵ条の要請として表面化した。要請の主なものは、文部省の認可学校とすること、知名の大家を招聘し、現在の教授を更迭することであったが、狙いは関根主幹の排斥とみられた（西村　一九五一：三五〇～三五二頁）。

総退陣の衝撃

清沢は諸氏と相談の上、清沢・関根、真宗大学の職員ではないが、教学部用掛として真宗大学に関わっていた月見、の三人とも責任をとって辞職することとした〔大谷大学 二〇〇三b：二九三〜二九四頁〕。まず関根が辞表を提出し、これを追うように清沢も辞表を書いた。三年の辛苦の末に開学にこぎつけた真宗大学であり、衆望を担っての学監就任であったが、僅か一年で学外に去るという。清沢の辞意は学生にとって予想外のことであったようで、一一月初頭、清沢の留任を求める請願書が大学を所管する教学部長に提出されたが、彼は関根にたいする不信任は自分の不徳のゆえとして取りあわず、東京を去って三河の自坊に帰った。こうして、一一月七日清沢に学監解任、同一七日関根に主幹解任の辞令が出た〔宗報 一七号〕。清沢は、学生が卒業の期に近づくと早くもパン問題に奔走疾駆するのは、彼らに遠大の志望が乏しいためとして、これを悲しんだ〔安藤 二〇〇三：四〇一頁〕。

一一月一八日付け井上宛清沢の前記書簡は、月見も辞職し、その他若手連で都合により四、五名辞職と報じている。若手連とは予科の教授嘱託となった研究科の学生曽我たちであろう。清沢派の総退陣である。清沢は一一月三日の稲葉宛書簡で、自分が辞職すれば大兄も辞職するのではないかと案ずる者があり、小生はその心配はないでしょうと否定している。どうか辞職などしないでいただきたい。万一辞職のご意底なら決着前に一度お会いしたい、と願っている〔大谷大学 二〇〇三b：二九三〜二九四頁〕。稲葉は真宗京都中学学長の職に止まったが、真宗大学のほうは総退陣となった。

清沢の依頼で月見が今回の異変の顚末報告書を同志に送ったのが、回状として北海道の清川から一一月二二日に井上に届いた。「大引退」の始末を陳述した長文一四枚の報告である。この日清沢からも来書があった。これは清沢書簡集にも収録されておらず、井上日誌にも内容が記録されていないが、おそらく引退の事情を説明した書信であろう

〔井上日誌 一九〇二・一一・二三〕。

一二月二七日、井上は月見から書簡を受けとった。それによれば、「悲惨ノ状、本山内外ニ充ツ。誠ニ気ノ毒千万ナリ」という〔同 一九〇二・一二・二七〕。察するに、清沢一党の退陣によって真宗大学が総崩れの状態になり、学生に気の毒千万だが、本山も大揺れに揺れている、と報じてきたのだろう。清沢の解任発令の日に教学部次長太田祐慶の学監事務取扱、関根の解任発令の日に彼と研究科同期・教学部録事出雲路善祐の主幹事務取扱が発令された。清沢は太田と出雲路の就任見込みを見届け、これで「暫ク事態ノ整頓ヲ待ツコト」になるとみて引退したのであった〔大谷大学 二〇〇三b：二九四頁〕。しかし、総退陣は予想を超える「悲惨ノ状」をもたらしたのである。

一二月三一日、井上は年賀を兼ねて月見に返事を書いた。そのなかで、有志の態度は穏便を欠くのではないか、と記したという〔井上日誌 一九〇二・一二・三一〕。彼は、今回の「一異変」に対して、もう少し何とかならなかったのか、という思いをもったのではないか。

私は、免許状の件にしても、教員人事の件にしても、また辞職の決意にしても、協議の跡がなさすぎるように思うのである。辞職については、「諸氏トモ相談致候処」と一一月三日付けの稲葉宛手紙にあるから〔大谷大学 二〇〇三b：二九三〜二九四頁〕、相談した諸氏のなかに稲葉が入っていない。まず相談相手になるであろう稲葉は、京都住まいゆえに急な用件については相談できないことは当然である。では、「諸氏」とは誰だれなのか。月見と関根は当事者同士だから「諸氏」には含めえない。浩々洞の若者たちだろうか。『大谷大学百年史』はこの件について、「側近の友人たちにも相談をせず」〔二二四頁〕と断じている。

免許状の件は清沢が関根と相談したことだろう。教員人事の件は関根と清沢が相談したうえでのことに違いない。辞職の件は問わないにしても、このように協議の範囲が狭く、それも師弟関係のなかでの協議では、協議のもつ弁証法的展開、正反両面からの再検討による原案修正はあまり期待できない。例えば、清沢の思想は都市などの新しい知識層の苦悶を代弁したといわれるが〔吉田 一九六一：一〇頁〕、井上たちはむしろ真宗教団の社会的基盤をなす村落共同体の門徒たちの思想感得の仕方が理解できた。これが熟議のなかでぶつかりあい、相互に調整されて結論となったのである。清沢・井上・今川・稲葉が築き上げ、沢柳を取り込み、さらに清川・月見を薫化した白川党六人衆の協議、いな熟議のパターンは、真宗大学の教員室には伝習されていないと見受けられる。それが「一異変」を生み出した最大の要因ではないだろうか。

白川党六人衆のなかでも、稲葉・清川・月見は清沢の弟分あるいは後輩のようで、ほぼ対等に太刀打ちできたのは二歳年長の今川と、同年ながら得意方面が俗っぽい井上の二人だけだったのではないだろうか。ところが、明治三四年井上は戦列を脱し今川は意見を異にするようになって、協議体の骨組みが崩壊に瀕していたのである。加えて、その頃井上は月見から、清沢は身体脆弱で事を急ぐ感がある、今彼を助けなければ将来の統合は難しい、と聞かされた状態に清沢はあった〔井上日誌 一九〇一・四・九〕、しかも彼に「人の毀誉褒貶何かあらん、男子唯其所信を行ふ可きのみ」と自らの考えに固執する傾きが出ていたことを、まさに関根排斥問題が沸騰していたとき、浩々洞で清沢に近侍して教えを受けた真宗大学卒業の安藤州一（一八七三―一九五〇）が証言している〔安藤 二〇〇三：四〇二頁〕。「事を急ぐ感」と「所信直進」とは同一態の異なる側面かもしれない。崩壊に瀕した協議体を組み直すために、頑固になった清沢を助けるだけの力をもつ盟友がなく、かくて月見の危惧したことが現実に起きたとみてよいのではないだろうか。

免許状の件については、世間普通の大学高専卒業生同様に、中等学校の教員免許状を取得できる道を講じたうえで、パンのために心を労することなく、ひたすら遠大の志望のために邁進せよと諭すことは、宗教学校において決して矛盾した指導ではない。寺僧の生活と寺院運営を支えるための不動産が乏しい真宗寺院では、蓮如布教の時代以来、門徒に頼らざるをえなかった。清沢が入った西方寺のように一四〇〇余軒の檀家をもつ大坊は別格として、どうにか門徒の懇志によって寺が支えられるのであればよいが、そうでない少檀の寺が多い。そこでは、寺僧側もなしうる収入の道を講じて、少ない門徒に過大な負担をかけぬ努力をしなければならない。教員免許状を取得しようとすることは、卒業が近づくと早くもパン問題に奔馳することにほかならず、遠大な志望が乏しいことを示すというのは、何事も如来の大命として順う清沢の信念からすれば当然であろうが、並の人からすれば短絡的な思考ではないだろうか。教員側の代表とでも協議すれば、こうした短絡的ともいえる判断を超えることができたはずである。

大学運営について清沢の考えに沿うだけでなく教員代表と懇話するなら、関根独走の誇りを避けることができたのではないだろうか。学生からの抗議的要請は、協議のないところに、起こるべくして起きた事件と考えられるのである。

その年六月清沢の長男信一が一一歳で死亡し、一〇月には妻が死去し、ついで手塩にかけた大学では学生が清沢の願うところに外れる異変を起こした。自身の病も悪化の一途を辿っている。「今年は何もかも壊れた年だった」と述懐して東京を去る清沢には、「今度私が壊れゝばみんな終いがつく」と言ったとおり〔西村　一九五一：三五三頁〕、残された時間は長くはなかった。

2　清沢との永別

清沢死す

大浜に帰った清沢は、本郷東方町から曙町に移転した浩々洞の新居に、彼のために部屋を設けて待つ弟子たちのもとへ遂に戻ることはなかった。三六年二月二八日、真宗大学学監に南条が、主幹事務取扱に月見が就任して、大学が正常に復したことに〔宗報 二〇号〕、彼は安堵の思いをしたことであろう。病気と付き合いつつ不断の精進をつづけていたが、三六年六月五日危篤となり、翌六日午前一時終に息絶えた。享年四一歳。九日の葬儀では法主染筆の位牌「信力院釈現誠」が信念に生きた故人を偲ばせた〔宗報 二三号〕。この院号の原案は遺弟たちの集議によるという。

清沢の引退以後、井上は彼とどのような交信ができたか不詳であるが、三六年五月一五日、トルストイ『吾宗教』、村上『仏教統一論』第二編、『基督伝』の三冊を在東京の後輩を通じて購入している〔井上日誌 一九〇三・五・一五〕。清沢がこのうちルナン『キリスト伝』を愛読したことを三五年一一月二七日付け浩々洞宛書簡で報じているから、井上もその情報に接して購入に及んだのではないかと推測される。三六年年頭には清沢に年賀の葉書を出している。その外にはかりに直接の交信がなかったとしても、井上自身は依然として清沢の信念を仰ぎみていたのではあるまいか。

井上は六月五日夕刻、清沢危篤の電報に接し、すぐ病状問い合わせの電報をうった。六日午前一〇時死亡の悲報が飛来したが、会葬できないので弔電を発し、関係者への書面を三、四通投函した。その日、「万感ニ堪ヘズ。嗚呼公私ニ付哀悼ニ堪ヘザルナリ。師ト交遊苦楽ヲ共ニシタル十年一日ノ如シ。而シテ教界ハ実ニ師ニヨリテ泰山ノ重キヲ為セリ。今ヤ亡シ。悲哀ニ堪ザルナリ」〔井上日誌 一九〇三・六・六〕と、苦楽を共にした一〇年を回想して万感の思いに浸る。

去就進退の一貫性

明治二五年頃から一〇年余にわたる清沢の去就進退には、何らの主義も定見もまた節操もないかにみえるところがある。一派の職責を去ろうとするに急で、誰がどのような事理をもって説得しようとしても留まらないことがあった一方で、当路者の思う壺にはまる危険を顧みず、自ら進んで職責に当たり、他者をも勧誘して引き入れようと努めることがあった。また、時の内局に反対の態度を取ったかと思うと、同じ内局を擁護して善導せずば止まぬ態度を取ったことがある。

多くの人が疑問とするこの問題にたいして、井上は没後間もなく書いた追悼記「我清沢師」の「一四、追懐余談」で、変転しているのは外形であって神髄は一貫しているという。清沢は教学の振興をもって護法の神髄としたので、すべての宗務の是非を皆この教学振興の標準から決し、なかでも門末子女の勧学を緊急の根本要義として、ほとんど生涯を犠牲にしてこれに尽瘁した、と断じる〔井上 一九〇五〕。

井上はまた、明治四二年六月の七回忌に、東京の求道学者で行った感話のなかで、主義方針に一定の則がないようにみえることにも為法不為身の至誠が一貫している、これは常人ではありえないことだ、と語った〔日誌 一九〇九・六・六〕。

清沢と多年苦楽をともにした井上による為法不為身の至誠という神髄一貫の指摘に、大観すればそうであろうと同意する論者は多いと思われるが、近寄って見れば変転が大きく、矛盾するやに思われる点さえあることを訝る識者は少なくない。面受の弟子の一人で、真宗大学の紛議のさい清沢に従って辞職した曽我量深は、同じく七回忌法要の席で、「先生の一生は矛盾の一生であり、疑問の一生であり、大に弁護を要する一生である」と断言している〔曽我 一九七〇：二二七頁〕。

大学時代以来の親友沢柳政太郎は、明治四〇年安藤州一の『清沢先生信仰座談』に与えた序の冒頭で、「清沢師の偉大なるはその思想の偉大なるなり、その品性の偉大なるなり」と断言したうえで、「この偉大なる思想と品性は如何にして成れるか。修養の結果に外ならず。云ひ換ゆれば煩悶の結果なり、精神的奮闘の結果なり、経験の結果なり」と道破している〔安藤 二〇〇三：三八一頁〕。この指摘でわれわれは、変転には人格発達によるとみるべき面があったことを知ることができよう。文章のなかの「修養」とは「学習」といいかえてよく、「煩悶」「精神的奮闘」とは不如意な事案との取り組みといいかえてよいであろう。

清沢におけるおそらく最大の不如意は肺患であろう。清沢が死の前年、明治三五年の当用日記の末尾に書き付けたメモには、「回想す。明治廿七八年の養痾に、人生に関する思想を一変し略ぼ自力の迷情を翻転し得たり」とある。行者的修行に専念していたときと、肺患が発症して自力の限界に直面し、「徳永ハコレニテ死亡シタ、此上ハ此死骸ハ諸君ノ自由ニ任スベシ」と約束してからと、考え方・行動が異なってくるのは当然である。かりに病気の煩悶によって自力から他力へと反転するような学習をしたのはこれ一回としても、さらなる煩悶による他力信心の深まりは、その後も何度かあったのではないだろうか。先のメモは「自力の迷情を翻転し得たりと雖ども、人事の興廃は、尚ほ心頭を動かして止まず」とつづくことに、これを察知することができる。

新しい「経験」も学習の契機となる。メモはついで、「卅一年秋冬の交、エピクテタス氏教訓書を披展するに及びて、頗る得るところあるを覚え卅二年、東上の勧誘に応じて已来は、更に断へざる機会に接して、修養の道途に進就するを得たるを感ず」と、読書による学習の効果を告げている〔大谷大学二〇〇三a：四四一～四四二頁〕。『歎異抄』『阿含経』による開眼も同様であり、読書以外の経験、例えば同志との熟議も学習の契機として重要である。

煩悶や精神的奮闘の結果が、あるいは経験の結果が人格発達となるのは、清沢の人格の基本に「修行志向」とでもいうべきものがあるからではないだろうか。「現時当局の人と雖も、若し彼等心を空ふして、共に一派のために尽さんことを願はんには、満之不肖なりと雖も、豈一命を顧みんや、余は喜

図33　沢柳政太郎

（成城学園教育研究所所蔵）

んで彼等と連合し、教学の振興に尽瘁すべきなり」〔大谷大学 二〇〇三b：四一七頁〕とは清沢晩年の箴言であるが、一派の精神的革新もまた、彼の人格の基本をなす志向ではないだろうか。それが教学不振の元凶である渥美にたいしては排斥となって現れ、石川に対しては始めは宗政参与全面拒否であったのが大学教育に限っての参画となり、さらに宗政の教学面への関与と、参与が拡大深化してきた、とみることができる。ただし、これは人格発達の問題ではなく、環境条件の変化による対応行動の変化である。

「修行志向」に発する人格発達にしても、「精神的革新志向」に基づく対応行動の変化にしても、ともにプラスの方向への展開であった。しかし、最後の真宗大学での進止については、彼の人格発達に貢献した同志が左右を離れ、加えて肺患進行により体力気力が低下したためか、穏便を欠くと批判される「所信直進」に陥った。かつて事務革新全国同盟会最後の会議で、「存続解散両方の意見に賛成したし、形態は解散し精神は益々団結せざるべからず」と対立する意見を超える立場を提案したような、懐の深い清沢は姿を消していた。マイナスの方向への変化もあったのである。

村上専精が「先に派内の輿論に訴へて攻撃せし本山の秕政を、後に馬耳東風の如き、措いて之を問はぬこととなりし」〔村上 一九一四：三四一頁〕と批判しているが、これは表面のことで、内面ではきびしい「修行志向」や「精神的革新志向」に貫かれていた。マイナス方向への変化というべき最後の異変においても、井上が言ったように、為法不為身の至誠が一貫していたことを、認めうるのではないだろうか。

清沢追悼

明治三六年七月一八日、井上は月見から会合の通知を受けた。清沢死亡後の諸事について協議するため、今月二七日三河蒲郡で同志の会合を開くので出席されたい、との連絡であった。先の葬式のさい新法主から会葬の同志に哀悼の親書を賜り、かつ将来のことを託されたので、その返書を準備するための会合であったらしい〔井上遺文「清沢師追弔会感話」〕。彼は「熟考ノ上差支アル旨ヲ以テ欠席スベキコトヲ返事」した〔井上日誌 一九〇三・七・一八〕。生前異数の知遇を受けながら、危篤の電報に接しても他の同人のように見舞いに行けず、死亡の電報に接しても会葬すらできなかった者に、この会合の参加資格などないと考えたようである。

蒲郡会議の報告が月見からあったためか、それとも山形での追弔行事の話が出たためか、井上は七月二九日に明治二五年以降在京中の古手紙の整理を始めている。大行李に数千通、七、八貫目もあり、全部終わるのに三日かかった。ついで八月二日には帰国後の手紙数百通を整理した。整理とは捨てる分と保存する分を区分けする作業が主であったらしい〔同 一九〇三・七・二九、八・二〕。

八月一八日、浩々洞の多田鼎から、清沢師に関する一文を『精神界』に寄稿されたし、との依頼が届いた。蒲郡での同志の会で、清沢追悼文を彼が主宰した『精神界』に掲載することとなり、白川村でともに籠居し、清沢を佐けて運動の中核を担った井上に頼むのがよい、と一決したのではあるまいか。多田の手紙には、先師生涯の後段については知っているが、革新運動を中心とする中段については詳細なことはよく分からないので、結交の始終にわたり、とくに中段のことを詳密に記述して公表していただきたい、とのことであった〔同 一九〇三・八・一八、井上 一九〇三b〕。先日古手紙の整理をすませているので、そこから清沢からの来信をとり出せば、追悼文執筆の資料として使うことができる。

八月二九日の日誌に、「清沢氏ノ書類書簡数十通ヲ一読ス。但シ清沢ノ演説ノ為ナリ」と記されている。とりあえず追悼文作成のためでなく、追悼演説準備のために清沢書簡を読んだという。実は三一日に、山形市で清沢追弔法要ならびに仏教演説会が予定されており、井上はその演説会で清沢について語ることになっていたのである。

三〇日も終日、日誌等によって清沢の護法家としての来歴を調査し、大綱をまとめた。ここで書簡に加えて日誌が登場し、書簡と日誌を基本資料として話を組み立てたことが判明する。井上はこの両三日、覚醒時は清沢からの数十通の来信をむさぼり読み、日誌の記事は「清沢」の二字に朱筆で傍線を引きつつ読みふけった。そのため、夜は往事を想って眠りがたく、眠れば必ず清沢の夢だけみる、追懐措く能わぬ切ない時間を過ごした〔井上 一九〇三b〕。

三一日、井上は朝午前三時半に人力車で出発し、赤湯で下りの一番列車に乗って七時二十分山形市の唯法寺に着いた。先着六、七人で昨夜は大挙伝道などのことを相談していたという。これは去る五月五～六日に開いた、自治的に地方教学を振作する教学同志会の拡大会議であった。井上は協議の詳細を聞くために早く出てきたのである。今回の清沢追悼集会もこの会が発起の口火を切ったのであろう。

追悼行事は、山形市随一の大坊専称寺大広間を会場として午後一時開会した。発起者は市内大谷派寺院と山形県大谷派青年会、賛同者は羽陽仏教同志会と山形仏教青年団と、青壮年僧侶を中心に全県的な広がりをもっていた。演説会では井上のほか、真宗大学卒業の山形県在住僧侶や中学校長・教頭、弁護士など、合わせて九名の弁士が演壇に立ち、聴衆満堂、非常な盛会であった。井上は概略つぎのようなことを述べた〔井上遺文「清沢師追弔会感話」〕。

冒頭で、先師から生前異数の厚誼を蒙りながら、危篤の電報にも見舞いに行けず、死亡の電報にも会葬ができず、遺憾千万に思っていたところへ、この会の主催者から通知をいただき、随喜措く能わず、参上した。先師は多方面の人物で、哲学者としての清沢、護法家としての清沢、伝道者としての清沢など、いずれの方面でも玲瓏玉のような人であったが、護法家の側面について、大法のため一派のため身命を惜しまず尽瘁された事実の一端をお話して、追懐の意を表したいと前置きして、明治二五年二月七日の初対面から一〇年余に亙って直接ふれた護法家としての清沢について語った。そして、兄弟のような交情をいただき、しかもその間多大な感化を受けた。帰国以来仏書を読み、多少の修養もして仕合わせな人となったが、初対面でもし先師の警策を蒙らなかったなら、事務役員が老年落ちるいわゆる寺務地獄、置きどころも使いどころもない死に損ないになっていたであろう、と。しかり、井上には十分その危険性があったのである。

井上はその夜、教学同志会の仲間と明年の「門戸開放」(内容不詳)などについて相談し、唯法寺に一泊している。彼は『精神界』の原稿を、山形での追弔講演会のときと同様に、清沢の護法家としての側面に光を当て、「我清沢師」という題で執筆する。九月一七日に取りかかって二二日脱稿、二三・二四日と清書して東京の多田あて投函した。山形での講話のときの原稿は一四枚であったが、今回は手紙を何通も活用して三五枚となった。

三六年年末、井上は「師ノ遷化ハ啻ニ豊忠ノ兄弟ヲ失フニ勝レル痛惜アルノミナラス、真ニ一派否仏教界ノ大打撃ナリ」と、兄弟の死に勝る痛惜と寂寞の思いを新たにした(井上日誌 一九〇三年末)。こうして巨星が墜ちた明治三六年は暮れ、新しい年が明ける。井上は自坊および兼務寺院の檀家、そして地域の輿望を担って奮闘しなければならない。

五　井上豊忠のその後

1　地方自治的教学の振興

律師返上

時言社同人が袂を分ってから、それぞれどのような道を辿ったのか。井上については、清沢との関連で必要な限りふれてきたので、一派の宗務から死亡の決意表明をしてからの、それ以外の側面での動静を語ることとしたい。明治三四年（一九〇一）後半の井上日誌には、真宗大学の落成も開学も影を落としていないが、村上専精の大谷派僧籍離脱に感動し、これに賛意を表した一〇月三〇日付け書簡が村上側に遺されている。

村上が三四年七月『仏教統一論』第一巻を公刊したところ、大乗仏教の後代成立を説く主張は、学門的研究の当否より、教団人の姿勢として問題にされ〔柏原 二〇〇〇：一九八頁〕、派内宗学関係者の間で厳しい批判の声が揚がったが〔例えば貫練会員某等評〔宗報 一九〇一・一一・一五〕〕、彼ほどの大物は処分するより、勇退を促すのを可とする意見もあった。村上はこれに応じて、批判が誤解に因ることを主張し、かつ今後は派外に立って研究を進めたいとして、一〇月二五日当局に僧籍除斥を願い出るとともに、「予が真宗大谷派の僧籍を脱するの告白書」を印刷して広く配布した。井上にもこれが送付されてきた。彼は一読して感激し、すぐに返事を認めた。「為法大賀何事歟不過之候」「本山は他日必然的に貴師の大著を歓迎するの時あるべしと存ぜられ候」という文字が並び、村上はわが意を得る思いがしたのか、自伝の僧籍離脱一件を叙述する段で、井上書簡を掲載している〔村上 一九一四：三九二〜三九四頁〕。村上が宗門の処罰を受けるとすれば、おそらく最高刑につぐ除名に処せられるところであろうから、賛同の意思表明だけでももし直ちに公になれば、何らかの処罰を免れえなかったことだろう。

井上は同三四年一一月二一日、律師の辞表を組長に送った。不律不学な者が厳格な名を冒し高等な地位にいるのに耐えない、というのがその理由であった〔井上日誌 一九〇一・一一・二一〕。

井上が明治三一年一一月教師身分を復旧され、権中助教に補任されたことはすでに報じたとおりである。ところが、翌三二年二月従来の教師が廃されて代わりに僧綱僧位となった。僧綱には第一級の大僧正から第一〇級の権律師まで、僧位には第一一級の法師位から第一三級の入位までの等級と称号が定められた〔宗報 五号〕。これにより、井上は三二年六月第一二級の満位に補された〔井上日誌 一九〇〇・一一・二三〕。井上が卒業した京都教校は真宗京都中学同等と認定され、真宗中学卒業の者は入位または満位に補すという「僧綱僧位補授規則」第二条〔宗報 七号附録〕が適用されたのであろう。この規則第七条に「僧位ヲ有スル者ニシテ教学ニ殊勲アル者及徳行其他ノ模範トナルモノハ相当ノ僧綱ニ補ス」とあり、この条項が適用されて、後に第九級の律師に補されたと推定される。しかし、律師は真宗大学本科を卒業した者が補される等級であり、研究院を経た者は権僧都〔第八級〕または僧都に補される。

井上が先に安心調理にかけられそうになったとき、村上は「前代未聞の一大椿事」として宗務当局を攻撃し、近くは井上が「一派ノ政務ヨリ死亡」を決意した直後、彼の寺に泊まって話をきいてくれた。そのような村上に、尊敬する先輩以上の親愛感をもち、その驥尾に付そうとしたのであろう。それに沢柳から聞いた雲照律師にたいする畏敬、加えて真宗大学本位の僧綱僧位の等級判定にたいする不満もあったかもしれない。いずれにせよ、僧綱返上は僧籍離脱の一歩手前であるから、宗政に左右されてばかりいるものか、という態度表明であったのだろう。

本山施政の外に立つ

井上が村上の『仏教統一論』第二巻を注文していた頃、三六年五月五日、山形市の隆勝寺に、この寺の東谷智源と井上ら有志計五人が教学同志会を自称して集まり、地方自治的に県内の教学を振興する策について、翌六日夕刻まで協議している。その結果、「県内ノ有志相依リ相助ケテ、本山施政ノ外ニ立チ自治的ニ地方教学ヲ振作スルヲ目的」として、つぎの諸項を議決した（井上日誌　一九〇三・五・五〜六）。

一、県内門末子弟の学事の実状を調査すること。
一、就学者にできるだけの応援をすること。
一、京都・東京就学者の世話監督をすること。
一、各地中学在学生に宗教的修養をさせること。
一、副住職試験の準備等につき親切に世話すること。（以上学事事項）
一、各宗合同して通仏教弘通に尽力すること。
一、図書館等の社会事業にもなるべく尽力し、間接布教に力めること。
一、青年会・婦人会等を各地に興すこと。
一、軍隊・監獄・工場等の布教に尽力すること。
一、学校教師等に宗教注入のこと。（以上布教事項）

以上一〇項目のうち、学事は三項ぐらい、布教は五項全部、井上が過去五年間、自坊を拠点として実行してきたことである。いずれも本山施政の外に立って、自発的に行ってきた教学振興策であった。これを若い同志と協力して県内各地に普及させることにより、浄土真宗の教えを県内に弘め、仏教的な風土を育成しようとしている。本山の教学重視の施政も、このような地方の自治的な努力と結合してこそ、その実効を挙げることができよう。井上は宗政への参加を断念したが、それの対極で教学振興のために働いている。清沢の同志たるに恥じない活動が、全県を視野に展開されようとしているのである。同年八月末の山形市での清沢追悼集会も、この教学同志会が蔭の推進力であったと推測される。

自坊中心の活動

上記の広域活動の基礎に自坊中心の活動がある。井上の特色は自坊中心の活動に閉じこもらぬことであった。それは、自坊中心の活動に広域活動の芽があることによって実現したことである。井上はそのような自坊中心の活動を毎年日誌の末尾に過ぎゆく年の重要な出来事としてまとめている。このまとめによって、三六年に至る三年間の活動を概観してみよう（三四年については既説と一部重複する）。

自坊中心の活動の核は自らの研学であった。井上はそれを「学事」の見出しで書き出している。三四年は華厳を中心に学習し、三五年は天台、ついで顕教・密教の要領、三六年は主として宗乗を研鑽した。あわせて評判の高い仏教・他宗教・宗教学・哲学の書籍をかなり広く読んだ。本山の京都教校を出たものの、専門課程は早稲田の政治科で、宗乗余乗、宗教・哲学関係の素養が乏しいことを、同志や寺務所の同僚との交流のなかで痛感したのであろう。自らの欠陥を補うために研学に励んだのであった。そうした日頃の研鑽から僧綱基準をみれば、まともに係わり合えぬ不快感を覚えたに違いない。

つぎは「布教」である。三四年は、自坊での説教八、九十席、檀家での法話会二十五、六席、檀家有志の同朋会での講話六回、演説三、四回。仏教講話会での村上・大内等の講演等。三五年は、自坊説教九七席、米沢長命寺春期応援説教三七席、法話会一八回、同朋会を発展させた道交会三回、裁縫生中心の婦人会五回。仏教講話会での幻灯会六回等。三六年は、自坊説教九〇余席、法話会一八回、道交会七回、婦人会七回、監獄教誨二回、仏教講話会での近角常観・大内・河合弘一（中学校長）・本多辰次郎（同教頭）の講演等。なお、幻灯機とスライド一二七枚を四〇円で購入して、幻灯会を自坊で五回開いたことはこの年の特筆事項である。

井上は詳細な日誌を書いているので、説教・法話・講演の回数を集計できた。彼が行った説教・法話の席数・回数は驚異的である。彼はよく勉強していただけでなく、檀家の家事調停員のような働きもしていたので、話の種に窮することはない。三六年には頼まれて監獄教誨も始めている。監獄教誨・工場布教・軍隊布教はこの頃本山の布教部では特殊布教の名称のもとに本格的な取り組みを始めていた。「布教」の項末尾の仏教講話会への講師招待は、宗教界・教育界の著名人と面識がある井上でなければ交渉できぬ人たちであった。彼はこうした形でも、地域の宗教文化の向上に貢献したのである。

つぎは「図書」である。三四年は、貸出しは一〇〇冊にすぎないが、私立西置賜郡図書館創立のプランができた。三五年は、貸出しは三〇余冊と少なかったが、図書館設立発起人が一〇〇人に達する見込みがつき、予約した大蔵経は九回まで配本があった。三六年は、購入図書三〇冊内外、貸出し九〇冊。図書館設立の運びは遅々としているが、前年予約の大蔵経は二〇回まで配布され、蔵書の充実をみた。

つぎは「寺内教育」である。自坊の長男には早くから勤行・句読を教授しているが、三四年は、坊守（妻）と見習僧の恵順に三部経の句読を教えた。また、檀家の有志三人と恵順に真宗門徒にとって基本的な教養である正信偈・称名・和讃の勤行を教えて、秋の報恩講には助音させた。三五年は檀家の娘や嫁、両三人にこれらの勤行を教えた。西根村寺泉の願誓寺の嗣子と長田村成田の最林寺の嗣子が入門し、さらに三六年は青森市本町蓮心寺の嗣子が入門した。入門者は同居させて訓練する。その外一時入門する者があり、法讃寺は小さい私塾の観を呈した。

最後は、「近隣同派寺院への支援」である。三四年は豊田村歌丸の常見寺の兼務住職を本山から命じられ、この寺の保存中興のために資金募集の端緒を開いた。また、前記鮎貝の蓮窓寺と寺泉の願誓寺から檀徒一同の誓約的依頼を受けて、当分これらを兼務して応援することとなった。寺中心の年中行事、檀家個々の葬式・法事と、習俗的な活動に加えて、井上はこれらを法義取立ての機会として活用しようとするのであるから、一口に応援といっても、気の遠くなるような労働量であった。人一倍勤勉で、合理的に多くの作業を果たす能力がある井上に、人々は信頼して委託したのである。

かくて、井上は自坊檀家にとってはもちろん、今や地域にとってもなくてはならぬ真宗僧侶・教学者、幅の広い仏教者になっていた。葬祭サービスの域を超え、自坊檀家の枠を越えた新たな時代の浄土真宗の布教、仏教の普及は、このような形でなされるのであろう。時言社同人が解散した後の、同志の生き様の一つのタイプを井上は示していたのである。

2　明治三七年の政変

「御用アリスグ上レ」

明治三四年に井上は、一派の政務から死亡した、以後自坊での法義取立てに専念すると宣言したが、三七年一月に

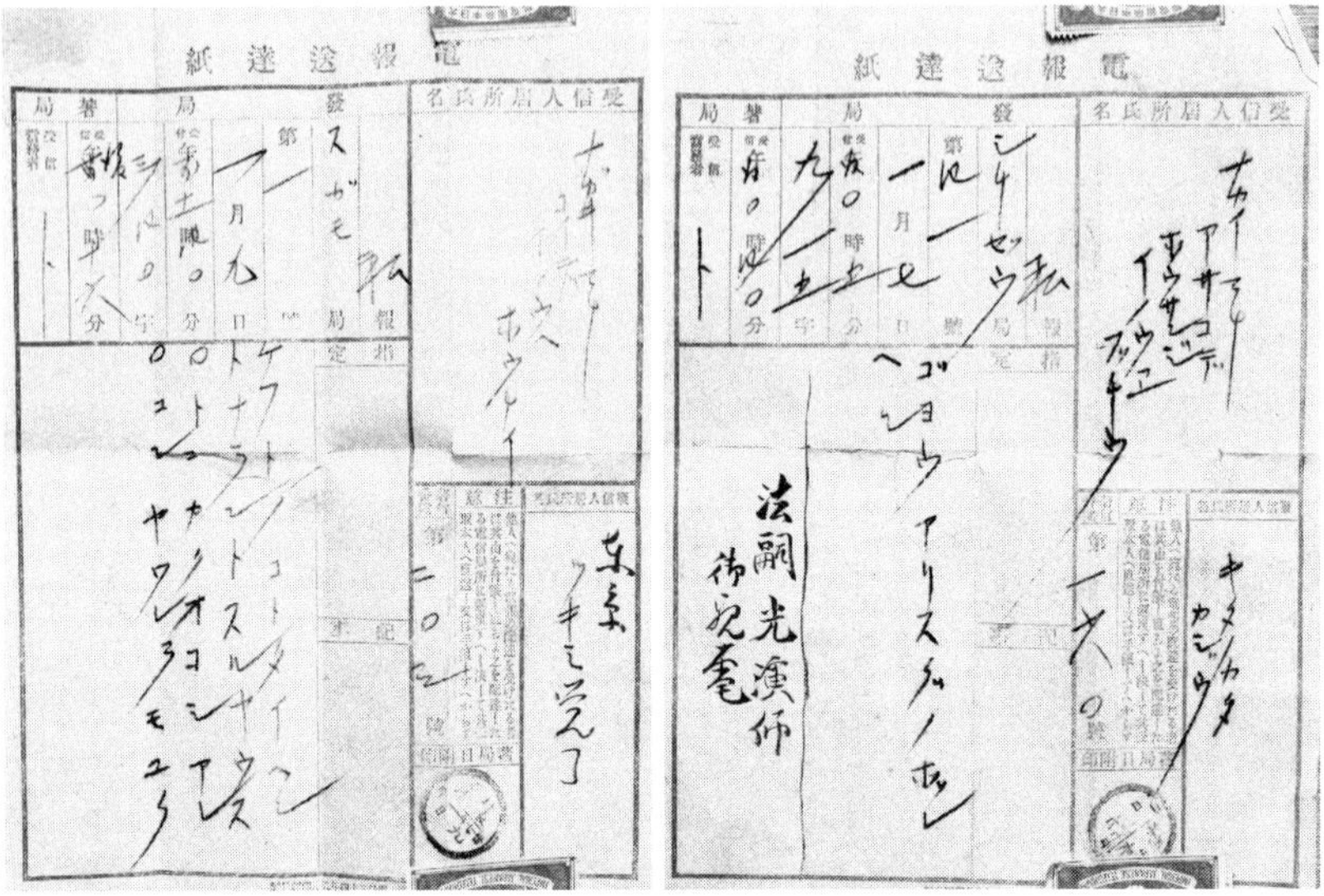

図34　新法主のお召しと月見覚了からの連絡（明治37年1月）

至って宗政に関与せざるをえない事態が発生した。

一月六日非常な積雪のなか檀家を巡って報恩講を勤め、七日午後帰寺したところへ北ノ方（新法主）の家従から、「ゴヨウアリスグノボレ」（法嗣光演師御親電）との電報が届いた。そこで、真宗京都中学学長の稲葉昌丸に問い合わせて、「ハナノマ（花ノ間、法主）トウケウ（東京）ニユキ、キタノカタ（北ノ方）タチ、シノハラ（篠原）カイセイカカリ（改正掛）トナル○シウセイカイセイ（宗政改正）ノタメナリ、キテヨカラン」との応答をえたが、八日家従へは、様子不明にて確答申し兼ねる旨返電し、檀家の報恩講参りをつづけた。東京で真宗大学主幹事務取扱を勤めている月見覚了から、「チカズミ（近角）キヨウト（京都）ヘユキタ○ヤウス（様子）シレルマデシュッタツ（出立）ミアワセ」との電報が入ったので待っていると、翌九日同人から、「ケフト（京都）ノコトタイヘントナラントスルヤウス（様子）○トモカクオコシアレ○コンヤ（今夜）ワレラモユク」との急報があった。早速寺の総代会を開いて上京を承認してもらい、「本山部内ノ大勢ヲ観察シ、一先ヅ帰山シテ本山ニ対スル進退ヲ確定スルコト」（法讃寺史料、井上日誌 一九〇四・一・九）として、厳冬積雪のなか新調の二重マントに身を包んで一二日出発、奥羽線から乗りついで一四日着京した。

寺務所へ直行したところ名状できぬ混乱状態、二政府というべきか、無政府というべきか、まことに言語道断の有様であった。すぐに改正局へ行き、つぎに内事に推参して太田祐慶の斡旋で新法主の病室に参上した。親電で招喚されたので、出頭の挨拶に参上したのであったが、四〇分ほど面談を許されて感激にひたった。退出後、真宗京都中学へ廻り、稲葉・今川・月見・関根・近角らの衆議に加わって、去就進退を相談した。今川も召しにより熊本から馳せ参じたのである。

寺務改正局設置

井上の関知しない間に大谷派の最重要局面が激しく動き、一月五日、法主は突然新法主に寺務全般を委任するという事件が発生していた。法主は相変わらぬ不行跡と、そのことも一因の財政整理不首尾のため信任を失っていたのに加えて、近年神経病と脚気に悩み、車行・面謁・談話・書見・憂慮を抱え込むことなど一切不可と言われることもあったから、隠退が取沙汰されていた一方、留職請願など隠退を阻む勢力も動いていた。他方、修学中を理由に寺務の委任を受けることを避けていた新法主も、叔父の大谷勝縁や親戚の華族諸公からの度重なる勧告を受けて、受任の決断を迫られる事態が近づいていた。したがって、全く予想外の出来事ではないけれど（朝日 一九〇二・八・一八、二一、二四、九・一四、一八、一九、二一、二二、二四、二九）、それでも突然の印象は免れなかった。その事情を当時の新聞記事に探ってみよう。

本山は相変わらず財政整理に狂奔していた。整理のため三六年八月までに六〇万円募集の予定がわずか二万円しか集まらず、同年一二月中に一〇〇万円募集の予定が二三万円より集まらぬ〔朝日　一九〇四・一・九〕。世評によれば、今回の財政整理も寺務総長渥美の計画であった。井上馨伯に依頼して安楽兼道ら俗人を顧問などに招聘し、巨額の給料を払う一方、もっぱら自派の勢力を扶植することに努め、布教を度外視し門末を蔑如して、しかも財政整理の実はさらに挙がらず、二七〇万円の負債は渥美政権のもとで四〇〇万余円に増大する絶望的な事態となった〔読売　一九〇四・一・八〕。法主は改革の必要を感じて、三六年秋頃から新法主と相談していた〔朝日　一九〇四・一・一二〕。そして、翌年の一月四日、寺務および財政整理の一切を副管長たる新法主光演に委任し、財政整理方を依頼してあった井上伯との関係を絶つこと、篠原順明を挙げて改革に当たらせることが得策であることを告げ、自分が京都にいたのでは新法主もやりにくいだろうと、同日宵近衛篤麿公（一八六三―一九〇四）の葬儀に列するためと称して東上したのである〔読売　一九〇四・一・九、朝日　一九〇四・一・一五〕。

当時の大谷派では、明治三五年四月、財務の行き詰まりに加えて四二万円に上る使途不明金問題で寺務総長石川舜台が辞職し、顧問の名で事実上宗政を握った渥美契縁が三六年三月寺務総長に返り咲いていた。石川を支持する愛山有志会らと渥美支持の一派とが激しく鎬を削ったうえに、東京の学者派（清沢・南条・村上・月見・関根・出雲路・近角ら）の影響力を利用しようとする策謀家の動きもあり、さまざまな人がその間に入り乱れて、時には五里霧中ともいうべき状況を呈していた。そのなかで井上馨伯は渥美に、大谷勝縁連枝は石川に近い人物と見られていた〔朝日　一九〇二・八・二〇、二三、九・九、一四、一七、一九、二一、二六、一〇・二、七、一二・四。読売　一九〇二・八・二二、二五、二八、三〇、三一〕。思いきった改革を断行するには、渥美・石川両派のいずれにも染まっていない人物を起用しなければならない。

選ばれた篠原は、渥美・石川の先輩であるが常に渥美とも石川とも意見が合わず、また渥美派・石川派の一方に偏することのない人物であった〔読売　一九〇四・一・八〕。「篠原か、是も前世紀の人物にて間に合はず」〔読売　一九〇二・

八・二一〕と酷評される一方で、篠原・石川・渥美を大谷派三傑とみ、篠原をもってその尤なるものとする新聞もあった〔朝日 一九一四・五・二一〕。旧聞に属するが、明治三〇年一一月もっぱら大谷派関係の情報を報道する『真宗真報』が大谷派本山参務候補者私選投票を募集したところ、投票総数一万二一七八票のうち七九%を篠原が獲得し、当時上席参務だった石川は僅か一%、政敵の渥美も一%と圧倒的な差がついた〔教界時言 一三号二一頁〕。投票の中立性・公平性には疑問があるにしても、篠原は一般門末の間では人気のある人物であったのだろう。

三七年一月五日、新法主は、法主から寺務全般を委任されたこと、「従来派内に於ける積弊を洗滌し専ら力を法義相続の上に致さん」との趣旨から寺務の改革を図り、寺務所職制を廃止し寺務改正局を新設して一切の事務を処理させることを親書をもって達示した。直ちに寺務改正局職制を発布し、法主の末弟大谷勝信に寺務改正局総裁臨時代理を、篠原順明に寺務改正局長を命じた〔宗報 三〇号三〜五頁〕。改正局には従来の役員を一切用いず、新たに任命するについて、俗人を遠ざけ党派を退け、不偏不党の人をもって組織する方針で、数人の出仕と十数人の書記を任命して、旧礼席で事務が始まるはずであった〔読売 一九〇四・一・八〕。

新法主は一月一〇日在京の僧侶を召して寺務改正に関する親諭書を発したところ、日曜日であったのに二〇〇余名参集した〔朝日 一九〇四・一・一三〕。改革の情報は新聞によって広く伝えられ、それを読んで期待を寄せた僧侶が多かったのである。

新しく宗政を担った人たちは、この度の改革をもって従来の職制は自然消滅し、渥美総長以下解職となったと理解した〔朝日 一九〇四・一・六〕。篠原局長は六日渥美前寺務総長と会って寺務引き渡しを求めたところ、準備が必要なので明日まで猶予ありたしとのこと。しかし、旧寺務役員たちは以後も定刻に出勤して執務体制をとりつづけた。渥美らは改正職制を正当なものと認めず、宗制寺法により内務大臣の認可を経たうえでなければ効力なし、と主張した

〔朝日　一九〇四・一・八〕。明治三〇年一一月八日内務大臣の認可を受けて発布された宗制寺法補則に、「本山寺務所ニ上局会議ヲ置ク」（第一条）との規定があるが、改正職制には寺務所の語も上局会議の規定もないから補則の改正に相当し、内務大臣の認可を経なければならないはず、という。

寺務改正局では開設即日、寺務所職制廃止届を内務省に提出していたが、九日却下されたので、理由を付した反論的な申請書を提出した〔朝日　一九〇四・一・一五〕。これにたいし内務省では、認可申請をするよう京都府知事を通して圧力をかけてくる。こうして空しく事務の引き継ぎが遅れ、差し支えも少なくないので、寺務改正局は一三日渥美に引き継ぎ遷延を詰責する通牒を発した。渥美は内務大臣の不認可を楯にとって、確かな後任の定まるのを待って引き継ぎをする旨の上申書を新法主に差し出したので、寺務改正局側ではその日のうちに新法主の命令で旧寺務所から諸帳簿等一切を引き揚げた。旧寺務所へは大谷総裁代理、篠原局長以下、寺務改正局の役員が揃って乗り込み、旧寺務所員のうち録事一人と承事一人が残っていたので退場を命じ、強制的に事務引継ぎを完了した。かくて篠原局長は、南条文雄ら学者派の僧侶その他、新体制を支持する人たちが集まる席で新任の披露を行った。

しかし、これで一件落着とはならなかった。渥美が、今回の帳簿等の取り上げは正当の手続きを経たものでないので服従しがたい旨を、新法主に上申したからである。新法主は渥美と感情的な疎隔があったうえに、財政整理一辺倒の渥美と、寺務改革の原点を布教に求める新法主との寺務方針の対立から、新法主は渥美を疎外し、渥美は老法主を頼りに新法主を無視するようなところが前々からあった〔読売　一九〇二・二・二一、九・五〕。寺務改正局側では、法主の委任を受けた新法主の命令に服従しがたしという輩は、破門処分が当然と息巻く者もあった〔読売　一九〇四・一・一七〕。翌一四日、渥美に反感をもつ前会計顧問小早川鐵僊〔読売　一八九七・一・二〇、一九〇二・九・八〕から寺務上の引き継ぎ受け、実質的に事務が始まる〔朝日　一九〇四・一・一七〕。そこへ内務省に再提出した反論的な申請書が却下されてきて、井上豊忠が寺務所を訪ねたとき、二政府か無政府かという混乱状態を呈していたのである。

当時の新聞はいくつもの裏話を伝えている。その一つを紹介しておこう。法主は東京では妹の婚嫁先の岩倉子爵邸に滞在していた。岩倉本家当主、具定公爵は東本願寺の紛争を知って法主に迫り、私が大谷家親族総代として本山財務整理を井上伯に依頼したのに、一言の相談もなく突然このような大改革を行うのははなはだその意を得ないと詰った。法主は新門（新法主）に寺務を委任したのは事実であるが、井上伯を謝絶するとか、寺務改正局を設置するなどは私の知らぬところである、しかし、新門が一旦断行した改革職制を取り消させるのは新門の顔を潰すことになるから、委任取り消しなど私の忍びえぬところ、と返答した。岩倉は顔色を変えて、それでは、新門の顔さえ潰さずにすむのなら、かく申す私を始め九条公・故近衛公らの顔は潰してもかまわぬとのお考えかと切り返した。これには法主も弱りぬいて、新法主への委任を取り消すのではないか、と思われたという〔朝日 一九〇四・一・一五〕。このような裏話が伝わって、内務省の心証に影響し、また渥美が新法主の命令に服従しがたしという上申書を差し出すことを可能にしたのであろう。

門末、改正を歓迎

渥美宗政の募財主義の腐敗は門末有志の深く憂うるところであったから、彼らは今回の改正を歓迎した。法主の姿勢が岩倉との対談によって変化したような風聞に接したためか、一月一三日、南条ほか四八名の有志が東京逗留中の法主宛て、「伏シテ御機嫌伺イタテマツル、御改正ノ御趣意弟子ラ感激ニ堪ヘズ、誓ツテ遂行ヲ期ス」との電報と上申書を送った。東京では一四日、府下一三八ヵ寺が末寺総会を開いて「新法主台下ト進退ヲ共ニシ其必成ヲ期センコトヲ議決」した〔宗報 三〇号八～九頁〕。新聞は、新法主はかりに取り消しを命ぜられても黙従することはあるまい、と予測し、そのときには大谷派本山を脱し新法主を擁して一派を立てようなどと息巻く人たちもいる、と伝えた〔朝日　一九〇四・一・一六〕。井上らの真宗京都中学での協議は、このような込みいった情報が渦巻くなかで行われたのである。

職制の復旧と改革の方針

一月一四日の協議の席で井上は、内務省の却下は法規上五分々々であるが、さればといって内務省の指揮に抵抗することは得策ではないから、ここは一歩譲って方をつけ、真正の改正の道に進むことを可とする意見であった〔日誌〕。一六日大谷総裁の下、寺務改正局の役員に月見・井上らが加わった会議で同様に決し、改めて新法主の病室で御前会議を行った。硬軟二派あったが、結局、満場一致軟派でまとまり、穏やかに内務省の訓令に従って改正局を廃し、当分旧職制により寺務を取り扱うこととなった。おそらく新法主への委任を取り消さない法主の立場も慮ったもので、形のうえでは譲歩であるが、渥美以下に総休職を命じ、篠原は寺務総長になって職員は全く一変するので、実質的には十分趣旨を達したことになる。かくて同日、渥美以下寺務所旧幹部はことごとく帰休を命じられ、他方、篠原は寺務総長、そして寺務改正局の幹部の多くは寺務所の新幹部として発令された。

篠原総長らが宣言する改革方針は、祖師の古に復して一意信念を鼓吹することを目的とし、従来の勧財主義を一掃して教学主義とすること、門末からの整理寄付金の募集を全廃し、負債にたいしては両堂以外のすべての財産を売却してこれに充てること、従来の財務整理納金者にたいする行賞およびこれに付随する内規は来る三月三一日限り廃止すること、などであった。なかには、渥美・石川時代に献金をもって陞階した寺格堂班はもちろん、古来の寺格も全廃する大英断下る、と伝えた新聞もあり、首尾よく大英断を遂行することは難しかろうと言われた〔朝日　一九〇四・

一・二一、二九）。ともあれ、課税ないし売官のような募財を廃止し、信施に基礎を据えた一派を再構築することは、今回の寺務改革の根本方針であった。

篠原宗政の中枢部

根本方針こそ積年の病根を衝いていたが、篠原らは寺務改正局に人材を集めるのに苦労した。従来の寺務役員は一切用いず新たに任用するというのに、五日は総裁と局長の外に一七名発令したが、六日・七日・八日とそれぞれ一名しか発令していない。役に立つ人はすでに渥美派か石川派かに色分けされており、不偏不党の人材は乏しかったのである。そこで南条ら学者派、とくに旧白川派の残党に声をかけたのではないだろうか。新法主は清沢の薫陶を受けた人であるから、旧白川派の人々には好感をもっていたと考えられる。井上が「御用アリ、スグ上レ」の親電に接したのは一月七日午後であり、京都に居ない月見（東京）と今川（熊本）も同様であったのだろう。新聞は、東京の学者派が過日本山から招かれたと伝えている（読売 一九〇四・一・二〇）。

一六日、寺務改正局を廃し従来の寺務所職制に復してから、人材の払底は一掃露になった。渥美や石川が寺務総長に就任すると、同日付で上局を構成する部長級の重役が任命されている。しかし、篠原が寺務総長になったとき、監正部長・庶務部長・教学部長・相続講事務局長、以上すべての部長職を兼務していた。これでは上局が成り立たない。事務遂行上必須の文書科長だけは総長と同日の一六日に任命され、総長秘書記は二月一日にようやく発令される。二九年九月、白川党有志の意向に沿って篠原を訪ねたことのある関根が秘書記に任命されたのである（井上日誌 一八九六・九・一四）。部長級では四月始めに至って相続講事務局長が臨時会計部長兼任で発令されただけ。次長級としては監正部次長と庶務部次長が二月の始めに、教学部次長が三月末に発令された。三七年一一月篠原が事務総長を辞めるとき、まだ監正部長・庶務部長・教学部長を兼務していた。

篠原への総長発令の翌日、総長から出京者に談話があり、その夜、井上の宿能登惣に稲葉・井上・月見・近角・木津・池山の六名が集まった。そして、積極的態度で徐々に表裏の両面から入り込み、法主の旨趣により篠原を助けて改正の趣意を展開させることに決するとともに、関根は表面に立ち、月見と井上は裏面で働くことになった。「蓋シ止ムヲ得サルニ出ツ」と井上は記している（一九〇四・一・一七）。今川はすでに一六日熊本に向けて出立していることからも（同　一九〇四・一・一六）、今川・井上・月見といったかつての改革運動首唱者が、表だった活動をすることを控えたほうがよい情況だったと察せられる。関根は同志のいわば準員だったから別と言ってよい。

東京では学生たちも新法主支持の態度を表明した。東京帝国大学・東京高等師範学校・第一高等学校・早稲田大学・哲学館在学の大谷派出身学生団の代表が、一月一七日法主に謁して、新法主に遅疑せず専心改革に邁進させられたし、との上申書を呈するとともに、門末有志に檄を飛ばし、二二日には学生団の総代が上洛して新法主に謁し、「台下ト進退ヲ共ニシ誠心誠意改革ノ必成ヲ期ス」との決意表明をした（宗報　三〇号九～一〇頁）。

さて、一月一九日早朝太田祐慶が井上を訪ね、上局の件について話した。上局を組織することの難しさを語ったのであろう。午前九時、井上は関根・月見・近角と会って、新参の近角を今日の会談に参加させることにし、寺務所に出て一〇時からの会議に出席した。顔ぶれは篠原総長・太田・石川文書科長・稲葉・月見・井上・関根・近角・沢教観（旧寺務改正局出仕）・巖經丸（同）・木津祐精（旧寺務改正局加談）の計一一名で、総長の参謀部としてすべての中心となる機関を組織すること決めた。その名を商議会とし、総長以外の参会者すべてを会員とすること、新法主の允裁を乞うて設置するが、『宗報』などには載らぬ裏面的機関とすること、毎日午後一時開会して諸般の重要事を議することとなった。この企画が実現するなら、部長クラスを任命せずとも総長は寺務全般を統括していけるかもしれない。

二二日、井上は訪ねてきた文書科長の石川から、学者派と三河派連合の上局組織について交渉を受けたので、三河派の木津を招いて相談した。翌二三日夜、稲葉・月見、井上、関根、木津・沢の六名が会議した結果、寺務所職制改正の後、上局組織を発表すること、上局にはここにいる六人のうち四人以上揃って入ること、それまでは関根と月見の二人が嘱託の名で篠原を助けることになった。これで学者派と三河派の連合上局が成立する。

一月二五日、東海・北陸・近畿・九州から集まった講頭・准講頭・商量員、つまり門徒の代表二〇〇余名にたいし、新法主から、門末一同和衷協力してこの度発表した改革の趣意が貫徹するよう尽力のほど頼み入れるとの親諭があり、出席者からはご趣意の貫徹を期する決意を表明し、未納整理金完納の方法について決議した〔宗報 三〇号〕。やはり、今回の改正で財政整理を首尾よく完結させることが求められているのである。この日、月見と関根と井上は新法主から臨時寺務改正加談を命じられた〔井上日誌 一九〇四・一・二五〕。寺務関係では故清沢にもっとも近いこれら三人を新法主は頼りにしたのだろうか。

井上は、明治三〇年段階で当時の政権が定めた「宗制寺法補則」の条項が今回の紛議の原因であったこと、また補則に当時全国同盟会が同意できなかった条項があることに鑑み、「宗制寺法補則」の改正案を準備していた。二九日、この改正案と寺務所職制の改正案などをもって寺務所へ行き、石川にこれらを渡すとともに、臨時寺務改正加談の辞表を出して宿に帰り、関根・月見と話をした。この両人も辞表を出したのであろう。四日前に親任されたばかりなのに辞任したのは、前上局の実力者で理財家の小早川を総長顧問として難局を切り抜けようとする話があり、教学に全く関心のない人物の影がちらついたことに、嫌気が差したためかもしれない〔読売 一九〇二・九・七〕。

この日の夜、稲葉が井上の宿を訪ねてきて、二人で関根と月見が来るのを待った。もし小早川が総長顧問となるのなら、四人とも即時辞職しようと前日相談していたのである。遅れて駆けつけた関根と月見の話で、新法主がこれを却下した由。そこで、この件は方が付いたわけだが、篠原総長の決心が十分でない。もし強硬に実施してゆくのならお供仕ろう、もし精々ならば我らも精々の協力に止めておこう、もし彌縫的なら黙逃しよう、ということになった〔井上日誌　一九〇四・一・二九〕。一〇日前に一一名の会議で決まった商議会のことはどうなったのだろう。篠原は総長になる前、新法主から寺務改正局長に任命されて以来奔走尽力中であったが、入り組んだ事情のなかに足を突っ込んだ「軽挙を悔い居るといふ」と新聞に書かれた前歴がある〔朝日　一九〇四・一・一四〕。

三一日午前、新法主から下問の次第があって黒書院に会した。篠原・太田・石川、南条・月見・井上・関根、沢・大草慧実（東京教務所管事）・議の一〇名である。下問一〇条に先立って大局的な事案が議せられた。すなわち、純粋な信施を待つことを財務の方針とし、もし信施のないときは動産不動産をことごとく債主の手に渡すも売るも、たとえ新法主は御堂の縁の下に住せらるとも、決して募財主義を取らず、断固として信念の復活、念仏主義を一貫するか否か、である。一貫するというのが井上ら多数の意見であり、また今回の寺務改革の根本方針であったはずである。しかし、新法主に決を仰ぐこととなり、一貫論は全く不可能なこととして退けられた。井上らは理念のみならず、捨て身になれば門末は見殺しにしないという経験に基づいて、一貫論を是としたのであろうが、現実の必要を優先する新法主の採用するところとならなかった。

この間総長と一同とで何回も激論があり、とくに井上は総長と激しくやりあった。総長にたいし不信感があったからであろう。朝一〇時半に始まった会議を終えて宿に帰ったとき、夜の一一時になっていた。今日一日の出来事を記録した日誌の末尾に井上は「嗚呼万事窮ス矣……」と書いている。寺務改革の目玉が潰されたのであるから、これからは「精々の協力」に止め、帰郷も早まるかもしれない。

臨時寺務改正調査会

二月四日、臨時寺務改正調査会が設置され、その委員として足立（耆宿）・南条・稲葉・月見・井上・伊藤大忍（旧寺務改正局出仕）・花山大安（同）・大草・橋川恵順・江村秀山（擬講）の一〇名が任命された。これは、法主の諮詢に応じて寺務改正に関する事項を調査し意見を上申する機関（規程第一条）であるから、一月一九日総長ほか一〇人が議した商議会のことであろう。そのせつ同座の一〇人を商議会委員とするという案であったが、その一〇人と今度の一〇人で重なるのは稲葉・月見・井上の三名だけである（関根は二月一日付けで総長秘書記に任命されたから実質四名）。この日、井上は稲葉・月見・関根の三人と会って話をし、また、先の一〇人のなかにいた木津・沢とも会っている。そして、任命の受否、進退について明五日同志三人と相談することになった（井上日誌 一九〇四・二・四）。

元からの同志であるこの四人は実に頻繁に会っている。二、三人でということを含めるなら、ほぼ連日といってもよい。これは昨年物故した清沢在世時代からの同志の流儀である。五日、約束どおり集まって同志の進退について相談し、できるだけ積極的に宗政に関与していくが、止むをえないときには辞去することに決した。関根は総長秘書記として表に立ち、稲葉・月見・井上は臨時寺務改正調査会の委員として裏面に在り、表裏相呼応して他の人たちをも同化させせつつ、できるだけ尽力することとなった（同 一九〇四・二・五）。「精々の協力」から様子を見つつの積極的関与へと、方針を修正したのである。

この日午後、調査会の初会合が開かれ、出席は半数の五人に止まったが、井上が委員長（総長兼務）の命を承けて会務を掌理する幹事（規程第六条）に指名された。先日「万事窮ス」と思ったとき帰郷が近いことを知らせてあったので、改めて「大勢一転留任」の通知を留守宅に出した（同上）。

この頃ロシアとの関係が急を告げていた。二月一〇日に宣戦布告の大詔が発布されるのであるが、それに先だつ二日、大谷派は奨義局なる軍を讃え犒う機関を特設し、局長を寺務総長の、次長を総長秘書記の兼務として、一派として銃後を守る体制を建てた。そして臨時寺務改正調査会の事務所開きをした八日、もっぱら内部の急務に当たる調査会と対外的な奨義局との合同会議を開き、時局にたいする方針を議した結果、「消極主義ヲトルコトニ決ス」(同 一九〇四・二・八)。時局にたいする尽力は世間並みとし、内部の問題の解決に主力を傾注することが確認されたのである。この会議を『宗報』号外は「寺務所重役会議」と呼んでいる。臨時調査会即重役会議でないにせよ、奨義局長を始め次長も他の寺務所要人たちも、調査会の会議には顔を出すから、対内的な調査会だけでも重役会議の観を呈した。井上はその幹事になったのである。

右に言及したように、臨時調査会には必要に応じて寺務所役員も参与できることになっていた(規程第五条)。初会合には委員五名のほか寺務所から総長以下五名の出席があり、第五回(二月二三日)には委員七名に加えて、寺務所から総長以下七名の出席があったから、調査会は調査に基づいて意見を上申するだけでなく、実際は上申した事項を審議決定する場になっていた。文字通り重役会議である。例えば、寺務所役員の等級廃止、視察廃止など五件が二月二四日付けで発布されたが(宗報 三一号一八～一九頁)、これは前日の第五回調査会で議された事案である。

役員の等級とは、官吏に勅任・奏任・判任の別があり、さらにそれぞれに級があるように、大谷派の寺務所等の役員に親授・賓授・例授の別とそれぞれに級があって、役員全体の序列が決められていたが、三層の授はともかく、授の下の級には弊害があることを井上たちは経験していた。また、視察は地方僧侶の行動を監視し、実際には宗政に批判的な動きを制圧しようとするものであることを、井上たちは被察者として経験していた。この種の規則五件の廃止決定に調査会の決議が直結したのである。

二月二五日、かねて招集されていた全国門末総代会が開かれ、三〇〇余名の僧侶と一五〇余名の門徒が参集した。

新法主から寺務改正と時局問題について痛切な親言があり、参会者は皆感涙を流したという〔井上日誌 一九〇四・一・二五〕。二六日には、寺務改正調査の経過について報告があり、改正貫徹を期するうえでの障碍たる負債の整理を完成させることに衆議一決し、僧俗に分かれて去る一月二五日門徒代表会議で決定した事項などを標準として協議した。その結果、二七日、急用の六〇万円を来る三月末までに納付することとし、本末一致同心勠力して感謝の懇念を募ることとなった〔宗報 三一号、彙報〕。臨時寺務改正調査会でも負債の整理は大問題で、その解決のため井上は二月中旬越中高岡や加賀金沢に出張して尽力していたが、ここに募財主義でない形で急場を凌ぐ見込みが立った。井上は離任の時期が到来したと感じたようである。

井上離任す

今回の招喚に応じた今川は前記のように去る一月一六日に熊本に帰っている。稲葉は真宗京都中学学長、関根は総長秘書記として、それぞれの持場を離れることができない。月見は滋賀長浜の末寺住職であったが、住職の座を次弟に譲って退いていたので、寺務所勤務を継続して石川の後任の臨時文書科長となり、真宗大学主幹事務取扱を兼ねた。しかし、井上は代理のない住職として、一日も早く自坊に戻らなければならない。同志と相談したという痕跡は残っていないが、早晩井上が離任することは同志の共通理解であったことだろう。

二月二八日、調査会で地方教務所の改革について議論した。直行論と迂回説が対立したが、老法主の意見で直行主義の実行を決定することができない。「因縁ナリトハ云ヘ公憤抑止スベカラザルモノアリ」と井上は憤慨している〔日誌 一九〇四・二・二八〕。議論の内容は不詳であるが、井上が法主の意見に抑えきれぬ公憤を感じたことだけは明白であろう。これで問題が「一段落を告げた」と心にけりを付ける思いで、井上は離任の決意を固めたと考えられるのである〔『法讃寺記録』巻三、三葉〕。

三月一日、井上は京都を発ち、東京・宇都宮・白河・米沢をへて五日帰寺した。出発してから日を経ること五四日、家族一同無事で井上の帰寺を喜んで迎えてくれた。

この後、篠原宗政はどのように転んでいったか、新聞記事で概観しておこう。篠原宗政が念仏主義をもって万事処理しようとして財政整理に不都合を招いたため、六月には寺務所内に総長不信任の声が囂しく、会計当局者から辞職勧告さえ出た〔朝日　一九〇四・六・二八〕。七月には、現総長のもとでは到底財政整理の見込みなしとて、会計当局の役員三人が辞表を出した。この難局においても、法主は寺務はすべて新法主に委任してあるとてほとんど対岸の火事視している。これでは渥美一派が再び登場するのではないか、と噂された〔読売　一九〇四・七・二〕。そして一一月七日、篠原が依願解職となり、代わって渥美でなく、石川舜台が寺務総長に任命される。直ちに各部長も任命されて、石川上局が成立したことを知るのである〔朝日　一九〇四・一一・八〕。

去る一月本山から招喚されて上洛したとき、井上は先年時言社同人が目指した改革を新法主の発意のもとに実現できるかもしれぬ、と期待したのではないだろうか。かつて反体制の立場に身を置いて闘ったが、今は体制側の立場での尽瘁である。白川党の挙旗を想起させるような門末の賛同、学生の声援もあった。しかし、募財主義でなく信施に基礎を置いた宗政への改革は、事務的な手落ちや失策、渥美派の反撃、篠原総長の弱腰、法主の守旧的姿勢などのために迷走し、他方、国民的高揚を背景とした日露戦争にたいする奨義局の活動に力を殺がれて、竜頭蛇尾に終わった感が深い。しかし、それでもかつての同志と語り合いつつ進退できたことは、井上にさやかな満足感を与えたのではあるまいか。

3 追憶の先師清沢満之

「我清沢師」

井上の「我清沢師」は『精神界』三巻一一号（一九〇三・一一）で連載が始まった。三巻一二号、四巻（一九〇四）一・二・三号とつづいたあと、五号に飛ぶのは、三七年一・二月の政変により上洛して多忙であったためであろう。郷国で迎えた六月六日、一周忌の日記の記事は「清沢師一周忌ニ付読経ス」と短いが、これに先立つ四月六日には「清沢師精神界ノ草稿ヲ書ス。而シテ多田君ニ手紙ヲ出ス」とあって、五号用の原稿を送ったらしい。また、五月六日には「清沢氏関係書類ヲ読ム」とあり、月命日には何か故人を追憶する作業をしたことが知られる。

翌三八年五月末、日本海海戦における未曾有の大勝利の報に酔った後、清沢伝最終章の執筆にとりかかって、三一日には「清沢伝ノ草稿ヲ完結ス。紙数総計八十余枚ノ長文トナレリ」、そして六月一日清書し、二日多田宛に発送して、六号に間に合えば、と念じている。六日の日誌は「清沢君三回忌ニ付崇敬ヲナス」との短い記述に止まった。「我清沢師」最終章の末尾を、「先師、遠く逝かれてより已に満二年、内、宗門を見、外、社会を見て、百感胸に集まり、言ふ所を知らないのであります」との無量の追悼の思いで結んでいるが、清沢は井上の生活から遠くへ去った感を否めない。

井上の最終稿は『精神界』五巻六号でなく、清沢の弟子の一人暁烏敏の「大浜に於ける先生三周忌の記」とともにつぎの七号（一九〇五・七）に掲載された。暁烏の寄稿から、一周忌と三回忌はともに大浜の西方寺で営まれ、関係者が個々に参詣したことを知ることができる。

しかし、明治四二年六月の七回忌は、浩々洞が中心になって東京で大々的に営まれた。

七　回　忌

井上は月見から、七回忌で西上するときには自分の家で泊まるよう誘われたので、土産として長井紬一反（六円五〇銭）とのし梅一箱（五〇銭）を携えて六月二日長井を出発して、四日着京、すぐ月見の自宅を訪ねた。三七年の政変以来の再会を喜び、三四年に結婚した彼の妻と二人の男子にも会う。初対面であるのに他人の感なく、近い親戚の思いがした。今回は遠方の今川と清川は欠席、京都の稲葉と関根は参加したが、浩々洞に泊まった。月見はとくに井上と親しかったのだろう。

五日、井上は大学主幹の月見と連れだって巣鴨の真宗大学へ行ったところ、出会う教職員はみな旧知の人々、というより井上が大学寮に在勤したときの学生であることに驚く。午後まず南条学監の調声で読経があり、ついで感話会に移り、清沢と帝国大学同級であった文部次官岡田良平の演説、十数人の感話の最後に関根・井上・稲葉が立った。夜になって重立った人たちが清沢の旧跡浩々洞に集まり、読経・感話などに追悼の時を過ごした。

六日早朝、稲葉と関根が井上のいる月見宅を訪ね、身内兄弟も啻ならぬ四人で語らい合った。午後は帝国大学法科の教室で記念講演会があり、帝大で清沢の一年後輩だった帝大教授上田萬年（一八六七―一九三七）と前文部次官沢柳政太郎、最後に南条文雄が演説した。夕刻、浩々洞の旧跡、近角常観の求道学舎に座を移し、読経の後、感話を交わして故人を偲んだ。

七日午後、大谷派東京の拠点浅草別院で昨年一一月法主に就任した大谷光演親修の読経があり、その後講演会に移って、村上専精・近角らの講話があった。このように、清沢追悼会は三日にわたり場所を換えて行われたのである。

井上は「法要ハ真ニ精神的法要ナリキ。清沢先師ノ高徳真ニ感ズルニ余リアリ」と追懐の思いに浸った。

彼は真宗大学での感話で、一見旧識のごとく、以来親交一〇年一日のようだったと語り、白川事件のとき先師はわれわれに一身を与えられた、私は帰国以後時あらば先師に一身を捧げようと思っていた、先師逝いて早七年、知遇にたいし感謝に堪えぬ、と語った。また、求道学舎の感話では、先師の出所進退に一定の方針がないように見えることがあるが、為法不為身の至誠をもって一貫しており、常人ではとてもありえぬところであると、先師の高徳を讃えた。これは第四章第二節ですでに紹介したところである。

井上は、七日夕刻大谷会（真宗大学・帝国大学卒業以上の在京大谷派僧侶の団体）に出て洋食の懇親会を楽しみ、八日は真宗大学の授業を参観したり、無我山房（浩々洞出版部が出版社に発展したもの）を訪ねて図書を貰い受けたり、九日は宮城県出身の常盤大定の世話で開かれた東北茶話会に招かれるなど、旧知の人々との再会、初めての人との出会いを楽しんで、九日午後上野を発ち、一一日無事帰院した（日誌 一九〇九・六・二〜一一）。清沢にかかわる親しい人たちと再会し、全力疾走した若き日へ短期間ながらトリップしたことは、井上を慰め癒し、その鋭気を養い鼓舞したことであろう。

4 宗政への最後の関わり

北海道布教

井上は明治三七年三月郷里に帰った後、自坊を拠点として地域布教に尽瘁する活動を継続したが、四三年夏以降県知事の委嘱によって県内他地域に巡教し、やがて県外の布教にも関わってゆく。とくに開教地北海道布教への関与がめざましい。それは、関根仁応が一派の布教を統括する教学部長になり、若年期からの親友清川が北海道で一派教学の重鎮となった大正初期に、登場してくる。

北海道寺務出張所では真宗大谷大学（解説は後段）とタイアップして、大正六年（一九一七）の夏、暑中休暇中の七月半ばより一ヵ月間、本山から派遣された五人の布教使による大挙伝道を展開した。大挙伝道とは、二〇世紀早々プロテスタント各派が協力して各地で伝道し、成果を挙げた先例を範とするものであろう。とはいっても他派と協力したのではなく、従来個々ばらばらに行ってきた布教を、派内だけでも地区割をした連携体制のなかで組織的に展開する、前例のない試みであった。五人の布教使に、南条講師、豊満・斉藤・中島の三嗣講と井上が名を連ねた。著名な講者と並んで井上が指名されたのは、布教者としての井上の実績の然らしめるところであるが、北海道からは清川の推輓、本山からは関根の支持があってこそと考えられる（井上日誌　一九一七・五・二八、六・二一）。井上は講者たちとお互に顔見知りであった。

五人の布教使は札幌に集結した後、南条の特別線、豊満の第一線、井上の第二線というように巡廻地区を分け、一、二名の真宗大谷大学卒業生か在学生を随員として、担当地区を巡廻布教するものであった（宗報　一八九号、彙報）。井上は七月一〇日自宅を出発し、札幌に直行して布教使団の顔合わせをした後、清川の歓迎を受けた。清川は明治三四年九月金陵東文学堂堂長を在職一年で辞めて北海道に帰り、その年末から札幌に出て駐在布教使となったが、三九年札幌別院を拠点として北海女学校が設立されるやその校長に就任し、四三年高等女学校に昇格した後も校長職にあった。大正六年七月一三日、井上は北海高女で講演をし、歓迎会に出席した後彼の家に招かれ、初めて子女に会って歓喜した。「卅余年ノ交情湧キ、止マルトコロヲ知ラズ」と日誌に記している（一九一七・七・一三）。

井上の第二線は、岩見沢から室蘭にかけての北海道西部のなかでは東部に位置する地区である。毎日精力的に講話

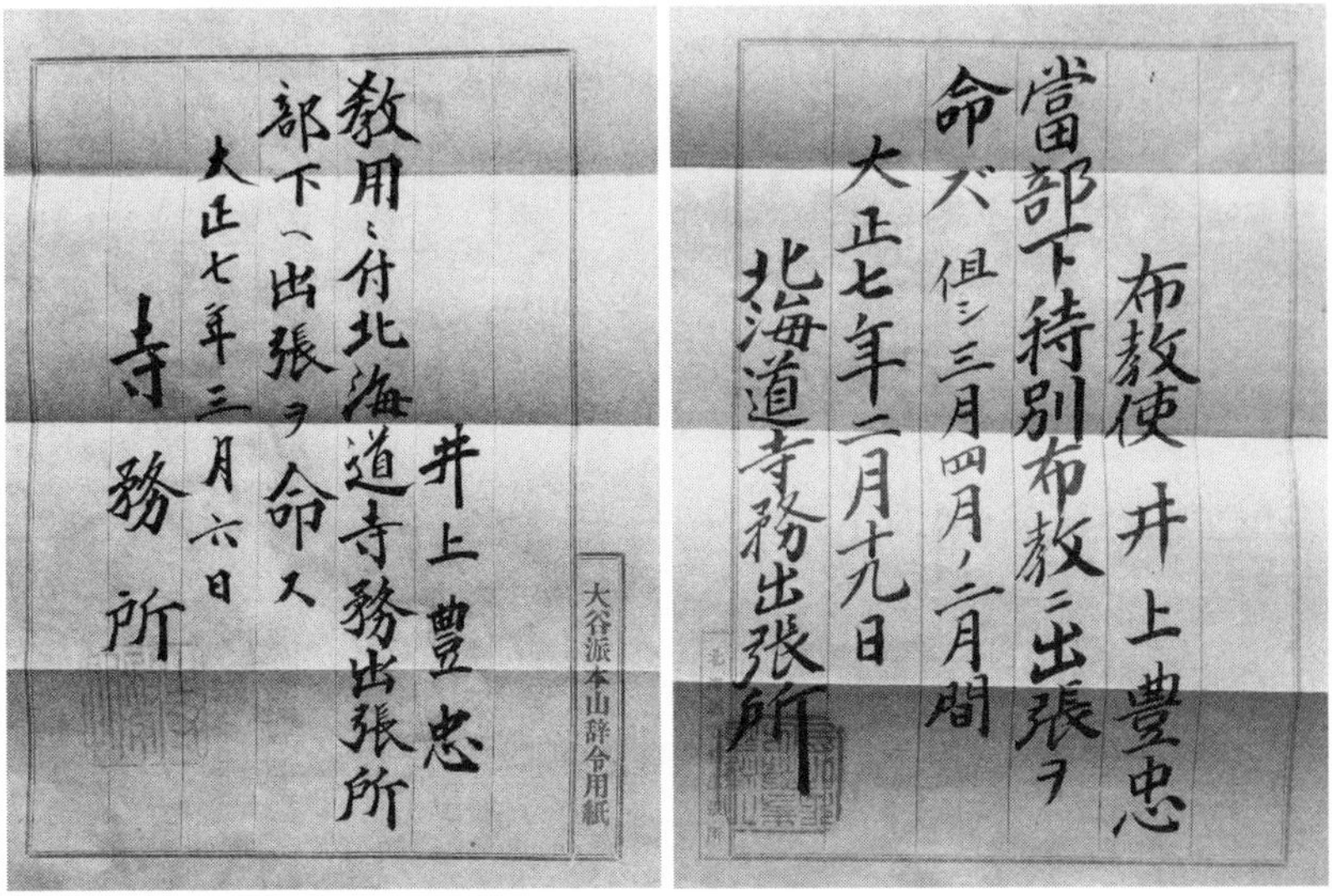
布教使　井上豊忠
當部下特別布教ニ出張ヲ
命ズ　但シ三月四月ノ二月間
大正七年二月十九日
北海道寺務出張所

井上豊忠
教用ニ付北海道寺務出張所
部下ヘ出張ヲ命ス
大正七年三月六日
寺務所

大谷派本山辞令用紙

図35　北海道特別布教命令書（大正7年3月）

をし、かつ移動した。一例を挙げれば、旅程の後半に入った七月二五日朝、苫小牧説教場に着いて講演二席、説教一席、二六日朝説教一席の後、室蘭証誠寺に移動し、同日説教二席、講演二席、二七日説教三席、講演一席、二八日説教一席の後、登別温泉に向かう。ここで二週間に及ぶ布教の旅の疲れを癒したのであろう〔同 一九一七・七・二五〜三〇〕。滞留二日で再び札幌に戻ることなく、室蘭から青森に直行し、帰宅したのは八月五日であった。彼の布教形式は真宗通常の布教のような説教ではなく、彼が「俗諦」を主とすると称する生活に即した平易な語りを得意とし、仏典を中心に古今東西の箴言や逸話を縦横に引用した、説得力のある講話で人の胸を打った〔『法讃寺記録』巻三、六葉、井上 一九一七〕。

翌七年三月より四月にかけて二ヵ月間近く、井上は北海道寺務出張所から管轄下への布教命令を受けて出張し、特別布教の名目で前年より少し東の北海道中央部を巡廻した。連日の講話、そして雪中の移動、もう五五歳になっていた井上には厳しい布教行であったが、彼は嗣子法忠の東京帝大修学の学資を稼ぐために、清川に周旋を依頼して実現した北海道再

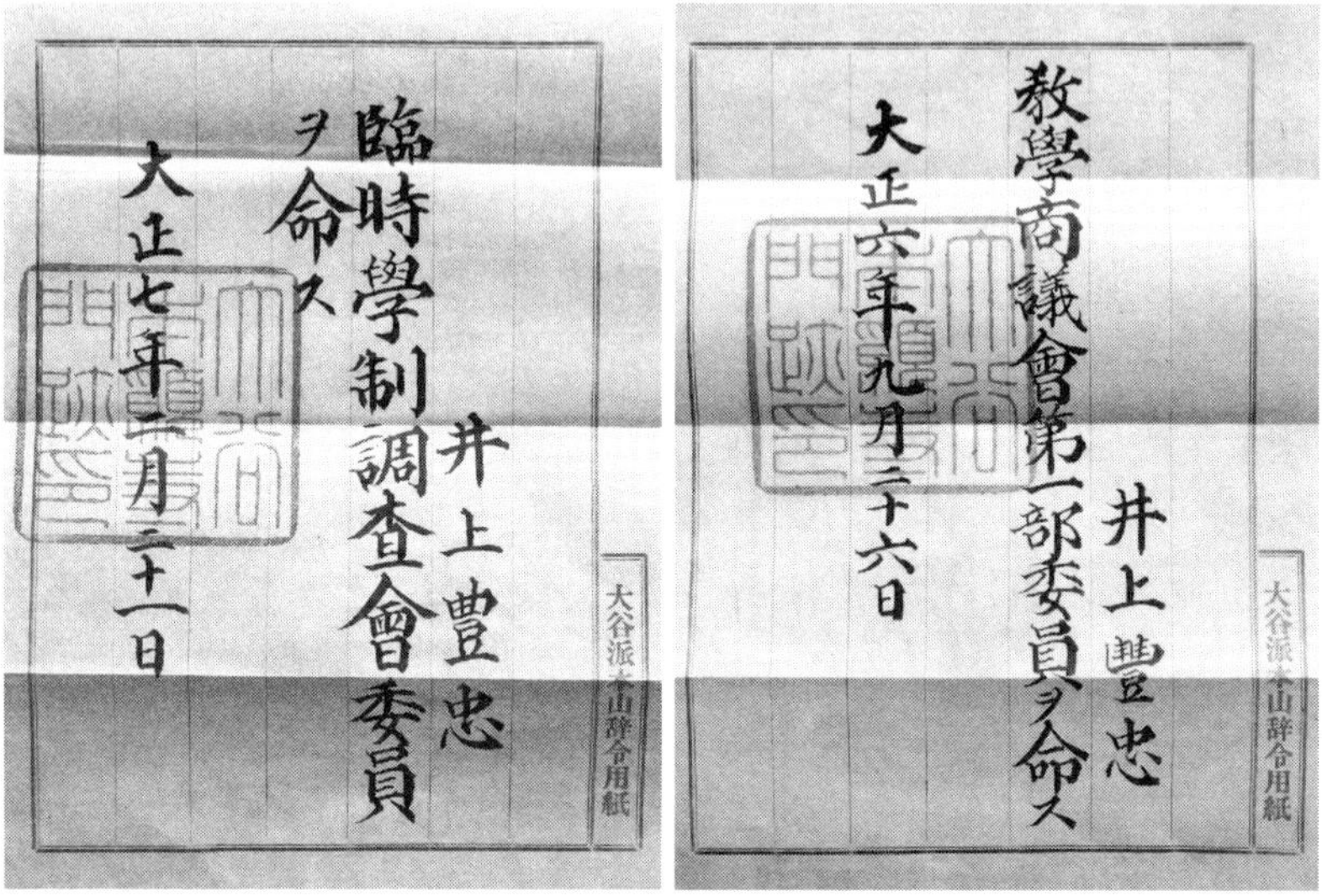
教學商議會第一部委員ヲ命ス
井上豐忠
大正六年九月二十六日
大谷派本山辞令用紙

臨時學制調査會委員ヲ命ス
井上豐忠
大正七年二月二十一日
大谷派本山辞令用紙

図36　本山教学部関係委員の辞令（大正6〜7年）

遊であった〔井上日誌 一九一八・一・三〇、二・二一〕。

教学関係の委員

井上は大正六年九月、大谷派の教学商議会第一部委員を命じられた。この商議会は、一派の布教（第一部）・教学（第二部）に関して教学部長の諮詢事項を審議する機関で、委員は教学部長の上申によって任命される〔宗報 八九号〕。関根が教学部長に就任した後、井上が委員に任命され、翌七年には清川も委員になっている。

六年の教学商議会は一二月一〇日から三日間開かれた。井上は第一部の他の二委員と連名で、特殊布教の起源および沿革を調査して記録を編纂されたし、との議案を提出し、第一歩として監獄教誨史の編纂に着手することが決まった。

井上は一般布教に加えて早くから特殊布教に関心をもち、本山の布教部で世話し始めていた監獄教誨を米沢の監獄分署で実施したが、明治四〇年代に入ると警察官対象の警察布教、そして四四年三月には遊廓布教さえ開始し、翌年三月までに八回芸娼妓に講話をしている〔井上「講稿叢書」二〕。北海道は開教地であるのに対し、特殊布教の対象は開教領域といってよいだろう。特殊布教にこれだけの実績をもつ井上の提案だからこそ、その起源と沿革を調査し記録せよとの提案が説得力をもったのである。

教学商議会に出席する主な楽しみは旧友に会えることだった。井上が着京した一二月一〇日、旅宿に稲葉・関根・月見・木津が訪ねてきた。稲葉は大正四年八月真宗京都中学学長が解職となり、内事局長に転じていた。内事局長は一国の宮内大臣に相当する重職で、法主大谷家の用務全般を取りしきる部局の長、上局を構成しないが政権の幹部で部長相当職である。関根はすでに紹介したように教学部長の重職にあり、月見は真宗大学主幹が解職となって真宗大学教授に就任したが、今は相続講事務局長に転じていた。この職は上局を構成する政権の重職である。彼は光演法主のもとで募財に成功し、何百万とあった借財をほんの数年のうちに返済するという、偉功を立てていた（行信の道編輯所 一九七五：九頁）。木津は明治三七年の政変以来とくに懇意になった三河派の要人である。かつて下野して渥美政権打倒のためにともに闘った同志のうち、在京の三人はともに政権の柱となって、それぞれ宗政の重要な部局を担当している。

明治四四年真宗大学を京都に移転して高倉大学寮と統合し、真宗大谷大学が成立したが、従来からの守旧派と改革派との対立を超えて大学を近代化するために、多くの課題を抱えていた。これらの課題の解決に取り組むため、大正七年二月寺務総長直属の臨時学制調査会が設置された。委員の人選は教務部長の権限である。任命された委員一〇名中、井上と清川を含む半数が教学商議会委員でもあった。

教学部長の関根から、臨時学制調査会が七年三月一日より開催されるので是非出席されたいとの依頼状と辞令、それに関係資料が届いた。そこで、北海道布教を予定より遅らせることができないか札幌の寺務出張所に照会したが、もはや不可能なので、先約を第一として、関根から送られてきた大学改正案などに意見を付けて欠席の返事をした。

二月二八日、札幌に着いた井上が直ちに北海高等女学校に清川の留守宅を訪うたが、清川と会った形跡がないから、彼は井上と相談のうえ調査会に出席したのであろう。

次回の臨時学制調査会は同年五月六日開会と予定されたので、井上は今度は清川を自坊に招いて一緒に上洛することにした。一日午後早々清川を迎えて、地方最上の珍味で歓待し、夜一〇時過ぎまで話しあった。「旧友ヲ迎ヘテ歓談スルコトノ楽シキ云フベカラズ。有友遠方ヨリ来ルノ感ニ堪ヘズ」と日誌に記している〔一九一八・五・一〕。翌朝清川を案内して最上川対岸伊佐沢村の名所久保桜を見物に出かけたが、寒さのためか一輪の花も咲いていなかった。

昼前の上り列車で清川と共に京都に向かう。五日早朝着京し、一緒に月見を訪ね、昼食をとりながら三人で談話。夕方、同じく臨時学制調査会委員の佐々木月樵（真宗大谷大学教授）が同宿の二人を訪ねてきて夕食を共にして語らった。調査会は六日朝から開かれたが、その夜清川と連れだって稲葉の寓居を訪ねた。七〜一〇日と連日会議がつづく。一〇日夜疲れたので早く休もうとしてまだ就寝しないところへ関根が訪ねて来、月見と稲葉も加わった。清川も一緒になって五人で今昔の話に花を咲かせたが、清沢長逝のあと一座にいないのは今川だけである。彼宛の便りを五人で寄せ書きした。

今川は明治三七年の政変の時はまだ熊本の済々黌中学に勤務しており、新法主の招喚によって駆け付けたが、その後北九州の戸畑に新設された明治専門学校に移っていた。明治四〇年創始のこの学校の総裁・前東京帝国大学総長山川健次郎（一八五四―一九三一）が、帝大物理学科の教え子の今川を数学担当の教授、兼事務局長として迎えてくれたので、彼は戸畑に移って創設期の学校経営に尽瘁していた〔九州工業大学　一九五九：二六〜二七、二六二〜二六九、二四〇頁〕。

調査会の会議および関連する会合は一二日で終わった。その夜清川が外出して井上が独りでいるところへ月見がやってきた。彼は昨夜眠れずに一詩をえたといって見せる。井上・清川両兄に寄せると題した五言律詩で、一片憂宗志（三句）、千秋刎頸情（四句）、教界風雲急（七句）、回潤訂旧盟（八句）とあった。井上も、かつて憂宗の思いから刎頸の友となった同志が、再び集うて一派学制の改革を審議し、旧盟を固めえたことに「感誠ニ深シ」と日誌に記した〔一九一八・五・一二〕。旧盟の生き残りが関根を交えて五人も顔を揃えることは、井上にとってこれが最後となったようである。

翌八年三月九日本山教学部から、一二日より四日間の予定で臨時学制調査会を開くので出席を乞うとの電報が入ったが、熟考のうえ、障りあり行けぬと返電するとともに、一派の学制について、教育財務について、教授の養成について意見をまとめ、部長改め参務となった関根宛返書を書いた。しかし、同年一二月の会議には出席した。

一一月三〇日、教学商議会と臨時学制調査会に出席するため長井を発し、東京で東京帝国大学教授・学士院会員の村上専精や文部省を退官した私立成城中学校校長の沢柳政太郎など旧知の識者を訪ね、また府下和田山の哲学堂に去る六月大連で客死した井上円了を偲んだ〔宗報 二一三号、彙報〕。そして一二月三日早朝着京する。清川は今回は欠席であった。

その日の会議に第三回臨時学制調査会の報告書が提出されて議論百出、四日は朝からの議論が夜に入っても決せず、ついに阿部恵水寺務総長と教学担当の関根参務の間に意見の衝突があることが暴露された。前年一二月公布の大学令に準拠して真宗大谷大学を改組する件について、総長と、多年真宗大学主幹を勤めて改組に一家言のある関根との間に意見の相違があるにもかかわらず、それを曖昧にし誤魔化した報告書で承認を得ようとするものであった。臨時学制調査会の委員は教学担当の参務が人選し、幹事も書記も教学部員であるのに、どうして関根の意見と異なる報告書が作成されたのか、総長直属の機関であるにせよ疑問のあるところである。「大学当局者特ニ教職員ノ暗闘」が背景にあるらしいことを井上は記しているが、それでも私には理解できないので、報告書に看過できぬ問題があったことを事実として記するに止めておこう。

関根は退席して辞表を出し、宿に帰った。臨時学制調査会委員は相談の上、一同辞任届を出して帰宿した。調査会の議長南条真宗大谷大学学長も辞表を出した。翌五日井上は帰郷の途につき、そのまま故山に隠退して再び受命上洛することはなく、本山への直接的奉公としてはこれが最後となった。

翌九年一月、阿部は負債整理完了を機に辞職し、代わって教学の新展開を目ざして内事局長稲葉を寺務総長に推した（柏原 一九八六：七〇頁）。月見が参務として彼を助けたが、稲葉は上局を編成することができず、僅か七ヵ月で辞任した。彼は翌年五月から四年間余り特命により鹿児島県知覧の大心寺住職を勤めて信望を集めた（日下 一九四八：四三頁、知覧町 一九八二：一一五一頁）。月見は稲葉とともに辞職した後、その年のうちに新潟県高田の、一般末寺に編入されたばかりの旧笠原別院本誓寺（宗報 二三一号）を嗣いで地方教界の人となる（月見の妻は今川の妻と従姉妹の間柄であった）。本誓寺は米沢長命寺ともまた小出法讃寺とも因縁浅からぬ寺であるが、月見は井上と再び対面する機会はなかったようである。稲葉は大正一四年寺務総長に返り咲いたが、井上はこれを見ることなく他界する。

同志のその後の人生は人さまざまであるが、それぞれ人生行路の一つのタイプを見事に生きた。いずれもともに清沢の薫化を持し、また白川党改革運動の体験を背負いながら、明治後期、大正そして昭和戦前期を生き抜いたのである。

5　法讃寺宿年の課題

法讃寺宿年の課題の一つは、住職家および寺の財政的基礎の確立である。それなくして檀徒にたいする教化も地域有縁の人々にたいする布教も、持続的に遂行することができない。井上は財政的基礎確立のために一生をかけたといってよいだろう。もう一つは住職後継者、嗣子法忠の教育である。これにも井上は渾身の力を注いだ。それらは二つとも大正一〇～一一年（一九二一～二二）に至って成就する。

財政的基礎の確立

明治三三年（一九〇〇）に増額された法讃寺保存会基本金（保存積立金）は、予約者一三七人、予約金額は一五七三円に上ったが、五年の期限内に納付されたのは一一四四円止まりであったから、四二八円ほどは放棄することでけりを付けた。予約の三分の二しか納付されなかったけれど、目標の一〇〇〇円は優に突破し、その利子で寺を運営してゆけることに、井上は十分目的を達したものと納得した。

大正一〇年九月八日の総代有志会で、これまで不足がちであった保存会基本金が、第一次世界大戦後の物価急上昇を機として、一万円に増額された。そのうえに、大正八年一月檀頭の発意で発足した有志の仏供米醵出が〔井上日誌一九一九・一・二三〕、一〇石を目標として、全檀家から各戸二升以上を集めることに改められた〔同 一九二一・九・八〕。私は先に法讃寺に能登の大谷派寺院一般に見られた月仏供米の慣行類似のものがないことを異としたが、それがここに制度化されたのである。仏供米一〇石、二五俵のうち半ばの約一二俵は玄米で仏供用と寺族の飯米に供し、あと約一二俵分については飯米不足を補った残りを現金で、住職家の支出を助けるよう実情に合った形で弾力的に提供されることとなる〔同 一九二一・一一・一七〕。

保存会基本金一万円は、山一が毎年五〇〇円、一〇年で五〇〇〇円出金し、他の檀頭も奮発して、残りは一般檀中

図37　法讃寺山門から本堂を望む
（長井市仏教会編『長井のお寺』2011年より）

に呼びかけることとなって目鼻がつき、一〇年一一月二〇日に法讃寺後援会が設立された。そこで報告されたところでは、基本金寄付勧誘が完了して、年収利息の総額は二三〇〇円位と予測される。仏供米を現金化してこれに合算すれば二九〇〇円に上るとのこと。井上は、三〇〇年の歴史をもつ法讃寺の基礎がここに至って確立し、永遠に地方の大法護持の重鎮となったと喜び、住職に募金のことをいわせることなく、全檀徒一致して達成できたことは、檀頭たち幹部の尽瘁と仏祖の冥祐によるものと、感謝の思い新たにした〔同 一九二一・一一・二〇〕。

少し遡るが、大正四年一〇月六日から一〇日まで宗祖六五〇回大遠忌法要を、全檀徒の尽力と法中・親類など二二ヵ寺の協賛によって厳修した。二年前から準備に取りかかり、二二〇〇余円を投じて、諸尊具足・仏具類の新調、本堂荘厳の改修、太鼓新調、その他建造物の改修もこのさい実施して、法讃寺の山容が一新された。それとともに、法要期間中に高楠順次郎（一八六六―一九四五）・加藤智学（一八八三―？）を招聘して布教に力を注いだ。さらに遠忌が願い通りに厳修された記念として、毎年一一月の報恩講と毎月両度のご命日の参詣、檀家個々の報恩講である御取越の実施、以上三つを励行するよう檀家一般に訴えたことも、附記に値しよう〔法讃寺史料〕。

嗣子法忠の教育

法忠（一八九二年五月生まれ）は山形県立米沢中学校を卒業して、明治四四年真宗大学に入学したが、その年九月大学は閉校して東京から京都に移され、真宗高倉大学寮と統合されて真宗大谷大学となった。

真宗大学を東京に置くことは一派疎隔の基であって、安心の統一上好ましからぬ結果を生むとの、かねてからの高倉学寮派の主張、統御に不利との教学部の意見があり、さらにあまり豊かではない大学諸経費を一ヵ所に集中するのが得策との財務側の見解もあった。こうして、最高学府は本廟の膝元に置くとの学寮派よりの議案が、この年八月下旬の議制局臨時会に提出され、僅差で可決された。主として真宗大谷大学について規定した九月四日発布の学校条例によれば、旧高倉大学寮は新大学の研究科（大学院）、旧真宗大学は新大学の本科および予科という形の格差をつけた統合であった〔大谷大学 二〇〇一：二五四〜二五五頁〕。

議制局会議による真宗大学閉学・移転の決定にたいし、南条学監ほか佐々木月樵・曽我量深ら一一名の教授は抗議して連袂辞職し、帰省中の学生も続々帰京して抗議運動を起こす勢いとなった。しかし、学生たちは本山教学部の命に従い、母校を去って高倉大学寮の校舎をそのまま当てた新大学の仮校舎に入り、一〇月一三日の開校を迎えた。法忠は普通の学科を兼修する予科一年級に編入され、新入編入合わせて同学年七四名の一人となった〔宗報 一二一号、大谷大学 二〇〇一：二四一〜二五四頁〕。

旧真宗大学教授が連袂辞職したため、この新しい大学の宗乗余乗の教授陣は、伝統的教学を修めた高倉大学寮以来の講者ばかり、そして普通の学課の講師は京都帝国大学の教授陣から迎えた。授業が始まって一月ほど経った頃、京都へ移転した学生の間から宗乗余乗教員の無能を叫ぶ声が揚がり、彼らは真宗大学廃校に至る当局の措置が公平を欠くとして、連袂辞職した旧大学の宗乗余乗教員に更迭することなどの要求を決議した。しかし、「無能」教授が更迭される様子がみられないため、翌四五年二月一一日、本科・予科各級総代署名捺印の、吉谷覚寿以下六名の教授の不信任書を学監の本山教学部長大谷瑩亮（法主三男）に取り次ぐことを迫り、六名の教授の授業をボイコットして同盟休校に入った。あわせて代表を東京に送り、旧真宗大学教授を歴訪し、西下して教鞭を取られたしと懇請した。学生と当局の話合いが始まったが、平行線を辿るのみ。そこで、大学および本山当局は大学を二月一五日より五日間休業とするとともに、運動の先頭に立った学生四一名を五日間の停学処分とした（朝日　一九一二・二・一七、二二）。

処分にもかかわらず学生側は強硬姿勢を取りつづけた。これを支えた一つの要因は、旧真宗大学の京都統合を非とする気運が各地の門徒の間に動いたこと、とりわけ東京では本山の措置にたいする憤りの声が高く、市内の末寺一三七ヵ寺が末寺会に結集して、以後相続講の募集に応じないことを決議するなど（朝日　一九一二・二・二）、一派世論の動向であった。

編入生の法忠は当然この挙に加わった。真面目な活動家であったらしい。井上は騒動を報ずる法忠の手紙を二月一七日に受け取る。『中外日報』の記事で事件の大要を把握したうえで、一九日訓誡の返書を認めた。

お前は一身を挺して事に従うというが、いかに大谷大学の理想のためとはいえ、保証人の稲葉昌丸先生（真宗京都中学学長）の示教も受けず、父に一片の音信もなく、かかる大事件に関係するということは余りに不心得、僭越の至りである。お前の一身はお前の私有物ではない。深く悔悟して再びこのような失態を演ずることのないようにせよ、稲葉先生には直ちにお詫びに伺うように、と厳しく叱責した。

井上はつづけていう。学生諸君の行動は過激で穏健を失する嫌いがあるが、その衷情には私も十分同情を表せざるをえない。東京（真宗大学）非か京都（高倉大学寮）是か、是非の論は別として、東西を調和させ新旧を融合させるべき当局が、功利的な術策を弄して、終に真宗大学に無残な最期を遂げさせたのは、現当路者の一大失錯である。学生諸子は旧恩深き先生の許を去って笈を京都に移し、宿怨浅からぬ先生に就き、しかも報怨以直の態度で謹慎勉強していたのであるが、新先生のうち、吉谷等六人は学徳のうえで到底信任できぬことを確認するに至り、さしあたり自分たちの学徳のため、引いては大谷大学の理想的発展のために黙過することができなくなって、終に堪忍袋が破裂し、憤然蹶起したのも無理はない。

しかしながら、諸子の運動が吉谷等を反省させ、また当路者を反省させたと思うので、学生諸子も自らの不都合な点を反省して、戦いを止め静かに謹慎勉学、当局の処置を待たれよ。もし当局が言を左右にして事態を紛乱させるようなことがあれば、「余ハ白川以来書斎ニ葬ツタ此骸骨ヲ学生諸子ノ為メニ犠牲ニ供シテ猛進スルモ辞セザルベシ。思フニ（研究科を含めた学生総数）二百五十人ノ父兄タル方々モ同感同情ナラン乎」と書いて、ここに引用した激越な文章を「学生諸子ノ為ニ犠牲トナラルルモノ、啻ニ諸子ノ父兄ノミデハナイト思フ」と書き改めている。三〇代半ばで燃えた改革の激情が、数えて五〇歳になった井上の内側で再び吹き上げているのが感じられる。この父にしてこの子あり。子の思いは正に父の思いでもあった。父は叱りながら深く共感している。

最後に、進むを知って退くをことを知らぬときは、動機が善くても結果が悪とならぬ保証はない。十分沈思熟慮して後悔を残さぬようにされたい。これがこの事件にたいする私の感想である。父の意見を心得て同窓諸子と進退をともにされよ、と結んだ（井上日誌　一九一一・二・一九）。

真宗大学同窓会も行動を起こして学生の主張に同情を表明するが、本山当局は動かず、かえって二月二〇日、代表への五日間停学を学生全員にたいする無期停学に切り替えた。このような処分をした高圧的な当局にたいし、学生は二月二二日、「一、吾等は真宗大谷派教学当局者の排斥を以て其目的とす、一、吾等は此目的の完成を見る迄は死すとも中止せず」、など三項の悲壮な決議を公にし、委員三〇名以外の学生の帰国を決定した（朝日　一九一一・二・二六）。

これにたいして当局側は、三月一日、本科予科学生二〇一名を退学処分にすることを通告する〔大谷大学　二〇〇一：二五八〜二六四頁〕。昨年開校時の新入編入の本科予科学生は合計は二四二名であるから、そのうち八三％の学生が抗議運動に参加したことになる。旧真宗大学からの編入学生が多く、彼らのほぼ全員が今回の運動に参加したと推測できよう。なお、退学となれば徴兵猶予の特典が受けられなくなるから、徴兵年齢の若者にとって大問題であった。大学はそうした不利な点を突いて攻めたててきたのである。

学生団は本山攻撃の準備を固め、三月一〇日には本山の失政批判の論説を載せた機関誌を発刊する準備が整った。そこへ宗務顧問の和田円什が教学局と学生団との調停を試みるが、学生団は応じない。ただ、三月一二日に名古屋で開かれる旧真宗大学全国同窓会で和田提案と同趣旨の決議がなされたときには、学生団はこれに服することに同意した〔朝日　一九一二・三・一一〕。

この同窓会で選ばれた五名の調停委員が学生団の幹部を歴訪するとともに当局者と会見した。その結果、当局は調停案を受け容れ、学生団も隠忍自重してこれに同意した。一四日父兄の嘆願により全員の退学処分が解除され、一五日学生団は正式に調停案を受け容れる〔同　一九一二・三・一八〕。かくて一六日、学生たちが更迭を要求した六名を含む計一一名の教授が依願解職となったが、即日そのうち四名を除いて教授を嘱託された。四名とは学生が更迭を要求した六名に含まれたから、更迭を要求されたあと二名、吉谷と石川了因は解職、即日教授嘱託という形だけの処分に終わった。吉谷は本山の財源である信徒を動かす力があったので、当局は彼を罷免できなかったらしい〔大谷大学　二〇〇一：二六三〜二六四頁〕。

井上は退学となった法忠の身の振り方について苦慮したが、三月一六日、保証人を依頼しているかつての盟友稲葉昌丸から、井上に「ハナシスミ、ミナフクコウス」の電報が届いて愁眉を開く〔井上日誌　一九一二・二・一九、二三、二九、三・三、一六〉。前記のように、学生の処分免除・復校、一部守旧派教授の解任を受けて、一八日授業再開となり、一九日旧真宗大学学則の流れを汲む新しい学則が制定され、ついで改革派教授が復職して、ようやく騒動が決着した〔大谷大学 二〇〇一：二六三〜二六四頁、宗報 一一七号〕。

法忠は以後順調に学業をつづけ、一般文科方面および仏教学を修めて、「宝池坊証真の研究」と題する卒業論文を提出し、大正五年七月真宗大谷大学本科を卒業した〔宗報 一七八号〕。井上はその卒業式に出るとともに旧友に会うために、六月二三日出発、途中大田原・鹿沼の親戚を訪ね、二六日に着京して停車場に法忠の出迎えをうけた。その夜は法忠の下宿で泊まり、「父子会食、歓語、心中ノ快云フベカラズ」の思いで満たされる。

二七日は盟友月見覚了宅を訪ねた。本人は出張中で不在だったが、夫人に会って土産物を渡した。法忠の在学中何かと世話になったのであろう。月見は真宗大学の京都統合により東京から京都に移転し、今は相続講事務局長として本山上局の一員になっていた。

二八日は法忠を伴って大谷大学に南条文雄学監を訪ね謝辞を述べて歓談し、寺務所で稲葉・月見・関根の三氏に会った。稲葉は前年中学学長から内事部長に転じ、関根は教学部長になっていた。盟友三人の役務異動のことは、井上が本山教学関係の委員を務めた大正六、七年に関する前節の記述のなかで、すでに紹介したとおりである。井上は「三氏トノ会見ハ久方振ニテ愉快極リナシ。当年ノ白川党、今ヤ本山上局トナリ、中心トナリ一派ヲ料理ス。余局ニ当ラズト雖ドモ、尚当レルノ感アリ」と、今昔の思いを日誌に注いだ〔一九一六・六・二八〕。

この日寺務所に関根を訪ねたとき、卒業式に父兄代表として謝辞を述べてほしいと大学主幹から依頼され、教学部長として大学を統監する立場の関根も傍らからそれは適任だと賛成するので、引き受けた。そして翌々日の三〇日、その腹案を文章にまとめる。

二九日には法忠らを伴って稲葉宅を訪ね、晩餐の饗応を受ける。七月一日には旅宿にて関根・稲葉・月見三氏の饗応を受けて夜更けるまで話合った。二日には月見宅で午前から厄介になる。訪ねてきた佐々木月樵と数時間談話し、共に夕食に預かった。「佐々木氏ノ学問ハ慥ニ一家ヲナセリ。唯一ノ優物ナリ」と激賞しているように、彼は大正一三年大谷大学の第三代学長になる清沢の直門きっての逸材であった〔井上日誌　一九一六・六・二九、七・一、二〕。

このように、旧友たちと面談し饗応を受ける日々がつづいて、いよいよ卒業式の七月三日がきた。井上は「父兄惣代トシテ謝辞ヲノベ、併セテ所感ト希望トヲ述ブ。腹案ノゴトシ」と日誌に記しており、われわれは日誌添付の腹案について彼の挨拶の大要を知ることができる。

井上は父兄席から立ち上がって、子弟が卒業できたことへの仏祖の恩、本山法主の恩、教職員諸師の恩に感謝し、大学の発展充実を見るとき今昔の思いに堪えないとの所感を語った後、希望を述べる。まず卒業生にたいして、予科の人々はなるべく本科に、本科の人々はなるべく研究科に進んでほしい。進まない場合でも、卒業で廃学とせず、研学の態度を堅持すること。これは学事面であるが、実行面ではこれから自彊不息の信念をもって猛進してほしい。そして、研学も実行も護法愛山の精神で行ってこそ、仏恩報謝となると説く。最後に大学にたいする希望として、在学中に学生が真実の信心を決定するよう指導していただきたい。一宗の教義を理解させるだけでなく、それを仰信するように指導願いたいのである。さらに学生に護法愛山の精神を培っていただきたい。これは大学教職員の方々の感化に俟つほかない、と結んだ。

謝辞を依頼されたのに、後半は謝辞というより教学部長告諭のような挨拶であった。井上のスピーチは「満堂非常ノ感動ヲ与ヘタリ」と彼自身記しているが、教授の一人佐々木擬講が、「驚嘆セザルナシ」「御礼ヲ受ケル筈ナリシニ反テオ叱リヲ受ケタナド云フテ喜謝セリ」と語ったことを書き留めている。午後元同僚の太田祐慶と会って夕食の饗応を受けたが、別れ際に「氏モ又今日ノ話ヲ非常ニ喜ビ希有ノ大涼味剤ナリ」と評した由（井上日誌 一九一六・七・二）。法主臨席の式場での晴れがましいパフォーマンスは大成功であった。

今回の逗留中、井上は旧友からたびたび饗応を受けたが、彼自身知人に饗応し、また親しい若者に小遣いを恵むこともあった。白川会に出席するために檀頭からいつも借金していた明治三〇年代とは大違いで、ゆとりがある印象を受ける。井上家および法讃寺が財務的に安定してきた証拠ではあるまいか。

真宗大谷大学は専門学校令による学校であって、大学令による正規の大学ではなかった。末寺住職としてはそれで十分で、卒業とともに学師補の学階も受与された。しかし井上は、さらに哲学・思想方面の専門に近い素養が必要と考えたが、真宗大谷大学の研究科よりは帝国大学の文学部を選好した。旧高倉大学寮の後身とみるべき真宗大谷大学研究科には、芳しからぬ先入観があったうえに、かつて帝国大学卒のエリートたちと轡を並べて仕事をした経験から、帝国大学を出ていなければ衆に抜きん出た活動ができないことを痛感させられていたに違いない。彼は法忠をどうしても帝国大学で学ばせたかった。

法忠は卒業後自坊にて一ヵ年英語・漢文・哲学などを自習し、翌大正六年六月下旬、東京帝国大学に文学部哲学科専科への入学願書を出した。問題は学資である。幸い同年七月初旬、無我山房社（東京市外巣鴨）の旧知の原子広宣（元清沢満之侍者）の世話で、社主松谷元三郎から給費を受ける見込みがついた。社内に部屋と朝夕二食を与えられて、夜分二時間徒弟に算術・読書・習字を教えれば、月一〇円の手当を受け、昼間は学校通いなど自由という。このような条件で、卒業まで月二五円（二食付きの宿泊費一五円相当と手当一〇円）の学費援助をしてくれるのである（同 一九一七・七・一、五、一九一八・七・九）。頼れる知己が何人もいる京都の帝国大学を滑り止めとして視野に入れていたが、これで東京帝国大学にしぼる決心がついた。

井上手持ちの主な資金としては、同年七月から八月にかけて一ヵ月近く北海道へ布教したときの、支給旅費と布教先法礼の合計から自分で支払った実費を差し引いた残金が一一四円手許にある（井上日誌　一九一七・八・三一）。これを全額投入してもまだ足りない。娘のきよのが東村山郡大郷村中野の大谷派浄蓮寺島野家に嫁入りすることが決まっていて、衣装代など支度に多額の出費が重なるため、他の資金からの流用は限られる（同　一九一七・一一・一）。

三ヵ年の必要経費を概算すると計一五五七円、松谷奨学資金九〇〇円（二五円×三六）を除いて六五七円、うち一六二円しか住職は出せない。法忠は八月の入学試験に合格し、九月に入学したが、三ヵ年の学費自弁は不可能である。檀徒には保存会の積立金で負担をかけているが、加えて学資支援を依頼するほかない。

真宗寺院には後継住職候補の教育費を檀徒が支援する慣行があり、法忠も米沢中学以来檀徒の支援（中学では二五人から五〇八円、大谷大学では六三人から一〇六二円）を受けてきた。そこで主な檀頭に相談して後援会の名で篤志者に志納を求め、山一の一六五円を筆頭に三二人から七九九円という予想を大きく凌駕する協力をえることができた（同　一九一八・一・六、『法讃寺記録』巻三）。

法忠は東京帝国大学の西洋哲学を専修して一〇年に卒業できたので、井上は同年九月二一日盛大な卒業祝賀兼謝恩の会を開いた。それは井上の宿願達成記念会に外ならなかった。この席で、学校講師ぐらいの内職に就き、収入をえる道を講ずることが披露された（井上日誌　一九二一・九・八、二〇〜二一）。真宗大学を卒業するとすぐ布教以外の職に就こうとすることに、清沢は一般論として反対であったが、井上は当時からこれに異論があったらしいこと、そして両者がこの件について話し合う機会がなかったことを、想起せざるをえない。

法忠は翌一一年八月一八日京都の本山で得度式をすませ、翌朝帰郷した。大正三年開業の長井駅では羽織袴の礼服を着用した檀徒七〇余人の出迎えを受けた。真宗寺院の若者は未得度でも檀徒の法事に行けば僧侶として遇される。

法忠は本堂での檀徒への挨拶で、これまですでに実質的に得度ずみの扱いを受けてきたが、この度形式上も得度を受けたので、及ばずながら僧侶の本分を尽くす覚悟であると述べた。井上も、「コレニテ目出度法讃寺候補衆徒ヲ得テ安定ス」と喜んだ(同 一九二二・八・一九)。候補衆徒とは後継住職候補の僧侶をいう。

法讃寺宿年の課題が二つとも、ここに見事に達成できた。井上の満足、察するに余りがあろう。

「檀中待遇内規」

宿願達成にほぼ漕ぎ着けた井上は、大正一〇年一〇月一六日未明に目覚め、多年にわたる檀徒とくに総代や世話人の支援と協力に謝する方途について考え、法讃寺後援会会則第一〇条に定めた表彰とは別に、法讃寺としての「檀中待遇内規」をまとめた。それは、明治三三年第二回保存積立金を募集するにあたり構想したところを発展させたもので、家の来歴、その人の地位および功労によって、大檀頭、檀頭、准檀頭、永代院号、一代院号、永代居士号、一代居士号、平檀中の八等級に待遇を分かつものであった。明治三三年段階の試算では、大檀頭五戸、檀頭二五戸、准檀頭一七戸、永代院号五戸、一代院号一二戸、永代居士号一二戸、一代居士号二四戸、残りは平檀中、戸数は正確に示すことができないが、数十戸のもっとも分厚い層である。地区でいえば、大檀頭は小出のみ、檀頭は小出、九野木、梨郷に多く、准檀頭は小出に集中していた。法讃寺の拠点地区はやはり地元の小出であった。

「内規」は葬式での待遇に八等級を具体的に規定していた。葬式にあたって死者につける法名に、院・大姉、居士・大姉、信士・信女の別に加えて、それが家永代かその身一代かの別があり、導師が着用する法服の種類や読誦するお経の種類に、等級による差異があるのである。例えば最高の大檀頭では、永代院号、葬式：特等法服七条、法要：色衣七条、三部経。最低の平檀中では、信士信女、葬式：黒衣五条、法要：青袈裟となる。

等級判定の基準は後援会への寄付金の多少であって、五ヵ年間年額一〇〇円以上は大檀頭、以下順次少なくなって五円未満が最低の平檀中となる。

寄付金実納五円につき一人の割合で寄付者の法名を寺の過去帳に登録し、永代にわたり、毎年一回大法要を営む。例えば年額二〇円以上二五円未満の第五等（永代院号）の家では、最初の年から四人の法名が寺の過去帳に登載されて特別法要の対象となるが、平檀中の場合二年目以上でようやく一人の法名が過去帳に載せてもらえる。

さらに、檀徒の席次もこの等級と従来の役職とを統合して決められる。一　大檀頭、二　保存会長、三　後援会長正副、四　総代、五　檀頭、というように。

「檀中待遇内規」を精査すると、等級判定の基準に食い違いがあることが判明する。第一条で、住職は従来の慣例によりその家の来歴、人の地位および功労を銓考し、檀家総代に諮詢して等級を定めることになっているが、第三条は後援会への寄付金額により等級を決めると定めているからである。

寄付金額は各人の自由意思によって決まるようであるが、その家の来歴、家主の社会的地位や既往の功労から判断して、地域の人が相応とみる期待額があり、その額を示唆して寄付を勧募した。つまり、第一条の示すところが、実際上第三条の金額となるのであるから、食い違いがあるとはいえず、従来の慣行を数値化したにすぎない、と考えられる。いわば慣行に規定された自由意思なのである。

その日の夜、檀徒の重立ちの会にこの案を諮問して了解をとりつけた（井上日誌　一九二一・一〇・一六）。彼らを優遇するシステムを創るのであるから、異存が出るはずはない。

個々の檀徒の等級は、後援会の寄付を完了したとき、感賞状で示された。例えば、大正一一年八月一四日、木下虎次郎に授与された感賞状につぎの文言が並んでいる。

当寺後援会ノ旨趣ヲ賛シ率先金五十円ヲ即納シ当寺維持ノ基礎ヲ堅固ニセラレシコト真ニ感謝ニ堪ヘス玆ニ以特

別左ノ通賞称致シ候事

其家永代居士

〔井上日誌　一九二一・八・三、一四〕

五〇円は五ヵ年毎年一〇円ずつに相当するから、年一〇円以上の永代居士に該当する。もし毎年一〇円の分納であれば、五年後の完納時に永代居士の感賞状を授与されることとなる。

これでは、本山で寺格堂班の所要金額を掲げて志納を募った売爵と同じではないか、との疑問が生ずる。井上は資金勧募のために本山の売爵の轍を踏まざるをえなかったのだろうか。

寺檀関係は法施と財施の交換関係だと言われる。寺僧から檀徒への法施は生死の問題についての教えと葬儀の執行であり、檀徒から寺僧への財施は貨幣・物資・労働力の提供である。「檀中待遇内規」によって保証された待遇は法施でも俗諦的法施というべきものであり、右に指摘した生死の問題についての教えと葬儀の執行は本来の法施、真諦的法施として区別されるべきではないだろうか。本山の募金が売爵だと批判の的になったのは、俗諦的法施だけが強調され、真諦的法施とくに教学が疎かにされたからである。しかし、井上は明治三〇年年末の帰坊以来、不断に精励恪勤したのはまさに真諦的法施であった。「檀中待遇内規」では等級で差異化された待遇に焦点があるが、井上の重点は貴賤貧富によって差別されない平等な法施にあった。「内規」第四条に、「当寺ニ於テハ年中朝夕不欠ノ勤行ヲナシ、定時又ハ臨時ニ伝道スルトトモニ、毎年一回以上随時全檀中ヲ歴訪シテ読経伝道ヲナスモノトス」と規定して、「願以此句読、平等施一切、同発菩提心、往生安楽国」の平等性が確認されている。

しかし、寺の過去帳に先祖の法名が載せてもらえないとか、葬式にも住職が並の礼装でしか詣ってくれないことが、貧乏人は救いにも縁遠いとの思いに平檀中を誘わないだろうか。そのような思いは誤解に基づくものとしても、誤解に迷い込むリスクが小さくないことに、比較的粗末な法衣で平檀中の葬儀に臨む井上の心は痛まなかったであろうか。後援会への寄付金の少ない平檀中でも、精一杯の寄付をしてきた場合、彼らは寺の法施から疎外されている思いを禁じえなかったことであろう[16]。

6　井上豊忠の終焉

豊忠病篤し

後援会への寄付金完納者に感謝状を授与した一週間後、そして法忠の得度祝賀式二日後の一一年八月二一日、予定の案件がすべて終わるのを待っていたかのように、井上は米沢の南、福島県境の滑川温泉福島屋に相部屋で安上がりの湯治に独りで出かけた。リウマチス病治療のためである。三一日まで一一日間滞在してよほど快方に向かい、病気も深く憂慮するに及ばぬように思うに至った（井上日誌　一九二二・八・三一）。

帰宅後、九月一日は朝のうち床屋で剃髪しただけ、二日は檀家の老人の来訪に付きあっただけで、珍しく休養して過ごした。前月の二一日から今月二日まで、法忠が寺役を引き受けたのであろう。彼の上洛の日が近づいてきたため、その後は檀家の葬式・法事・時斎・お取越、自坊内外での説教・法話・講演、自坊での総代会・世話方会・婦人会、遠方の親類の法事参詣等々、以前ほどでないにせよ休む日とてない多忙な日々を送っている。しかし、日誌を読めば活力が衰えている印象を免れない。

法忠の母校真宗大谷大学は、一一年五月大学令により正規の大学に昇格して大谷大学と改称した。彼は九月一日新大学の幹事（稟授三級）に任命されたので、六日京都に出立した（同　一九二二・九・六、一一・三）。幹事とは教務・庶務・

会計・学生監督・寮務および図書館に関する事務を分掌する大正一〇年新設の職位（宗報二四〇号、「大谷大学職制中改正」）であったが、法忠が就いたのは事務職というより大学附属図書館にこもって研究する研究職で、現在の大学助教に相当しよう。また、彼は真宗大谷大学本科卒業後、帝国大学を卒業したことで真宗大谷大学研究科卒業相当とみなされ、九月八日に権僧都の僧階を授与されている。

法忠は来春以後の方針について、一寺の住職として終始したいと考えているが、「ここ少なくとも三年間は両親が健康なら外で働きたい（大谷大学で勤めたい）と思うのだがどうでしょうか」という相談の手紙を京都から父に出した。一〇月末日に届いたこの手紙の返事を井上は一一月一〇日に書いたが、井上にしては随分鈍い反応である。彼は冒頭で、近頃法要などで忙しいうえに、病気のため筆を執るのも懶く、ぐずぐずして今日に至ったと断っている。

結論は、帰坊して自宅でできるだけの努力をして目的の実現を図るように、ということであった。法忠が帝国大学を卒業したとき、どこかで非常勤の内職に就いて収入をえるという大方の了解であったから、帰坊して家から通うのならよかったのかもしれない。理由はもちろん両親の老衰、病弱である。父は雪が降り始めてから手足の疼痛が増し、この冬をどのようにして凌ぐべきか当惑している。年配の役僧でもいるのでなければ、とても今までのように勤めることはできまい。多年寺門の経営と子女の教養に尽瘁して心身ともに疲れ衰え、加えて還暦の老境に臨んでいる。これからの無常迅速の余命はなるべく世事を避け、心静かに自行化他の日暮らしをさせていただきたい。母も近来病気がちで万事不如意、両人とも老・病・衰残の身となり、子どもたちの在外生活の障碍となっていることは遺憾の至りである、と。井上にしてはかつてない弱気の手紙であるが、これが実情であった（同一九二二・一一・一〇）。

一二月三日、明日は葬式三軒、法事一軒の約束がある。干柿とたこを肴にビールを飲んで寝たところ、夜半腹痛・胸痛はなはだしく、一晩苦悶して眠られなかった。翌日は医薬を飲んで休養するほかなしと思ったが、葬式・法事を代行してもらうことができず、已むをえず病をおして自ら行ってどうにかやり終えた。未明から夕刻まで苛酷な活動をしたこの日、朝食と夕食に粥を一椀ずつ啜っただけで、外に何も口に入れることができなかった。腹と胸の痛みは止んだが、頭痛がする（同　一九二二・一二・三～四）。法忠に大谷大学で研学させたい井上は、生来の強い責任感と堅忍の性から、独りで寺務を担って病身を酷使していたのである。

一二月三〇日、法忠が京都から帰省し、翌三一日は妻の実母七一歳、井上六一歳、妻文枝四九歳、長男法忠三二歳、四人（年齢は数え年、さらに一歳増し）の除夜となった（井上日誌　一九二二・一二・三〇～三一）。娘きよのは婚出したが、法忠が米沢長命寺の娘（法忠の従兄弟の娘）と婚約したので、来年は若い女性が加わって賑やかになることだろう。

明けて大正一二年一月八日、前年予約しておいた大谷光瑞の『見真大師』が届いたので読む。翌九日、他家で酒肴の馳走に預かり、帰宅後夕食をとって寝た。夜半胸が痛むので薬を求めたがないので、大蒜を摺って飲んだところ効果があり、痛みが薄らいだが、一夜安眠できなかった。一〇日朝起きたものの、昨夜の病苦に疲れて体がきつい。そこで他所訪問の約束を延期してもらった。病身を鞭打ってこのように相変わらず動いている。一二日のごとき、朝から墓地総代など七人を歴訪して意見をとりまとめ、檀家の時斎に参り、警察署長を訪ねて、かねて担当してきた警察講話の次回の約束をして帰宅したが、やはり「身体ヨロシカラズ早寝スル」とある。日誌の記述はなおつづくが、病気の記事はこれで終わる。

一月一四日に至り「当院（後嗣）願誓寺御忌ニ参詣、説教〇年賀状整理、新ニ八九葉ヲ認ム〇」と日誌に一行半書いて、これが絶筆となった。兼務している願誓寺の報恩講に後嗣が参詣して説教をしたのを見届け、年賀状の整理をしてまだ出すべきものを見付けて八、九枚書いた。そこまで日誌に記して、筆が手から滑り落ちたのであろうか（同　一九二三・一・八～一四）。以後の推移は、法忠の追悼文（法讃寺蔵）の記述に拠らねばならない。

豊忠死す

一月一七日病が急速に悪化し、二〇日急性肺炎と判明した。外に腎臓および胃腸の障害も併発していた。平素から信頼する檀徒の佐藤信行医師ほか二人の医師の指導のもとに、看護婦二人、妻文枝、法忠、法忠許嫁、娘夫妻が主となって不眠の看護をしたが、その効なく二月一日未明危篤に陥った。応急の手当も今は甲斐なく、前記の人々および長兄（長命寺住職）父子、檀家惣代、親近者に囲繞せられ、同日午前八時半、静かに往生の素懐を遂げた。享年六一歳。当時の男子としてはまずまず天寿を全うしたといえるかもしれない。

病床の人となってから数日、再び起てないことを知ると、長兄および檀家総代に旧来の恩を謝し、今後の庇護を依頼して訣別し、家人親近者には病床に侍するままに後事を語り終わった後は、ひたすら称名念仏のうちにときが流れる。呼吸の迫り来る間も「苦しい」との訴えなく、「風吹けど山動かず」の箴言そのものであった。

訃報一度伝わるや、法主彰如上人より院号法名（大乗院釈豊忠）染筆下賜との飛電があり、教界名士からの弔問だけでも三〇〇余通に及び、地方無縁の人々まで哀悼追惜の弔意を表した。

図38　井上豊忠頌徳碑（昭和17年）

二月四日風雪のなか仮葬を本堂内で執行し、その夜深雪極寒をおかして荼毘に付した。快晴になった五日と六日、町内松ヶ池公園（現・白つつじ公園）を斎場として長命寺導師のもとに本葬を営む。会葬者多数で葬列が数町も連なり、長井町始まって以来かつてない盛大な葬儀であった。

井上の他界は白川党の同志六人のうち清沢に次ぐもの。清川は札幌の北海高等女学校で、月見は新潟県高田の本誓寺で、今川は福岡県戸畑の明治専門学校で、稲葉は鹿児島県知覧の大心寺で、互いに遠く離れて彼の訃報を聞いた。今川だけ大谷派外に勤務し、勤務先は官立に移行していたが、今までどおり大谷派の僧籍に止まっていた。

法忠は父の跡を継いで法讃寺の寺務に専念するべく、大谷大学幹事の職を辞した（二月一日発令、宗報一二五八〜一二五九号）。彼は父の一生を要約して、全く私のない生涯であったという。生家米沢長命寺のために、大谷派宗門のために、地方教界のために、殊に自坊法讃寺のために尽瘁した。自坊のためとは、財政的基礎を確立したこと、後嗣に二大学を卒業させて自坊の精神的固めをしたことの両面がある（追悼文）。父が自分に二大学を卒業させてくれたことを、自分への父の愛情としてより、自坊にたいする住職の責務遂行として記しているのが注目される。しかし、日誌の文面からは後嗣に最高の理想的な教育をつけたいという慈父の思いが切々と伝わってくること、そして、息子のいわば犠牲になって老軀には苛酷な寺務・教務一切を引き受けた父の鴻恩を、誰よりも法忠自身が深く感得していたことを、附言しておかねばならない（『法讃寺記録』巻三）。

昭和一七年（一九四二）太平洋戦争開戦の翌年、檀頭の発起で六尺近い大きな黒みかげ石の「豊忠師頌徳碑」が法讃寺境内に建立された。碑銘は往年の同志・元大谷大学学長稲葉昌丸の揮毫である。白川党六人衆では最年少の稲葉は、碑成って二年後、七九歳で清川円誠につぐ長寿の生涯を閉じた（日下　一九四八：四五頁）。

結　論

1　宗門改革運動における白川党

白川党改革運動の評価

白川党の中核に位置したのは清沢であるが、実務的には井上をこれに加えるべしというのが私の見解であって、本書もそのような立場で執筆した。この二人が後に白川党の改革運動をどのように捉え、評価したのだろうか。井上からみてみよう。

明治三三年（一九〇〇）一一月、刊行されたばかりの『宗門時言』を受けとったとき、井上はつらつら自らの閲歴を辿って、事務革新全国同盟会の結成と解散の段に至り、「二月ニ始マリ十一月ヲ以テ解散ス。其前後ニ於テ寺務ノ革新先大体ヲ成就セリト云フベシ」と記した（井上日誌 一九〇〇・一一・二二）。この比較的甘い評価を記した頃、井上は「革新運動ノ功罪」と題して所感を述べたなかで、「革新運動ハ外形的ノ成功ニ一段落ヲ告ゲ」とし、外形的成功の具体例として、旧寺務の専制制度を改めて立憲合議としたこと、勧財主義の人物を斥けて新人物を寺務所に入れたこと、一時門末の財力を休養させたことを挙げている。これらの功にたいして、「前門ニ狼ヲ防ギテ後門ニ虎ヲ入レタ」こと、「法主ノ威厳ヲ損シ人心ヲ分離シタママ活動ヲ中止シタコト」を大罪として数える。しかしこのような否定的側面は新旧過渡期に必然の現象であって、功は罪を補うに足るのはもちろんのこと、と結論する〔『法讃寺記録』巻二、八〇葉〕。自己批判の甘いのが彼の性向である。

清沢はどうであろうか。先にふれた明治三四年の和衷協同の大演説会で、事件を回想しつつ、「自分の精神は仏祖に対して御仕へ申す積りでありましたのが、却て反対の結果を来たしたのは、誠に自分の未熟の致す所と、慚愧に堪へない次第であります」と陳述している〔清沢　一九〇一：一〇四～一〇五頁〕。白川党運動は本来の目的を達成できなかったと彼が言うのは、和衷協同の演説会だから、とくに自分たちのマイナス面を語ったのであろうが、全体的にみても、功は罪を償うに足りないかもしれぬ、ときびしく自己批判したのではないだろうか。

白川党の同志村上専精が、改革運動から十数年をへた時点で、大谷派にとってのこの運動の意義を論評している。彼は、清沢たちは大谷派本山を根本的に勧学布教主義のものにするため、真に献身的に活動したが、「其の結果は全く之に相反したりと謂ってよい」と手厳しく、清沢の自己批判と通底するものがある。

白川党は渥美（前門の狼）を倒したものの石川（後門の虎）を引き込むこととなり、真宗大学の東京移転と東京中学の改築をかちとったが、これが白川党を操る石川翁の手品であった。彼は仏骨奉迎とか国教問題とかで本山に巨額の負債を積ませた。そこで村上は言う「白川党の騒ぎに由つて得たるものは石川舜台在職中の負債である」と。

東京中学の改築はいかにも立派にできたが、授業すること僅かに一年で廃校にし、東京市の養育院に売ってしまった。真宗大学は一〇年でもとの京都に移転し、その建物ばかりが巣鴨に残っている。しかも、内事の醜聞[17]にあれ、財政の紊乱にあれ、また非教学的政策にあれ、白川党が世に訴えた当時より幾倍も増長している。「思へば当時の白川党は動機は善なりしも、結果は悪であった……。実に大悪であった……」。

右の評論に「この大悪の渦中に投ぜし吾輩はヨッポドの愚人ある」〔村上　一九一四：三三九～三四一頁〕との自己批

判、自己嘲笑がつづくので、割り引いて了解しなければならないとしても、白川党運動後に起きた彼らの願いに反する出来事についてすべて白川党の責任を問う意見であって、過大の責めを白川党に被せる一面的見解と私は考える。

白川党挙旗のときには京洛の地を去っていたが、もとからの同志というべき沢柳政太郎は、井上が三〇年一二月二七日帰郷の途次仙台にいる沢柳を訪問して、詳細な報告をした京都の状況にたいする自らの評言を、稲葉昌丸への三一年一月二八日付け書面で表明している。事件後のもっとも早い、しかし距離を置いた立場からの評言として、注目に値しよう。彼はいう。「是迄之御苦心モ効果ヲ奏セザル義ニ候得共一方ヨリ見レバ湮滅スベカラザル因縁ヲ蒔カレタル義ト存候」〔成城学園 一九八〇：四三三頁〕と。運動は挫折に終わったが、佐々木・多田・暁烏・安藤等の「小清沢」を起こし〔同 一四六頁〕、将来に向かって一派革新の種を蒔いたとの指摘である。早くも白川党運動の歴史的意義に注目している。

後世の史家、大谷派講師の柏原祐泉（一九一六―二〇〇二）は、清沢らの革新運動は挫折したが、この運動によって、教団が信仰に基づく主体的な求道聞法中心の共同体であるべきことを内外に示し、教団活性化、あるいは近代的再確立の方向を訴えたことに、大きな歴史的意義があったとする〔柏原 一九九〇：一一五頁〕。

清沢も村上も沢柳もまた柏原も、白川党運動は挫折したとみている。一派三大弊害の直接の根である渥美の打倒は成ったが、病根を絶つための末寺会議・門徒会議の確立についてはおおむね破れ、渥美に代わった石川のもとで弊害が深まったと評されるようでは、白川党の改革運動は挫折したというほかないであろう。では、何故挫折したのだろうか。

挫折の原因

井上は革新運動を開始するさい、有志者・寺務所それぞれの強み弱みを比較するために、両者の長所・短所を列挙した〔本書一五八〜一六〇頁〕。有志者の短所に注目すると、六項のうち⑴少数、⑶地方に同志者または手足なし、⑷運動費なし、の三項は、予想外に速やかな全国同盟会および地方部の結成によって解決されたが、自発的集団固有の弱みをもち、制度的集団とくに官僚制組織にたいしては、運動の持続、意見および行動の統制、秘密保持などの点で勝負にならない。しかも寺務所は法主を頂く、全国的な官僚制組織である。井上が掲げた寺務所の長所六項は、そうした組織の強みを具体的に挙げたものにほかならない。組織の特性だけみても、闘争が少し長引けば白川党は術策を弄する寺務所に勝てるはずはなかった。

寺務所の麾下になく全国同盟会にも加わらない門末大衆はどうかといえば、彼らは法主を神聖視する守旧的な門徒であって、寺務所の権力的統制がこれを翼下に取りこんでいた。全国同盟会はここに切り込んで一まず勝ちを制したが、上に見たような同盟会側の構造的弱さから、しょせん寺務所の敵ではなかった。

外的な組織面から内部に入って、理念〔価値体系〕にも挫折の原因があったのかどうか、探ってみよう。ときには、理念こそより根本的な原因であろうからである。明治三一年の頃、真宗大学教授の河野法雲〔一八六七―一九四六〕が、下京の旅館経長に清沢を訪ねたとき、清沢が河野に「よし帝国大学や真宗大学を出た人が多少ありても、此一派――天下七千ヶ寺の末寺――のものが、以前の通りであつたら、折角の改革も、何の役にもたゝぬ」と語ったという〔浩々洞 一九一五：二八一頁〕。天下七〇〇〇ヵ寺の末寺とは前記の門末大衆の拠点である。哲学館を出た若い安藤正純が「大谷派の大部分を占むる非改革派は、是れ固陋僻見の旧思想家にして」〔安藤 一八九七〕と書いているとおり、七〇〇〇ヵ寺僧侶の大部分は固陋僻見の旧思想家であった。では、固陋僻見の旧思想とはどういうものか。私はその真髄（理念）を、法主神聖観、法主崇拝を核とする伝統的な真宗僧俗の信念と捉えるのである。この問題はすでに請願運動の最中において（第Ⅱ篇第二章）論じたが、きわめて重要な問題であるので、事が終わった今、再考し、あわせて法主崇拝の行方にも言及しておきたい。

法主崇拝

法主崇拝とは、「宗祖の血脈」をもって宗祖の木像を祀る本願寺の伝燈を世々相承してきた法主を、この世における宗祖の名代すなわち「御開山の代官」、さらに「如来の代官」（森岡 一九六二：四八八、五一〇頁）、あえて言えば「活き仏」（西依 一八九六：一一頁）と神聖視し崇拝する観念であって、いわゆるカリスマの日常化の所産である。明治一八年一一月二九日、報恩講満座のあと相続講趣意書が発令され、学師細川千巌が大寝殿に参集した僧俗大衆に講説したなかに、「末法ニ於テハ教ヘテ下サル、善知識ヲ真ノ如来ノ如クニ敬ヒ奉リ其ノ教ヲ受守ヨリ外ハナヒ」との言辞がある（本山報告 六号）。「法主如来視」は本山が公に説く教えの中軸的な一角を構成し、天皇制体制の確立に順応して成立した法主専制を根本から支えた。維新期以来の大谷派宗政はこうした法主専制のうえに有司専制を築き、渥美契縁はそれを最大限活用したことはすでにみたとおりである（読売 一九〇二・八・一三）。

末寺会議や門徒会議の開設を厳に拒否した根拠は、「宗制寺法」第七条「一派ノ法度例規ヲ創定更革スルハ本山ノ特権ニシテ末寺分中之ヲ成スヲ得ス」の原則であるが、この原則を支えたのが、同第五条「本山本願寺ハ世々ノ住職伝燈相承シテ之ヲ専領シ一派ノ末寺門徒ヲ統括ス」の基本原則であり、この基本原則を支えたのは、本山が鼓吹する「法主如来視」であった。

末寺の僧侶は煌びやかな法衣に身を包んで、法主の代官として門徒の前に立つことにより、葬祭執行者としての威信を獲得する。したがって、法主崇拝は宗政当路者だけでなく、天下七〇〇〇の末寺僧侶によって支持されていた。だが、事務革新全国同盟会の地方部代表たちが本山寺務所で受けた非情なあしらいにみるように、諸悪の根源は外ならぬ法主崇拝の観念にあったということができる。少数の憂宗護法の革新同志たちが闘うべき真の相手はこの観念であったことを、メディアが白川党運動の五年後に指摘している（同　一九〇二・八・一三、一四）。しかし、法主神聖観に闘いを挑むことは、本山中枢部のみならず大多数の末寺僧俗を敵に回すことになる。では、この問題に白川党はどう対処したか。

明治二九年一〇月末、『教界時言』創刊の直前、井上が大分県出身の小栗憲一を訪ねて蹶起の準備が整った寺務革新運動について語ったとき、「氏同感ノ旨ヲ述ベ、唯云フ、法主ノ金箔ヲハガサザランコトヲ」と助言し、井上は「生之ニ同ジ」（井上日誌　一八九六・一〇・二五）と同意したことは、すでに第Ⅱ篇第一章で述べた。

『教界時言』誌をみると、内事不粛を論じても直接に法主を攻撃することは全くなく、補弼の任にある内事部長渥美を厳しく非難している（一号五頁、二号一〜三頁）。これにより、法主が目に余る不行跡をしていても法主自身を攻撃しない、すなわち「金箔」をはがさないという方針を採択したことが判明する。

清沢自身は『教界時言』第二号の社説「我内事局長の失責」で、「内事の近状に関しては、余輩は世の新聞雑誌に言ふが如き事実あるを信ぜず、唯彼等をして罵詈嘲笑を逞ふせしむるに至りたる責、内事当局者に在りて存するを信ずるものなり」と言う。井上日誌に徴するかぎり、これは清沢の単独執筆ではなく、合作のようであるが、清沢の主張が述べられたと見て差し支えがない。また、同誌第四号社説の「師命論」で彼は、「師命は実に門末に向ひて最高の威力を有するものなり」「何をか師命といふ、曰く、法主台下の親言是れなり」「親言の一瑣事の為に発し一私人の為に発せらるゝが如きは万々あるべからさるなり」「若し夫れ師命にして一瑣事、一私人の為に発せらるゝことあらんか、是れ当路者が師命を強請して一瑣事、一私人の為に濫用したるものならずんばあらず」「前執事渥美氏は師命を濫用したる尤も甚しきものなり」と論じた。当路者が法主に強請して公明正大ならざる師命を出させ、師命を濫用した場合、反抗は正当であることを含意するが、もともと法主の命が師命にふさわしくないことがありうることにはふれていない。また当路者が師命を濫用した場合の法主の責任、最高権力者でありながら、当路者の強請に屈した法主の責任を問わず、親言を濫用した当路者だけを厳しく責めている。以上の文面からみれば、清沢もまた金箔をはがさぬ用意に加わったことが明らかである。

革新派のなかには、運動高揚のさなか、徹底した法主批判を主張して法主の一身に迫ろうとした動きがなかったわけではないが、清沢はあえてこれを抑え、法主神聖観を根幹とした本末・師弟の分際を決して越えなかった〔寺川 一九五七：四三八頁〕。彼はこのように金箔をはがさぬよう配意すると同時に、教学により法主が精神的革新を遂げるなら、内事不粛の問題も根本的に解決されるとの信念から、新法主の教育に尽瘁したのであろう。

『教界時言』創刊二〇日後に出た『日本人』第三〇号は、「大谷派本願寺を打撃す」なる論説を掲げて、「称して革新と云ふ、宜しく根本的ならざるべからず、……根本的とは何ぞや、旧法主を代るなり、契縁を退くるなり、此二大弊根にして芟除せざれば真正なる改革の実は挙ぐべからず」〔無記名 一八九六ａ：一二頁〕と、法主更迭・渥美解職を強調した。白川党の改革運動は契縁は退けたが、法主を代えるいかなる方策も採らなかった。法主を退隠させるには、右の論説が「色界の魔奴」と罵った法主の不行跡を追及すればよいが、それは金箔をはがす行為できわめて危険である。もし法主を代えようとすれば、かえって渥美の乗ずるところとなり、法主の怒りを買い、契縁を退けるどころか、革新全国同盟会の自壊を招いたことだろう。

明治三五年八月一一日より九月一〇日まで三〇回にわたって、明治二〇年代から三〇年代前半に至る「大紛擾中なる東本願寺」なる記事を連載した『読売新聞』は、その結論部分で、「本願寺騒動なるものを永久に杜絶せんと欲せバ、制度の上ニ根本的改革を断行せざるべからず」として、第一　法主自ら爵位を辞し、一個の平民となり、門跡の称号を撤する、第二　末寺の寺格、僧綱、僧位を全廃し、唯学徳あるものを重用する、第三　紫緋金襴等の袈裟法衣を廃し、法主自ら墨の法衣に、墨の袈裟、草鞋竹杖を以て天下を巡歴し、……親切に懇篤に教化する……、の三項について検討したうえで、法主の世襲を廃し、寺院と僧侶の階級制度を止め、大谷家と本願寺とを全く無関係のものにして、大谷家は単に華族として存在し、宗祖の遺教を永久に伝えるために本願寺は教会制度に改めてこそ、真の根本的改革である、と結論している〔読売　一九〇二・九・九、一〇〕。

　連載三〇回の結論にふさわしい痛快な主張であるが、ここではその議論に深入りしない。ただ指摘しておきたいのは、『読売新聞』の連載が第三回で指摘した「法主神聖」の伝統的信念が維持されるかぎり、その威力によって上記の提案はことごとく粉砕されるだろうことである。

　法主の不行跡を非難することは容易であるが、そのため法主の金箔をはがした場合どのようなことになるか。法主を「活き仏」とあがめる一般門末の激しい抵抗に遭って、革新運動など吹き飛んでしまうかもしれない。井上たちは安全な道を選び、法主神聖の信念に挑戦しなかった。そのために運動の全国的組織化にあるていど成功したが、まさにそれゆえに革新運動が不徹底となった。法主神聖観という根源を衝くことなしに、根源に支えられた不条理な旧習を更革しようとしても、成功しがたいことは初めからみえていたともいえる。結局、力関係が事を決するだろう。革新派は力及ばず、寺務所の反撃の前に屈服して挫折に追い込まれたのである。

　当時のメディアはすでに、白川党は本願寺根本の弊害である法主神聖の制度習慣を打破せず、師命の宗門におけるはなお君命の国家におけるが如しなどという愚論を吐き、善くも悪しくも、法主を有難く祭り上げようとする姑息の考えであったから、折角の改革論も哀れ失敗に帰した、と鋭く批評している〔読売 一九〇二・八・一四〕。評言はやや乱暴だが、問題の真因を抉りだす指摘といえよう。

法主神聖観の行方

改革運動の幹部たちは法主神聖は金箔でしかないことを認識しつつも、戦術として金箔をはがさなかっただけであり、占部安心調理事件に関連して、法主に安心調理の能力などないという、法主特権の真髄を否定する観念の成長さえ井上は予見した〔井上日誌 一八九七・七・七〕。法主神聖の観念に陰りが生ずる時代が遠くから近づいていたのである。

大正期に入ってからではあるが、村上専精は、本願寺の根源は宗祖が形見として遺した影像である。真に「生きたる霊の木像」としてこれに仕える信仰が、歴代の法主に傾いてきて法主神聖の観念が生じたと説き、明治天皇制以前に成立していることを指摘するとともに、「人或はいはん、我が真宗は日本の国体と一致し仏法国法相待て栄えるものなりと」「国家は厳然たる憲法を以て基礎となせるも、両本願寺の如きかくの如き基礎を有せずして、而も法主神聖の旧慣を維持せんとす、豈危険の至りならずや。惟ふに今や全世界に旺盛を極めつゝあるものは民本主義なり。民本主義の大風は世界を席巻せんとす。此の中独り両本願寺ありて法主専政の教法府を以て維持せんとす、其の難思ふべし」〔村上 一九一六::八一九~八二〇、八四二頁〕[18]と論じた。法主神聖観に裏づけられた法主専制を破壊する改革に成功の望みがなかった時代から、法主神聖観に礎を置く体制では行く末の望みがない時代に、移行しようとしているという。

白川党の革新運動は挫折したが、大谷派を教学的精神に導かれたものに初期化して祖師の恩に報いたいという志(行動志向の価値体系)は、清沢の流れを汲む後の世代の有志、「小清沢」によって受け継がれてゆく。村上専精がいう

「民本主義の大風」、安藤正純が本願寺問題を論じて指摘した「我社会近年の民主的思想の勃興」〔朝日 一九一四・六・二〕は、この志が社会に勢力をもつ追風となることだろう。

太平洋戦争後民主制へと一国の政体が切り替えられたことに対応して、宗教法人令のもとで昭和二一年（一九四六）九月に制定された真宗大谷派宗憲では、本山本願寺の住職が当たる法主と、宗議会および門徒評議員会によって推薦される管長との、聖俗の分離が実現したが、事実上は兼任されて禍根となった。旧体制を温存したい管長派と、これを改革しようとする同朋会運動派との抗争一〇年の末、昭和五六年に改正された宗憲では、法主と管長をともに廃止して門首制をとり、門首は一派の師主ではなく、僧侶門徒の首位であって、宗祖真影の給仕ならびに仏祖の崇敬に任ずるもの、宗務上無答責と規定し、宗務総長を宗教法人法の代表役員とし宗政上の最高責任者と定めた。また、僧侶議員からなる宗議会と門徒議員からなる参議会とで宗会が成る二院制とすることで、旧門徒評議員会を旧宗議会と同等の地位に高め、さらに旧法主の宗義の正否判定権を否定して、薫理院という名の専門機関を置いて法義の相続が宗門人に開放される制度となった〔真宗 九三〇号、宗憲特集号〕。

ここにおいて法主神聖観が払拭され、親鸞が「みな、いし（石）、かわら（瓦）、つぶて（礫）のごとくなるわれらなり」〔唯信鈔文意〕と言い、等しく如来の摂取の光の対象であることを断言した精神に復帰した。この「われら」には親鸞も含まれるが、末代の遺弟たちの信仰においては、祖師にカリスマ性を集約させ、歴代法主にたいする神聖視、被造物神格化を否定する宗教改革を成就させた。この大改革を牽引した同朋会運動のリーダーは、「わしは改革派とは思っておらん、言うなれば、教団存立の本義に立つ本来化の方向」〔森岡 一九九一：二五頁〕であると主張する。私の言う初期化である。このように、法主神聖観の精算により、白川党革新運動の志が法制のうえでほぼ成就された。ただし、法主の貴族性・権威性を教団の支点として求める体質が、これによって直ちに払拭されたことにならぬのはいうまでもなく〔柏原 二〇〇〇：一六〇頁〕、宗門の現実は本来の僧伽の姿にはほど遠い、との嘆きの声が絶えることはないだろう〔田原 二〇〇三：八頁〕。

教団類型の変革

子孫相続の真宗教団を始めとして、わが国の仏教諸教団は本山を頂点に末寺を傘下に収めたイエ制度型の構造をなしてきた。そこでは本山の統制によって一派が統合されていた。なかでも法主による本山専領を主張した真宗大谷派は、法主専制を特色とする。これを便宜的にイエ制度原初型と呼んでおく。法主専制が崩れて、末寺の参画による本末共同利益の追求となれば、イエ制度変化型と呼ぶにふさわしい。さらに本山による一派支配が打破されて、末寺門徒による一派運営が実現され、本山も一派共有になれば、イエ制度脱却型（寺単位のナカマ型）である。明治期の大谷派はイエ制度原初型であったが、変化型をへて、太平洋戦争後脱却型となった。白川党の革新運動は挫折したが、原初型が崩れる端緒となった点に、大きな歴史的意義が認められよう。

2　革新コンボイとしての白川党

コンボイの形成

明治二五年（一八九二）から大正八年（一九一九）まで、三〇年近い白川党コンボイの集合ライフヒストリーを、明治一六年から大正一二年に至る井上豊忠の足跡を軸に辿ってみた。それは真宗大谷派の近代的展開の一角を構成するものであるが、当時の社会的状況のなかからこのコンボイを取り出して、ほぼ一世代にわたる集合ライフヒストリーをコンボイの形成と変化に即してを捉えてみよう。

コンボイについて、自発的集団の二分類にしたがい、友情による交遊と互助を主とする内向きの表出的コンボイと、なにごとか社会的な価値の実現を追求する手段的コンボイとに分け、後者に宗教的価値の実現を追求する宗教コンボイ、政治的価値の実現を追求する政治コンボイなどを区別すれば、白川党は政治色のある宗教コンボイである。明治一桁代後半（一八七〇年代中頃）に熊本で形成された若年キリスト信徒のコンボイ、いわゆる熊本バンド〔森岡 二〇一五〕は、政治色のない宗教コンボイであるが、ともに革新の志を抱懐するコンボイであった。両者比較しながら、白川党コンボイを考えてみよう。

熊本バンドは旧肥後藩領の下級士族・卒族出身で、一〇歳代後半の、アメリカ人教師ジェーンズ（Janes, L. L., 1837–1909）傘下の洋学校生徒の結集であったが、こちらは真宗大谷派末寺出身、東京で高専・大学クラスの教育を受けた三〇歳台の、今は京都で本山立中学・高専あるいは寺務所勤めをしている僧侶の結集である。両者は、それぞれ同一コーホート（熊本一八五六〜五九年、京都一八六〇〜六五年）に属し、一般よりも高い教育を受けたか受けつつあったが、仲間では同レベル、日常的接触可能な比較的狭い空間に居住する、理念実現のために環境と対決しなければならぬ、その志のゆえに団結した、などの点で共通している。右の二例について何よりも注目しなければならない共通性は、ともに女性を含まない、男性だけの集合体であるということと、コンボイの絆が直接間接に学校時代に成立あるいは胚胎していることである。その学校が高学歴の男性だけの学びの場であったことが、コンボイに女性を含まないことに繋がり、二つの共通性は因果関係で結合している。

これらのコンボイは女性を含まないだけでなく、コンボイ成員各人の女性を含むコンボイ、母を別として恋人・許婚者・妻などの影が薄い。熊本では表に出るにはまだ早いのかもしれないが、白川党では現れて不思議はないのに、例えば井上日誌には妻との和やかな関係を窺わせるような記述はごく稀にしか、しかもおおむね周辺的にしか出てこない。清沢の日誌でも妻が現れることはほとんどなく、また清沢は家族とうまくいかなかった時期があったという逸話を曾孫が語っている〔清沢 二〇〇三：五頁〕。清沢は入婿であったから、ここでの家族とは妻の同居親族のことであろう。

井上は、明治四二年の清沢七回忌のときに上京して月見の妻子に初めて会い、大正六年の北海道大挙布教のさいには札幌で清川の妻子に初めて会って、ともに近い親戚に会う感じがしたと喜んでいる。他方、三河大浜の清沢の寺を京都への往還に何度も訪ねて泊まっているが、彼の妻子は井上のこまめな日誌にも一度も言及されていない。志で結ばれたこの時代の政治的宗教コンボイにおいては、一般に成員が形成した核家族コンボイは潜在する、ただし潜在に程度差があった、というべきかもしれない。

民俗的社会では若者組や同年会などがコンボイ形成の温床になったが、都市的社会では先述のように学校がこれに代わった。熊本バンドは熊本洋学校の寄宿舎から生い出た。白川党は本山の教校そして東京留学生からと、東京での大谷派学生の交流とから生まれた。したがって、近代におけるコンボイの形成、なかでも社会に影響を与えたコンボイの場合、その形成は学校教育制度、とりわけ一〇歳代後半の中等―高等教育の整備によって促されたところが大きいといえよう(19)。ただし、清沢と井上の場合のように、職業やその他の現況でいくつかの共通性をもつ者の、偶然の邂逅が仲間の獲得に決定的であることも稀にはあるだろう。

東京留学生に白川党の運動に心を寄せる人士は少なくなかったが、距離をとる学生もいた。学校環境は複数の、しばしば多様なコンボイ形成の温床であって、関心と性格により特定のコンボイに加わる人の数は限定される。熊本洋学校では西教派は少数、正義派を自称する儒教派は多数を占めた。同じ制度的集団のなかでも特定のコンボイをなす者とそれに加わらぬ者があり、ここに選別が働く。手段的コンボイでは、選別基準たる成員資格は関心、とくに志である。熊本の場合、おおむね「奉教趣意書」に署名して生涯奉教の決意を表明したかどうかで分かれた。

熊本のように、舶来の宗教を信ずるか信じないかの志が選別基準の場合は、信仰を表明し、かつ迫害にもかかわらず信仰を守ればそれでよいが、白川党のように、寺務改革を標榜する場合、態度表明の檄を飛ばして終わるのでなく、檄で訴えた志を実現するために大衆運動を展開するという、実際の活動をつづけなければならない。そこに志達成のための戦略戦術の問題が露になる。志を共有しているから戦略戦術も同じというわけではない。したがって、同志の間で分かれた意見を調整して合意に至るには協議が不可欠となる。

熊本バンドでも「奉教趣意書」を作成したり、いわゆる正義派と対抗するために協議したことと思われるが、熊本で重要であったと思われるのは、未信者を改心させ奉教させるための説得という対外的活動である。しかし、白川党では対外的説得、檄文散布と遊説の外に、対内的な協議が不可欠であった。

協議と人格発達

白川党の面々、とくに清沢・稲葉・今川・井上は、そのうち二人で、あるいは三人でということもあったが、四人全部で、明治二九年の蹶起以前から、絶えず往き来して談合していた。それも頻繁かつ長時間にわたった。本山寺務所との関係で進退を相談するときには、とくに時間をかけている。異論があれば、会を重ねてでも徹底的に話合い、全員合意し賛成したうえで決するのが彼らの流儀であった。それは異論を潰すのではなく、異論を包んで乗りこえる作業であった。事務革新全国同盟会は人数が多いので多数決であったし、滞京の各国総代の会も時間に限りがあるので多数決であったが、議を尽くしたうえのことで、とくに中核をなす白川党コンボイは常に熟議（長時間頻数の協議）

を旨とした。そのためにしばしば稲葉は前橋から、今川は熊本から駆けつけた。

全国同盟会が解散して、白川党コンボイの成員が各地に分散してからは、白川会に改組され、主に長文の頻繁な手紙の交換でこの流儀が守られた。清沢は結集の中心でその感化力は大きかったが、彼の意見で決まるというものでなく、例えば石川宗政との間合いの取り方について、絶えず情報を同志に送り、私案を示してはみんなの意見を問い、みんなの意見に従うと言明していた。志達成のために戦略戦術を練りながら、あるいは練り直しながら活動を継続的に展開するコンボイにとり、熟議は不可欠であることを、白川党の事例が示している。

明治三四年四月二二日開催の和衷協同の大講演会で、清沢が一致協同の根本は「十分に話し合ひする」ことであり、「相互に親切に相談をして往かねばならぬ」と説いたが〔清沢 一九〇一、のち行信の道編輯所 一九七五：一〇九頁〕、それは白川党で自ら実践してきた協議・熟議のことにほかならない。

長時間頻数の協議のなかで、他者の異論・批判、あるいは自己批判を契機として、自己観念の相対化、言い換えれば自己閉塞の打破が起こり、メンバーの人格発達、人格改革に繋がる。実際運動への参加による人格改革は熟議の間に準備されたのである。

すでに清沢の去就進退の一貫性に関連して述べたように、肺患を縁とする、またエピクテタス氏教訓書等の学習を機とする人格発達とともに、白川党同志との協働とくに熟議の清沢の人格発達にたいする意義に注目したいのである。同じことは、同志六人についてもいえるのではないだろうか。

首唱者六人を中心とする白川党の小さい集団では明瞭にならなかったことで、全国同盟会で明確になったことは、委員を選ぶとき、誰かが指名するのではなく、関係者の互選で決めることである。成員を平等に扱う民主制である。民主制は熟議を支え、熟議は民主制を現実のものにした。熊本バンドでは熟議の慣行や選挙による委員の決定は表に現れなかったが、民主制を貫いたことは疑いをいれない。民主制は同一コーホートのコンボイの基本原則といえよう。閥が親分・子分あるいは先輩・後輩のタテ関係を軸とするのにたいして、コンボイはヨコの関係が軸である。熊本バンドはジェーンズ先生を頭とするタテ関係に支えられて成立し、一種の閥をなしたが、熊本を去って「先生」の影響から遠ざかり、ついには「先生」が帰米するに至ってヨコ関係に立つコンボイとなった。これにたいして白川党は、清沢を中心とするといっても最初からヨコ関係が卓越した。自律的な対等の関係での協議と協力は、いわゆるタテ社会で育成された人格を改革して、ヨコ社会の芽を培う歴史変革的な意義を担いうるのではないだろうか。

コンボイの変化

同じ志をもつ手段的コンボイとして出発した白川党は、全教団的な改革を主導した戦闘的な時代が去った後、教学の分野だけに活動を集約する比較的平和な時代に移った。その時代に井上・今川という主要メンバーが離脱したため、全体として手段的コンボイから表出的コンボイに変化するとともに、清沢を核とする残った部分は手段的コンボイでありつづけるという、二重構造を示した。後者は本来の平等なものから、清沢とその後輩・弟子がややタテ関係的に結ばれたコンボイに変化し、熟議よりも清沢の指示で動く傾きが現れた。その結果、教学分野の活動に異変が生じ、それを機として教学分野からも撤退することとなった。ついで清沢の死を転機に手段的コンボイの部分も全体の表出的コンボイのなかに溶解し、表出的な友情コンボイ（仲よし同士）に転化していった。

手段的コンボイとしての白川党も元来その基礎に友情コンボイの側面をもっていた。同志の集団行動・協働行動、それらに伴う相互作用が乏しくなれば、苦楽を共にした成員間の友情に基づく互助が目立ってくる。井上の場合、法忠が真宗大谷大学在学中、稲葉に保証人を依頼することができた。明治四五年の大学騒動の時には、稲葉に加えて大学に近い月見や関根の情報を頼りにした。また、法忠の学資と娘の婚礼費で苦労した大正六、七年には、北海道長期布教へ参加できるよう札幌で大谷派教学の要職にあった清川と本山教学部長の関根が骨をおったし、相続講事務局を掌握した月見が仙台駐在布教使の口を世話しようとした。その頃、関根が一派教学商議会の委員や臨時学制調査会の委員に井上と清川を加えて、遠方から上洛して稲葉や月見と旧交を温める機会を提供している。今川だけがこうしたネットワークからこぼれ落ちているのは、宗門外の勤務であるうえに、任地が熊本ついで戸畑と遠隔であり、どこでも重責を担っていたためであろう。それでも大正七年五月の臨時学制調査会にさいして稲葉・月見と井上・清川が会ったとき、四人で寄せ書きの便りを今川に送ったことに、彼等の変わらぬ友情を窺うことができる。

人の一生を囲繞するコンボイは同志コンボイや友情コンボイだけではない。むしろ、同志コンボイは例外的、親友コンボイは少数派かもしれない。白川党コンボイの時代に重要な社会的機能を果たし、人々の思想と行動を律したのは、家や集落など習俗的な制度的集団であった。

井上が明治三〇年末、長井町の自坊に帰ってから、同志コンボイが潜在化し、家・寺・寺檀・集落という制度的集団が表面に登場した。潜伏しながらなお活火山状態にあった白川党コンボイのマグマが、明治三四年の破裂後休火山状態に追い込まれた。このあと、地元の制度的集団が井上を包囲し、彼の行動を制約するとともに支援した。この間、白川党の同志コンボイは二重構造をへて友情コンボイに変化していき、他方、井上は地域の宗教コンボイの掘り起こしに力を注いでいた。

白川党は手段的コンボイとしては同志の分散や死亡、それに伴う統一目標の喪失によって力を失い、友情コンボイとして存続したが、やがてあいつぐ成員の死亡により歴史の舞台から消えた。しかし、白川党の志は真宗大谷派の改革を指導する精神として、師から弟子、弟子から孫弟子へと世代を超えて受け継がれてゆく。他方、熊本バンドは同志社の発展を支えるコンボイとなり、その後キリスト教界に止まった人たちは日本組合基督教会を創ってそこに結集し、制度的集団となった。

3　井上豊忠の生涯

井上の人格発達

手段的コンボイはその活動によって劇的に、表出的コンボイは交遊によって緩慢に、成員の人格発達（人間変革）に資するはずである。井上は白川党から彼の人格発達につながるどのような感化を受けたのだろうか。

井上は本山寺務所に採用された年、執事渥美から大谷派の慣習法についての連続個人講義を受け、ほぼ洗脳されたようである。明治二九年、改革のために有志集団を結成する準備として、同志団という名目で目的・方法・組織などにつき想を回らしたとき、彼はその組織を専制的と規定し、一人の首領のもとにオヤコのような関係の数人の股肱がいて、首領は股肱の協議したところを採るが、股肱は首領に服従して不惜身命の至誠を尽くすべし、とした（井上遺文「廿九年考案録」）。「統制の原理」による組織である。

白川党の首領は強いていえば清沢であろう。その感化力は大きかったが、すでに述べたように専制的ではなかった。メンバーの協議の結果によって清沢が決定するというのでもなく、メンバーの協議によって決まる平等な組織であった。彼らの協議は、集まって話し合う meeting ではなく、差異を超えて一致点を見つけるための相談という隠し味のある conference であった。とことん話し合うことで一致点、妥協点を見つける作業であったから、長時間を要し、また頻繁な集会が必要であったが、それは認識の客観化、自己閉塞の打破、引いては人間変革に繋がった。さらに注目しなければならないのは、協議の必要がなくとも、会って新しい情報や経験を分かちあい、感動・喜び・怒り・悲しみを共にして、語る者も聴く者も満足したことである。理解され、分かちあい、共感する喜びという他ではえられない満足のために会うのである。白川党は手段的コンボイになる以前から表出的コンボイであって、手段性と表出性が表裏をなしたところに、このコンボイの強靭さがあったといえよう。井上の同志団の観念は、そのようなコンボイのなかでの熟議を経験したことで、専制的でなく平等で民主的なもの（「合意の原理」による組織）〔塩原 一九七六：一八三頁〕となったのである。

また、この同志団に指導された事務革新全国同盟会も熟議を旨とし、多数決に至る協議に時間をとった。同盟会の解散を議した明治三〇年一一月九日の拡大総代委員会では、甲論乙駁、何時果てるやも知れぬ状態に陥ったが、清沢の提案で方向性を見出し、ついに満場一致で解散を議決した。全国同盟会には本部があり地方部があったが、本部が支配するのではなく、地方部を代表する評議員が集まって同盟会の大綱を決定する民主的組織であった。同盟会には会長がなく、幹事はいたが幹事長は置かなかった。世話をする人を定めたが、支配する人を認めなかったのである。

かつて専制的な支配服従（ただしオヤコ関係で繋がる）を歓迎した井上は、熟議による民主的運営に馴染み、その良さと強さを体得した人間に生まれ変わった。そのことが、郷国へ帰った後、檀徒集団を指導するさいに発揮された。寺の総代・世話人を住職が指名するのでなく、選挙で決めたのはその一例である。また、全国同盟会の協議のなかで訓練された異なる意見を受け止めて調整する能力は、長井町の諸宗寺院住職を糾合した仏教講話会や、置賜・村山地方の真宗大谷派僧侶の教学同志会など、同宗・異宗さまざまな宗教集団を組織し、指導することを井上に可能にしたと考えられる。要するに、白川党の改革運動における熟議で鍛えられたことが、自坊に帰ってからの井上の精彩あるリーダーシップの素地となったと見ることができるのである。

私は井上を大舞台では軍師であり、小舞台では策士と評されることもある人物とみたが、それが妥当かどうかを点検して結びとしたい。彼が帰郷後明治三三年後半までに書いた『法讃寺記録』巻二に、「奉職中ノ事業」と題する文章があり、その八（四一〜四二葉）の記述が手がかりとなる。曰く、

旧思想即チ寺務現役員、大学寮仏学者等ト新思想即チ東京出身学士等トノ中間ニ立チ、一方ニハ渥美（契縁）・足立（法鼓）等諸氏ト親子ノ如キ親密ナル関係ヲ有シ、一方ニハ清沢・稲葉・今川・清川・月見・村上・南条等諸師ト兄弟モ啻ナラザル真情ヲ有シテ、新旧ヲ調和シ、東西ヲ一致セシメ、寺務ト学者ヲ協同セシメ、和気靄々ノ内ニ過渡期ヲ通過シ、一派一団将ニ対外的大活劇ヲ演ゼシメント計リ、而シテ渺タル一身ハ単独ニ寺務所ニ屹立シテ新思想全体ヲ代表シ、和戦ヲ決スベキ枢機ヲ握リテ、九分迄成功セシメテ挫折破裂セシメタルコト

井上は、新思想（東京帝国大学出身学士等）と旧思想（寺務役員・大学寮仏教学者等）を調和させ、東（東京の大学出身者）と西（京都の本山立学校出身者）を一致させ、寺務と学者を協同させて、一派一団を目指してきたが、寺務改革運動が起きた頃から、寺務所にあって新思想全体を代表し、旧思想との和戦を決すべき枢機を握った、という。しかし、彼の日誌を辿ってきた印象では、新旧・東西・寺務と学者の交差圧力のために苦労し、これら対立する勢力の一致協同のために努力したとしても、彼は「渺タル」一録事として動いたに過ぎない。改革運動が起きてからも、「和戦ヲ決スベキ枢機」を彼が握っていたわけでなく、和戦は白川党の協議で決まったことである。

また、同じ「奉職中ノ事業」の五（四一葉）に、「清沢・沢柳・稲葉・今川・清川・南条等ノ有志ヲシテ、其職ニ就キ教育ノ任ヲ尽サシメツヽ、アリシコト」との記述があるが、これは執事もしくは教学部長にして吐ける言辞であって、録事風情に許されることではない。

彼は事態を大局的・客観的に捉えて見通しの利いた対応を遂行する能力をもっていたが、その大局のなかで自らの力や業績を誇大妄想かと思われるほど過大評価し中心人物視する自己壮美化の性向があった。日誌にその片鱗が認められるが、出来事から時間をへた懐古的文章にそれが著しい。しかし、自己壮美化的性向ゆえにこそ軍師になれたと言えるのではないだろうか。上席参務石川舜台の籠絡への警戒の甘さも、自己壮美化の性向から派生したものかも知れない。他方、彼が権謀術数の策士とならなかったのは、清沢の感化、および白川党の協議で制御されたことによるのであろう。そして、彼の軍師的才能が白川党の改革運動に不可欠のものとして頼りにされたがために、矯められたかもしれぬ欠陥も是正されるに至らず、白川党の変後、制御するもののない状況下で、あからさまに文章に表白されたと考えられるのである。

この性向が積極面で働けば才能であった。この才能のゆえに家郷にては寺門の揺るぎない安定達成で満足せず、自宗他宗の僧侶を糾合し、また行政・教育・治安・矯風などさまざまな人たちと協同して、没後二〇年後頌徳碑をもって記念されるような、地域開発的な活動を展開することができた。最寄りの同宗・異宗寺院合同の仏教講話会では、地元の最有力寺院住職を会長に担いだが、事実上の中心は井上であり、他の会合でも彼が采配を揮ったので、自己壮美化性向が人の嫌う癖として露になる危険性は小さかった。しかし、個人的には策士と見られる側面も現れ、身近な人たちによって逸事として伝えられることになったのではないだろうか。

妻子があいついで死亡し、一派の精神的革新のために心血を注いだ大学が壊れて、今度私が壊れればみな終わるとの、悲痛な挫折の言葉を遺して長逝した仏教者清沢の生涯を、井上は「為法不為身」の至誠が一貫していると評した。為法不為身の行為は志に発するといえよう。もし対極に「為身不為法」の行為を置き、両者の中間に「為法不為身」よりの「為法為身」と「為身不為法」よりの「為身為法」を設定した場合、「為身」の行為は個人の欲求充足にかかわる願望・報酬などの述語で説明することができよう。自坊宿年の二課題を見事に果たし「檀中待遇内規」まで制定して示寂した井上は、志をいだきつつも、実際の行動選択においては、必ずしもそれに囚われることなく現実的な判断をくだす「為法為身」あるいは「為身為法」の人であった。白川党の総師と軍師のコンビは、この組み合わせにおいて成立したのであった。

註

（1） 東西の対比をまとめて言えばつぎのとおり。

西派

(1) 本願寺ハ本願寺ヲ組織スル一派ノ資力ヲ以テ維持スルノ義務アリ。ココニ於テカ末寺等ニ対シ租税的財募ヲ為ス。而シテ末寺等ハ必ズ之ニ服従セザルベカラズ。

(2) 已ニ此義務アルヲ以テ、又本来本願寺ハ一派ノ共有ナルヲ以テ、本願寺ノ政治上門末ハ十分ノ権利ヲ有ス。ココヲ以テ、門末ノ意思ヲ立ツルノ機関トシテ集会ナルモノヲ設立シテ、門末ノ意思ヲ代表セシム。

(3) 本山本願寺ト末寺トノ関係ハ権義ノ関係ニシテ一ニ成文ノ命令規則等ヲ頼ム。

(4) 本願寺ノ事ハ細大トナク悉ク集会ノ議ニ違ハザルヲ要シ、法主ト雖ドモ随意ニ処置シ玉フコトヲ得ズ。

東派（西派と同じ番号で対比）

(1) 本願寺ハ固ヨリ本廟ニシテ門末ノ共有ニ非ザレバ、之ヲ維持保存ノ資料ハ本廟主即チ本願寺住職ノ直接負担ニシテ、門末ノ資力ヲ直接ニ傾クルニアラズ。換言スレバ、資料ハ租税的ニアラズ信施的ナルヲ以テ、門末ノ資力ヲ本山ニ出スハ素ヨリ徳義上ノ事ニシテ、随意ナリ。決シテ服従セザルベカラザルニアラズ。

(2) 門末ノ資力ヲ出スハ固ヨリ義務ニ非ラズ。随テ本願寺ノ政治上門末ハ之ニ関係スベキ性質ノモノニアラズ。随テ集会様ノモノヲ置カザルヲ得ザルノ理アルコトナシ。

(3) 本願寺ト門末トノ関係ハ純然タル徳義上ノ関係ニシテ、権義上ノ関係ニアラズ。故ニ本山ノ末寺等ヲ統括シ整斉スルハ、一ニ徳義ヲ頼ム。其明文規則等ハ万止ムヲ得ザルノ範囲ニ於ケル一ノ手段ニ過キズ。

(4) 本山ノ政治ハ法主ノ独裁ニシテ、執事等ヲ執行セシメ、門末ハ関係セズ。

〔井上遺文「対話随録」〕

（2） 明治一九年と推定される法讃寺の「相続講加入面附」によれば、講員三七人のうち、男子一五人、女子二二人と女子のほうが多く、女性の加入が奨励されたようである。山一当主以外の男子は二円、山一の内儀以外の女子は一円の講金、山一は当主夫婦に加えて相続人夫婦も講員になっているが、他は当主夫婦か相続人夫婦の一方のみ。寺族の参加が要請されたらしく、法讃寺では住職（二五円）に加えて寺族すべて（一〇歳の娘まで）計五人が講員となり、合計三〇円の講金を予約している（直納はうち七円だけ）。随一の檀頭山一の講員は二夫婦四人で、計一五円の講金を直納した。女子講員のうち八人は各一円の講金を直納しているが、他の講員は一〇年がかりで二円（男子）なり一円（女子）なりの講金を上納する取り決めとなっている。最初の年の直納は計三〇円、分納は三円一〇銭、上納計三三円一〇銭であった〔法讃寺史料〕。以上の内訳をみると、講員になるだけの資力のある者は悉皆動員された感がある。

（3）　この観念は現代でも少なくとも一部の人々の間で生きている。例えば、東本願寺第一四世法主大谷光暢の四男暢道（一九四五—）は、「御門徒はすべて本願寺の御門徒であって、各末寺がお預かりしている〝御預かり門徒〟だ。それが宗門の歴史的なあり方である」と書いている〔大谷　一九七八：二三五頁〕。

（4）　明治二四年末から三〇年春まで五年半ほど、津田は沢柳の庇護のもとにあったから、両者の間に親密な関係が築かれたと期待されるが、昭和二〇年代津田に三度も面接して聞取り調査までした思想史家家永三郎（一九一三—二〇〇二）は、両者の「精神的交流には限界があったようである」とみており、その見解を裏づける記述がみられる〔家永　一九七二：三三、三四、五五、五六頁〕。また、津田の著書にもこのことを示唆する文章がある〔津田　一九六五：一〇四頁〕。思うにウマが合わなかったのであって、沢柳からみれば世話のし甲斐がなかったことになる。

（5）　離任する沢柳政太郎への大学寮所化総代の送別の辞

我大谷派教学顧問兼大中学寮教授沢柳先生、今将に帰東せられんとす。生等所化たる者、一言の先生に捧くるなくして可ならんや。先生夙に大法の衰頽を慨き、之を挽回するの経綸あるや久し矣。恰も好し、我当局者の膝を屈して先生の西遊を仰き、託するに重職を以てせらるゝに会す。是におゐてか先生か満腔の策ハ滾々として湧き、蕩々として流れ、恰も長江大河の快絶言ふ可らす。加ふるに明敏克く内弊を看破し、卓励風発するに至りてハ、崚嶒鬱崛、巍峨たる峻嶺の如く、人をして後ニ瞳若たらしむるものあり。我教学ハ之ニ因て面目を一新し、既往の積弊を浄洗し、現在の方針を完美にし、以て将来社会進歩の趨勢に後くるゝなからしむものハ、実ニ先生の力なり。何そ其れ偉且壮なるや。生等末徒たるもの、宜しく特筆大書して先生の徳澤を永く湮滅することなからしむへし。先生ハ悲母なり。呱々飢に泣くの稚児を率ひて、撫育至らさる所なけれハなり。先生ハ慈父なり。苟且偸安の徒を策励して毫も厭倦するなけれは也。嗚呼大谷派の教学を中興するものハ先生ニあらすして誰そ。若し其れ先生のあるなくんハ、輪奐美を錘むるの大堂も久からすして頽垣石落ちて、禾黍離々の歎声を聞くに至るも、未だ知るへからす。況んや直接の薫陶を受け、洪大の恩沢を蒙るの生等ニ於てをや。生等ハ期せしなり。親しく先生の誘掖を仰ぎ、異日伝道の任務を完ふせんのみと。何ぞ料らん、早く今日あらんとは。是より先き、道路相伝えて曰、先生帰東の志ありと。之を耳にするの生等ハ聊か懐に□然たりしも、疑ふて止まさりき。寧ろ無根の虚報ならん事を希望しつゝありしなり。されとも遂に先生自ら冊子を頒たるの日ニ至りてハ、再ひ其虚を希ふ勇気なきニ達せり。曰今や事を以て此地を去らさるを得さるに至ると。読て此ニ至る者、誰か咄々怪事を叫はさるものあらんや。相議して曰、事を以てとハ果して何の謂そやと。是ニ於てか東奔西走、当路者の門ニ逼るも一の功を見す。悄然として帰寮せしハ実ニ記憶し能ハさるなり。必□人ハ生等を以て狂ならすんハ病とせんも、生等を知る者の謂ニ任す。其行時の揚々たるハ懐に平ならさるか為なり。帰時の悄々たるハ要領を得さるニ因りて也。寧ろ生等ハ此等の嗤哭を顧るの暇なかりしも、劬労ハ空しく水泡ニ帰し、今日を見るに至りしハ洵ニ終天の遺憾なり。先生将に去らむとす。生等豈□々に附し去るに忍ひんや。是れ先生に別を告くる所以なり。回顧すれハ、生等曩日の運動ハ果して何の為す処そ。唯此会の先生の為めに開かるかを憂てのみなりしに、今ハ却て自ら発起するの已むを得さるニ到着せり。思て茲ニ至れハ、万感交湧き胸裏殆んと塞り、暗涙咽ニ逼るものあり。噫、生等をして此の境ニ陥れ、先生をして此の極ニ擠すものハ誰そ。生等ハ今にして其名を公言するを好ますといへとも、然れとも昨ハ団々天上の月に比し、今ハ翻て坐隅の塵埃ニ等からしむるニ至りてハ、悪まさらんと欲するも得んや。然りといへとも生等ハ無益ニ呶々して先生を煩すを好ます。故ニ送るニ涙を以てせすといへとも、唯我大谷派の教学か未だ先生をして去らしむるの已むなきを悲むなり。今ニおゐて先生ニ望む所ハ他なし、先生にして幸ニ生等を棄るなくむハ、寧ろ為法の志を変せらるゝなくんハ、他日再び来て、大法の為尽瘁せられん事是也。生等ハ先生の再遊を速かならしむるニ勗むへし。寧ろ先生の自ら来て、□を需むるの時運に遭遇せん事を希ふてやまさる也。易曰鳴鶴在陰其子和之と。大谷派ノ門内再ひ先生ニ見ゆるの機豈に遠しとせんや。

謹言

明治廿八年二月七日　真宗大学寮本科第一部第三年所化惣代　葦原林元

葦原は本科をへて研究科を卒業した後、寺務職員となり、東京に移転して教導講習院幹事、ついで勧学局録事となっている（宗報　三〇号）。

（6）有志者の長所を他者はどのように見ていたか。まず、本文で引用した村上・井上、南条の白川党支持の檄にそれが見られる。また、同時代の雑誌『日本人』に、「大谷派の改革者に対して、一声に同情の輿論を喚起するに至りし所以のものは、蓋し改革者なるもの〻、其の言ふところの極めて正義に合するによるのみならず、其の精神の純粋潔白にして、秋毫の汚穢なる野心を挟まざる、誠意赤心の感応によるものなるべし」〔境野 一八九七：三一頁〕とあり、短所としては「今の改革者に憾むべきは破壊的活動の巧慧ならざるにあり」〔無記名 一八九六a：一三頁〕という指摘がある。

（7） 稲葉と今川は明治二八年一月それぞれ第一中学寮第二部主幹、大学寮第二部主幹を解任されたが〔本山事務報告 一七号〕、稲葉は同年一〇月前職を命じられ〔同 二五号〕、今川は二九年三月主幹事務加談（主幹は学務部録事太田祐慶）を命じられていた〔同 三〇号〕。

（8） 二九年一〇月一日段階では、清沢は『教界時言』創刊号社説の檄文末尾に名を連ねる首唱者を、村上を含めて七名としていた〔大谷大学 二〇〇三b：一三四頁〕。しかし、村上自身は、すでに同年七月初めの挙旗の段階で、運動には賛成だが参加はしない、と断ったという〔村上 一九一四：三一九頁〕。これが事実だとすれば、村上自身の意思と周囲の主だった人々の理解との間に三ヵ月もの間食い違いがあり、それがようやく一〇月初旬に至って調整され、村上の名が首唱者から除かれた、ということになる。

（9） 法主専制は執事による立法行政の二柄掌握と結合する。「法主神聖の旧制度旧習慣ハ、渥美一輩の利用する所となりて、派内の権力を壟断し」〔読売 一九〇二・八・一三〕と当時のメディアが指摘している。この時代、伝統的な法主神聖観に支えられて、法主専制が制度的に確立していた。時言社同人はこのような時代を専制時代と呼び、その弊風を挙げてつぎのようにいう。「倨傲尊大門末を視ること奴隷の如し、圧制逼抑猥りに言論の自由を拘束す、情実纏綿人を用ふるに愛憎を以てす、賄賂公行事を行ふに利を以てす、籠絡を才とし瞞着を能とす、因循を喜び姑息に安んず、事に当りて責任を知らず、職を行ふに条例を守らず」と〔教界時言 六号社説「立憲的宗政実施に対する当路者の用意如何」〕。「門末を視ること奴隷の如し」とはけだし至言であろう。

（10） 南条は清沢の帝国大学在学中保証人をつとめた人で〔脇本 一八九二：四四頁〕、「清沢君はたしかに、宗教的天才であった。高潔にして、熱情に富み、言々人の肺腑に逼るところがその独特の面目である」〔南条 一九七九：二七九頁〕と激賞しているが、『南条文雄自叙傳』（沈石山房 一九二四）でも『懐旧録』（大雄閣 一九二五、初版）でも、白川党に全く触れていない。彼は、白川党運動に関連して、執事渥美の差解に決定的な役割を演じたと伝えられているのに、白川党に全く触れなかったのは何故か、理解に苦しむところである。後年占部排斥の中心となって貫練会を立ち上げる吉谷覚寿とは、弱年の頃（明治元年）高倉学寮の護法学場で共に学んだ仲である。

(11) 渥美契縁は石川の籠絡の対象にはならない。しかし、彼は石川を狡猾と評している。籠絡は狡猾の一面であろう。以下の証言では、彼は自らを正当化しているのが興味深い。

八坂ノ弦妓佐々木絹ナル者密ニ台下ノ寵愛ヲ蒙リ、為ニ屢微行シタマフヲ衆庶ノ識ル所トナリ、紛々囂々世評ヲ惹ニ至ル。是カ契縁カ責ヲ負フテ職ヲ辞セシ原因ナリ。然ルニ舜台ノ入ルヤ（佐々木）祐寛ト謀リ、之ヲ侍医塚本某ノ養女トナシ光ト更名セシメ、雇テ之ヲ侍婢トシ以テ先台下ノ歓心ヲ買ヒ、而シテ二月ニ至リ東京ニテ（総理大臣）松方（正義）伯（京都府知事）北垣（国道）男ニ謁シ、賤妓カ内庭ニ入リシヲ契縁カ在職中ノ事トナシ、己ハ深ク之ヲ憂フル者ノ如クシ、伯爵ノ諭告ヲ得テ還リ諫テ之ヲ出サシメント欲ス、願ハクハ手書ヲ賜ヘト。伯聴カス、乃北垣男ニ就テ懇請ス、男其熱誠ニ感シ伯ヲ勧メテ共ニ連署シ懇篤ナル訓諭書ヲ舜台ニ託ス。舜台之ヲ齎ラセテ還ルト雖トモ、敢テ直諫スルコトナク唯法主ノ鼻息ヲ伺フ。而モ初ハ松北二氏ノ勢威ヲ藉テ寵妓ヲ逐ヒ以テ天下門末ノ輿望ヲ収メント欲セシモ、法主ノ聴カサルヲ知リ、強テ之ヲ争フノ不得策ナルヲ考ヘ之ヲ中止セシ者ナラン。舜台ノ狡猾スヘテ如此。〔渥美 一九七五：七四頁〕

(12) 占部にたいする処分状は、「（上略）宗義ニ関シ不穏ノ説ヲ唱ヘテ門末ヲ惑ハシ且御示諭ニ服セサルコトヲ文章又ハ言語ヲ以テ公ニシタルハ師命ニ背反シタル行為ナリトス依テ宗制寺法第八十九条黜罰例細則第四十二条ニ照シ擯斥ニ処ス」〔宗報 一一号附録〕というもので、先の法主示諭は配慮というよりも処分の理由づけに瑕疵がないようにするための手続きだった感が深い。

この状況に観順はどう対処したのであろうか。父の跡を継いで唯法寺住職となった嗣子公順、その跡を継いで副住職になった孫傑の二人が、三ヵ月後の明治三二年一〇月一三日、本山から処罰されている。その処分状から直近の経緯を知ることができる。つぎのとおりであった〔宗報 一四号附録〕。ただし、それぞれ住職差免、副住職差免の令状は省略する。

三河国幡豆郡西尾町唯法寺旧住職　占部公順

其方儀実父観順カ擯斥ニ処セラレタルニ拘ハラス法義談話ト号シ自坊ニ於テ観順ヲシテ公然説教ヲ為サシメタルノミナラス本宗ヲ誹謗セシ文書ヲ発売頒布シ自ラ説教ノ上ニ於テ本山ヲ誹謗シ又門徒ヲ煽動シテ転派ヲ企図セシ等不都合ノ行為不尠ニ付本年九月三十日審問会議ヨリ推問書ヲ発セシ処同年十月三日答申書ヲ差出シ事実無之旨抗弁スト雖モ監視掛

調査ノ結果事実ノ証憑ハ充分明確ナリ右行為ハ宗制寺法第八十九条黜罰例細則第四十二条ニ該当スルモノナリト雖モ観順カ行為ヲ幇助シタルモノト認定スルヲ以テ黜罰例細則第三十八条ニ拠リ擯斥ニ一等ヲ減シ猶ホ情状ノ酌量スヘキ廉アルヲ以テ更ニ一等ヲ減シ奪班ニ処シ自今五ヶ年自坊外ニ於テ僧侶ノ分限ヲ行フコトヲ禁ス

三河国幡豆郡西尾町唯法寺非職衆徒　占部　傑

其方儀祖父観順ニ随行シ説教ノ都度本山ヲ誹謗シ志納ノ妨害ヲ為シ又実父公順ト共謀シテ門徒ヲ煽動シ転派ノ企図ヲ為セシ等不都合ノ行為不尠ニ付本年九月三十日審問会議ヨリ推問書ヲ発セシ処同年十月三日答申書ヲ差出シ事実無之旨抗弁スト雖モ監視掛調査ノ結果事実ノ証憑ハ充分明確ナリ右行為ハ宗制寺法第八十九条黜罰例細則第四十二条ニ該当スルモノナリト雖モ観順カ行為ヲ幇助スル為メ公順ト共謀シタルモノト認定スルヲ以テ黜罰例細則第三十八号ニ拠リ擯斥ニ一等ヲ減シ猶ホ情状ノ酌量スヘキ廉アルヲ以テ更ニ二等ヲ減シ停班七年ニ処ス

観順を支持して同一歩調をとった嗣子公順は奪班、ただし五年間除名同等の処分、同じく孫傑は停班七年に処せられた。唯法寺一門挙げての抵抗であった。その行方は転派しかない。しかし、寺院の改宗転派は当時の宗制寺法の認めるところではなかった。ただ、観順ら僧俗個人の改宗転派は信教自由の原則によって可能であったから、彼が自ら改宗転派し、門徒に転派を勧誘することは合法である。ここで真宗興正派が彼らを迎え入れた。観順は一子を伴い追従する唯法寺門徒と共に岡崎に興正派一乗寺を建てた。岡崎には前から唯法寺の拠点があったのだろう。他方、大谷派唯法寺を残すために、他の一子を仮住職として留め、門徒若干を残した。かくて唯法寺の門徒団は分裂し、観順の子たちは二派に分かれたが、これは占部家の唯法寺を守ると共に観順の生きる道を確保するための策に外ならなかった。唯法寺祖父・父・子三人の僧職が三人とも本山の厳しい処罰を受けながら、寺門を固め、宗学の立場を揺るぎなく保って、すでに喜寿に近い老学僧観順を守ったのである。

（13）　その頃、真宗大学教授の河野法雲が京都下京の旅宿経長に清沢を訪ねた。清沢は「此一派のものが、以前の通りであったら、折角の改革も、何の役にもたゝぬ、（改革運動の）初めに此のことが、わかって居らなんだ。それでこれからは、一切改革のことを放棄して、信念の確立に尽力しやうと思ふと申され」たという（浩々洞 一九一五：二八一頁）。清沢も井上と同様に「公」のことは放棄して、「私のために」尽くす決心であると、同様の方針を語っている。しかし、清沢は「公」へ向かう道を自らの判断で断ったのにたいし、井上は「公」への責務が終わり、「私」の社会的責務が強力に迫ってくるなかで、「私」に身を投じるというのであるから、清沢の「信念の確立」と井上の「学徳修養」が近似しているものの、置かれた文脈に大差がある。清沢は「為法不為身」の理想を情熱的に貫徹できる環境にあったのにたいし、井上は「為法」と「為身」の両立を図らねばならぬ、必ずしも理想を貫徹できない環境にあった、というべき差異であろうか。

(14) 二年余り前の明治二八年一〇月、井上が正式に法讃寺住職となって養祖父から所在集落別檀中名簿を渡されたとき、総数二四二人もあった。それが今は約一三〇戸という。しかし、わずか二年ほどの間に檀家が減ったわけでなく、数え方が異なるのであろう。約一三〇戸というのは、寄付など経済的負担をあてにできる檀家の数、外に時斎（月忌）などの依頼により参詣するが、経済的負担を期待できない人たち、信徒を含めたのが二四二人という数であろう。つまり、檀家数と檀信徒数の違いである。所在集落を町部と村部に分けると、村部では檀家数に少し上乗せしたのが檀信徒数であるのにたいし、町部では檀家数の倍ほども檀信徒数がある。町部では他所から来住する人が多く、これがとりあえず最寄りの小出法讃寺の信徒になったと推測できよう。

(15) 俗諦すなわち道徳は真諦に帰入する前提である。したがって真諦は俗諦から独立し、仏法の自律的立場は確立している、との清沢の二諦相依論批判に着目した柏原は、「近代の二諦相資、相依論は、天皇制を背景として推進する時代の要求を受容し、合理化する教学として機能した」〔柏原 一九九〇：一一九頁、二〇〇三：二七頁〕と評する。

清沢は、他力不思議を信じて、災害等があっても天を怨まないのが真諦であり、自力を尽くしてかりにうまくいかなくとも人を咎めないのが俗諦である、俗諦は真諦に帰入する道であり、真諦に基づく報謝修善で俗諦が磨かれる。その意味で、「真俗二諦ハ相寄相待ノ道心ナリ」とも説いた〔大谷大学 二〇〇三ａ：三六七〜三六八頁、三八八〜三八九頁〕。二諦相依の宗義はこの連鎖的循環説によって信仰的に意味あるものとなるが、一般門末に説教・法話で語って理解させることは困難であろう。

(16) 太平洋戦争に敗れた昭和二〇年（一九四五）の暮れ、一二月二六日に法讃寺一三世住職井上法忠が示寂した。早世といってよい数えの五四歳であった。一週間を経ることなく二一年が明け、激しいインフレの時代に、母（豊忠妻）七一歳、妻四〇歳、長女一二歳の、女性ばかり三世代の三人が遺された。白鷹町鮎貝に山一寄進の小作地があって、その小作料で寺族の生活が支えられていたが、二二・二三年を中心に強行された農地改革では、小作地が長井町から離れているため、檀頭たちの根回しもかなわず、ことごとく解放の対象となり、法讃寺井上家は深刻な打撃を受けた。そのうえ、後援会への寄付金約束額が、インフレ相応にいわば時価換算してもらえず、寺族は窮乏生活を余儀なくされた。もし法忠が父豊忠並に六〇歳まで存命しておれば、時価換算を達成しえたであろうが、当時の地方では女世帯主は見くびられて、その交渉能力は弱かった。それに、葬儀では低い待遇しか受けられない平檀中、とくにそこに含まれる小作層は、農地改革で自作の耕地を取得して経済的に上昇したが、後援会への寄付金約束額の時価換算に応じる者はなかったといってよい。この時代、かって豊忠が兼務住職として世話をした寺泉願誓寺に兼務住職を依頼して凌いだが、豊忠が立ち上げた青年会・道交会・婦人会などすべて解散して、法讃寺の勢威は一時地に落ちた。

(17)『教学報知』第八七号(一八九八・九・七)は「大谷派新法主以下脱走の真相」と題する記事のなかで、法主の素行にふれて、「当法主は改革当時、宗門内外の物議をおそれて、各地の別荘を売払い、数多の妾を遠ざけて、克己修徳の模様が見えたが、恰も道楽息子の禁酒と同じく長続きするわけもなく、一旦遠けた妾を呼びもどすばかりでなく、更に新妾さえも抱え込んで乱行狼藉前日に倍するありさまであった」という〔西村 一九五一:二四〇頁〕。

(18) 村上は法主専制について両本願寺を同一視しているが、彼の指摘は大谷派本願寺に的中し、本派本願寺は少し異なると考えられる。明治一三年の本派本願寺の寺法は、京都本願寺は一派の共有と規定しているのにたいして、一六年の大谷派寺法は、本派の寺法を意識しつつ、本山は法主の専領と規定するからである。両派ともに、一派の教導職管長は法主でなければ当たれない、そして本派では本願寺住職が法主、大谷派では法主が本願寺住職と規定する。本派では本願寺住職が法主と管長を兼掌し、法主と管長に聖俗の区別があって、法義を説くときには法主釈明如などと名乗り、条例を発布するときには管長大谷光尊などと署名した。大谷派では法主が本願寺住職と管長を兼摂し、法主即管長で、管長も聖の分野に統合される。本派では管長は世俗面の統督者であるが、大谷派では管長＝法主は絶対者として条例を允可し、執事に発布させたから、何人も条例に異議を申し立てることができない。そこで、本派には宗会の成立は必至であるのにたいし、大谷派では宗会の存立は認められず、法主専政が貫徹する。なお、第Ⅰ篇第二章第四節および註(1)を参看されたい。

(19) 清沢の盟友沢柳政太郎が、大正一五年成城高等学校を創設し、高等科第一回入学式で行った訓示のなかで、「わが成城学園は一面あくまで独立自尊以て個性の暢伸を期すると同時に相互の間に和合があり協力があり一致があり扶助があらねばならぬ」〔沢柳 二〇一五:二〇頁〕と説いた。独立自尊・個性の伸長と相互間の和合・協力・一致はコンボイの特性に他ならない。一〇歳台の後半にあたり、まさにコンボイ形成の適齢期にある高等科の生徒に、彼は学園生活でコンボイを作るよう、見つけるよう勧めたのではないにせよ、コンボイ精神漲る学園にしたかったのであろう。沢柳はこのことを理想像として説いているように聞こえるが、彼はコンボイの実例をみており、実例の実感をこめて説いたと考えられる。実例の一つは清沢たちが結んだコンボイであり（そこに沢柳が含まれた時期があった）、もう一つは彼が第二高等学校校長の時代に、アメリカ婦人宣教師ブゼル（Buzzell, A. S., 1866–1936）の感化の許に形成された二高生吉野作造（一八七八―一九三三）らのグループではないだろうか。

文献一覧（配列は著者氏名のアルファベット順）

赤松徹眞ほか編　一九九九『真宗人名辞典』法藏館。

天野郁夫　二〇一三『高等教育の時代』(上)、中公叢書。

安藤正純　一八九五「平沼専蔵と本願寺法主」『日本人』一二号。のち行信の道編輯所編　一九七五『真宗再興の歩み』弥生書房、五三〜五五頁。

安藤正純　一八九七「大谷派滅亡の兆象」『教界時言』九号。

安藤正純ほか　一八九六「謹て館主井上氏の檄に答ふ」『教界時言』四号、二七〜二九頁。

安藤州一　二〇〇三「清沢先生信仰坐談」『清沢満之全集』九巻、岩波書店、三八二〜四四六頁。

安藤嘉則　一九九三「解説」『南条文雄自叙伝』大空社、一〜六頁。

浅香年木　一九八二『小松本覚寺史』本覚寺。

渥美契縁　一九〇一「渥美契縁の談話」『無尽燈』号外。のち行信の道編輯所編　一九七五『真宗再興の歩み』弥生書房、八七〜九一頁。

渥美契縁　写本『厳華自伝』(抄)。のち行信の道編輯所編　一九七五『真宗再興の歩み』弥生書房、六九〜七六頁。

淡水居士　一八八二「読明教新誌」『開導新聞』三二七号。

近　弥二郎　一九四二『加能真宗僧英傳』近八書房。

知覧町郷土誌編さん委員会編　一九八二『知覧町郷土誌』知覧町。

群馬県史編さん委員会編・発行　一九九〇『群馬県史』通史編九（近代現代三）。

行信の道編輯所編　一九七五『真宗再興の歩み（曽我量深伝資料一）』弥生書房。

東本願寺出版部　一九八九『配紙』（復刻二）。

東本願寺出版部　一九八八『本山報告』（復刻一）

東本願寺出版部　一九八九『本山報告』（復刻二）

東本願寺出版部　一九八九『本山事務報告』（復刻）。
東本願寺出版部　一九九一『常葉』（復刻一～三）。
東本願寺出版部　一九九二『宗報』（復刻一～三）。
東本願寺出版部　一九九四『宗報』（復刻四、五）。
東本願寺出版部　一九九五『宗報』（復刻八～十）。
東本願寺出版部　一九九七『宗報』（復刻十一）。
平野　武　一九八八『西本願寺寺法と「立憲主義」』法律文化社。
広瀬　杲　一九五七「真宗大学」教化研究所編・発行『清沢満之の研究』一八九～二五二頁。
本多弘之　二〇〇三「清沢満之の問題関心」『清沢満之全集月報』六、岩波書店、六～八頁。
本願寺史料研究所編　一九六九『本願寺史』三巻、浄土真宗本願寺派宗務所。
本派本願寺某　一八九七「本派本願寺も亦打撃すべし」『日本人』三五号、三五～四二頁。
家永三郎　一九七二『津田左右吉の思想史的研究』岩波書店。
池上俊一　二〇一六「社会史の冒険」東京大学出版会『ＵＰ』五一九号、三一～三八頁。
今川覚神　一八九七「大谷派の新当路者」『教界時言』四号。
今川覚神・稲葉昌丸　一九二八「清沢君のことども」観照社編・発行『清沢満之』一四七～一七八頁。
稲葉昌丸　一九〇四～一九〇五「清沢君の書簡」『精神界』四巻、五巻。
井上豊忠　一八九六「吾派本山財政の紊乱」『教界時言』三号、二三～三七頁。
井上豊忠　一八九七「賞罰任免の乱調」『教界時言』五号。
井上豊忠　一九〇〇『真宗大谷派宗門時言』大谷派本願寺文書科。
井上豊忠　一九〇三ａ「清沢追悼記」（「我清沢師」の草稿）。
井上豊忠　一九〇三ｂ、一九〇四、一九〇五「我清沢師」『精神界』三～五巻。
井上豊忠　一九一七『真の人』山形県尾花沢仏教講話会。
井上円了　一八九六「教界時言の余白を藉りて哲学館出身大谷派僧侶諸君に檄す」『教界時言』三号、四二～四七頁。

開国百年記念文化事業会編　一九五五『明治文化史』三巻（教育・道徳編）、洋々社。
柏原祐泉　一九八六『近代大谷派の教団―明治以降宗教史―』真宗大谷派宗務所出版部。
柏原祐泉　一九九〇『日本仏教史　近代』吉川弘文館。
柏原祐泉　二〇〇〇『真宗史仏教史の研究Ⅲ（近代篇）』平楽寺書店。
柏原祐泉　二〇〇三「近代大谷派の歴程」東本願寺出版部編・発行『宗門近代史の検証』一～三三頁。
北西弘編　一九八六『東本願寺近代資料』北国新聞社。
清川円誠　一八九六「当路者の非教学的精神（其一）」『教界時言』三号、一七～二三頁。
清川円誠　一八九七「当路者の非教学的精神（其二）」『教界時言』四号。
清川円誠　一九二八「清沢先生に関する思い出の一二」観照社編・発行『清沢満之』二七八～二九四頁。
清沢満之　一八九七ａ「師命論」『教界時言』四号、一～七頁。
清沢満之　一八九七ｂ「真宗大学新築の位置に就きて」『教界時言』九号。
清沢満之　一九〇一「清沢満之の談話」『無尽燈』号外。のち行信の道編輯所編　一九七五『真宗再興の歩み』弥生書房、一〇三～一〇九頁。
清沢聡之　二〇〇三「西方寺と満之」『清沢満之全集月報』五、岩波書店、三～六頁。
児玉　識　一九七六『近世真宗の展開過程―西日本を中心として―』吉川弘文館。
浩々洞編　一九一五『清沢全集』三巻『日記及語録』無我山房。
日下無倫　一九四八「稲葉昌丸先生略年譜及び論文著述年表」『大谷学報』九巻一号、三七～四八頁。
九州工業大学編・発行　一九五九『五十年　開学五十周年記念』。
三浦節夫　二〇〇三「井上円了と清沢満之」『清沢満之全集月報』三、岩波書店、六～八頁。
水谷寿・横田満　一九二四『大谷派近代年表』大谷派本願寺編纂課。
森　竜吉　一九七五「真宗教団の近代化」『真宗史料集成』一一巻、同朋舎、解説七～二九頁、解題四六～四九頁。
森岡清美　一九五四「家庭調査における個人的記録の使用―特に日記の資料的価値について―」『家庭裁判月報』六巻五号、一九～五一頁。

森岡清美　一九六二、増補一九七八『真宗教団と「家」制度』創文社。
森岡清美　一九七八、増補二〇〇五『真宗教団における家の構造』御茶の水書房。
森岡清美　一九八九『新宗教運動の展開過程』創文社。
森岡清美　一九九一『大正期生まれ教団首脳のライフコース』（私家版）。
森岡清美　一九九三『決死の世代と遺書』吉川弘文館。
森岡清美　二〇〇二『華族社会の「家」戦略』吉川弘文館。
森岡清美　二〇〇五『明治キリスト教会形成の社会史』東京大学出版会。
森岡清美　二〇一五「人生の道づれ―熊本バンド再考―」『成城文芸』二三二号、九八～七五頁。
無　記　名　一八九六ａ「大谷派本願寺を打撃す㈠」『日本人』三一号、六～一三頁。
無　記　名　一八九六ｂ「大谷派本願寺を打撃す㈡」『日本人』三二号、五～九頁。
無　記　名　一八九六ｃ「大谷派本願寺を打撃す㈢」『日本人』三三号、四～九頁。
村上専精　一八九六「真宗大谷派の生命は猶存するか」『教界時言』一号、一六～二〇頁。
村上専精　一八九七「改革の範囲を弁じ併せて役員及び講者諸氏に寄す」『教界時言』四号。
村上専精　一九一四『六十一年（一名赤裸裸）』丙午出版社。
村上専精　一九一六『真宗全史』（増補版　一九一八年）丙午出版社。
明如上人傳記編纂所編・発行　一九二七『明如上人傳』。
名畑　崇　二〇〇三「宗門行政」東本願寺出版部編・発行『宗門近代史の検証』一九五～三一八頁。
長井市史編纂委員会編　一九八二『長井市史』三巻、長井市。
中野　卓　一九七七『口述の生活史』御茶の水書房。
南条文雄　一八九六『南条文雄氏の談話』。のち行信の道編輯所編　一九七五『教団再興』弥生書房、六五～六六頁。
南条文雄　一九二四『南条文雄自叙伝』沈石山房。
南条文雄　一九七九『懐旧録―サンスクリット事始め』平凡社。
西島種美　一八九八『大谷派本山近年事情』西田伝助。

西村見暁　一九五一『清沢満之先生』法藏館。
西依一六　一八九六「大谷派本願寺の毒蛇悪龍」『日本人』三三号、一〇〜二〇頁。
大濱徹也先生喜寿記念誌編纂委員会編　二〇一四『ある歴史学との出会い』刀水書房。
太多　誠　二〇〇六「真宗大谷派本山両堂再建事業と加賀門末」橋本哲哉編『近代日本の地方都市』日本経済評論社、一五一〜一七六頁。
大谷暢道　一九七八「手記　ご門徒の信仰のために」『中央公論』一〇九八号、一二三〜一三八頁。
大谷大学編・発行　二〇〇一『大谷大学百年史』。
大谷大学編　二〇〇三a『清沢満之全集』八巻、岩波書店。
大谷大学編　二〇〇三b『清沢満之全集』九巻、岩波書店。
大谷大学真宗総合研究所編・発行　一九九七『厳如上人御一代記Ⅲ』。
大谷派教化研究所編・発行　一九五四『大谷派本願寺教化年表』。
大谷派宗史編修所編・発行　一九三五『現如上人年譜』（宗史編修所報九号）。
Plath, David W.,1980, *Long Engagements: Maturity in Modern Japan*, Stanford University Press.
境野哲海　一八九七「渥美契縁の分身」『日本人』三四号、二六〜三二頁。
札幌大谷学園編・発行　二〇〇六『札幌大谷学園百周年記念誌』。
佐藤慶幸　一九九三「自発的結社」森岡清美ほか共編『新社会学辞典』有斐閣、五八〇〜五八一頁。
沢柳政太郎　二〇一五『教育論抄』新潮社。
沢柳礼次郎　一九三七『吾父　沢柳政太郎』冨山房。
成城学園教育研究所ほか編・発行　二〇一五『柳沢政太郎とその時代』。
成城学園沢柳政太郎全集刊行会編　一九七九『沢柳政太郎全集』別巻、国土社。
成城学園沢柳政太郎全集刊行会編　一九八〇『沢柳政太郎全集』一〇巻、国土社。
塩原　勉　一九七六『組織と運動の理論』新曜社。
曽我量深選集刊行会編　一九七〇『曽我量深選集』二巻、弥生書房。

杉森久英　一九七七『大谷光瑞』（下）中公文庫。
多田　鼎　一九二八「清沢先生略伝」観照社編・発行『清沢満之』三〜一六頁。
谷川　穣　二〇〇八「北垣府政期の東本願寺」丸山宏ほか編『近代京都研究』思文閣、三六五〜三八九頁。
田原由紀雄　二〇〇三「時代を超えて受け継がれた宗門改革の志」『清沢満之全集月報』九、六〜九頁。
多屋弘（代表）　一九七四『東本願寺北海道開教百年史』真宗大谷派北海道教務所。
寺川俊昭　一九五七「教団再興」教化研究所編・発行『清沢満之の研究』、四〇七〜四五六頁。
寺川俊昭　一九七一「浩々洞の成立とその挫折—真宗大谷派の近代教学運動」上原専禄・真継伸彦ほか『本願寺教団』学芸書林、一五九〜一九五頁。
寺川俊昭　二〇〇四『往生浄土の自覚道』法蔵館。
津田左右吉　一九六五『津田左右吉全集』二四巻、岩波書店。
月見覚了　一九八六「教学資金に就て」『教界時言』二号、八〜一二頁。
梅原正紀　一九七九「最後の貴族東西本願寺〈大谷一族〉に迫る〝象徴〟化の波」『宝石』七巻二号、九〇〜一〇六頁。
脇本平也　一九八二『評伝　清沢満之』法蔵館。
吉田久一　一九五九『日本近代仏教史研究』吉川弘文館。
吉田久一　一九六一『清沢満之』吉川弘文館。

あとがき

私は壮年の頃、ある老社会学者の著書を読んで感ずるところがあり、老いて著述を公にすることは厳に慎まなければならぬと自戒してきた。かの老先生は八〇歳そこそこであったが、私は今九〇歳を越えて五〇〇頁ほどの学術書を世に送ろうとしている。当然、釈明がなければならぬ。――要するに、奇跡が連続して起きた結果である。

革新コンボイとしての白川党に関心をもち、関連資料を物色していたところ、たまたま井上豊忠の自坊、山形県長井市の真宗法讃寺に大量の第一級資料が眠っていることを知った。二〇一三年（平成二五）一〇月のことである。山形まで資料調査に行く自信がなかったけれど、少し待てば何とか都合がつくかもしれぬと考えて、「では来春お訪ねさせてください」とお願いしておいた。ところが、曾孫で現住職の井上道弥師が、三〇余年にわたる日誌全二六冊、「座右録」という表題がついた関連文書二四冊ほか計八〇冊の、文化財と称すべき豊忠遺文を、数日も経たないうちに大きな箱に詰めて送ってくださったのである。一面識もない老学究を信用して、過分の親切な対応をしてくださったことに驚くとともに、このご厚意に私としては何としても全力を挙げてお応えしなければならないと、身のほど知らずの決心を固めた。これが第一の奇跡で、この度の全行程の出発点であった。

八〇冊のうち、日誌を中心に伝記資料となる文書を含めて、四〇冊ほどコピーしたい。折れ目で切れやすい雁皮紙仕立ての資料を、損傷せぬよう万全の注意を払いつつ、なるべく早くコピーをすませて返送しなければならぬ。大量のコピー作業を短期間に安全に完了するため、成城大学図書館、同民俗学研究所、加えて渡辺雅子さんの斡旋で明治学院大学社会学研究室に便宜を提供していただいた。これが第二の奇跡であって、作業は同年一〇月下旬から一ヵ月で終了した。孫の日下部文の協力も忘れられない。

白川党事件の社会的反響を知るために、当時の新聞を繙く必要がある。京都の地方新聞にまでは手が廻らぬが、せめて全国紙の記事を参照しなければならぬ。この厄介な仕事を成城大学図書館レファレンス担当の野田泉・金田陽治両氏が快く引き受けて、読売新聞のヨミダス歴史館、朝日新聞の聞蔵Ⅱビジュアルなどから、膨大な関連情報を抜き出して私に提供してくださった。思いがけないご厚意にただ恐縮するばかりであった。これが第三の奇跡である。

遠隔地でも付添いがあれば何とか調査に行ける。二〇一四年六月五日、次男清人の世話により日本航空の便で小松空港に降り立ち、金沢市在勤の孫日下部弘太の車で小松市寺町の本覚寺と今江町の願勝寺を訪問した。前者は白川党事件で本山執事を解職された渥美契縁が住した寺(現住は曾孫の芳映師)、後者は白川党六人衆の一人今川覚神の生家(現住は兄の曾孫靖師)である。どちらさまからも有益な資料をいただき、事件のヒーローたちが根城とした世界に参入する感慨に浸った。

山形の法讃寺には一度是非参上しなければならぬ。宅急便で送っていただいた資料のほかに、清沢満之ほか同志からの書簡、同志の写真、その他関連資料が山とあるだろう。井上豊忠が郷国で活躍したあちらこちらも訪ねたい。それに、ご住職からいろいろとお話を伺いたい。しかし、一人で行って、面談し、あちこち見て廻り、そして使用に耐えうる写真をとってくることができるかどうか。二〇一四年に法讃寺へ調査に伺うことについて諒承をいただきながら、やはり自信がなくて中止してしまった。

こうした窮地に陥っていたとき、私とは別にライフストリーに関する共同研究をしておられた立教大学の桜井厚教授と一橋大学の小林多寿子教授が、まるで救世主のように、一緒に行って写真を撮ってあげようと申し出てくださったのである。お言葉に甘えて二〇一五年八月一八・一九の両日法讃寺資料調査に自費での同行をお願いして、欲しい写真はことごとく撮っていただいた。これが第四の奇跡であった。もとよりご住職の暖かいご理解とご協力があってこそ可能になったことである。法讃寺では、寺族の方々（母堂、夫人、在学中の四人のお子方）がみな僧籍にあり、ご住職を中心に小さいサンガをなして聞法の道場護持に勤しむ姿に接し、衝撃的な感銘を与えられた。

同年一一月一〇日、東京の親鸞仏教センターを訪問して、主事の松扉達氏と研究員の名和達宣氏らにお会いした。私は一九五一年（昭和二六）夏初めての真宗寺院調査を石川県金沢市郊外の二俣本泉寺を対象として実施し、一週間ほど逗留してたいへんご厄介をおかけした。本泉寺は本願寺八世蓮如由来の名刹である。聞けば、松扉主事は二俣本泉寺のご出身とのこと。真宗の社会学的研究に終止符を打とうとする頽齢になって、六五年前の最初の調査でお世話になった住職のお孫さんにお会いできたのである。その後、資料調査のため同センターに伺うたびにお世話になった。名和氏は清沢満之研究の専門家で、最近発表された興味深い論文を何点も贈与してくださった。

さらに、沢柳政太郎の事績について、成城学園教育研究所から再三にわたり貴重な資料を提供していただいた。沢柳先生の事績を調査するにつれ、先生への尊敬を深め、先生を学祖と仰ぐ成城大学に多年勤務できたことを、改めて誇りに思うものである。

井上豊忠遺文をかかえたまま、いつ生命果てるかもしれぬ、とは私の常日頃の覚悟であった。それが不思議に生命長らえて本書を書き上げることができた。これが最大の奇跡かもしれない。

妻が脳塞栓で倒れてからすでに九年余、長女日下部京子が自分の家庭の家事をこなしながら、私たちの衣食の世話をし、病人の介護に奮闘してくれている。私のささやかな日々の営みも、娘の変わらぬ支えによって可能となったものである。最大の奇跡はこのお蔭で実現した。

本書は奇跡の累積のうえに成ったものである。奇跡の出現を可能にしてくださった方々に、衷心より御礼を申し上げる。そういえば、吉川弘文館が衰耗の老書生の著書を義侠的に出版してくださることも、私にとって奇跡以外のなにものでもない。吉川弘文館のご厚意と担当の石津輝真氏、制作面では本郷書房の重田秀樹氏の行き届いたご尽力に、末尾ながら深甚の謝意を表するものである。

本書の原稿を書き上げたとき、ふと心に浮かんだ腰折二首、短歌というより短文を披露して、恥さらしの止めとしたい。

衰残の生命削りて書き上げし　最後の著作ぞ　光を放て
一筋に辿り来たりしこの道は　ひとりよがりの　幸せの道

二〇一六年八月一日

森岡清美

索　　引

あ　行

か　行

さ　行

た 行

な 行

は 行

ま　行

や　行

ら　行

わ　行

著者略歴

一九二三年　三重県に生まれる

一九四八年　東京文理科大学哲学科卒業

東京教育大学教授、成城大学教授、淑徳大学教授などを歴任

現在　東京教育大学名誉教授、成城大学名誉教授、大乗淑徳学園学術顧問、文学博士

〔主要著書〕

『真宗教団と「家」制度』(創文社、一九六二年)

『家族周期論』(培風館、一九七三年)

『近代の集落神社と国家統制』(吉川弘文館、一九八七年)

『新宗教運動の展開過程』(創文社、一九八九年)

『若き特攻隊員と太平洋戦争』(吉川弘文館、一九九五年。二〇一一年復刊)

『華族社会の「家」戦略』(吉川弘文館、二〇〇二年)

『明治キリスト教会形成の社会史』(東京大学出版会、二〇〇五年)

真宗大谷派の革新運動

白川党・井上豊忠のライフヒストリー

二〇一六年(平成二十八)十月十日　第一刷発行

著者　森《もり》岡《おか》清《きよ》美《み》

発行者　吉川道郎

発行所　株式会社 吉川弘文館

郵便番号一一三—〇〇三三

東京都文京区本郷七丁目二番八号

電話〇三—三八一三—九一五一〈代〉

振替口座〇〇一〇〇—五—二四四番

http://www.yoshikawa-k.co.jp/

印刷＝株式会社 理想社

製本＝誠製本株式会社

装幀＝山崎　登

ISBN978-4-642-03857-7

森岡清美著

若き特攻隊員と太平洋戦争

その手記と群像

（歴史文化セレクション）二四〇〇円

「誰しも死にたくない」―それでも特攻隊員である彼らは、爆弾を抱いて生還の望みのない出撃へと向かっていった。迫り来る死の足音を聞きながら、自らと対峙して、人生を思い、あるいは親・きょうだい・恋人・友を想って、切々と綴った彼らの手記をもとに、生死の狭間で悩みながら任務の達成に殉じた、太平洋戦争末期の若者たちの群像を描き出す。四六判・三三六頁

（表示価格は税別）

吉川弘文館